박근혜 퇴진 촛불 운동

현장 보고와 분석

책갈피

신호탄이 된 첫 촛불 시위

2016년 10월 29일 촛불 시위가 전국으로 옮겨붙어 다섯 달 동안
연인원 1600만 명이 참가한 거대한 시위로 발전했다.

상상하지 못하던 일이 현실이 되다

← 박근혜 퇴진 운동은 역대 한국 시위의 모든 기록을 갈아 치웠다.
100만 시위가 무려 6차례나 열렸다. 전국 230만 명이 참가한 12월 3일
6차 범국민행동의 날.

↑ "촛불은 바람 불면 꺼진다"는 김진태의 도발에 응수한 11월 19일 4차
범국민행동의 날. 전국 95만 명이 참가했다.

"송박영신" 박근혜를 보내고 새해를 맞이하자

↑　12월 31일 '송박영신' 10차 범국민행동의 날.

↗ 12월 17일 8차 범국민행동의 날. 세월호 희생자를 추모하는 304개의 구명조끼.
→ 11월 12일 3차 범국민행동의 날.
↘ 탄핵소추안 가결을 축하하며 폭죽을 터뜨린 12월 10일 7차 범국민행동의 날.

아무것도 우리를 막을 수 없다

혹한과 눈보라, 비바람을 무릅쓰고 매주 집회가 열렸다.
어린아이부터 노인, 친구와 함께 나온 청년, 동료와 함께 온
직장인까지 참가자의 구성은 참으로 다양했다.

촛불, 들불이 되다

↖ 11월 12일 민중총궐기와 3차 범국민행동의 날에 파업 중인 철도 노동자들이 대거 참가했다.
← 11월 12일 1만 5000여 명의 대학생이 참가한 청년학생 총궐기 대회.
↙ 11월 19일 수능을 마친 청소년이 대거 참가했다.

↑ 2017년 2월 25일 2차 민중총궐기와 17차 범국민행동의 날에 참가한 노동자들.

세월호는 올라오고 박근혜는 내려가라

박근혜 정권의 악행 중 가장 충격을 준 것은 세월호 참사였다.
세월호 참사 진상 규명 운동은 범국민적 지지를 받았고 박근혜 퇴진
운동의 밑거름이 됐다.

"대통령 박근혜를 파면한다"

3월 10일 헌법재판소가 만장일치로 박근혜를 파면하자 사람들은 "우리가 해냈다"며 감격했다.

우리가 승리했다

3월 11일 20차 범국민행동의 날에 모여 "박근혜 없는 봄의 첫날"을
축하했다. "박근혜가 가니 거짓말처럼 봄이 왔다."

금요일에 돌아온 세월호
3월 31일, 1081일 만에 목포 신항에 거치된 세월호. 이날 박근혜가 구속됐다.

차례

차례

엮은이 머리말

2016년 10월 29일 청계 광장에서 박근혜 퇴진 1차 촛불 집회가 열렸다. 당일 집회를 조직하면서 5000명이 온다면 '초대박'이라고 생각했는데, 모두의 예상을 깨고 3만 명이 모였다. 당시 청계 광장을 가득 메운 촛불을 보며 드디어 박근혜 퇴진 촛불이 점화됐음을 느낄 수 있었다.

이날 집회는 지난 4년 가까이 박근혜 정권의 악행에 맞서 온 사람들의 울분과 '박근혜 퇴진'의 열망을 확인하는 자리였다. 무엇보다 놀라운 것은 이날 집회 이후 장장 5개월 동안 매주 거대한 촛불 집회가 이어졌고, 정권의 실세였던 김기춘, 조윤선, 안종범, 최순실 등이 구속됐다는 사실이다. 그리고 마침내 박근혜 파면·구속으로 민중이 승리를 거뒀다.

5개월 전, 우리가 상상하지 못하던 일이 현실이 된 것이다. 박근혜 퇴진 운동은 역대 한국 시위의 모든 기록을 갈아 치우는 일대 사건이였다. 연인원 1600만 명이 참가했고, 진보 진영이 꿈꿔 온 100만 시위를 무려 6차례나 했다. 지금까지 100만 시위는 1987년 6월 항쟁 기간에 2차례, 2008년 광우병 쇠고기 수입 반대 촛불 때 1차례가 전부였다. 또, 단일 사안으로 거대한 대중 집회가 5개월 동안 이어진 것도 최초였다.

박근혜 퇴진 촛불은 기록만이 아니라 정치적 의미도 컸다. 1987년 6월 항쟁 이래 진보·좌파 진영이 처음으로 일치단결한 정권 퇴진 운동이었다. 1960년 4·19혁명을 경험하지 않은 세대들은 선거로 선출된 대통령이 민중의 힘에 밀려 임기를 채우지 못하고 강제로 끌려 내려오는 일을 난생 처음 경험했다.

이 놀라운 경험은 참가자들을 정치적으로 급진화시켰다. 지난 5개월 동안 박근혜 퇴진의 '퇴'자도 생각하지 않던 수많은 사람들이 집회에 참가했고, 매주 광장에서 목이 쉴 정도로 '박근혜 즉각 퇴진'을 외쳤다.

박근혜 퇴진 운동은 "집회 참가자의 의식에 좋은 효과를 미친다 … 집회와 행진을 경험한 참가자는 일상으로 돌아가 지인들에게 자기 경험을 얘기하고 관련 쟁점에 대한 토론을 촉발한다. … 특히 노동자와 학생의 의식이 변할 것이다. 평소에 책과 신문, 강좌 등이 변모시키는 것보다 몇 갑절 빠르게 사람을 변모시킬 수 있다. 투쟁을 통해 집단적인 힘과 자신감 고양을 느끼기 때문이다."(193~194쪽 "민중의 힘에 의지하라")

최근 여론조사를 보면, 촛불 집회 이후 사회적 문제에 관심이 높아졌다는 응답자가 79퍼센트, 자신의 문제를 해결하기 위해서는 집회 등 집단적 힘이 필요하다는 응답자가 59.5퍼센트였다. 한국 사회가 소수의 기득권 중심으로 운영되는 게 문제라는 응답자는 무려 87.2퍼센트였다.

사람들이 변하기 시작한 것이다. 무엇보다 자신들의 요구였던 박근혜 퇴진·구속이 현실이 되자 커다란 자신감이라는 퇴적물을 얻게 됐다.

박근혜 퇴진 운동의 배경

박근혜 정부는 출범 초기부터 태생적 약점을 안고 있었다.

"지배자들의 자신감은 오래가지 못할 수도 있다. (1) 부패 추문으로 그들 사이에 심각한 내분이 일어나거나, (2) 경제 위기가 도무지 완화될 조짐이 보이지 않고 무한정 질질 끄는 듯하거나, (3) 탄압에도 불구하고 아래로부터의 저항이 매우 드세지면(박근혜 정부는 이 세 가지 상황에 직면할 충분하고도 남을 개연성이 있다), 그러면 지배자들의 자신감은 정반대로 좌절감으로 바뀔 것이다. … 장차 박근혜의 인기가 떨어지면 떨어질수록 친위대 중심으로, 더 우익적으로 인사가 이뤄질 것이다."(38~39쪽 "박근혜 정부의 앞날")

"박근혜는 부패 문제에 완전히 둔감한, 완벽한 사이코패스"였다. 그 결정판은 바로 최순실 게이트였다. 게다가 한반도 주변 정세가 가져온 딜레마는 한일 '위안부' 합의, 한일군사정보보호협정 체결, 사드 배치 추진 등으로 대중적 공분을 자아냈다. 무엇보다 경제 위기에 따른 긴축정책은 노동자들의 생활수준과 임금 등 노동조건을 공격했고, 이에 맞선 노동자들의 저항이 끊이지 않았다. 물론 노동자 투쟁은 기대만큼 충분치 않았고, 노동조합 지도부의 개혁주의적 영향력을 뛰어넘지는 못했다. 그럼에도 민주노총 위원장 선거에서 좌파 지도부가 당선했고, 2015년 민주노총 총파업과 10만 민중총궐기를 성사시켰다.

이런 흐름 속에 퇴진 운동이 점화된 것이다. 따라서 진보 진영 일부의 주장과 달리 운동의 성장을 〈조선일보〉의 박근혜 제거설이나 JTBC 〈뉴스룸〉(특히 손석희)의 집요함 때문으로 설명할 수 없다. 지난 4년의 과정이 복합적으로 작용한 것이다.

주도적 구실

퇴진 운동이 점화된 것은 무엇보다 지난 4년 동안 박근혜 정부에 대한 불만과 그에 따른 저항이 차곡차곡 쌓여 왔기 때문이다. 박근혜 당선 직후에는 절망감으로 5명의 노동자가 자살을 선택할 정도로 우울한 분위기였다. 그러나 2013년 말 철도 민영화 추진에 반대한 철도 파업, 2014~2015년 의료 민영화 저지 파업과 투쟁, 민주노총 좌파 지도부 등장과 2015년 노동 개악에 맞선 총파업, 민중총궐기 등 노동운동이 주도해 박근혜에 맞서 투쟁하면서 이런 분위기가 반전되고 자신감이 자라났다(물론 2014년부터 시작한 세월호 참사 진상 규명 운동도 빼놓을 수 없다).

노동운동이 박근혜 정부에 대한 분노와 저항의 초점 구실을 해 온 것이다. 게다가 지난해 9월 말부터 공공 부문 노동자, 특히 철도 노동자들이 성과연봉제 저지 파업을 벌였고, 이는 박근혜 퇴진 운동의 커다란 밑거름이 됐다. 당시 박근혜는 '철밥통'인 공공 부문 노동자들이 자신의 임금 등 노동조건을 걸고 파업하면 고립될 것이라고 했다. 그러나 실제로는 박근혜가 고립됐다.

첫 집회인 10월 29일에도 노조 조끼를 입은 노동자들이 청계 광장을 지켰고 연단에서 철도 노동자가 발언하자 커다란 환호를 받았다. 참가자들은 거리 행진 때 노동자들이 방송차에서 자유 발언을 하면 "노동자"를 연호했고 민주노총이 "박근혜 퇴진을 위해 총파업을 불사" 하겠다고 하자 열화와 같은 환호가 터져 나왔다.

"노동운동과 좌파가 선구적으로 이 운동을 발의했다. 특히 퇴진 운동이 처음 분출한 10월 29일부터 퇴진 운동이 전국노동자대회와 결합되는 11월 초순까지 노동운동과 좌파는 주도적인 구실을 했다."(522쪽 "박근혜 퇴진 운동의 의의와 과제")

이 점이 기존에 발표된 촛불 운동 관련 논문·책자와 확연히 다른 이 책의 관점이다.

기존의 논문·책자는 박근혜 퇴진 촛불 운동이 "파업 등과 같은 집단행동에 대한 부정"(박찬표, "촛불과 민주주의")이라거나 "조직된 지도부의 역할이 크지 않았다"(최장집, 《양손잡이 민주주의》)거나 "지도자라고 할 만한 사람이나 집단도 없었다"(김공회, "촛불정국의 사회경제적 차원")며 대중의 자발성을 강조한다. 심지어 "청소년 또는 '혼참러들'보다도 민주노총과 노동자 대오는 주목받지" 못했다며 촛불 시민들의 의도적 외면과 민주노총에 대한 불편함이 있었다고 한다.(천정환, "누가 촛불을 들고 어떻게 싸웠나")

그러나 앞서 봤듯이 박근혜 퇴진 운동에도 초기 발의자가 있었고, 지난 4년 동안 박근혜 정부에 맞서 저항해 온 세력(노동운동과 좌파)이 퇴진 운동 안에서도 주요한 구실을 했다.

이런 배경이 미조직 개인들이 발의한 2002년 효순이·미선이 촛불, 2008년 광우병 쇠고기 수입 반대 촛불과 확연히 달랐다. 예전과 달리 촛불 시민들은 퇴진 운동을 주도한 민주노총과 진보·좌파 단체들에 거부감을 보이기는커녕 전폭적 신뢰를 보냈다.

촛불 집회 참가자들은 주최 측 모금함이 자신에게 오지 않았다며 모금할 기회를 달라고 항의하기도 했고, 퇴진행동이 20차례 촛불 집회를 하며 1억 원의 빚을 져 모금을 호소하자 5일 만에 12억 원을 모아 줬다.

따라서 일부 언론이 촛불 집회 참가자들이 "SNS로 무장돼 있었[고] … 〈임을 위한 행진곡〉이나 민주노총 깃발 대신 자신들만의 노래와 깃발을 들고 시위를 즐겼다"며 퇴진행동을 주도한 노동운동과 진보·좌파 단체를 거부한 것처럼 묘사하는 것은 의도적 왜곡이다.

많은 진보적 단체들은 자신들의 의제를 광장으로 가져와 참가자들에게 함께해 줄 것을 호소하고 단체 가입을 권유하기도 했다. 조직과 지도를 거부하지 않았고, 공동체 문화를 만들려는 노력들이 엿보였다. 그래서인지 시민들의 자발성을 강조해 온 퇴진행동 안진걸 공동대변인(참여연대 사무처장)도 미조직 촛불 참가자들에게 "정당에도 가입하고 노조도 하시고 시민단체나 NGO, 그리고 풀뿌리 모임 등에 가입"하라고 권유하고 있다.

광장의 생생한 목소리

촛불 집회 참가자들은 지난해 10월 29일부터 해를 넘긴 올해 3월

25일까지 무려 148일을 싸웠다. 주말에 열린 대규모 '국민행동의 날'만 21차례나 됐고, 그때마다 수많은 사전 집회가 열렸다. 그동안 본무대와 사전 집회, 10여 대의 방송차에서 발언한 사람을 헤아리면 1000여 명에 달한다. 집회를 준비하고 조직한 사람들조차 그날 집회 곳곳에서 무슨 일이 있었고 어떤 발언이 나왔는지 전부 알 수는 없었다.

이 책의 가장 큰 장점은 21차례의 거대한 촛불 집회를 생생하게 기록했다는 것이다. 본무대만이 아니라 광장 곳곳에서 나타난 훈훈한 연대와 의미심장한 변화를 담고 있다. 한 사례만 들어 보겠다. "[3월 4일] 한국여성단체연합이 주최한 … '페미니스트가 민주주의를 구한다' 사전 집회가 열렸다. … 행진 도중 언론노조의 사전 집회 근방을 지나면서 멋진 연대의 그림이 펼쳐졌다. 행진 차량에서는 언론노조에 대한 지지의 함성을 호소했고, 대열은 이에 응해 '박근혜를 탄핵하고 공영방송 쟁취하자' 하고 외쳤다. 이에 사전 집회를 하고 있던 언론노조는 '박근혜를 탄핵하고 여성해방 쟁취하자' 하는 구호로 화답했다."(489~490쪽 "진짜 민심을 보여 준 105만 촛불")

광장 곳곳에서 터져 나온 자유 발언도 꼼꼼하게 기록돼 있다. "촛불은 바람 불면 옮겨붙는다", "염병하네" 등 답답한 속을 뻥 뚫어 주는 사이다 발언은 지금 읽어도 통쾌하고 세월호 유가족, 가습기 살균제 피해자, KTX 해고 승무원의 발언은 눈물 없이는 읽을 수가 없다.

알려지지 않은 퇴진행동 내부 논쟁

이 책의 또 다른 장점은 학자들처럼 관조적 입장에서 사태를 서술

하고 해석하지 않고 퇴진 운동 한복판에서 운동을 서로 다른 방향으로 이끌려 한 살아 움직이는 인간(세력)들의 노력과 투쟁을 기록한 것이다.

10월 29일 1차 촛불 집회 이전에는 최순실 꼭두각시론('최순실은 퇴진하라', '최순실의 아바타 박근혜' 등), 〈조선일보〉의 박근혜 제거론 등이 제기돼 사태의 진정한 본질을 흐렸다. 참여연대 등 진보 운동 내 온건파들은 최순실 게이트가 폭로된 10월 24일 이후에도 박근혜 퇴진이 아닌 국회 청문회와 특검 실시 등을 요구했다.

11월 5일 2차 촛불 집회 때는 서울 20만 명을 비롯해 전국에서 30만 명이 거리로 나왔다. 거리 행동을 통해 '박근혜 즉각 퇴진'이 대중의 요구임이 드러났다. 그런데 이때까지도 진보 진영 일부는 '즉각 퇴진은 가능하지 않고 괜히 우파만 자극해 역풍이 올 수 있다'며 주저했다. 지금은 '박근혜 즉각 퇴진'이 당연한 요구였지만 이때는 '질서 있는 퇴진', '거국중립내각 구성' 등이 퇴진운동 안에서 논쟁이 됐다.

11월 9일 박근혜정권퇴진비상국민행동(퇴진행동)이 출범한 뒤에는 퇴진행동과 주류 야당의 관계가 가장 뜨거운 쟁점이었다.

퇴진행동은 정권 퇴진을 목표로 하므로 정치적일 수밖에 없고, 주류 야당과의 관계나 대선 대응에 민감할 수밖에 없었다. 퇴진행동 안에는 박원순 대선 캠프와 직간접적 연관을 맺고 움직이는 사람도 있었고, 주류 야당과 연관이 있는 단체(개인)도 있었기에 불가피한 측면도 있었다. 이들은 퇴진행동에 야당(특히 민주당)을 가입시키거나 야당과 상시적 관계를 맺기 위한 모종의 협력 기구를 만들고 싶어 했다.

그렇지만 주류 야당은 박근혜 퇴진 요구에 분명한 입장을 밝히지 않거나 한동안 반대해 왔기에 퇴진행동은 야당과 독립적이어야 했다.

치열한 논쟁 끝에 좌파들의 문제의식이 일부 받아들여져 "퇴진행동의 독자성을 유지하며 필요에 따라 사안별, 한시적으로 정치권과 협력할 수 있다"고 결정할 수 있었다.

일각에서는 촛불 참가자들이 모두 애초부터 탄핵만 요구했고 국회만 쳐다본 것처럼 주장하기도 한다. "2016년 4·13 총선 결과는 시민들에게 큰 자신감을 주었"으며 시민들은 "국회를 통해서 탄핵안을 통과시키는 데 모든 힘을 집중시켰다"는 것이다.(박태균, "촛불의 역사적 의의와 한국 사회의 과제")

그러나 '즉각 퇴진이냐 탄핵이냐'는 퇴진행동 안에서 11월 내내 최대의 논쟁점이었다.

박근혜 즉각 퇴진과 탄핵은 "경쟁과 협력의 역설적 관계"로 볼 수 있었다. 즉각 퇴진은 거리의 운동을 강화하고 박근혜 개인 제거뿐 아니라 온갖 적폐를 청산하는 투쟁을 의미하는 반면, 탄핵은 국회와 헌재 등 법 절차를 통해 박근혜를 제거하려는 것이다. 박근혜 제거라는 공통점은 있지만 가는 길도 다르고 결과도 달리 나올 수 있었다.

주류 야당이 탄핵 카드를 내세우기 시작한 시점에는 "지금 국회 탄핵으로 즉각 퇴진 요구를 희석시키는 것은 무책임한 것"이라고 비판하는 주장이 필요했다. 퇴진 운동에 막차를 타고 온 야당이 전진하고 있는 운동에 탄핵 카드로 견제구를 날리려 하는 것이었기 때문이다. 당시 야당이 탄핵을 추진한 것은 즉각 퇴진이라는 요구를 내걸고 거대하게 벌어진 박근혜 반대 운동의 주도권을 가져가려는 의도였다.

반면, 탄핵소추안 국회 상정이 임박한 12월 초에는 "박근혜가 즉각 퇴진하는 것 자체만도, 또 그가 탄핵으로 물러나는 것 자체만도 진보다. 모두 대중 항의 운동의 효과이기 때문이다"하며 탄핵을 비판적으로 지지하는 것이 필요했다(171쪽 "항의 시위는 계속돼야 한다"). 야당의 탄핵 추진이 기정사실이 되고 따라서 사람들이 탄핵 절차를 현실적 수단으로 보기 시작한 상황에서는 탄핵을 지지하면서도 탄핵이 갖고 있는 위험성을 주장할 필요가 있었기 때문이다.

즉각 퇴진과 탄핵은 어떤 상황에서는 충돌할 수도 있고, 또 어떤 상황에서는 요구를 쟁취하는 또 다른 길(물론 우회적이고 샛길로 빠질 수 있는 위험한 길)일 수도 있었다.

지금은 황교안 퇴진이 너무도 당연한 요구지만 탄핵소추안 가결 이후 주류 야당이 황교안 대행 체제를 인정하자 퇴진 운동 내 온건파들도 황교안 퇴진을 내걸자는 주장에 반대했다. 매주 개최해 온 촛불 집회와 행진을 놓고도 여러 쟁점이 있었다. 청와대를 목표로 거리 행진을 하는 게 효과적인가? 노동 쟁점을 부각하는 노동자 발언이 필요한가? 야당 대표와 대선 후보가 연단에서 발언해야 하나? 촛불 집회를 광화문 광장이 아닌 국회나 법원 앞으로 이동하면 안 되는가? 바른정당을 야당으로 봐야 하나? 우파들의 준동에 굳이 맞불을 놔야 하나?

이렇듯 퇴진 운동 5개월 동안 수많은 쟁점으로 논쟁이 벌어졌다. 이 책은 퇴진 운동에서 벌어진 논쟁들을 숨김없이 다룬다. 특히, 이 책은 허구적 '중립성'을 가장하는 게 아니라 견해를 공공연히 밝히며 운동이 승리할 전략과 전술을 제시하려 애쓴다.

향후 과제를 말하다

박근혜 파면·구속은 퇴진 운동의 중요한 승리였다. 그렇지만 박근혜가 남겨 둔 적폐는 여전히 이 세상에 존재할 뿐 아니라 계속 우리를 괴롭히고 있다. 그래서 많은 이들은 향후 과제를 고민하게 된다.

이에 대해 참여연대 안진걸 사무처장은 "촛불혁명은 정권교체"라고 했다. 최근 《촛불혁명과 2017년 체제》를 펴낸 손호철 교수는 "촛불 드는 것보다 투표 한 번 잘하는 게 중요하다"는 최장집 교수의 얘기에 공감하며 "촛불은 위대하지만 … 정치적 주체화가 굉장히 중요하다"고 했다("북DB 기획인터뷰: 문제는 정치다③"). 또 "대규모 촛불 시위[는] … 극도의 분열을 피하지 못하고 장기화된 혼란 속에 고통"받을 수 있다며 신속하게 정당 정치의 복원을 강조한다(최장집, 《양손잡이 민주주의》).

즉, 이제 거리 운동이 아니라 제도 정치권으로 수렴돼야 한다는 것이다. 그러나 퇴진 운동 이후 과제를 정권 교체나 제도 정치권 수렴 등으로 제안하는 것은 지난 5개월간 벌어진 운동의 결과물을 너무 협소하게 보는 것이다.

반면 이 책은 다음과 같이 주장한다. "지금이라도 박근혜의 유산 가운데 특히 '노동개혁'이나 '공공개혁', '금융개혁', '교육개혁' 등의 이름으로 자행된 노동계급과 학생에 대한 억압과 착취, 차별 강화를 효력 없게 만드는 것을 가장 중요한 과제로 설정해야 한다. 민주당이 새 정부를 차지하더라도, 경제 위기와 지정학적 위기가 지속됨에 따라 그 정부는 얼마 가지 않아 노동자와 민중을 공격할 것이다. … 민주당 정부가 들어서면 일터와 거리와 캠퍼스에서 노동자와 학생의 행동이 좀 더 활발하게 일어날 공산이 크다. 그러나 그것은 특정하고 명확한 정치적 목적과 목표를 가져야 소기의 성과를 거둘 것이다. 이는 혁명적 좌파의 몫이다."(583~584쪽 "계급 관점에서 본 박근혜 퇴진 운동")

이것은 우리 사회의 근본적 변화를 갈망하며 박근혜 퇴진 운동에 함께했던 모든 이들이 고민해야 할 문제다. 이 책이 지난 5개월을 돌아보고 정치적 교훈을 얻는 데 조금이라도 도움이 되길 바란다.

엮은이를 대표해 최영준

2017년 4월 7일

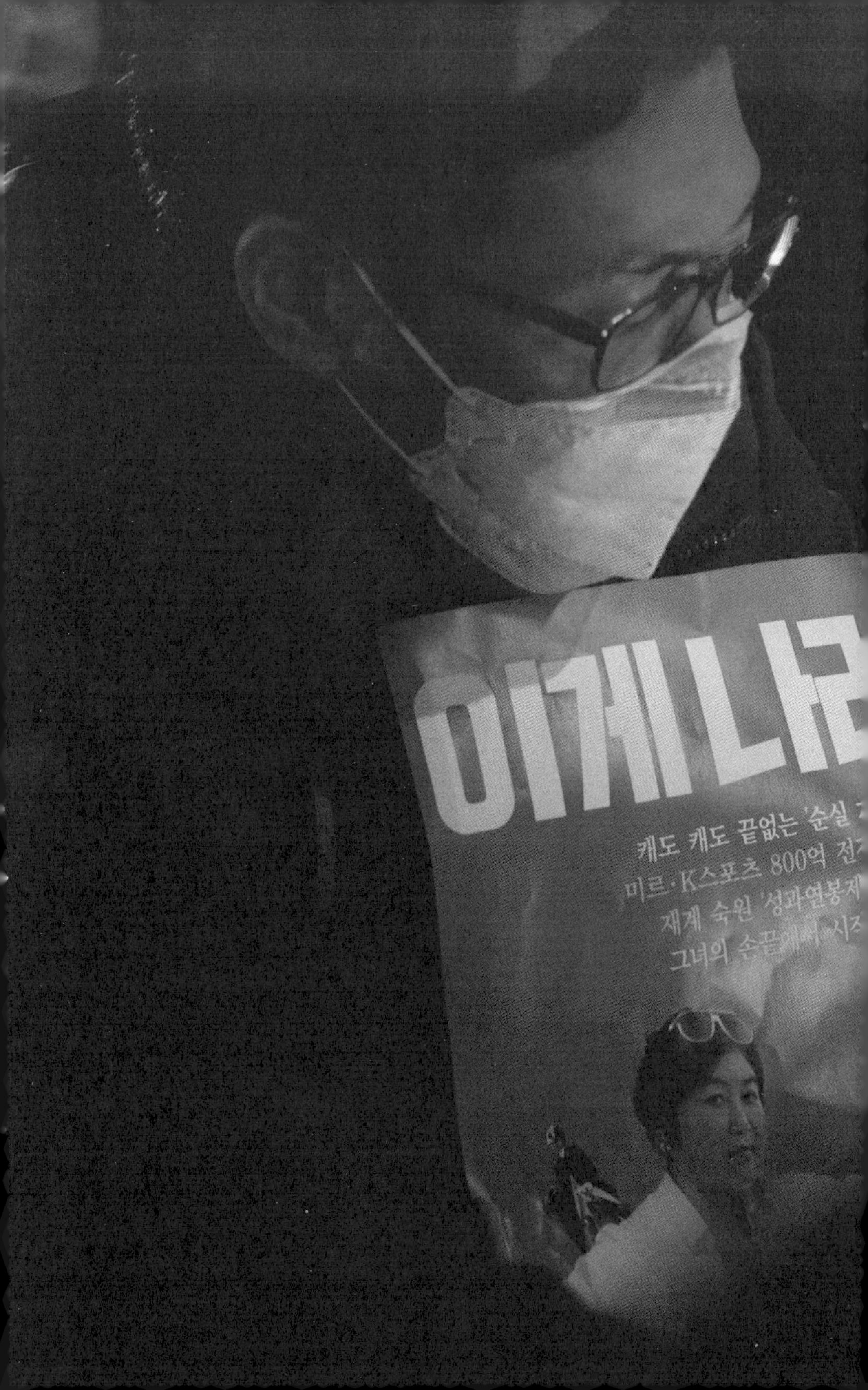

이게
캐도 캐도 끝없는 '순실
미르·K스포츠 800억
재계 숙원 '성과연봉제
그녀의

1부
전초전

심각한 세계경제 위기 속에서 지배자들은 고통을 떠넘기고 저항을 단호하게 틀어막을 강성 우파 정부가 필요하다고 느꼈고 똘똘 뭉쳐 박근혜를 지원했다. 당선한 박근혜는 이 임무에 충실했다.

사람들은 박근혜 당선에 충격을 받아 잠시 주춤했지만 곧 저항에 나섰다. 박근혜가 악랄하게 나오는 만큼 대중의 증오도 커져 갔다. 노동 개악에 반대하는 민주노총의 파업 투쟁과 세월호 특별법 시행령 반대 투쟁이 결합해 격렬한 저항으로 이어진 2015년 상반기에 박근혜의 '콘크리트 지지율'이 무너졌다. 1년 후 박근혜는 총선에서 참패했다.

그러자 그에게 기대를 걸었던 지배자들은 분열했다. 2016년 여름을 지나면서 해괴망측한 부패상이 줄줄이 폭로됐다. 곳곳에서 저항이 벌어지면서 거대한 정권 퇴진 운동에 불을 댕기기 시작했다.

박근혜 정부의 앞날[*]

어떤 사람들은 자본주의 공직 선거의 효과를 과소평가한다. 선거에서 이기든 지든 별 상관없다는 식이다. 선전을 위해 자신들이 참여하는 경우를 제외하곤 선거 허무주의라고 할 만한 태도를 취하기 일쑤다.

하지만 선거는 결코 무의미하지 않다. 거대한 계급투쟁보다는 덜 중요하지만 웬만한 계급투쟁보다는 흔히 더 중요하다. 특히, 한국처럼 대통령의 권한이 막강하고 권위주의 정치체제의 잔재와 유산이 비교적 강력하게 남아 있는 나라에서는 더욱 그렇다.

박근혜 정권의 등장이 노동계급 운동에 미칠 첫째 악영향은 국가기구들을 통제하는 자리들이 좀 더 강성 우파들로 채워질 것이라는 점이다. 취임 초기에는 '국민 화합'을 표방하며 경쟁 정파들을 달래고자 친위 세력과 까칠한 자들을 후방에 포진시키는데도 벌써 이동흡 헌재

———

[*] 이 글은 박근혜 취임 직전인 2013년 1월 말에 쓰였다.

소장 후보자 지명, 윤창중·인요한·박효종·안종범의 인수위 요직 임명 등에서 보듯 우익 성향이 두드러진다.

방금 총리 후보자로 지명된 김용준 전 헌재소장도 강한 보수 성향 인물로, 새 정부의 최우선 과제가 "법과 질서가 지배하는 사회로 가"는 것이라고 강조했다. 그는 김영삼 정부 때 검찰의 12·12와 5·18 사건 관계자 불기소 처분을 뒤엎은 '5·18 민주화운동 등에 관한 특별법'이 "형벌불소급의 원칙 정신에 비추어 헌법적으로 받아들일 수 없는 위헌적인 것"이라는 입장을 취했다.

"법과 질서"

또한 그는 우파 전직 의원 박세일이 이끄는 한반도선진화재단 고문, 조선일보 독자권익보호위원장, 박근혜의 외곽 지지 단체 충청미래정책 포럼의 고문을 지냈다. 그리고 지난해 〈조선일보〉 인터뷰에서 "〈조선일보〉가 젊은이들에게 쓴소리는 하지 않고 '아첨'하려고 하는 게 불만이다. … 반값 등록금이니 해서 달콤한 얘기만 들려 주려고 한다"고 말했다.

장차 박근혜의 인기가 떨어지면 떨어질수록 친위대 중심으로, 더 우익적으로 인사가 이뤄질 것이다.

사실, 지배계급이 총선 때부터 일치단결해 박근혜를 밀어줬다는 것 자체가 지배계급이 앞으로 '강한' 정권을 보길 원한다는 것을 뜻한다. 국내든 국제든 경제 위기가 전례 없이 심각해지고 있기 때문이다. 실제로 박근혜의 대선 공약 가운데 경찰 2만 명 증원이 포함돼 있었고,

지금 진행 중인 정부 개편에는 '안전'을 강조하기 위해 행정안전부의 명칭을 안전행정부로 바꾸는 게 포함돼 있다. 두루 알다시피 경찰청은 행안부, 아니 안행부 소속이다.*

그리고 박근혜가 최대의 사회악으로 규정하고 있는 것은 세계 모든 곳의 우파들이 걸핏하면 거론하는 전형적인 '로앤오더', 즉 법질서 의제들이다. 또, 박근혜가 앞으로 근절하겠다고 선거 때부터 줄곧 내세운 '4대악'은 실업, 빈곤, 질병, 차별 등이 아니라 성폭력, 학교 폭력, 가정 파괴 범죄, 불량 식품이다. 이 가운데 불량 식품은 자기에게도 유머 감각이 있음을 과시하기 위해 끼워팔기 식으로 집어넣은 것 같다. 물론 박근혜 선본 관계자인 새누리당 의원 윤명희가 "불량식품은 쫀드기나 아폴로가 아니며, 불량식품 근절은 '생활의 악'과 전면전"이라고 주장했지만 말이다.

'로앤오더' 정부들이 정말로 근절하고 싶어 하는 게 성폭력, 학교 폭력, 가정 파괴 범죄 등이 아님은 레이건 정부나 마거릿 대처 정부 등을 경험한 근본적 사회변혁 지지자들이 다 안다. 우리는 '로앤오더' 정부들이 그런 범죄들을 근절할 수 없음도 잘 안다. 우리는 우파 정부가 그런 흉악 범죄 근절을 순전히 빌미 삼아 우파를 결집하고, 진정한 이슈로부터 사람들의 주의를 딴 데로 돌리고, 경찰력 강화를 꾀하고, 그렇게 해서 강화된 경찰력을 소위 시국 치안에 사용한다는 것도 잘 알고 있다.

어느 곳에서든 경제 위기에 직면한 강성 우파 정부는 좌파, 특히 급진적 좌파 단체들을 사찰하고 거듭 괴롭힌다. 그리고 흔히 이민자들을

---

* 2014년 11월 다시 행정자치부로 명칭이 바뀌었다.

속죄양 삼는다. 한국 같으면 이민자들보다 친북 좌파와 혁명적 좌파가 속죄양이 되기가 더 쉽다.

국가 탄압이 아무도 물리칠 수 없는 불가항력의 것은 아니다. 단결이 가장 효과적인 방어 수단이다. 그래서 박근혜 치하에서는 공동전선이 특히 중요하다.

공동전선

공동전선이 중요하다 함은, 공동전선 구축이 매우 중요한데도 그 과업을 방해하고 운동을 분열시키는 초좌파주의에도 반대해야 함을 뜻한다. 초좌파주의는 매우 급진적·좌파적으로 말하면서 종파적으로 실천하는 것을 가리킨다. 초좌파주의가 급진적 미사여구 덕분에 좌파의 대세가 되는 일이 발생하면 영락없이 운동이 분열하고 사기 저하하게 된다는 것이 역사적 경험이었다.

가령 1920년 9월에 절정에 이르렀던 이탈리아 공장점거 투쟁에서 "이탈리아 사회당PSI은 말로는 혁명적 정책을 내놓으면서도 그 정책의 결과를 조금치도 고려하지 않았다. 9월 사태 동안 사회당만큼 두려움에 허둥대며 마비된 단체는 없었다. 그 사태가 일어날 수 있었던 상황을 조성한 게 바로 사회당 자신이었는데도 말이다"(트로츠키). 그 결과 공장점거 운동은 패배했고, 무솔리니의 파시스트 운동이 몇 년 새 급성장해, 그람시를 수감하는 등 혁명운동을 완전히 분쇄했다.

1921년 3월 독일 공산당KPD의 소위 '공세 이론'에 따른 초좌파적 전술도 노동운동에 커다란 해악을 끼쳤다. 당시 작센 주州 경찰이 만스펠트 구리 광산을 점령하는 돌발 사태가 발생했다. 국지적인 저항은 일어났지만, 노동계급 전체는 저항할 자신이 없었고, 따라서 충분히 행동을 조직하지도 못하고 있었다. 그런데 공산당은 봉기를 동반하는 총파업이라는 초강수 대응을 호소했다. 아무도 행동하지 않았다. 그런데도 공산당은 전술적 후퇴를 감행하지는 않고, 오히려 폭탄을 터뜨려 노동계급을 '분발'시키라고 당 산하 군사조직에 지시했다. 브레슬라우와 할레에서는 폭탄이 터졌지만, 베를린에서는 어림도 없었다. 이런 초좌파적 전술들의 결과는 뻔했다. 노동계급의 참패였다. 독일 공산당의 초좌파주의는 1920년대 말과 1930년대 초에도 다시 도져 이번에는 훨씬 더 큰 재앙, 즉 히틀러의 집권이라는 재앙을 자초했다.

단결한 대중투쟁만이 이윤과 권력을 위해 작정하고 덤비는 우파들에 대항하는 유일한 수단이다.

박근혜 정권의 등장으로 노동계급 운동에 미칠 둘째 악영향은 지배계급의 자신감과 노동계급 대중의 (일시적) 좌절감이다. 이번 대선에서 처음으로 한국 지배계급은 일치단결을 이룰 수 있었고, 주로 그 덕분에 승리를 거머쥘 수 있었다. 물론 다른 승인勝因들도 있었지만, 지배계급 전체의 단결과 우파 전체의 단결이 가장 큰 승인이었다. 지배자들의 자신감은 노동자들과 사회운동가들의 좌절감과 흔히 동전의 앞뒷면 관계이다. 박근혜 당선과 우파 재집권으로 많은 사람들이 '멘붕'에 빠졌다. 2004년 미국 대선에서 조지 부시가 재선에 성공했을 때도 미국의 반전 운동과 대안세계화 운동은 '멘붕'에 빠졌고, 회복되는 데 조금 시간이 걸렸다.

하지만 지배자들의 자신감은 오래가지 못할 수도 있다. (1) 부패 추문으로 그들 사이에 심각한 내분이 일어나거나, (2) 경제 위기가 도무지 완화될 조짐이 보이지 않고 무한정 질질 끄는 듯하거나, (3) 탄압에도 불구하고 아래로부터 저항이 매우 드세지면(박근혜 정부는 이 세 가지 상황에 직면할 충분하고도 남을 개연성이 있다), 그러면 지배자들의 자신감은 정반대로 좌절감으로 바뀔 것이다.

(1) **부패**: 뇌물 수수, 횡령, 직무상의 부당 취득, 권력 오용·남용, 정실 인사, 불법, 부정직 등 각종 부패가 고질병 수준인 집단들이 박근혜의 정치적 기반을 이루고 있어서 그의 앞길은 지뢰밭이다. 거의 '제도적 부패'로 규정될 수준에 도달할 가능성이 크다.

부패는 정권의 도덕적 기반을 와해시켜 통치의 정당성을 훼손하고, 지배자들을 책임 전가에 몰두하게 만들어 서로 분열시킨다. 이동흡 임명 시도를 놓고 새누리당과 헌재 일각에서도 임명 철회 목소리가 나오고 있는 것은 그가 지금 부패의 상징이 돼 있기 때문이다.

(2) **경제 위기**: 위기가 세계경제 일반에 해당하는 문제이다 보니 가장 중요한 경제에 속하지는 않는 한국의 지배계급은 책임 공방에서 빠져 나갈 구멍이 있다. 하지만 국민국가가 완전히 무력한 것은 아니다. 상부구조는 허깨비가 아니다. 특히, 국가는 고전적인 케인스 정책을 시행할 수 있다. 즉, 재정 확대를 통해, 특히 부자 증세를 통해 대중의 구매력을 향상시키고 소득 재분배 효과를 내는 식으로 제한적이고 일시적으로나마 경제 회복을 꾀할 수 있다.

그러나 박근혜의 정치적 기반인 우파들과 지배계급은 복지 제공을 기피하고 싶어 한다. 따라서 고전 케인스파적 요구들을 행동 강령의 일부로 제시하면서, 박근혜 정부가 그와 정반대 방향을 지향해 경제를 오히려 더 어렵게 만들고 있다고 폭로해야 한다.

(3) **아래로부터의 저항**: 아래로부터 저항이 일어날 수 있는 가장 중요

한 조건은 박근혜의 핵심적인 약점이자 모순인 선심성 공약의 운명과 연동될 것 같다. 박근혜의 선심성 공약은 그가 경제 위기로 고통받고 분노한 대중의 표를 얻기 위해 재원 문제를 분명히 하지도 않은 채 공약을 '남발'했다는 것이다. 그래서 그는 지금 우파들로부터 공약 수정을 촉구받고 있다.

그러나 박근혜가 분노한 대중을 선거에서 달랠 수 있게 해 준 선심성 공약을 희석시키고 누더기로 만들어 버린다면, 즉 공약을 사실상 어긴다면 그의 통치의 정당성은 순식간에 사상누각이 될 것이다.

우파들과 지배자들은 특히 복지 제공을 혐오한다. 그 가장 큰 이유는 복지 제공이 기대를 높인다는 것이다. 특히, 국가의 책임과 사회적 권리라는 생각을 고무한다. 반면에 개인의 노력과 경쟁이라는 생각은 경시하게 만든다. 또한 시장의 엄격함과 사용자의 원칙을 무디게 만들 것이다. 게다가 자칫 부유층의 조세 부담을 증대시킬 수 있다.

그래서 순전히 자본의 입장에서만 본다면 복지는 아예 제공되지 않을 것이라는 판단을 내릴 수도 있을 것이다. 그러나 국가가 단지 자본의 집행 기구일 뿐인 것은 아니다. 국가와 자본은 크리스 하먼이 말한 '구조적 상호의존 관계'에 있다. 자본주의 국가는 개개 자본가들의 근시안적 시야를 넘어 노동자들이 생산과정 속에 자리 잡고 자신에게 할당된 과제를 수행할 수 있도록 신경 써야 한다.

이런 모순 때문에 박근혜는 복지를 제공하되 생색내기식의 알량한 복지만을 제공할 것이다. 그것도 직접세로든 간접세로든 노동계급이 재원을 대도록 할 것이고, 그나마 결과는 노동계급 내에서의 소득 재분배일 것이다(노동계급 가운데 좀 더 형편이 나은 부분을 희생시켜 좀 더 궁핍한 부분에게 베풀기로, 말하자면 아랫돌 빼서 윗돌 괴기 식). 사실, 이것이 1880년대 비스마르크의 사회보험 프로그램 이래 130년 역사의 복지국가의 실체다. 물론 그래도 복지는 필요하고 따라서 쟁취할 가치가 있다.

아킬레스건

그러므로 박근혜 정부의 미온적 복지 제공을 폭로하고, 복지 공약의 조삼모사식 배신을 폭로하고, 조세 불평등을 폭로해야 한다. 특히, 조세 불평등 폭로와 함께 요구해야 할 부자 증세는 극도로 예민한 쟁점이다. 실제로 시행된다면 정부는 자본가와 그들의 압력단체로부터 큰 압박을 받게 되고 자칫 그들과 척지게 될 수 있기 때문이다. 사회주의자들이 보기에 알량하기 그지없던 사회정책을 시행한 노무현이 그토록 부유층과 그 정치인들의 증오를 샀던 주된 이유도 세금(특히 종부세) 문제였다.

박근혜 복지 공약은 세금 문제가 아킬레스건이다. 부자 증세를 요구하고 법인세 감면을 반대해야 한다. 동시에, 이미 역진세인 세금들(특히 부가세, 관세, 소비세, 주민세, 지방세 등)이 인상될 가능성도 있으므로 이것도 반대해야 한다.

물론 자본주의 사회에서 세금 문제를 둘러싼 투쟁은 주로 자본가계급과 중간계급이 벌여 왔고, 그것도 성공적으로 벌여 왔으며, 노동계급은 거기에 끼어들기가 흔히 어려웠다. 그러므로 지금은 세금 문제를 둘러싸고 운동을 일으키겠다는 생각에는 일단 신중해야 한다.

하지만 선거에서 박근혜의 결정적 승인勝因이었지만 집권 유지에는 최대 장애물이 될 그의 복지 공약을 폭로하기 위해 조세 정의의 부재를 예리하게 폭로해야 한다. 그리고 박근혜의 복지 공약 물타기나 누더기 만들기를 폭로할 때 그것을 사회변혁 운동가들의 행동 강령적 요구들과 연관시킴으로써 운동 건설의 기회도 엿봐야 한다.

요컨대 박근혜가 승리할 수 있었던 바로 그 요인 때문에 그는 조만간 통치의 정당성을 잃고 이데올로기적·정치적 위기에 처하게 될 것 같다. 다만, 그 시점이 정확히 언제일지, 위기가 정확히 어떤 형태로 표출될지는 아무도 알 수 없다. 우리가 알 수 있는 건 경제 위기로 말미암아 그런 상황이 거의 틀림없이 올 것이라는 것뿐이다.

그런데 박근혜 정부의 위기가 곧바로 대중 저항으로 이어질까?

박근혜의 복지 공약을 믿고 그를 지지했던 후진적인 노동자 부분이 그의 사실상의 공약 파기에 분개해 먼저 투쟁에 나설 가능성은 아예 없진 않다 해도 매우 작을 것 같다. 그보다는 박근혜의 조삼모사식 복지 공약 이행을 위해 그동안 얻은 이득을 강제로 회수당하게 된 노동자들이 박근혜 정부의 정치적 위기 덕분에 저항할 자신감이 되살아나 반격하기 시작하는 시나리오가 더 큰 가능성일 것 같다.

저항의 가능성

그렇다 해도, 만일 그 시나리오가 현실화한다면 그것은 특정한 양질 전이 과정의 결과일 수밖에 없다. 즉, 수많은 작은 노동자 투쟁들이 대부분 비기거나 패배하고, 간간이 소수의 투쟁은 승리를 거둬, 계급투쟁의 교착 상태가 이어지다가, 마침내 강성 정권의 정치적 위세가 현저히 약화된 것을 보고 노동계급 대중의 자신감이 올라 결국 큰 투쟁이 분출하는 그림 말이다.

물론 특정한 경제적 투쟁이 정치적 투쟁으로 급성장하는 시나리오도 전혀 불가능한 것은 아니다. 하지만 노동조합 고위 상근 간부층의 개혁주의적 영향력을 아래로부터 돌파할 만한 현장 노동자들의 자신감은 당장은 충분치 않을 것 같다. 전적으로는 아니지만 주로 경제 불황으로 말미암아 그럴 것이고, 게다가 강성 정권의 등장으로 자신감을 얻은 사용자들의 탄압도 그런 영향을 미칠 것이다.

개혁주의적 노조 상근 간부층의 영향력을 상당 부분 견제할 수 있는 사회변혁적 노동자 대중정당이 존재한다면 얘기가 달라질 것이다. 그러나 좌익 정치조직들은 너무 작은 데다 종파적 편협함과 경직성으로 말미암아 노동자 투쟁을 더 키우는 것보다는 좌익적이지만 흔히 공허한 슬로건 내놓기에 그치는 경우가 다반사다. 그래서 개혁주의의 영향력에 대응하기보다는 오히려 뜻하지 않게 개혁주의자들의 입지를 강화해 주는 걸로 끝나는 경우도 많다.

그래서 필자 생각으로는, 정치 영역에서든 산업 영역에서든 공동전선이 잘 구축돼 이럭저럭 성공적인 저항이 전개될 때 비로소 돌파구가 열릴 수 있을 것 같다.

최일붕, 〈레프트21〉 97호(2013-01-26).

박근혜 정부의 참패,
노동계급(과 정의당)의 전진

새누리당이 완패했다. 그동안 박근혜는 노동개혁 법안, 서비스산업 활성화 법안, 사이버 안보 법안을 통과시키지 못하는 국회를 비난하며 국회 심판을 부르짖었다. 그러나 개표 결과가 명명백백하게 보여 주듯이, 정작 심판당한 것은 박근혜 정부 자신이다.

새누리당은 노무현 탄핵 반대 운동이 일어났던 2004년 총선 이후 처음으로 제1당의 지위를 잃었다. 또, 2000년 총선 이후 16년 만에 여소야대 국회가 됐다. 지금 패닉 상태에 빠져 있는 새누리당을 보며 수많은 노동자와 청년·학생·서민이 만면에 미소를 머금고 있을 것이다.

당초 새누리당은 야권 분열 상황을 감안해 최대치 목표를 180석 달성으로 잡았다. 각종 여론조사 기관들도 새누리당이 분열한 야당들을 꺾고 2017년 정권 재창출 가능성을 높일 거라고 예측했다. 이 기대와 예측은 모두 보기 좋게 빗나갔다.

새누리당의 정당 득표는 2012년 총선에 비해 무려 200만 표 가까이 줄었다. 2012년 총선에서 982만 표를 얻은 데 반해, 이번 총선에서는 796만 표를 얻었다. 새누리당의 절대 아성으로 불리던 서울 강남, 성남 분당, 영남이 흔들린 것도 의미심장하다. 서울 강남 3구 선거구 8곳 중 3곳에서 새누리당이 패배했다. 성남 분당구의 선거구 2곳에서도 새누리당이 패배했다. 대구에서는 야당과 야당 성향 무소속이 당선했고, 부산·울산·경남에서도 11명의 야권 후보가 당선했다.

새누리당의 주요 지지층 사이에서 이반이 일어난 것이다. 총선·대선에서 지배계급과 우파가 모두 일치단결해 박근혜를 밀어줬던 2012년과는 사뭇 다른 양상이다. 철옹성 같던 박근혜의 우파적 기반에도 틈이 벌어졌다.

새누리당의 참패는 주로 박근혜 정부의 우파적 경제정책에 대한 불만 때문인 듯하다. 가계 부채는 계속 기록을 경신하고, 청년 실업률은 2000년 이후 최고치를 기록하며, 소득 불평등도 OECD 최고 수준에 이르는 등 서민 경제에 대한 불만이 광범하게 존재한다.

새누리당의 패배는 경제에 대한 불만이 북한의 핵실험과 미사일 발사 등 안보 우려를 뒷전으로 밀어 냈음을 보여 준다. "새누리당의 형편없는 성적은 유권자들이 이전만큼 국가 안보 쟁점에 흔들리지 않음을 보여 준다"(《뉴욕 타임스》).

과거 선거 때 남북 대치 국면이 형성되면 우파는 대북 강경책을 펼쳐 흔히 선거를 자신들에게 유리하게 만들 수 있었다. 그러나 대북 제재와 개성공단 폐쇄 등 박근혜 정부의 대북 강경책은 (여론조사에서는 높은 지지를 받았지만) 실제 선거에서는 대중의 표심을 움직이지 못했다. 그보다는 먹고사는 문제에 관한 불만과 불안감이 선거를 지배했다. 북한이나 '북풍', '종북' 이데올로기 등은 주요 선거 의제가 되지 못했다.

민주당과 국민의당

민주당과 국민의당은 박근혜 정부의 경제정책에 따른 대중의 불만으로부터 반사이익을 거뒀다. 민주당은 123석을 얻어 제1당이 됐다. 국민의당은 38석을 얻었다.

민주당을 이끈 김종인은 보수적인 인물이다. 1980년 전두환의 국가보위비상대책위원회(국보위)에 참여한 전력이 있다. 노태우 정부에서도 중용됐다. 그리고 2012년 대선에서 박근혜 승리의 공신이기도 했다. 그런 그가 '경제 민주화'를 내세우며 박근혜 정부의 재벌 위주 경제정책을 비판했다. 이런 포퓰리즘이 땅콩 회항, 롯데가※ 경영권 분쟁 사태, 재벌 3세들의 슈퍼 갑질, 천문학적 사내유보금 등 재벌에 대한 국민적 반감과 맞물려 다소 이득을 본 듯하다.

그러나 민주당은 제1당이 되기는 했지만 정당 득표 수(600만여 표)는 2012년 총선(771만 표)보다 오히려 170만 표가량 줄었다. 제3당이 된 국민의당의 득표 수(635만여 표)보다도 적다. 그럼에도 정부·여당에 대한 지지가 크게 줄어든 덕분에 제1당이 됐다.

소프트웨어 사업가에서 정치인으로 변신한 억만장자 안철수는 새누리당과 민주당 사이의 '보수적 중도층'을 공략했다. 이를 통해 제3당으로 오를 수 있었다. 국민의당은 호남 지역에서 민주당의 지위를 대체했지만, 수도권에서는 달랑 2석만 얻었다.

민주당과 국민의당의 계급적 성격을 봤을 때, 16년 만에 여소야대가 됐다고 해서 국회에 기대를 걸어서는 안 된다. 2004년 총선에서 한나라당(새누리당의 전신)이 노무현 탄핵 반대 운동의 역풍을 맞으며 열린우리당이 단독으로 과반을 확보했지만, 그들은 개혁을 제공하지 않았다. 노무현 정부는 이라크에 파병했고 한미FTA 협상을 강행했다. 진정한 변화는 이들 자본주의 야당들로부터 독립적인, 아래로부터의 대중투쟁을 통해서만 가능하다.

진보·좌파 정당들의 성적

진보·좌파로 말하면, 사표 논리·압박에도 불구하고 꽤 좋은 성적을 거뒀다. 새정치민주연합의 '분열'로 새누리당이 대승할지 모른다는 커다란 위기감 때문에 야권 성향의 유권자들은 진보·좌파 후보들보다는 민주당과 국민의당에 투표했다. 그 바람에 진보·좌파 정당들이 크게 압착을 당했다. 진보 진영은 모두 8석을 확보했다. 정의당이 6석을, 울산연합 계열(무소속)이 2석을 얻었다.

이를 두고 중도진보계 언론 〈한겨레〉는 '진보 정당의 위축이 두드러진다'거나 '기대 이하의 성적표를 받아들었다'고 평가한다. 진보·좌파의 주장이 비현실적이라고 보고 선거 때마다 주로 민주당 내 '개혁파'를 지지해 온 〈한겨레〉답다. 또 다른 중도진보계 언론 〈경향신문〉도 그 비슷하게 평가한다. 진보·좌파 진영 일각에서도 진보·좌파 4당(정의당, 녹색당, 민중연합당, 노동당)의 의석 수와 정당 지지율이 2012년에 비해 적거나 낮다며 "저조한 성적"이라는 자학적 평가가 나온다.

그러나 한국의 선거제도는 승자 독식 제도여서 의석 수의 변화만으로 평가하면 진보·좌파 정당의 지지 증감을 제대로 볼 수가 없다. 그보다는 정당 득표 절대 수를 보는 것이 좀 더 정확하게 지지 추세를 확인할 수 있다.

진보·좌파 4당이 얻은 정당 득표 수는 213만 표가량이다. 지난 2014년 지방선거 때 네 정당이 얻은 광역 비례 정당 득표 합계(223만 여 표)와 대략 비슷하다. 당시 지방선거에 이번 총선과 비슷하게 정의당, 통합진보당, 녹색당, 노동당이 출마했기 때문에 2012년 총선보다 비교하기가 더 적절하다. 이번 총선에서 민주당이 우클릭 하고, 국민의당이 새누리당과 민주당 사이에서 보수적 중도층에 구애하는 등 주류 정당들이 우경화하는 속에서도 200만 명이 넘는 보통 사람들이 자본주의 야당이 아닌 진보·좌파 정당들을 지지했다는 게 의미심장하다. 진보·좌파 정당들은 두 자본주의 야당보다 훨씬 더 진보적이거나 좌파적인 개혁 공약들을 제시했다.

진보·좌파 4당 중 정의당의 성장이 특히 눈에 띈다. 172만 표(득표율 7.23퍼센트)를 획득했다. 2014년 지방선거(82만 표)와 비교해 2년 만에 곱절로 정당 득표가 늘었다. 게다가 새누리당과 민주당이 야합해 비례대표 의석을 줄인 상황에서 정의당은 비례대표 4석과 지역구 2석을 합해 6석을 얻었다.

정의당에 투표한 층의 성격은 단순하지 않을 것이다. 새롭게 급진화하는 청년·대학생이 정의당에 꽤 투표했을 수 있다. 투쟁성이 약화된 조직노동자들은 투쟁이 버거우니 선거를 통해서 박근혜의 공격을 막아 보자는 생각에서 정의당에 투표했을 수 있다. 다른 한편, 새로 조직된 노동자 부문들(케이블·통신, 택배, 학교비정규직 등등)은 정의당에 투표하는 게 그 나름의 급진화와 투쟁성의 발로일 수 있다.

정의당의 강령은 서구의 주류 사회민주주의 정당과 비슷하다. 그래서 정의당은 "한국 자본주의의 민주적 개혁"을 표방한다.

사회주의자들은 자본주의 정당들에 맞서 정의당 같은 사회민주주의 정당을 지지해야 한다. 하지만 사회민주주의가 지닌 부족함을 모르는 척하는 기회주의적 처신을 할 수는 없으므로 혁명적 비판을 유보해서도 안 된다.

가령 지난해 봄 정의당 지도부는 공무원연금 개악과 국민연금 개선을 맞바꾸려는(그러나 실상 국민연금 개선은 공무원연금 개악을 위한 미끼였을 뿐이다) 새누리당과 새정치민주연합의 야합을 공공연히 찬성하다가 국회 표결 때는 공무원·교사 노동자들의 반발을 의식해 기권했다. '계급보다 국민(민중)을' 의식하는 정의당의 개혁주의 노선에서 비롯한 사건이었다.

또, 북한 핵실험 직후인 지난 1월 8일 박근혜 정부의 대북 강경책에 힘을 실어 주기 위한 북한 핵실험 규탄 국회 결의안에 정의당 의원들은 찬성했다. 정의당 지도자들은 자본주의 국가의 외교·안보 정책에서 유능함을 입증하고 싶어 한다. 이런 태도는 지정학적 위기 상황에서 자국 안보(즉, 자국 지배계급)를 지지하는 쪽으로 나아갈 위험이 있다. 이번 총선에서 정의당 일부 지도자의 '태극기 마케팅'은 그런 경향이 발전할 조짐을 얼핏 보여 줬다. 또, 인천에서는 제주 강정 마을 진압을 현장 지휘한 경찰 간부 윤종기와 단일화를 했다.

정의당은 국회 내에서 유일하게 '노동개혁'을 반대하는 정당이지만, 그 당 지도자들은 민주노총에 사회적 합의(즉, 조합원들의 이익을 일부 배신하는 타협)를 주문한다. 이것은 특히, 노동자 투쟁보다 국회 내 협상, 자본주의 야당 의원들과의 공조를 중시하며 노동자들을 수동적으로 만들 위험이 있다.

사회주의자들은 정의당이 순전한 자본주의 정당보다 어느 경우에든 더 낫다고 보지만, 정의당의 이런 문제점들에 대한 비판을 유보하지 않는다.

녹색당은 18만 2000여 표(0.76퍼센트)를 얻어 지난 지방선거(17만 표) 때보다 약간 더 얻었다. 그런데 변홍철 후보는 대구 달서갑 지역구에서 30퍼센트를 득표했으므로 이 당의 미래도 무시할 수만은 없다.

2014년 지방선거에서 통합진보당이 97만 표를 얻었는데, 그 당권파의 정당인 민중연합당은 14만 5000여 표(0.61퍼센트)를 획득했다. '민주노동당보다 더 커서 돌아왔다'는 선전이 허언虛言으로 드러난 득표다.

노동당은 지난 지방선거(26만 표)보다 적게 얻었다(9만 1000여 표, 0.38퍼센트). 아마도 지난해 연말의 분당 후유증 때문일 것이다. 그럼에도 울산 중구에 출마한 이향희 후보가 20.5퍼센트를 얻어, 가능성이 아예 없지 않음을 보여 준다.

진보·좌파 정당들의 절대 득표 수를 봤을 때, 〈민중의 소리〉가 진보·좌파 정당들이 분열해 지난 총선에 비해 의석 수가 줄었다고 평가하는 것은 극히 피상적이다. 〈민중의 소리〉는 특히, 통합진보당에 대한 종북 공세에 대처하지 못해 진보·좌파 정당들의 지지가 과거에 비해 감소했다고 주장한다. 이것은 아전인수일 뿐이다. 울산 북구와 동구에서 새누리당 후보들은 김종훈·윤종오 후보가 통합진보당 출신이라는 점을 물고 늘어지며 집요하게 '종북 좌파'라고 비난했으나, 노동자들에게 거의 먹히지 않았다. '종북 마녀사냥'의 효과를 부풀리는 것은 현실과 맞지 않는다.

한편, 이런 피상적 평가는 이번 선거에서 민주노총의 구실을 거의 무시하는 것이기도 하다. 민주노총은 이번 선거에서 6곳의 전략 지역을 선정했다(창원 성산, 울산 북구, 울산 동구, 경주, 부산 부산진을). 이 중 3곳에서 민주노총 후보가 당선했다. 창원 성산, 울산 북구, 울산 동구. 민주노총이 총선공투본을 구성해 울산과 창원 같은 중요한 선거구에서 노동자 후보를 단일화할 수 있는 모멘텀을 만들었다(이 총선공투본의 추진력은 박근혜 정권의 공세에 파업과 민중총궐기 등으로 맞선 지난해 민주노총 노동자 저항이었다). 그 덕분에 이 지역들에서 노동자 후보 대 자본가 후보의 대결 구도를 형성하고 노동자들의 계급 투표를 이끌어 낼 수 있었다. 2012년 총선에 비해 울산 북구에서는 1만 9000표를, 동구에서는 1만 7000표를 더 얻었다. 울산 중구의 이향희 후보도 2012년 4200표에서 2만 2000표로 지지가 늘었다.

이 기세에 눌려 이 지역의 새누리당 자본가 후보들조차 '노동개혁'을 반대한다고 말할 지경이었다. '조직노동자들이 사회적으로 고립돼 있다'거나 '조직노동자들의 단결력이 신자유주의로 분절됐다'는 일부 민중주의자들의 주장이 얼마나 현실과 동떨어진 것인지를 알 수 있다.

민주노총 전략 선거구의 등뼈는 모두 민주노총 금속노조였다. 울산 북구와 동구는 각각 현대차와 현대중공업 노조가 주축이었고, 창원과 경주도 각각 금속노조 경남과 금속노조 경주지회가 뒷받침을 해 줬다. 경주에 단기필마로 출마한 권영국 후보는 15.9퍼센트를 얻었다. 이것도 조직노동자들(특히 금속노조)의 지지 덕분이었다. 투쟁에서뿐 아니라 '정치' 영역에서도 금속노조가 가장 선진 부위임을 확인할 수 있었다(금속노조 지도부는 금속노조 정치실천단을 조직해 버스 투어를 했다).

진보·좌파의 전망

노동자 운동과 진보·좌파 운동 안에서 내년 대선을 염두에 둔 전망 논의가 곧 있을 것 같다. 민주노총은 지난해 12월 선거연합 정당 안을 제안한 바 있다(최종 좌절됐지만). 모든 진보·좌파 정치 세력을 아우르는 선거연합 정당을 구성하자는 안이었다. 이번에 당선한 전략 후보들을 중심으로 민주노총이 연합 정당을 추진할 가능성이 있다. 물론 정의당이 받아들이지 않으면 비효과적인 재구성으로 끝나기 쉬울 것이다.

사회주의자들은 계급투쟁과 그 속에서 근본적 사회변혁 조직 건설하기에 우선순위를 두면서도, 민주노총의 범진보·좌파 연합당 제안을 지지할 것이다.

이때 범진보·좌파 연합당 문제가 자민통계의 계급연합주의적 상설 연대체 구축 시도로 변질되지 않도록 주의해야 한다. 이를 위해 범진보·좌파 연합당은 자본주의 야당 세력을 제외한 진보·좌파 진영으로만 한정해야 한다는 점, 자본주의 야당과 공동 집권을 추구하지 말아야 한다는 점, 참여 단체들의 독자성을 보장하는 느슨한 공동 운영 방식으로 할 것 등을 주장하고자 한다.

마지막으로, 선거 패배로 박근혜의 노동 개악 등 각종 개악 계획이 물 건너가고 집권당의 내년 대선 경쟁도 난망해질 거라는 관측이 많다. 그러나 이는 섣부른 낙관이다. 오히려 세계 자본가들의 유력 신문 〈파이낸셜 타임스〉의 전망이 더 정확하다. "선거 패배는 박근혜 대통령에게 커다란 타격이다. 그는 자신의 경제 의제를 더 강하게 추진할 방법을 찾을 것이다. 선거 결과는 박근혜의 권위주의적 정치 스타일에 대중이 피로감을 느끼고 있음을 보여 주지만, 그의 스타일은 바뀌지 않을 것 같다."

경제 위기가 심각해지고 있는 상황에서 자본가들이 '강한' 정부를 원하기 때문이다. 그래서 박근혜는 조기 레임덕을 방지하고 선거 참패의 기억을 지우기 위해 며칠 안에 다른 쟁점으로 대중의 시선을 돌리려 할 것이다. 오래지 않아 '노동개혁' 법안 통과도 추진할 것이다. 그러므로 새누리당의 패배로 각종 개악이, 특히 노동 개악이 물 건너갔다고 생각하는 것은 크게 섣부르다. 특히, 새누리당은 무소속과 국민의당과 민주당의 일부를 끌어들여 '노동개혁' 법안을 추진할 수 있다.

물론 노동자 계급과 청년·학생들은 박근혜의 패배에 고무돼 투쟁에 나설 것이다. 사회주의자들은 이런 투쟁과 근본적 사회변혁 조직의 건설에 매진해야 할 것이다.

진보·좌파의 성적이 저조하다고?

중도진보계 언론들인 〈한겨레〉와 〈경향신문〉은 진보·좌파 정당들의 성적표를 박하게 평하는 기사들을 실었다. "진보 정당은 이번 선거에서 기대 이하의 성적표를 받아들었[다]"(〈한겨레〉, 이재훈 기자). "정의당 6석 초라한 성적표"(〈경향신문〉, 조미덥 기자). 안타깝게도, 진보·좌파 진영 내에서도 우리 진영의 성적이 저조하다는 평가가 나온다. 〈민중의 소리〉와 〈레디앙〉에서 이런 평가들을 볼 수 있다.

이것이 완전히 잘못된 평가임을 앞에서 지적했다. 덧붙이자면, 이런 보도는 지난 몇 년 동안 급변해 온 정치적 맥락 속에서 이번 선거 결과를 분석하지 않고 그저 최종 결과만을 떼어 내어 보는 실용주의적 견해다.

2012년 통합진보당 경선 부정 사건과 뒤이은 당권파 지지자들의 중앙위원회 폭력 사태로 통합진보당이 분당하자 '진보 정치가 실패했다'는 말이 유행했다. '바닥을 긁다 못해 지하를 뚫고 내려가고 있다'는 자조 섞인 농담의 대상이 되던 진보·좌파 진영이 지난 3년간 노동자 투쟁의 제한적 회복과 세월호 참사 항의 운동 덕분에 소생하기 시작했다. 모두 200만 표가 넘는 정당 득표에 국회 의석도 8석이 됐다. 이 선거 결과를 지난 4년 동안 진보·좌파 진영이 겪은 정치적 굴곡을 고려하지 않고 2012년 통합진보당의 13석과 단순 비교하는 것은 추상적 관점일 뿐이다.

근거 없는 낙관론을 펴자는 말이 아니다. 진보·좌파의 화살표가 성장 방향을 가리키는지 퇴보 방향을 가리키는지를 이해해야 한다는 것이다. 그래야 올바른 전망과 전술을 내놓을 수 있을 것이다.

이번에 진보·좌파 8명이 당선한 것은 진보·좌파가 전진하기 시작했음을 보여 주는 징표다. 이 중 3명이 민주노총 전략 후보다. 울산과 창원에서 이룩한 노동자들의 선거 돌파는 매우 중요한 정치적 함의가 있다. 〈한겨레〉는 이 점을 단신 보도만 했을 뿐, 그 정치적 의미를 진지하게 분석하지 않았다. 그 정치적 중요성을 이해하지 못하거나 중시하지 않기 때문이다. 그러나 울산과 창원에서 노동자들에 의한 선거 돌파는 지난 3년간 노동자들이 저항한 덕분이자 이후 또 다른 노동자 저항을 고무할 수 있다.

또, 진보·좌파 안에는 대공장 조직노동자들이 자신들의 '협소한 경제적 이익'에만 매달리는 부문주의에 빠져 있다는 비난이 꽤 있었다.

울산과 창원의 선거 돌파는 조직노동자들이 (공식) 정치 문제에도 나서는 의식이 있음을 보여 줬다.

한편, 진보·좌파의 성장을 정의당이 주도하고 있지만, 아쉽게도 현재까지 정의당 내 좌파에게까지 그 기회가 온 것 같지는 않다. 그렇다고 정의당 내 좌파들이 상실감을 느끼고 조바심을 내며 정의당의 선거 성적에 인색한 평가를 내리지 않는 게 좋을 것이다. 정의당이 잘 되면 그 다음에는 정의당 내 좌파에게도 차례가 올 수 있기 때문이다. 그러므로 좀 더 길게 내다보며 정의당의 부상을 가능케 한 노동계급의 투쟁에 기여하는 게 바람직한 자세다.

김인식, 〈노동자 연대〉 171호(2016-04-15).

박근혜 정부 실정의 4년, 저항의 4년

세계경제의 심각한 위기 속에서 한국 지배계급이 활로를 찾으려고 박근혜라는 강성 우파 정치인을 전면에 내세우면서 박근혜 정권이 출범했다. 1997년 경제 공황과 뒤이은 김대중·노무현 정부의 실패로 박정희 신화가 되살아난 것이 먼 배경이 됐을 것이다.

그러나 박정희 신화가 애초에 기만이었듯이, 박근혜가 한 일들은 평범한 사람들이 기대한 것과 달랐다. 단지 과대 포장만이 아니라 상품 자체가 결함투성이로 사실상 사기였던 것이다.

박근혜가 가장 큰 역점을 두고 한 일은 '수단·방법을 가리지 않는 대기업 살리기'였다. 부패가 곁들여진 억압과 노동계급 쥐어짜기 등 말이다.

'줄푸세'(세금은 줄이고 규제는 풀고 법질서는 세운다)를 내세운 2007년 대선 예비 경선 때와 달리 2012년 대선에선 "내 아버지의 꿈이 복지국가"라는 흰소리를 하며 당선했지만, 그 실체가 바뀔 리는 없었다(그런데 2007년에 줄푸세 공약을 만든 자가 바로 안종범이었다).

4년여 전 대선에서 민주당은 박근혜 복지 공약이 퍼주기라고 공격했다. 예산도 없는데 복지를 늘리면 안 된다는 것이었다.

박근혜 정권의 실체를 잘 알았기에 오히려 노동계급은 박근혜 당선에 일시적으로 사기 저하를 겪었다. 이명박 정부 아래서 완전히 학을 뗀 사람들에게 더 악랄한 자의 5년은 버겁게 느껴졌을 것이다. 박근혜 당선 직후 천문학적 손해배상에 짓눌려 온 한진중공업의 투사 최강서 열사가 한 맺힌 생을 스스로 마감했다. 그 뒤로 노동자와 활동가 넷이 세상을 등졌다. 많은 사람들이 때마침 개봉한 1830년대 프랑스의 민중 봉기를 소재로 한 영화 〈레미제라블〉을 보면서 위로를 받았다.

그러나 취임 이래 지난 4년 동안 박근혜는 아버지에게서 배운 대로 할 수 없었다. 40년 전과 달리 노동자 조직들이 성장해 형식적 민주주의가 진전됐고, 청와대가 더는 강압으로 좌지우지할 수 없었다.

따라서 박근혜의 적폐 4년은 불평등과 고통이 심화된 4년이기도 했지만, 또한 저항과 반격의 4년이기도 했다. 특히, 박근혜식 경제 살리기의 주된 표적이었던 조직 노동운동이 처음부터 선두에 서 왔고, 퇴진 운동을 추동한 핵심 동력이 됐다는 것은 의미심장한 일이다. 박근혜 정권 퇴진 운동은 결코 진공 속에서 등장한 것이 아니다.

4년도 지겨웠다

첫해부터 우익 본색을 드러내다

박근혜는 2012년 대선에서 모든 노인들에게 기초연금을 기존의 두

배로 올리겠다고 공약해서 재미를 봤다. 그러나 이 공약을 뒤집는 데는 당선 후 한 달도 걸리지 않았다.

박근혜가 내놓은 첫 인사 명단들은 악취가 펄펄 풍겼다. 오죽하면, 임명 전 낙마가 속출해 박근혜는 취임 후 한 달이 지나도록 전임 이명박 정부의 장관들을 데리고 국무회의를 해야 했다.

박근혜에게 잘 보이려고 경남지사 홍준표가 2013년 3월 공공의료기관인 진주의료원을 기습적으로 폐쇄했다. 그래서 박근혜 정부 아래서 진주의료원 문제로 첫 노동자 투쟁이 시작됐다.

박근혜 정권은 임기 첫해에, 지금 문제되고 있는 적폐의 대부분을 다 보여 줬다. 복지 후퇴와 고통 전가, 부패 인사 등용, 민영화와 공공복지 후퇴, 국가기관을 동원한 공작 정치, 노동조합 공격과 민주적 권리 제약, 그리고 이런 것들을 포장해 대국민 사기를 치기 위한 언론 통제 등.

공공의료기관 공격은 곳곳으로 이어졌고, 이와 짝을 이뤄 의료·철도 등 민영화, 각종 규제 완화가 추진됐다. 공공서비스와 기관들의 민영화 드라이브는 당연히 공공 노동자들의 노동조건 악화를 동반하는 '1+1 개악'임도 확인됐다. 이 과정에서 박근혜 정권의 지지율 추락 위기를 처음 끌어낸 것이 2013년 말 철도노조의 민영화 반대 파업이었다.

게다가 대선에 국가기관들이 총동원돼 박근혜를 지원한 일도 폭로됐다. 이명박의 (심복인 원세훈이 원장으로 있던) 국가정보원은 민간인·사회운동 사찰뿐 아니라 대선 개입에서도 컨트롤 타워 구실을 했다. 박근혜 못지않게 해 먹은 것이 틀림없을 이명박은 박근혜를 당선시켜 퇴임 후 안전을 보장받으려 한 것이다.

박근혜는 이런 부패한 결탁이 폭로돼 정통성이 흔들릴까 봐 법무장관 '황교안'을 통해 국정원 대선 개입에 대한 검찰 수사를 가로막았다. 여기에 유신 체제에서 잘나갔었고 공안 검사의 중시조인 김기춘이 대통령 비서실장으로 재등장했다. 그는 정권 초기의 어수선함을 노동자 조직 공격으로 정리하려 했다. 전교조 법외노조 통보, 통합진보당 해산 청구 등이 대표 사례다.

그럼에도 국가기관의 총체적 대선 개입에 항의하는 대중 시위가 몇 주간 이어졌다. 전교조는 법외노조가 되는 것을 무릅쓰고 정부의 규약시정명령을 거부하며 저항해 법원의 법외노조 통보 방침 중지 가처분을 이끌어 냈다.

기업주의 이익을 위해 노동계급을 공격하기

임기 둘째 해, 박근혜는 양질의 일자리를 바라는 청년과 기혼 여성 노동자들에게 시간제 일자리 정책을 내놓고 생색을 냈다. 박근혜는 이 저임금 일자리 창출을 핑계로 모든 노동자들에게 임금 삭감을 강요했다.

임금피크제 등 임금 체계 개악이 강요됐다. 이듬해인 2015년 임금피크제가 공공부문에 보편화됐고, 공무원연금도 결국 삭감됐다. 2016년에는 성과연봉제를 도입하려고 공기업·사기업 가리지 않고 근로기준법도 어겨 가며 행패를 부렸다.

기업주들에게 총 1조 원이 넘는 법인세 절감 효과를 준 박근혜 정부는 노동자들에게는 임금 삭감과 담뱃세 인상 등으로 재정적자 벌충의 책임을 강요한 것이다.

기업주들은 수십억 원 넘게 쓰면서 자신들에게 유리한 반대급부를 기대했을 것이다. 노동 개악 추진은 인력 감축, 임금 삭감, 노조 약화 등 이윤 보호를 위한 무기를 기업주들에게 제공하는 것이었다.

그러나 이런 전방위적인 고통 전가 공세는 결국 조직 노동운동이 선두에 서서 싸우게 만들어서 정권 퇴진 운동의 토양을 쌓게 하는 부메랑으로 돌아왔다.

박근혜의 '창조경제'는 문화, 스포츠계에 대한 사찰과 부패·비리로 이어지기 시작했다.

친제국주의로 동북아 긴장 고조에 일조하다

친제국주의적이고 군사주의적인 외교 정책도 문제였다. 이념적으로 친미 냉전 반공주의를 계승한 박근혜 일당은 안보 위기를 국내 억압을 강화하는 명분으로도 써먹으려 했다.

그러나 한국 자본주의는 경제적으로 중국 시장에 의존을 키워 왔고, 2008년 이후 세계경제 침체의 직격탄을 맞지 않은 것도 부분적으로 중국 시장 덕분이었다.

이런 배경 때문에 미국과 중국 간의 갈등이 고조되는 상황에서 친미 정책을 추진하는 것은 국내 정치에서도 날카로운 긴장을 빚어냈다. 여기에 대북 호전 정책, 군비 경쟁 참가 등의 정책은 중국과의 외교적 마찰, 북한 핵무장 능력 강화 등 오히려 동북아의 군사적 긴장만 부추겨 왔다.

안보 위기 속에서 박근혜는 한·미·일 군사동맹을 강화하는 것에 매진해 왔다. 박근혜의 안보 브레인들은 미국이 일본과 군사적으로 가까워지고 일본의 본격 재무장화를 지지하는 것을 보며, 미국에게 한국이 일본보다 열등한 파트너로 취급될까 봐 위기감을 느낀 듯하다.

그러므로 한미동맹을 강화하는 것은 미국의 전략상 한미'일' 공조를 강화하는 것이었다. 그래서 임기 3년차 말부터 나온 것이 한일 '위안부' 합의, 한일군사정보보호협정 체결, 또 사드 배치 결정이었다. 이런 결정들은 민심 이반의 중요한 계기가 됐다.

세월호 참사, 박근혜의 아킬레스건이 되다

박근혜 정권의 죄악 중에 가장 충격을 준 것은 뭐니 뭐니 해도 세월호 참사일 것이다. 구조 실패로 304명의 생명이 눈앞에서 바닷속으로 가라앉아 버렸다.

박근혜는 지금까지도 세월호 참사는 자기 탓이 아니고, 단지 사고인 것까지 대통령 탓을 하면 안 된다고 억지를 부린다.

그러나 세월호 참사는 규제 완화, 민영화, 국가 공공서비스의 해체 등 박근혜 정부가 추진해 온 친기업 정책들을 배경으로 해서 일어난 참사다. 박근혜는 규제와의 전쟁을 선포해 집권 첫해에만 600개가 넘는 규제를 없애 버렸다. 과적과 화물 결박 점검을 완화하고, 재난 관리 예산을 삭감해 해경의 구조 능력을 약화시킨 것도 박근혜다.

또한 친미 우익 정부답게 미국의 동아시아 군사전략을 위해 제주 해군기지 건설을 서두른 것도 직접적인 침몰 원인의 하나가 됐다. 아마 진상을 한사코 감추는 데에도 이런 사정이 영향을 미쳤을 것이다.

박근혜는 세월호 참사 유가족들을 정권 위협 세력 취급해 감시했고 진상 규명도 방해했다. 황교안과 우병우도 검찰의 세월호 수사를 축소하도록 압력을 넣었다는 사실이 드러났다. 결국 4·16세월호참사 진상 규명 및 안전사회 건설을 위한 특별법(이하 세월호 특별법)에 끝까지 반대했고, 그나마 반쪽짜리 특조위도 끝내 해체해 버렸다. 생때같은 자식들이 죽게 된 이유라도 알자는 소박한 호소에 경찰봉과 물대포로 답했다.

박근혜 정권의 비정함과 냉혹함, 무책임성에 수많은 사람들이 치를 떨었다. 특히 10~20대 청년 세대가 그랬다. 지금 박근혜의 정치적 곤경은 이런 악행에 대한 민중의 복수인 것이다. 세월호 참사 진상 규명 운동은 처음부터 범국민적인 지지를 받았고, 조직 노동운동과도 연대해 더 강해질 수 있었다.

민주적 권리를 공격했지만, 아버지처럼 할 수는 없었다

일련의 사악한 짓들에 성공하려면 저항을 억누르는 것이 필수적이었다. 고통 전가와 민주적 권리 억압은 1+1 패키지다.

임기 첫해부터 전교조 법외노조화(와 공무원노조 불승인) 등 노조 탄압에 열을 올렸고, 기업들의 노조 파괴 공작을 묵인하거나 도왔다. 통합진보당 일부 간부들과 일부 당원들의 토론회 내용을 과장해 통합진보당을 해산시켜 정치적 자유도 위축시키려 했다. 블랙리스트 정책이 범정부적으로 시행됐다.

또한 차벽 설치와 시위 참가자 처벌 강화, 물대포 살인 진압 등 탄압 강화를 서슴지 않았다. 그런 짓들의 비극적 상징이 2015년 11월 민중총궐기 집회에서 백남기 농민이 참혹한 죽음을 당한 일이었다. 바로 그 민중총궐기를 주도한 한상균 민주노총 위원장도 구속돼 3년형(1심에서는 5년형)을 선고받았다.

박근혜는 민중총궐기를 핑계로 2016년 초 국정원장에게 더욱 막강한 권한을 부여하고 집회·시위의 자유를 억압하는 테러방지법을 제정했다.

이런 탄압에도 2015년 민중총궐기는 박근혜 퇴진 요구를 거리에서 강력하게 표출했다. 2016년 11월 민중총궐기는 정권 퇴진 운동이 100만 명 넘게 참가하는 강력한 운동으로 도약하는 계기가 됐다. 수십만 명이 참가한 민중총궐기 집회들은 압도적으로 민주노총 노동자들이 주도한 시위였다.

억압과 착취를 강화하고 정당화하려면, 바로 그렇게 성장해 온 한국 자본주의의 과거도 고쳐 써야 했다. 그것이 역사 교과서 국정화 시도다. 이 조처는 전교조를 법외노조화해서 침묵시키려 한 것과도 일부 관계있다.

이 교과서는 너무 많은 거짓말과 침묵으로 광범한 반발을 사고 있고, 그 결과 5566개 중고교 중 단 1곳만 채택했고 그 학교마저 학교 구성원들의 반대 시위에 직면해 있다.

조직노동자들이 저항의 선도자 구실을 하다

권력욕이 많고 통치 기술에 능한 박근혜는 자기 계급의 이익 보장에 충실하도록 국가를 운영하는 것이 자신의 권력을 공고히 하는 것임을 잘 알았다. 그래서 이재용 등 기업주들이 박근혜의 뇌물 요구에 순순히 협력한 것이다.

목표를 위해 수단과 방법을 가리지 않았던 냉혹하고 잔인한 박정희처럼 박근혜도 그러려고 했다. 가령 친기업·친제국주의 정책 추진에 방해될까 봐 세월호 참사 문제를 그렇게도 덮으려 애쓴 것이다.

이처럼 지배계급의 가장 '구체제'스런 자들에 정치적 기반을 뒀지만 박근혜 정권의 실체는 단지 구체제의 패러디는 아니다. 친기업 고통 전가 정책과 친제국주의, 비열한 블랙리스트 통치 등은 한국 자본주의의 현재적 위기를 해결하려는 시도였다.

그래서 퇴진 운동의 저변에 깔린 불만과 분노는 겉으로 표출된 이데올로기보다는 훨씬 더 뿌리 깊은 문제들과 연결돼 있다. 계급 불평등과 부정의한 사회 구조 말이다. 조직 노동운동이 박근혜 정부와 맞서는 아래로부터의 저항을 대표한 것이 우연은 아니다.

박근혜 집권 후 진보 진영 일각에서는 박근혜 당선은 대중의 우경화 때문이라며 자신들의 후퇴와 비관주의를 정당화했다. 박근혜 정권 아래서 노동자 투쟁이 앞장서면 오히려 운동이 고립된다거나, 조직노동자들은 배불러서 안 싸울 것이라거나, 종북몰이 때문에 진보는 힘을 못 쓸거라는 식의 주장이 유독 많았던 이유다.

그러나 노동운동의 전체 그림은 결코 그런 게 아니었다. 민주노총 노동자들은 직접선거로 좌파적 집행팀을 새로 선출하면서 오히려 전투적 투쟁의 필요성을 이해하고 있음을 드러냈다. 지난해 11월 말~12월 초 철도 파업에서는 조합원들이 사실상 지도부의 멱살을 잡고 투쟁을 끌고 갔다.

이런 상황들 때문에 운동 상층 지도자들의 온건성과 맞서며 현장 조합원 대중에게 투쟁의 정치적 무기를 제공할 조직된 좌파들의 존재와 구실이 중요했던 것이다.

박근혜가 대중의 염원대로 탄핵된다면, 자신들의 힘으로 그 오랜 적폐를 상징하는 정권을 패퇴시킨 대중은 일터와 학교 등에서도 적폐들이 일소돼야 한다고 느낄 것이다. 곳곳에서 전진해야 한다. 노동자 투사들이 이 운동들에 더 폭넓게 참여해 모범을 보여야 하는 이유다.

그리고 지난 4년 동안 그랬듯이, 혁명적 좌파가 적절한 분석과 전망과 함께 그 한가운데 있어야 한다.

김문성, 〈노동자 연대〉 199호(2017-03-03).

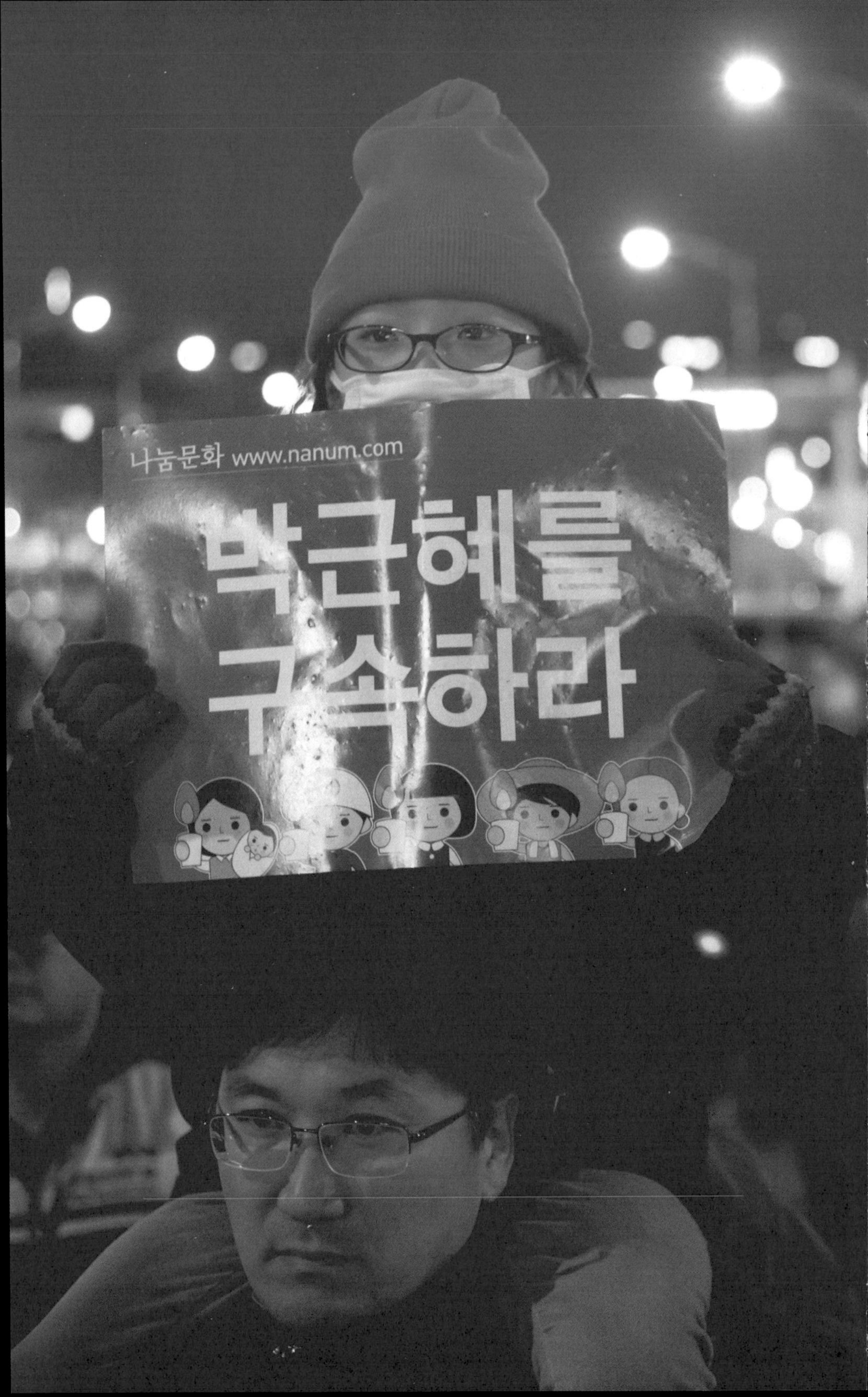
나눔문화 www.nanum.com
박근혜를
구속하라

2부
파죽지세
(10월 말 ～ 12월 초)

3만 명 → 30만 명 → 100만 명 → 95만 명 → 190만 명 → 230만 명

박근혜·최순실 게이트를 계기로 4년 동안 누적된 불만과 분노가 폭발했다. 10월 29일 거리에 나온 사람들은 처음부터 박근혜 퇴진을 요구했다. 촛불 집회는 3주 만에 100만 시위로 발전했고 매주 기록을 경신했다. 12월 3일에는 230만 명이 참가해 역사상 가장 큰 시위가 벌어졌다.

"라면 물이 채 끓기도 전에" 끝나는 박근혜의 대국민 담화는 화를 더 돋웠다. 박근혜의 지지율은 4퍼센트로 곤두박질쳤다. 사람들은 단호했다. 박근혜는 궁지에 몰렸다. '질서 있는 퇴진' 운운하던 야당은 압력에 밀려 박근혜를 탄핵했다. 단 40일 만에 성난 민심은 박근혜의 대통령 직무를 정지시켰다.

1주
썩어 빠진 시궁창
박근혜 정부

"집회가 기획되고 홍보된 지 3일 만에
이토록 많은 사람들이 분노를 가득 안고 모인 것은
박근혜 정부의 온갖 악행들에 치를 떨며 지내 온
4년의 불만이 폭발하고 있음을 보여 준 것이다."

'도대체 최순실과 정유라가 누구시길래 이렇게'

썩어 빠진 시궁창 박근혜 정부

미르 재단과 최순실 문제를 세상에 드러내기 시작한 것은 얄궂게도 박근혜의 아군인 밤의 대통령 〈조선일보〉와, 박근혜가 측근 부패를 방지한다며 직접 신설해 임명까지 한 청와대 특별감찰관실이었다. 그러나 청와대의 격분에 〈조선일보〉가 먼저 나가떨어졌다. 이어 특별감찰관실이 공중분해 됐다. 박근혜가 얼마나 당황했는지 짐작할 수 있다. 그런데 이런 대응은 '도대체 최순실이 누군데' 하는 의혹만 키웠다. 그렇게 해서 최순실을 고리로 미르와 K스포츠 두 재단, 정유라와 차은택, 재벌들과의 정경유착 실상이 드러나기 시작했다.

두 재단은 각각 창조경제의 일환으로 창조 문화·스포츠 산업에 대한 기여를 표방했다. 즉, 박근혜의 임기 말과 퇴임 후의 치적 홍보용 성격이 큰 것이다. 이 재단에 재벌들이 (전경련을 통해) 보름 만에 800억 원이 훨씬 넘는 돈을 걷어 줬다. 친기업 정책 추진에 '올인' 하는 정부에 기업주들이 '성의'를 보인 것이다. 전경련 부회장 이승철과 정책기획수석 안종범이 모금의 주체였고, 최순실이 '회장님'으로 불리며 재단 설립을 총지휘 한 것으로 드러났다.

지난해 10월 26일 설립 신고를 낸 미르 재단의 설립 실무는 차은택 쪽이 맡았다. 그는 최순실이 박근혜에게 천거해 2014년 이후 출세 가도를 달렸다. 2014년 8월 차은택이 몸담은 회사의 대표였던 김종덕이 문화체육부 장관이 됐고, 12월에 외삼촌인 김상률이 청와대 교육문화 수석이 됐다. 차은택 본인도 올해 초까지 창조경제추진단장과 문화창조융합본부 단장을 지냈다. 미르 재단 초대 이사장 자리에는 차은택과 함께 영상 홍보 회사를 운영했던 인물이 앉았다.

올 1월 설립된 K스포츠 재단에는 최순실의 단골 마사지 센터 사장이 초대 이사장이 됐다. K스포츠 재단에서 최순실이 더 많은 것을 챙긴 것으로 보이는데, 여기엔 이유가 있었다. 승마 선수이자 최순실의 딸인 정유라는 올해 초부터 독일에서 장기 해외 훈련을 시작했다. 이 훈련단 일행의 숙소와 훈련장 등 체류 관련 실무를 K스포츠 재단이 지원한 것으로 드러났다. 사실상 이 재단의 첫 업무였던 셈이다. 이들은 20실 규모의 호텔을 통째로 빌려 쓴 것으로 알려졌다. 이 기사를 쓰는 상황에서 〈경향신문〉은 K스포츠 재단이 국내 모 재벌에게 80억 원을 도쿄 올림픽 비인기 종목 유망주 지원 명목으로 요구했다고 보도했다. 이 보도에 따르면, 재단은 독일에서 비덱이라는 회사를 통해 선수를 관리하겠다고 했고, 이 비덱은 독일 현지 법인으로 최서원(최순실)과 정유라가 공동 지분을 가진 회사라는 것이다. 이젠 **스포츠 투자**를 빙자한 재산 해외 도피 의혹까지 생긴 것이다.(이 기사를 인쇄소로 넘길 시점에 한국과 독일에 더블루K라는 최순실 소유의 또 다른 K스포츠 재단 연계 기업이 폭로됐다.)

다이아몬드 수저

결국 정유라는 지금 최순실 게이트의 핵심 연결 고리가 돼 있다. 언론 보도를 종합하면, 정유라는 이화여대에 부정 입학했다. 정유라의 체육 특기생 입학 지원 자격 자체가 미달이었다. 그러나 이화여대 입학 처장이 총장에게 박근혜와 최순실, 정윤회, 정유라의 관계를 그림으로 그려가며 설명하는("지금 누구의 딸이 우리 대학에 지원했다!") 특별한 과정을 거친 뒤에 무난히 합격했다.

정유라가 학교를 안 나가서 학점 받기가 어려워지자 학칙을 바꿔 해외 훈련과 대회 출전 계획을 미리 내면 학점을 받을 수 있도록 해 줬다. 그러나 이화여대 당국이 올해 4월에 정유라가 냈다고 국정감사에 제출한 계획표에는 올 9월 시합의 '결과'까지 표시돼 있었다. 4월에 서류를 낸 것처럼 조작하다가 실수한 듯하다. 이런 대가로 이화여대는 교육부의 재정 지원 사업을 싹쓸이했다.

대한승마협회가 마치 정유라의 매니지먼트 회사처럼 정유라를 특별 관리한 것도 드러났다. 그런데 지금 승마협회의 협회장을 비롯한 핵심 집행부는 모두 삼성전자 임원들이다. 이들은 정유라의 독일 훈련 비용을 승마협회 공식 사업비로 지출하려 했고, 국가 대표 감독을 보내 개인 교습을 하게 했다. 이런 일들이 승마협회의 2020년 도쿄 올림픽 금메달 프로젝트로 포장됐다. 삼성이 세계 최고 수준의 명마를 정유라에게 선물한 정황도 드러났다. 결국 청와대와 교육부, 전경련과 삼성, 이화여대, 일부 문화·예술·스포츠계 인사들이 모두 연루된 표면적 중심에 정유라가 있는 셈이다. 그 정유라와 박근혜를 잇는 고리가 어머니인 최순실이니 결국 박근혜와 최순실의 특별한 관계가 이 엄청난 권력형 부패 스캔들의 중심에 있는 것이다.

그밖에도 실세로 부각된 정윤회(전 남편), 우병우(추천), 차은택(추천) 등이 모두 최순실과 관련 있는 인물들이다. 최순실은 박근혜가 1970년대 청와대 시절 멘토처럼 따랐다는 최태민의 딸이다. 최순실은 그 시절부터 40년간 박근혜의 최측근으로 지내 온 것으로 알려져 있다. 대통령 취임식 등 중요 행사에 박근혜가 입을 한복과 보석류까지 최순실이 골라 주고, 최순실이 추천한 개인 트레이너를 청와대의 고위직에 임명할 정도로 둘은 각별한 사이라는 것이다. 결국 기업주들이 정경유착으로 특혜를 받으려 한 것이든, 딸의 올림픽 금메달 획득 시나리오를 실현하려고 권력을 이용한 것이든, 권력자가 둘 다 이용하다 들킨 것이든, 그 본질은 같다. 사익을 위해 국가권력이 동원된 전형적인 권력형 특권층 부패인 것이다.

물론 공식 직책도 없는 측근들의 권력형 부패가 문제된 것이 이번이 처음은 아니다. 독재 정권들은 물론이고 김영삼, 김대중, 노무현, 이명박 정부 모두 임기 말에 대통령의 아들 또는 형이 연루된 권력형 부패가 드러나 정권이 약화됐다. 한국의 자본주의적 '민주주의'가 부패하고 불안정하다는 점이 다시금 드러난 것이다.

최순실 게이트가 보여 준 것

최순실 게이트는 첫째, 박근혜 정부의 부패한 정경유착 실상을 확실히 보여 줬다. 박근혜 측근들이 운영할 '듣보잡' 재단을 위해 재벌들이 보름 만에 1000억 원 가까운 돈을 냈다. 삼성이 맡고 있는 대한승마협회는 마치 최순실의 딸 정유라의 매니지먼트 소속사처럼 움직였다. 기업화한 대학(이화여대)도 이 대열에 끼었다. 이런 '자발적' 지원과 헌납은 정권의 압박 탓도 있겠지만, 주로 노동 개악, 의료와 철도 등 민영화와 규제 완화, 법인세 인하, 각종 정부 사업 특혜 등을 바라는 대가성이다.

둘째, 박근혜의 통치 스타일과 부패한 인적 기반을 드러냈다. 박근혜의 권력 독점적 통치 스타일 탓에 잘 드러나지도 않은 민간인 '비선 실세'가 박근혜 권력의 그림자 속에서 엄청난 특권을 누려 왔다. 사진 몇 장 말고는 언론조차 어디 사는지 목소리가 어떤지도 모르는 사람이 '비선 실세', '회장님'이라는 별칭으로 전횡을 휘둘러 온 것이다(JTBC는 최순실의 대화 녹음 파일을 보도하면서, 본인 목소리를 비교·확증할 근거가 없어서 인용 보도 형식으로 처리했다). 이런 비밀스러운 실세 가족을 위해 정부와 공적 기관, 재벌이 움직였다. 결국 세월호 참사 당일 근무시간에 사라져 놓고 '사생활이니 묻지 말라'는 적반하장도 이처럼 권력을 사유물처럼 다뤄 온 특권층 DNA의 반영이었을 것이다. 이런 자들이 세월호 참사 유가족이나 파업 노동자들에게 '공동체를 먼저 생각하라'고 비난하는 것은 정말로 역겨운 일이다.

셋째, 아군인 〈조선일보〉가 이런 비리를 캐려 한 것은 여권 내부의 균열을 보여 줬다. 〈조선일보〉가 꼬리 내린 뒤 〈한겨레〉가 폭로를 이어 간 것도 시사적이다. 정보원이 건재한 것은 여권 내 균열이 봉합된 게 아니라는 뜻이기 때문이다. 최근 검찰은 중앙선관위가 선거법 위반으로 고발한 사람 가운데 새누리당의 '꼴통 친박' 김진태 등을 빼고 기소했다. 선관위가 이에 반발해 법원에 재정신청을 한 것도 권력 이완의 한 양상을 보여 준다.

행복 끝, 레임덕 시작

정권의 비밀스러운 추문이 터져 나오고 부패 폭로가 순식간에 박근혜의 턱밑까지 치달은 것은 실로 심각한 위기의 징후다. 미르와 K스포츠 재단에 정치자금을 헌납한 것을 두고 경총 회장이 '기업의 발목을 잡아 돈을 뜯어낸다'는 식으로 발언한 것은 시사적이다. 기업주 대표의 이런 냉소적 반응은 십중팔구 이 정부와 (측근 실세까지 챙겨 주며) 정경유착을 한 대가가 시원찮아서일 것이다. 박근혜 정부는 구조조정을 추진하려고 대우조선과 롯데 등을 뒤졌으나 자신의 부패도 함께 폭로됐다. 오죽하면 이명박이 '나도 못했는데 박근혜는 더 못한다'고 말하며 공개적으로 반발하기까지 했을까.

박근혜 정부의 국정 지지도도 최근 폭락했다. 19세부터 40대까지 평균 지지율은 10퍼센트도 안 된다. 새누리당의 정당 지지율도 취임 후 최저다. 이런 지지율 폭락에는 경제 실패 등에서 드러난 무능과 무책임에 대한 반감과 염증이 근본적 배경으로 작용했을 것이다. 그러나 이런 요인들을 증폭시킨 것은 9월 하반기부터 이어지는 공공 부문 노동자 파업이라는 점도 알아야 한다. 11월 12일 대규모 민중총궐기도 예정돼 있다. 상처 입은 야수가 사납듯이, 그럴수록 박근혜는 노동자 투쟁에 더 강경하게 나올 것이다. 노동운동은 위축되지 말고 박근혜의 취약성을 이용해 투쟁을 지속해야 한다.

김문성, 〈노동자 연대〉 183호(2016-10-18).

측근 부패, 국가기관 선거 부정, 세월호 참사, 친제국주의 정책,
노동자·서민 공격 …

박근혜는 퇴진하라

박근혜와 그의 최측근 최순실의 부패 커넥션이 샅샅이 드러나고 있다. JTBC와 〈한겨레〉 등이 연일 새로운 폭로를 추가하고 있다. 최순실은 대통령의 일정을 하나하나 체크하고 연설문을 고쳤다. 최순실이 주도하는 비선 실세 모임이 박근혜에게 가는 보고 자료를 빼돌려 검토하고 이를 기획안으로 내면 그것이 토씨 하나 안 바뀌고 청와대의 정책과 사업으로 둔갑했다. 최순실이 고위 관료 인사 청탁을 받고, 재벌들은 최순실이 주도한 수상한 사업에 수백억 원을 갖다 바쳤다. 이화여대는 그의 딸을 위해 학교 시스템이 붕괴할 정도의 특혜를 줬다.

누가 최순실에게 이런 어마어마한 권력을 줬는가. 박근혜는 오늘 낮에 질의응답도 없이 2분도 안 되는 녹화 사과 기자회견에서 그것이 바로 자신이라고 실토했다. 박근혜는 최순실의 국정 개입이 단순히 연설문 수준이라고 했다. 그런 개입이 마치 의견 수렴 과정인 듯 말했다. 가

당찮다. 박근혜는 청와대 앞 길바닥에서 며칠을 지새며 만나 달라고 한 세월호 참사 가족들의 요청은 전혀 수렴하지 않았다. 살인 물대포로 백남기 농민을 죽여 놓고도 의견 청취나 사과는커녕 일언반구도 하지 않았다.

태생부터 박근혜 정부는 정통성이 없었다. 국가기관의 총체적 대선 개입으로 탄생한 것이 바로 박근혜 정부다. 대중의 환심을 사고자 내놓은 복지 공약은 지켜진 게 없다. 노인 기초연금 20만 원 공약은 취임하기도 전에 파기했다. 그래도 경제를 살리지 않을까 하는 실낱같은 기대 때문에 어찌어찌 위기를 넘겼지만, 3년 반이 지난 지금 한국 경제는 심각한 위기 상태다. 그 대가는 고용 불안, 소득 감소, 집값 폭등, 복지 축소의 형태로 애꿎은 수백만 사람들이 떠안았다.

박근혜는 수백 명이 목숨을 잃은 세월호 참사에도 책임이 있다. 박근혜가 추진한 규제 완화는 세월호 참사를 예비했고, 미국 제국주의에 협조하려고 서두른 제주 해군기지 공사는 참사의 직접적 원인이 됐다. 박근혜는 어떻게든 진실을 은폐하려고 했을 뿐, 무고한 죽음에 아무 책임도 지지 않았다. 어디 이뿐인가. 박근혜 정부는 임기 내내 노동자들과 천대받는 민중을 쉴 새 없이 못살게 굴고 공격했다. 진주의료원 폐쇄, 노조 파괴 공작, 공무원 연금 개악, 노동시장 구조 개악, 무상보육 파탄, 공공요금 인상을 추진해 왔다. 일부 지방정부가 자체 예산으로 추진한 소박한 복지마저 방해하는 사악한 시장주의 세력이다.

박근혜의 친제국주의적이고 호전적인 대북 정책 또한 동북아시아에서 제국주의 갈등과 불안정 고조에 한몫하고 한반도를 군비경쟁으로 내몰고 있다. 박근혜는 내년 국방 예산도 4퍼센트 넘게 증액해 40조 원을 넘겼다. 그러면서 건강보험 정부 지원액을 깎았다. 또 민주적 권리도 공격하려고 호시탐탐했다. 통합진보당을 강제로 해산하고 관련 인물들을 수년씩 감옥에 가뒀다. 민주노총 한상균 위원장에게는 5년형을 선고했다.

마침내 선출되지 않은 비선 실세들이 평범한 사람들의 삶에 영향을 미치는 농단을 부렸음이 폭로됐다. 앞에서 언급한 이미 누적된 퇴진 사유에 측근 부패가 추가됐다.

민주노총은 "이제 모두 거리로 나서자"고 호소했다. 11월 12일 민중총궐기에 함께하자고 주장했다. 이 호소가 노동계급의 고유한 힘 사용과 결합된다면 박근혜 퇴진이 현실적 요구가 될 수 있을 것이다. 박근혜는 퇴진하라.

노동자연대 성명, 〈노동자 연대〉 183호(2016-10-25).

서울 도심을 "박근혜 퇴진" 함성으로 가득 메우다

"박근혜는 퇴진하라!", "박근혜는 하야하라!" 두 구호가 청계 광장부터 종로 1가, 그리고 광화문까지 거리를 가득 메웠다. 10월 29일 5시 철도노조의 결의 대회 때부터 청계 광장으로 모이기 시작한 행렬은 거리 행진을 시작한 7시 반쯤에도 끊이지 않았다.

노인, 동료와 함께 온 직장인, 어린아이와 손잡고 나온 부부와 가족, 친구와 함께 나온 청년·청소년까지 참가자들의 구성은 참으로 다양했다. 특히 집회와 시위에 처음 나온 듯한 10~20대 젊은이들이 눈에 띄었다. 이들은 밤늦게까지도 '역사적 순간에 함께하자'며 친구들과 자리를 지켰다.

집회 후 참가자들이 청계 광장에서 거리로 나오는 데만 30분이 넘게 걸렸다. 행진 과정에서 더 불어난 대열은 5만여 명에 이르렀고, 행진 선두가 세종문화회관 앞에 다다르는 동안 종로 1가 차도 전체와 인도까지 가득 메운 인파는 종각 사거리까지 이어졌다.

충격적인 최순실 게이트의 실상이 본격적으로 폭로된 지 일주일 만에 수만 명이 모여 박근혜 퇴진을 외쳤다.

이는 박근혜 퇴진 요구가 단지 최순실 사건에 따른 불만에서만 비롯한 게 아님을 보여 준다(물론 최순실 게이트의 몸통도 살펴보면 박근혜 본인이다). 퇴진 요구는 4년 내내 노동자·서민을 쉴 새 없이 못살게 군 박근혜 정부를 향한 분노이자 노동 개악과 교육 개악, 고통 전가 정책을 중단하라는 것이었다.

주말 집회에서 성난 민심이 표출될 것을 걱정해 청와대와 새누리당 지도부가 긴급 회동을 하고 청와대 수석들의 일괄 사표를 받고 정호성 등 문고리 권력들까지 압수수색을 하는 쇼를 벌였지만, 이미 봇물 터지듯 분출한 분노를 잠재울 순 없었다. 오히려 거리에 나온 사람들은 그새 증거 인멸을 어느 정도 해 놓고 이제 와서 쇼를 한다고 반응했다. 박근혜의 어떤 말도 믿지 못하겠다는 것이다. 여러 언론사들이 내보낸 인터넷 생중계마다 수만 명의 시청자들이 몰려 이 집회에 전국적 관심이 쏠렸음도 알 수 있었다.

하루 전 고 백남기 농민 부검 영장 재청구를 포기한 경찰은 급변한 정치 상황 속에서 곤혹스러운 처지를 드러냈다. 차벽이나 물대포 협박을 하지도 못했다. 해산 방송을 하면서 "나라를 걱정하는 마음은 알겠지만" 운운하는 저자세의 표현도 썼다. 수만 명이 순식간에 광화문 광장까지 진출해 박근혜 퇴진을 외칠 수 있었던 이유다. 그럼에도 맨몸의 시위대에게 최루액을 쏘는 등 비열한 본능을 감추진 못했다. 심야까지도 수천 명이 "비켜라!", "박근혜 퇴진!"을 외치며 경찰과 대치했다.

청계 광장

'모이자! 분노하자! #내려와라 박근혜 시민 촛불' 대회는 오후 6시에 시작됐다. 6시를 한참 앞둔 이른 시각부터 시청역, 종각역, 광화문역 방면에서 사람들이 청계 광장으로 몰려들면서 집회 시작 전부터 발 디딜 틈이 없을 정도가 됐고, 자연스럽게 분위기가 고조됐다. 주최 측 예상보다 훨씬 더 많은 사람들이 와서 대열 뒤편에서는 무대 발언이 거의 들리지 않을 정도였다. 참가자가 적을 것이라던 경찰의 예상이 보기 좋게 빗나간 것이다.

연단에 선 발언자들이 박근혜 퇴진의 정당성을 주장할 때마다 대열에선 박수와 환호가 터져 나왔다.

철도노조 김영훈 위원장은 "불편해도 괜찮다며 응원해 준 덕분에 파업을 한 달 넘게 이어 가고 있다"며 감사를 표하고 투쟁을 계속하겠다고 해 더 큰 환호를 받았다.

진보 정치인들도 집회를 지지하며 박근혜 퇴진을 요구했다. 정의당 노회찬 원내 대표, 민주노총 의원단의 김종훈 의원, 민주당 소속의 이재명 성남시장이 함께 나와 박근혜가 퇴진하는 것이 해법이며 싸워서 퇴진시켜야 한다고 호소해 참가자들의 자심감을 북돋아 줬다.

행진

행진은 장관이었다. 대열은 세종문화회관 앞부터 광화문 사거리까지 가득 메웠다. 선두에서 경찰 저지선과 대치하는 동안, 중간에는 자유 발언대가 마련됐다. 한 초등학생은 "박근혜 이모가 잘못했기 때문"에 이렇게 많은 어른이 나왔다며 박근혜 '이모'가 물러나야 한다고 말했다. 고등학생들의 발언이 많아 많은 사람이 고무됐는데, 학생들은 우리가 살아야 할 세상이 이래선 안 된다고 기염을 토했다. 초등학교 때 엄마와 함께 2008년 광우병 촛불 집회에 나왔고 중학교 때 또 엄마와 함께 세월호 집회에 나왔다는 고등학생의 발언도 인상적이었다. "우리 엄마의 오빠가 서해 페리호 사건으로 돌아가셨는데, 또 세월호 참사가 터졌다"면서 "잘못된 세상이 바뀌지 않아서 같은 일이 반복되는 것 같다. 세상을 바꿔야 한다"고 했다.

집회가 기획되고 홍보된 지 3일 만에 이토록 많은 사람들이 분노를 가득 안고 모인 것은 박근혜·최순실 게이트가 폭로한 부패하고 추악한 실상 때문만은 아니다. 박근혜 정부의 온갖 악행들에 치를 떨며 지내 온 4년의 불만이 폭발하고 있음을 보여 준 것이다. 29일 집회와 행진은 박근혜가 심화시킨 불평등과 불안정, 고통 전가에 맞선 항의였다. 그래서 박근혜 퇴진 요구가 정당하며 상당한 국민적 지지를 받고 있음도 보여 줬다. 즉 운동이 계속될 것임을 보여 준 것이다. 그러려면, 지금껏 그래왔듯이 조직된 노동자들이 앞장서야 한다. 청계 광장 집회에서 민주노총 최종진 위원장 직무대행은 "박근혜를 끌어내리기 위해 총파업을 포함한 총력 투쟁으로 앞장서겠다"고 했다. 오늘 참가자들은 환호와 박수로 이 약속을 지지한다고 표현했다. 노동운동이 실질적인 투쟁 계획을 세우고 실행해 이런 기대에 부응해야 한다.

김문성, 〈노동자 연대〉 183호(2016-10-30) 축약.

2주
최순실의 농단이 아니라
박근혜·최순실 농단

"최순실 게이트의 몸통은 박근혜다. 박근혜 정부가 지난 4년 동안 자행한
온갖 악행들은 경제 위기의 대가를 노동자·민중에게 전가하려는
기업주와 기득권층의 이해관계를 반영한 것이었다."

박근혜의 꼼수와 주류 야당의 타협주의를 경계하라

검찰은 10월 31일, 혐의를 부인하고 도주할 우려가 있다며 최순실을 긴급 체포해 서울구치소로 보냈다. 영국 히스로 공항에서 한국까지 오느라 힘드니 집에 가서 쉬라고 그냥 보내 준 지 하루 만이다. 이미 증거를 인멸할 시간을 충분히 준 검찰이 이제 와서 강경하게 나오는 척하고 있다.

이미 박근혜의 국정 수행에 대한 긍정 평가 여론은 역대 최저인 5퍼센트로 추락했고, 부정 평가는 90퍼센트에 가깝다. 주류 정치학에서도 임기 말에 이런 지지율이 나오는 건 민란 수준이라고 말한다. 여론조사에서도 절반 넘게 퇴진이나 탄핵을 바란다. 실제로, 급하게 잡힌 10월 29일 '박근혜 내려와라' 서울 집회와 행진에 초등학생부터 70대 노인까지 3만여 명이나 모였다. 일주일 뒤인 11월 5일 서울에서만 20만 명이 시위에 참가했다. 그야말로 범국민적 분노이고 총체적 불신이다. 박근혜의 온갖 악행들에 치를 떨며 지내 온 4년의 불만이 폭발하는 순간이다.

성난 민심이 행동으로 표출되는 것을 매우 두려워해 박근혜가 두 차례 사과까지 했지만, 대중의 분노가 폭발하는 것을 막을 수 없었다. 시위의 규모와 강도는 지금 기층 민심을 대표할 뿐 아니라 정치적 초점을 제공해 반박근혜 여론을 더 지속·심화시킬 가능성이 있다.

그러나 박근혜 정부가 아직은 크게 물러선 게 아니다. 검찰이 청와대에서는 경호실 요원들과 압수수색 문제로 대치까지 했지만, 정작 우병우를 두고서는 압수수색을 하지 않았다. 청와대 비서진을 전면 개편하고 있지만, 우병우가 맡았었고 검찰 통제 등을 하는 민정수석 자리에는 최재경을 임명했다. 최재경은 검찰 특수부 출신(최순실 수사는 특수부가 담당)으로 현 검찰총장과 매우 가깝고 검찰 조직 내 영향력이 큰 인물이다. 검찰 장악, 최순실 수사 개입 의지가 여전히 강력한 것이다. 또 최재경은 박근혜의 비선 멘토 그룹 7인회와 인연이 깊다. 김기춘과 가까운 사이고 최병렬의 조카다. 김기춘, 최경환 등이 추천했다는 관측이 유력하다. 최재경은 이명박의 BBK 사기 사건과 효성그룹 비자금 사건을 맡아 무혐의로 결론 지어 '면죄부 검사'라는 별칭도 있다.

새누리당 지도부가 제안한 거국중립내각도 마찬가지다. 대통령 권한을 여야 합의로 호선한 총리에게 이양하는 것이 거국내각론의 핵심이다. 그러나 새누리당 방안에는 대통령 권한에 관한 말이 없다. 10월 31일 거국내각론을 포함한 정국 수습 방안을 논의하자던 국회의장과 새누리당·민주당·국민의당 원내 대표 회담에서 새누리당 정진석이 뜬금없이 먼저 화내며 자리를 박차고 나간 데서 알 수 있듯이, 새누리당의 거국내각론은 본질적으로 시간을 벌려는 용도다.

그럼에도 박근혜는 상황을 안정시키지도, 대중의 분출을 막지도 못하고 있다. 평일 촛불 집회도 전국으로 확산되고 있고 11월 5일에는 서울에서만 20만 명이 시위에 참가했다. 12일 민중총궐기는 수십만 명 규모가 될 수도 있다. 아래로부터의 압력이 어마어마하기 때문에 새누리당도 분열이 공개적으로 커지고 있다. 비박계 의원들은 현 지도부 총사퇴를 요구한다. 이미 대변인 등이 사퇴를 하며 지도부를 압박하기 시작했다. 그 초점은 박근혜의 마름인 이정현이다. 이정현이 당 대표로 있으면 박근혜와 자신들을 차별화하지 못해 비박계 대선 주자들에게 불리할 것을 걱정하는 것이다.

이런 상황에서 여권의 숨통을 틔워 주는 것이 주류 야당들이다. 민주당은 거국중립내각과 특검을 요구해 왔다. 정의당이 박근혜 하야 촉구 운동을 시작한 것과 대조적이다. 우상호는 아예 정의당의 하야 촉구 운동과 함께하지 않겠다며 선을 그었다. 특검이면 된다며 검찰의 부실 수사를 압박할 생각도 하지 않는다. 현재 여권 추락의 반대급부로 민주당과 문재인의 지지율이 올라가니, 자당의 대선 승리를 위해 지금 수준에서 현상이 유지되길 바라며 오른쪽 눈치 보기를 하는 셈이다.

그러나 이런 기대는 공상이다. 이 정치 상황이 마냥 지속될 리 없다. 운동이 더 나아가거나, 아니면 여권이 반격해 안정을 찾게 될 것이다. 게다가 퇴진(탄핵 포함) 요구와 선을 그었으니 민주당은 이제 여당과 협상을 벌일 카드도 없게 됐다. 10월 31일 원내 대표 회동에서 정진석이 '그럼 대통령이 물러나라는 소리냐' 하고 우상호를 압박한 것에는 이런 계산도 있었을 것이다. 이처럼 지지율 5퍼센트의 정부를 상대하면서도 협상 주도권조차 못 잡는 민주당과 보조를 맞추려다가는 아래로부터의 분노와 에너지, 이를 결집하는 데 필요한 시간만 낭비할 뿐이다.

반면, 정의당은 '박근혜 하야'를 공식으로 내걸고 전국에서 운동을 조직하고 있다. 반박근혜 투쟁의 선두에 서 왔던 민주노총은 물론이고 최근에는 경북대, 영남대 등에서도 박근혜 퇴진을 촉구하는 시국선언이 나온다. 정의당의 박근혜 퇴진 캠페인이 민주당의 꾀죄죄함과 대조되는 대목이다.

몸통은 박근혜, 최순실은 깃털

최순실 게이트의 몸통은 박근혜다. 많은 사람들이 이제 박근혜·최순실 게이트라고 부르기 시작했다. 그 둘의 관계가 일반인에게는 충격적인 점도 있지만 국가 운영의 수장인 박근혜를 단지 사인私人 최순실의 꼭두각시라고 보는 것은 사태의 진정한 본질을 흐린다.

누구를 통해서든 박근혜 정부가 지난 4년 동안 자행해 온 온갖 악행들은 경제 위기의 대가를 노동자·민중에게 전가하려는 기업주와 기득권층의 이해관계를 반영한 것이었다. 노동자들의 임금을 깎고 이들을 더 쉽게 자를 권리를 기업주에게 주려는 것, 세월호 참사의 배경·구조·규명 등 모든 과정에서 저지른 사악한 행위들, 친제국주의 군비 증강, 복지 삭감 같은 고통 전가까지.

이런 일들이 박근혜 또는 최순실 일당의 사리사욕만을 채우는 것인가? 오히려 박근혜 정부의 정책들에 기업주들과 기득권층, 그리고 새누리당은 한마음으로 지지하지 않았던가. 박근혜가 대통령 권력을 얼마나 개인 재산처럼 여겼으면, 단지 수십년 친분이라는 이유만으로 선출도 검증도 되지 않은 사람들이 이런 어마어마한 권력을 행사하고 특혜를 챙겼겠는가. 박근혜·최순실 게이트의 핵심은 최순실이 박근혜를 일부 대신해 정경유착 부패의 연결 고리 구실을 한 것이다. 따라서 지금의 부패는 단지 최순실 개인의 농단으로 환원될 수 없다.

또 정권의 정치적 위기(때로는 경제 위기를 포함해) 때문에 여권 내 분열이 일어나고 그것이 상호 폭로(주로 부패 사건)를 자극해 위기가 증폭되는 것은 한국의 역대 정권 임기 말에 흔히 보던 일이다. 그리고 매번 '시종 권력'을 휘두르던 측근(대체로는 가족)이 대통령을 대신해 책임을 뒤집어써 왔다. 박근혜와 최순실도 그런 듯하다. 그런데 측근 구속은 오히려 정권을 더 약화시켰다. 그러므로 박근혜의 수사 방해와 역습 기도는 계속될 것이다. 박근혜의 퇴진을 요구하며 행동해야 하는 이유다.

박근혜·최순실의 헌정 유린?

지금 운동 안에는 다양한 목소리가 있다. 최순실 게이트 폭로 이후에는 '국정 농단', '헌정 유린'에 대한 규탄이 많다. 국정 공백과 혼란을 막기 위해 퇴진 요구를 자제해야 한다는 주장도 있다. 이에 반해, 정의당은 국정 공백론에 맞서 박근혜 통치 자체가 오히려 헌정 유린이고 국정 문란이라고 퇴진론을 정당화한다. 그러나 헌정 수호론은 일관되기가 힘들고 국정 정상화에 목적을 두므로, 자기 제한적 전술에 의존하려 할 가능성이 크다.

무엇보다 국정 농단론, 헌정 유린론은 박근혜와 최순실 개인의 부패와 무능 문제로 지금 사태의 본질을 축소시켜 보게 하기 쉽다. 즉, 대한민국 국가 시스템은 정상인데, '(혼이) 비정상'인 여성 둘이 망쳤다는 것이다. 그러나 앞서 봤듯이 과정이 아무리 비밀스러워도 박근혜 정부의 객관적인 정책은 완전히 계급적이었다. 그리고 자본주의 국가의 시스템 자체가 정경유착적인 것이다.

무엇보다 폭발적인 박근혜 퇴진 요구에는 4년 내내 노동자·서민을 쉴 새 없이 못살게 군 정책들, 가령 노동 개악, 복지 삭감, 민주적 권리 침해, 친제국주의 정책을 중단하라는 염원이 담겨 있다. 국정 정상화는 이런 염원에 아무런 보증을 해 줄 수 없다.

'거국중립내각'은 시간 벌기용 사기다

거국중립내각론의 핵심은 총리를 여야 합의로 뽑아 대통령 대신 권한을 행사하게 하는 것이다. 그래서 총리가 국회와 협의해 장관도 뽑아(어차피 국회가 인사 청문회를 하므로) 국정 운영을 하자는 것이다. 대통령 사퇴 시 국정 공백을 우려한다며 민주당의 문재인이 제안하고, 10월 말에는 새누리당 지도부가 정국 수습 방안으로 제시했다. 두 당의 쟁점은 박근혜가 대통령으로서 보유한 통치 권한을 포기할 것이냐, 한다면 어느 정도로 할 것이냐가 될 것이다.

그러나 정작 박근혜는 통치권을 양보하거나 축소할 생각이 전혀 없는 듯하다. 임기가 1년 반이나 남은 데다가 (최순실 게이트에서 봤듯이) 대통령 권력을 자기 사유물처럼 써 온 박근혜가 권한 이양을 할 것 같지도 않다. 김병준을 총리로 내정하면서 야당에(심지어 새누리당에도) 사전 통보조차 하지 않은 것도 그래서다. 11월 4일 대국민 담화 발표에서도 김병준에 대해 한마디도 하지 않았다. 또 최재경을 민정수석에 앉히면서 검찰 통제 의지마저 드러냈다. 따라서 박근혜를 그대로 두고 새누리당과 거국내각 협상을 하는 것 자체가 표적과 쟁점을 흐리는 것이다.

노동 개악, 복지 축소, 교육 개악, 친제국주의, 민주적 권리 약화 정책들은 한국 지배계급 전체의 이해관계를 대변한 정책들이었다. 박근혜 정부의 악행은 새누리당의 악행이었다. 박근혜와 새누리당이 한통속으로 서로 감싸며 저질러 온 악행들이 이미 총체적 불신을 받는 마당에 왜 그들과 국정 수습 협상을 해 면죄부를 주고 반격의 시간을 벌게 해 주려 하는가? 따라서 지금 여권의 거국중립내각 요구에 응하는 것은 부패 공범인 여권에 정국 주도권을 넘겨주는 배신적이고 반동적인 짓이다.

지금 거론되는 현승종 '중립내각'은 1992년 10월 노태우가 출범시켰다. 두 달 뒤에 치를 대선 관리용 내각이었다. 그런데 이 내각이 극좌파를 혹심하게 탄압했다는 점을 기억해야 한다. 바로 이 시기에 '국제사회주의자들IS'과 '노동자계급해방투쟁위원회' 등의 리더들이 국가보안법으로 구속됐다.

거국내각 요구는 박근혜 정부의 부패와 악행을 심판하는 일을 철저하게 국회 내 협상으로 한정시켜 대중의 불만이 일터와 거리에서 투쟁으로 표출되는 것을 가로막는다. 대중은 최악과 차악이 정치권력을 분점하는 양당 체제의 구경꾼으로 있으라는 얘기다. 여야 간 특검 협상이 이런 미래를 예시한다.

여권은 분노의 초점을 분산시키고 관심을 돌리려고 몇몇 파격적 인사들을 거론하면서 관망을 촉구하는 분위기를 형성하려 할 수도 있다. 그 과정에서 대중의 즉각적 분노가 식기 시작하면 우파가 다시금 반격할 기회를 얻게 될 것이다.

이명박이 국가 재산을 빼먹는 데 관심이 있었다면, 박근혜는 나라를 자기 재산처럼 생각한 것 같다. 박근혜를 퇴진시켜 그 악행을 중단시키려면 국회가 아니라 일터와 거리에서 투쟁을 건설해야 한다.

김문성, 〈노동자 연대〉 184호(2016-11-01).
이 글은 11월 5일 2차 범국민대회 이후 일부가 개정됐다.

박근혜 정부가 직면한 주요 모순들

박근혜가 지금 겪고 있는 위기는 직접적으로는 사인私人에 불과한 최서원(최순실) 등이 공권력, 그것도 최고 공권력을 농단한 일에서 비롯했다. 측근 비리에 따른 부패 사건인 셈이다. 그런데 이 정치적 부패는 지배자들(자본가들과 국가 관료들) 사이의 살벌한 암투를 통해 그 실체와 세부적 양상이 폭로됐다. 그리고 이 지배계급 내분은 직접적으로는 조선업·해운업 구조조정과 주요 경제정책들을 둘러싸고 일어난 것이다. 이는 또한 경제 위기 심화에서 비롯한 것이다. 경기 침체가 지속되고 더 악화하는 가운데 개혁이 시도되면, 이윤과 권력을 지키려는 지배자들의 내부 갈등이 격화되기 때문이다. 한편, 이에 고무된 노동자들의 저항도 박근혜의 위기 악화에 한몫했음을 놓치지 말아야 한다. 화물연대와 철도 노동자 등 공공·운수 노동자들의 저항은 다른 노동자들과 학생, 미취업 청년 등도 저항할 자신이 생기게 해 주고 있다. 요컨대 정권 부패, 지배자들 간의 쟁투, 경제 위기, 계급투쟁 등은 경제 위기 문제를 중심으로 서로 밀접하게 연관됐던 것이다.

박근혜 정부의 앞날을 보려면 크게, 구조적으로 보는 것이 좋을 것이다. 먼저 박근혜 정부의 태생적인 강점부터 얘기하겠다. 첫째, 지배계급이 단결해 그를 밀어주며 선거를 치렀다. 과거에는 대선 때마다 지배자들 사이에 분열이 있었는데, 지난 대선에서는 완전히 단결해 박근혜를 밀어줬다. 그래서 국정원도 상당히 자신감을 얻고 대선에 개입하는, 권한 남용이라는 부패 행위를 할 수 있었다. 만약에 지배자들이 첨예하게 분열했다면 국가 관료들이 자기들끼리 심각하게 싸우게 되니 함부로 특정 후보를 지지하는 것이 눈치가 보이고 조심스러웠을 것이다. 그러나 박근혜는 지배계급과 우익이 총단결을 해 선거를 잘 치렀던 것이다.

박근혜의 둘째 강점은 박근혜가 박정희의 생물학적 딸일 뿐 아니라 정치적 적자라는 것이다. 그는 자신의 어머니가 죽고 난 후 실제로 유신 체제의 퍼스트레이디 구실을 하기도 했다. 박근혜는 지배계급이 상당히 고마워했던 박정희 시대라는 정치적 상징 구실을 할 수 있었다. 그리고 지배자들뿐 아니라 많은 후진적 대중에게도 박정희 시대는 경제가 잘나가던 시대로 여겨지기도 한다. 그래서 그렇게 많은 천대를 받고 수탈과 억압을 받았건만 그럼에도 워낙 경제가 급속하게 발전해 보릿고개를 넘었다는 경험과 그 시대는 잘살았던 시대라는 향수를 지니고 있다. 이런 정치적 상징 구실을 할 수 있었다.

박근혜의 셋째 강점은 박근혜가 아주 강성의 우파들로 정권의 핵심부를 구축할 수 있었다는 점이다. 군 장성, 공안 검사, 국정원장 출신자들로 자기 주위를 확고하게 에워쌀 수 있는 행운을 누리고 있다. 그래서 김기춘을 포함해 법무부 장관 황교안, 국정원장 남재준 할 것 없이 강성 우파들이다. 이렇게 확고하게 강성 우파들로 주위를 에워쌀 수 있는 것은 운이 좋은 것이다. 왜냐하면 모든 대통령은 처음 집권했을 때 탕평책을 쓰는 척하면서 다양한 지방 출신자 등을 골고루 갖춘다는 시늉을 해야 하는데, 박근혜는 아예 처음부터 노골적으로 자신의 주변을 구축했다.

넷째 강점은 박근혜의 강점이라기보다는 박근혜 적대자들의 약점이다. 어부지리로 박근혜가 얻은 득이다. 진보·좌파 진영과 노동계급 조직들이 분열을 겪었던 일이다. 아직까지 헤어나지 못하고 있다. 2012년 통합진보당의 분열과 후속적인 분열들도 상당히 좌파 운동을 괴롭혀 왔다.

다섯째이자 마지막 강점은 박근혜가 복지 공약을 내세웠다는 것이다. 박근혜의 강점인 동시에 박근혜의 아킬레스건이다. 클라우제비츠는 전쟁론에서 적의 강점이자 약점이 되는 것이 가장 핵심적인 요소라고 지적하며 그 부분을 공격해야 한다고 했다. 박근혜의 복지 공약은 강점이었다. 왜냐하면 경제가 확장하던 박정희 시대를 표상하는 인물인 박근혜가 내세운 공약들이기에 상당히 신뢰를 줄 수 있었기 때문이다. 그때처럼 잘살 수 있겠지 하는 헛된 믿음을 줬던 것이다.

치명적 약점

그러나 박근혜는 약점들도 있다. 치명적인 약점들이다. 첫째 약점은 태생적인 약점인 부패다. 그리고 둘째 약점은 경제 상황과 공약 파기다. 셋째 약점은 한반도 주변 정세가 커다란 딜레마를 제공한다는 것이다.

넷째 약점은 노동계급과 천대받는 다른 사회집단들의 아래로부터의 저항이 만만찮게 제기된다는 점이다.

첫째 약점인 부패는 뇌물, 권한 남용, 비리, 불법 등을 포함하는 것이다. 썩어 빠진 정권이라는 점이 처음부터 인사 실패를 겪으면서 드러났다. 그래서 임명되는 자들이 낙마하고 그중에서도 김용준은 완전히 압권이었다. 진정한 압권은 윤창중이기는 하다. 김용준은 헌법재판소장 직에서 낙마하고도 너무도 수치스럽게 변호사협회로부터 변호사 개업도 정지당했다. 그럴 정도로 썩어 빠진 인물을 중용하니, 윤창중은 말해서 뭐하나. 내 입이 더러워지니까 더 말하지 않겠다. 또 선거 때부터 국정원이 대선에 개입했다. 완전한 권한 남용이다. 그런 짓을 할 정도로 아주, 그냥 썩어 빠진 것이다. 박근혜는 1974년부터 5년 동안 박정희의 퍼스트레이디 구실을 했다. 박정희가 얼마나 썩어 빠진 자인가. 어마어마한 돈을 축재했고, 박근혜는 이런 짓들을 함께했던 자다. 1979년에 박정희가 죽어 청와대에서 쫓겨날 때 박근혜는 전두환에게서 6억 원을 받았는데, 지금 돈으로 환산하면 환산하는 방식에 따라 27~240억 원가량이라고 한다. 이런 돈을 왜 받았나? 대통령 딸이라고 해서 받아야 할 이유가 뭐가 있나(이에 더해 육영재단, 영남학원, 영남대 의료원, 한국문화재단도 받았다)? 이런 것 자체가 부패의 표상인 것이다. 이렇다 보니 박근혜는 부패 문제에 완전히 둔감한, 완벽한 사이코패스다.

그러다 보니 박근혜는 국정원 대선 개입 관련해 저항에 직면하게 됐다. 그래서 국정원 규탄 운동이 강하게 일어났다. 이 운동은 박근혜 정권의 도덕성·정당성이 애초부터 결여돼 있다는 것을 드러냈다. 태생적으로 정통성이 없다는 점을 강력하게 알렸다. 그리고 운동의 여파로 채동욱 퇴임 그리고 보건복지부 장관 진영 사퇴 등으로 지배자들의 추악함이 드러나기도 했다. 지배자들 사이에 분열을 일으키기도 한 것이다. 이것만으로도 이 운동의 성과는 벌써 어느 정도 있는 셈이다.

둘째 태생적 약점은 경제 상황과 공약 파기다. 한국 경제는 세계경제의 일부다. 한국 경제를 설명하려면 세계경제로부터, 또 그 안에서 얘기해야 한다. 세계경제는 1970년대 중반부터 지금까지 40년에 걸쳐 저성장을 겪고 있다. 물론 1980년대 중·후반, 1990년대 중·후반, 2000년대 중반에 제한된 회복이 있었지만, 이 시기 전체로 보면 선진 산업 경제들의 이윤율이 떨어지고 있다. 평균적 이윤율을 보면 1970년대 초반부터 장기적인 저하 추세를 보였다는 것이다. 저성장의 효과 하나가 바로 재정 적자이고, 따라서 긴축의 필요성이 생겼다. 왜 그런가? 저성장 때문에 세금 걷기가 어렵고, 또 실업자가 많이 생기니까 복지 지출을 불가피하게 해야 한다. 일자리를 구하고 있는 청년들이나 얼마 전까지 노동했던 사람들이 노동시장에 다시 들어올 때까지 부양해 줘야 한다. 자본가들이 착해서가 아니라 이들을 노동시장에서 착취할 때까지 목숨을 붙여 놔야 하기 때문이다. 세수는 적고 세출은 많으니 적자가 생기고, 그러다 보니 긴축을 해야 하는 것이다. 박근혜 정부도 벌써 긴축 문제를 제기하기 시작했다.

지금까지 설명했듯이, 경제 위기는 근본적으로 자본주의의 위기에서 비롯했고 바로 여기에서 긴축 문제가 생겨났다. 긴축이 자본주의 위기에서 비롯했다는 점을 명심해야 한다. 일부 언론은 긴축이 "공기업의 방만 경영 때문"이라는 주장을 하는데 매우 나쁜 주장이다. 이런 주장은 결국 그동안 노동자들에게 연금·복지 제공을 너무 많이 했다는 논리로 귀결된다. 신자유주의자들이 즐겨 하는 주장이다. 이것은 곧 노동자들에 대한 공격과 복지 파기를 정당화하는 것이 된다. 따라서 마르크스주의자들은 긴축이 공기업의 방만 경영이나 비효율 경영 때문이라거나, 사람들의 씀씀이가 헤퍼서라거나, 도덕적 해이 때문이라는 따위의 주장이 아니라 자본주의의 이윤율 저하 법칙(경향적일지라도)이 낳은 결과라는 점을 명확하게 말해야 한다.

그리고 긴축이 내는 효과는 개혁주의 정당의 운신 폭을 좁게 만든다. 이런[1970년대 중반 이후] 시기에 개혁주의 정당은 개혁을 제공한다는 약속으로 집권하지만 막상 집권하면 재원이 없어서 개혁을 제공하지 못한다. 그래서 엄청난 모순에 부딪히게 된다. 개혁을 바라는 정서 때문에 집권했는데 개혁을 제공해 줄 수 없는 모순 말이다. 그래서 한국에서도 비록 진보 개혁주의 정당은 아니지만 부르주아 개혁주의 정당이라 할 수 있는 민주당이 집권해도 굉장히 큰 어려움을 맞이할 것이다. 민주당이 NGO들, 개혁주의 정당들과 연립정부를 세워도 개혁을 제공할 여유가 많지 않을 것이다. 그러면 매우 심각한 상황을 맞게 될 것이다.

긴축은 노동자들의 생활수준과, 임금 등 노동조건을 공격하는 문제로도 연결된다. 그러면 결국 노동자들은 수세적 처지에 있더라도 저항을 할 수밖에 없어진다. 그런데 앞서 말했듯이 부르주아 개혁주의자들은 제공할 것이 별로 없다. 이런 상황에서는 더 왼쪽으로의 급진화가 부분적으로 일어난다. 그러나 개혁주의의 약점을 이용해 왼쪽뿐 아니라 오른쪽으로도 급진화가 일어난다. 우익들이 득세하게 된다. 그리스의 황금새벽당, 프랑스의 국민전선, 헝가리의 요빅당 등 유럽의 파시스트 정당들이 이런 사례다. 전 세계에서 사회적 양극화의 효과로 정치적 양극화도 일어나는 것이다. 이런 배경에서 한국에서도 매우 우파적인 정권이 등장했다. 더 우파적인 정부가 들어설 수도 있다. 이런 우익적 정권이 들어서든지 아니면 좀 더 개혁적인 정부가 들어서든지, 아무튼 정치적 양극화가 벌어질 것이다. 이제 아래로부터 투쟁을 벌이지 않고 그저 얌전하게 선거만 치르면 더 우파적인 정권이 들어설 것이다. 박근혜보다 더한 우익이 있을까 싶겠지만 그렇지 않다.

셋째 약점으로 넘어가자. 둘째 약점으로 언급했던 경제 악화가 지정학적 경쟁 심화로 이어진다는 점이다. 각국 자본가들은 국민국가와 밀접하게 연결돼 있다. 특히 국제 무대에서는 국가와 자본이 밀접하게 공조를 취하게 된다. 바로 그런 상황이 제국주의 경쟁을 낳는다. 동아시아로 보자면, 미국과 중국이 댜오위다오(센카쿠) 같은 섬을 둘러싸고 벌이는 긴장이 그런 사례다. 일본은 거기서 미국의 대리인 구실을 한다.

그런데 미·중 갈등은 한국 지배자들에게 딜레마를 안겨 준다. 물론 경제적으로도 군사적으로도 미국이 여전히 세계 1위라는 점은 여전하다. 특히 군사적으로 미국은 나머지 강대국들에 비해 훨씬 우월하다. G8 중에서 미국 밑에 있는 국가들을 다 합쳐도 미국의 군사력을 능가하지 못한다. 그리고 미국은 힘 과시를 끊임없이 해 왔다. 소말리아, 보스니아, 세르비아, 아프가니스탄, 이라크 침공 등으로 과시해 왔다. 그리고 중국 경제가 언제까지 탄탄대로를 걸을 것이냐는 보장이 전혀 없다. 그래서 남한 지배자들 중에 미국으로부터의 자주성을 주장하는 자는 없다.

그러나 그렇다고 해서 그들이 중국과 소원해지는 걸 두려워하지 않는 것은 아니다. 경제적으로는 한국 자본가들이 미국보다 중국에 더 많이 수출하고 있다. 그렇기 때문에 한국 자본가들의 처지에서 봤을 때는 중국 지배자들하고도 관계를 유지하고 싶어 한다. 불필요하게 사이를 나쁘게 하길 원하지 않는다. 바로 이런 딜레마 때문에 노무현이 동아시아 "균형자" 구실을 하겠다고 말한 적이 있었다. 그랬다가 미국에게 얻어맞고 찌그러졌다. 분명 박근혜는 정치적·군사적·지정학적으로는 기본적으로 친미이다. 그러나 박근혜도 취임 직후 방미 전에 동북아시아 평화협력 계획이라는 것을 언급했다. 그리고 그것을 "서울 프로세스"라고 이름 붙였다. 미국 언론은 이를 공격했다. 마침내 박근혜는 오바마를 만나고 나서 '깨갱' 했다. 그래서 미국과의 우호를 엄청 강조했다. 한국 지배계급은 경제적으로는 중국과 밀접한 반면 지정학적으로는 전통적으로 미국·일본과 긴밀하다는 모순에 처해 있는 것이다. 그래서 남한 지배계급 내에서는 대외 정책을 놓고 긴장이 있다. 한마디로 요약하자면, 일부 지배자들은 정부가 드러내 놓고 친미를 해 공연히 중국을 자극하지는 말자고 주장한다.

마지막 약점으로는 노동운동의 도전 가능성이다. 노동운동 내에서 영향력이 큰, 매우 온건한 노동사회연구소는 노동자들의 자신감이 되살아나고 조직률이 늘고 있다는 보고를 한 바 있다. 즉, 노동자들의 자신감과 조직이 성장하고 있고 이것이 박근혜에게 부담이 될 것이다. 물론 급진화는 매우 더디고 불균등하기 때문에 과장할 수는 없다. 그래도 사회주의자들은 노동운동에 초점을 맞추면서도 노동운동이 정치적이 되도록 노력해야 한다. 박근혜에 맞선 가장 효과적인 저항 세력일 노동계급의 운동을 강화하는 활동을 해야 한다.

최일붕, 〈노동자 연대〉 184호(2016-11-01).

'최순실 게이트'는 '박근혜 게이트'로 가는 문

박근혜 정부의 추악한 실체가 까발려지고 있다. '처음에는 어디까지 팔 수 있을까 싶었는데 이제는 이렇게까지 파도 되나 하는 생각이 든다'는 말이 기자들 사이에서 나올 정도다. 이 얽히고설킨 더러운 부패 사슬의 핵심에 박근혜가 있음이 갈수록 분명해지고 있다. 전방위적으로 폭로된 사실들을 종합해 볼 때, 박근혜는 권력을 독점하고 이를 마치 개인 재산처럼 여기고 사용하려 했다. 연설문 따위에 최측근 머리를 빌린 것은 일도 아닌 것이다.

박근혜는 의심증 때문에 최순실 자매와 그 가족, 김기춘 등 유신 체제 중앙정보부 공안 검사 출신 같은 인물들만 믿을 수 있었던 것 같다. 7인회니 십상시니 하는 비선 실세 의혹이 취임 초부터 끊이지 않았다. 국가권력을 사유화해 자기가 믿는 사람들과만 달콤한 특혜를 누리려 한 것이다. 박근혜는 이 부패 고리에서 단지 관망한 게 아니라 플레이어 노릇도 했다. 미르와 K스포츠 재단을 위한 모금을 박근혜가 직접 재벌 회장에게 요구했다는 폭로가 나왔다. 이제는 전경련 부회장 이승철도 청와대의 지시였다고 밝혔다. 모금 주역인 안종범이 증거 인멸을 시도한 사실도 드러났다.

청와대 기밀 문서들이 밖으로 유출된 것도 민정수석 우병우, 문고리 3인방 정호성 등이 조직적으로 움직여야 가능하다는 분석들도 나왔다. 박근혜의 지시나 교사가 아니고 이것이 가능할까? 박근혜와 최순실(과 그 가족들)의 40년간 특별한 관계를 볼 때, 이런 부정 축재는 박근혜의 재산관리인(집사)인 최순실이 박근혜 퇴임 후를 대비해 작업해 놓은 것일 공산이 크다. 이 과정에서 최순실(과 그 자매)이 개인적으로도 재산을 챙긴 것은 일종의 수고비 조였을 것이다. 실제로 최순실의 최측근인 고영태는 검찰에 이렇게 진술했다. "최순실이 두 재단 일을 챙기면서 박근혜에게 재단 운영과 관련된 내용을 보고하고 보고서를 보내는 것을 봤다." 최순실 자신은 주변에 이렇게 말했다. "언니[박근혜] 옆에서 의리를 지키고 있으니까 내가 이만큼 받고 있잖아."

박근혜를 정점으로, 최순실을 고리로 연결된 부패 네트워크는 (박근혜가 취임 초부터 강조한) 창조경제를 이용해 체육계와 문화계에서 각종 이권 사업을 독식하고 돈을 모았다. 이들에게는 (애초에 새누리당이 땅 투기, 건설 사업 등 다목적으로 추진한) 평창 올림픽이 부정 축재의 호재로 보였을 것이고, 한류에 편승한 문화 사업들도 기회로 보였을 것이다. 최순실과 정유라는 강원도 평창에 토지 7만 평을 소유하고 있고, 전 남편 정윤회도 인천 공항과 서울에서 평창으로 가는 길목인 횡성군에 수만 평 땅을 갖고 있다. 최순실의 측근 차은택의 유관 회사인 광고영상회사는 평창 올림픽 경기장 내 LED 프로젝트를 따내 수십억 원을 챙겼다.

최순실의 조카인 장시호(개명 전 장유진)도 정유라(개명 전 정유연)와 마찬가지로 승마 특기생으로 연세대학교에 입학한 뒤 출석도 제대로 않고 졸업했다는 소문이 파다한 자다. 그가 사무총장으로 있던 한국동계스포츠영재센터는 설립한 지 6개월도 안 돼 정부와 삼성으로부터 총 14억 원을 지원받았다. 정부 예산에서 문화창조융합사업 등 관련 예산만도 1조 원으로 추정된다. 개념도 모호한 문화창조융합벨트 사업에 1278억 원이 배정됐다. 차은택과 CJ E&M 등이 이 예산의 특혜를 받았다는 게 밝혀지고 있다.

지난해 2월 박근혜는 삼성 이재용, 현대차 정의선, LG그룹 구본무 등을 청와대로 불러 문화·체육 부문 투자 활성화와 평창 올림픽 지원을 요청했다. 박근혜는 이후에도 "문화 융성"을 강조하며 기업들에게 투자 확대를 요청했다. 박근혜는 미르와 K스포츠 재단의 비리 의혹이 수면 위로 올라온 뒤에도 기업들의 문화·체육 지원을 칭찬해, 사실상 수사하지 말 것을 강력히 암시했다.

정경유착: 기업들도 부패 공범

대기업들은 단순히 "발목을 비틀어" 갈취당한 피해자가 아니다. 그들도 부패 사슬의 일부이자 또 다른 수혜자다. 기업인들은 대통령의 최측근인 최순실을 찾아내 여러 특혜와 뇌물을 제공하면서 박근혜의 환심을 사고 정부를 통한 특혜를 누리려 한 것이다.

최저임금 인상과 법인세 인상에는 거품 물고 반대하던 대기업들이 박근혜 정권에는 수억~수백억 원을 갖다 바쳤다. 노동자들의 임금과 고용을 악화하는 노동 개악을 박근혜가 추진하는 것에 대한 답례이자 격려금이었을 것이다.

삼성그룹은 200억 원을 냈다. 이재용 경영권 세습에서 제일모직과 삼성물산 합병이 핵심이었는데 국민연금의 찬성표가 결정적 구실을 했다. 삼성은 장시호 법인에 5억 원을 지원하기도 했다. 박근혜가 어떻게든 통과시키려 해 온 의료 민영화는 삼성이 사운을 거는 영역이다. 한화그룹은 지난해 6월 삼성테크윈(현 한화테크윈)과 삼성탈레스(현 한화시스템), 올해 한화디펜스를 인수하면서 방위 사업 영역을 확대하고 있다. 이 분야는 당연히 국가기관과의 협조가 매우 중요하다. 한화그룹은 미르와 K스포츠 재단에 총 25억 원을 냈다. 김승연이 집행유예로 석방은 됐지만 이후 특별사면에는 포함되지 못한 것은 액수가 적어서일까? 한화와 삼성은 차례로 승마협회 회장사를 맡으며 정유라 키우기에 일조했다.

CJ의 이재현은 올해 재벌 총수 중 유일하게 광복절 특사에 포함됐고, CJ는 차은택이 주도한 K컬처밸리 사업을 맡아 헐값에 토지 공급계약을 맺는 특혜를 받았다는 의혹에 휩싸여 있다. SK는 계열사 등을 합쳐 두 재단에 111억 원을 냈다. 최태원이 특별사면된 지 불과 두 달 후에 일어난 일이다. SK는 올해 박근혜의 이란 방문 당시 사절단으로 동행하기도 했다. 세종시 고속도로 사업을 따내고, 박근혜 이란 방문 이후 관련 사업을 따낸 대림산업도 정권과 유착해 특혜를 챙긴 걸로 보인다. 대림산업은 미르 재단이 비리 의혹을 받은 후 교체된 이사진에 대림산업 상무가 포함되는 등 끈끈한 관계이다.

민영화됐지만 여전히 사장 임명에 정부의 입김이 큰 사실상의 국가기관인 포스코와 KT도 기금 마련(각각 30억 원, 11억 원)에 적극 협조했다. 롯데에서 추가로 70억 원을 받았다가 검찰 조사가 시작되자 이 돈을 돌려줬다는 정황은 이 돈들이 시커먼 돈임을 보여 준다.

자본축적 경쟁이 동력인 자본주의 체제에서 자본가들은 자신에게 유리한 법적·제도적 발판을 만들려고도 경쟁해야 한다. 당연히 의회와 국가 관료들과 끈끈한 관계를 맺는 일에서도 경쟁해야 한다. 자본주의 체제에서 부패가 사라지지 않는 이유다.

새누리당도 공범이다

새누리당도 더러운 커넥션의 중요한 일부다. 2007년 한나라당(현 새누리당) 대선 후보 경선에서 이명박 캠프의 핵심이던 이재오는 "최순실의 수백억 원대 부동산의 실제 주인을 밝혀라" 하고 박근혜를 공격했다. 당시 한나라당 경선 TV 토론을 보면, 패널이 박근혜에게 꼼꼼히 최태민 일가와의 유착 의혹을 질문한다. 전 당 대표 김무성조차 "최순실을 몰랐다면 거짓말"이라고 인정할 수밖에 없었다. 박근혜의 추악한 실체를 훤히 알면서도 이들은 모두 우파 정권 재창출과 개인적 출세와 축재를 위해 기꺼이 일치단결했던 것이다.

박근혜는 어쩌다 완전 코너에 몰리게 됐나

박근혜 정부의 소임은 경제 위기의 대가를 노동자에게 떠넘겨 자본가계급의 이윤을 보호해 주는 것이다. 이를 위해 강성 우파들을 주위에 포진시켰다. 그리고 개인적으로 유신 스타일의 통치를 구사했다. 그러나 전통적 우파 지배자들이라는 인적 기반은 취임 초부터 부패 문제로 정권이 어려움을 겪게 했다. 장관 내정자들이 부패 혐의로 줄줄이 낙마한 것이다. 국가기관 대선 개입 의혹은 비선 실세설이 있던 김기춘을 비서실장에 앉혀 정면 대응했다.

또, 미·중 간 제국주의적 갈등 고조로 동아시아 불안정이 심화하는 것도 박근혜에게는 커다란 모순을 안겨 줬다. 결정적으로 박근혜가 연설문 청탁으로도 해결할 수 없었던 것은 경제 살리기였다. 한국 경제 상황은 박근혜 정부 내내 나빠졌다. 이에 어떻게 대응할 것이냐는 문제가 지배자들 사이에 암투가 벌어진 배경이 됐다. 그 과정에서 성완종 리스트나 대우조선 분식 회계 관련 부패들이 드러났고, 기업주들 일부가 불만을 드러냈다. 결국 조금씩 박근혜의 내밀한 부패들이 폭로되기 시작했고, 노동자 운동이 이런 배경 속에서 투쟁을 이어간 것이 박근혜의 총선 참패와 레임덕을 끌어냈다.

그 결과, 한때 "형광등 100개 아우라" 운운하던 TV조선이 박근혜 폭로 경쟁의 선두에 서 있다. 노동자 운동은 대중적 분노와 지배자들의 분열을 이용해 퇴진 운동에 실질적 힘을 부여해야 한다. 생산을 멈춰 이윤에 타격을 가하는 노동계급의 고유한 방법으로 거리 시위와 만나는 것이 가장 효과적일 것이다.

김지윤, 〈노동자 연대〉 184호(2016-11-01).

서울에서만 20만 명이 시위에 참가하다

11월 5일 박근혜정권퇴진비상국민행동(준)의 주최로 광화문 광장에서 열린 '모이자! 분노하자! #내려와라 박근혜 2차 범국민대회'(이하 2차 범국민대회)에 20만 명이 참가했다. 광화문 광장은 물론 종로와 서울시청 일대가 '박근혜는 퇴진하라', '박근혜가 몸통이다', '사과 말고 퇴진하라' 하고 외치는 시민들의 목소리로 가득 찼다.

전국 곳곳에서 열린 집회까지 합하면 모두 30만 명이 참가한 것으로 집계됐다. 박근혜·최순실 게이트가 불거진 이후 최대 규모 인파가 집결해 들끓는 민심을 실감케 했다. 1차 범국민대회보다 규모가 커질 것을 걱정해 박근혜가 2차 대국민 담화 '쇼'를 하고 경찰은 행진을 불허하겠다며 협박했지만, 책임 회피에 급급한 박근혜의 '사과 아닌 사과'는 대중의 분노에 더욱 불을 붙일 뿐이었다.

오후 2시에 시작한 고 백남기 농민 영결식부터 광화문 광장에 사람들이 모이기 시작해, 집회 시작 시간인 오후 4시에는 이미 광화문 광장과 세종문화회관 계단, KT 건물 앞 등 광화문 일대에 인파가 가득했다. 1부 집회가 진행되는 동안 대열은 더 늘어나 광화문 사거리까지 가득 찼고, 집회에 참가하려는 사람들이 서울시청과 종로 쪽에서 대로를 가득 메우며 몰려와 장관을 이뤘다. 1차 범국민대회와 마찬가지로 말 그대로 남녀노소 모두 참가했다. 아이와 함께 나온 부모들, 교복을 입고 친구와 함께 나온 중고생들도 눈에 많이 띄었다.

고 백남기 농민 영결식

2차 범국민대회에 앞서 광화문 광장에서는 오후 2시부터 고 백남기 농민 영결식이 열렸다. 영결식에는 1만여 명이 참가했고 민주당의 문재인·박주민·박원순·추미애, 국민의당의 박지원·안철수, 정의당의 심상정·노회찬 등이 참석했다. 여러 야당 정치인들이 추도사를 낭독했는데, 그중 정의당 심상정 대표와 박원순 서울시장의 추도사가 큰 호응을 얻었다.

1부 집회

고 백남기 농민 영결식에 이어 오후 4시부터 시작된 2차 범국민대회에는 시작부터 이미 5만 명이 참가해, 광화문 광장뿐 아니라 주변 대로까지 가득 찼다. 집회 도중에도 대열은 계속 늘어났다. 집회 참가자들은 연설을 매우 집중해서 들었고, 연설자들이 박근혜의 '2차 사과'

와 4년간 저지른 온갖 악행들을 비판할 때 크게 호응했다.

'사단법인 4·16 세월호 참사 진상규명 및 안전사회 건설을 위한 피해자 가족 협의회'(이하 416 가족협의회) 전명선 운영위원장은 "어제 대국민 사과를 듣고 기가 막혔다. 전국에서 국민들이 그렇게 외쳐 대는데 이 나라의 수장이라고 하는 박근혜는 왜 그 목소리를 듣지 못하는가? 권력, 비리, 부도덕함으로 대한민국의 안전을 위협하는 이 대통령은 이제 대한민국의 대통령이 아니다. 우리 후손이 안전하게 살아갈 수 있도록 여기 있는 국민들이 나서야 한다. 416 가족협의회도 한발 앞장서서 행동하겠다" 하고 말했다.

2시부터 마로니에 공원에서 대학생 시국대회를 열고 광화문 광장까지 행진해 온 대학생 대표들도 연설했다. 최은혜 이화여대 총학생회장은 "이화여대에서는 최순실의 딸 정유라의 부정 입학과 특혜가 문제가 돼 결국 최경희 총장이 사퇴했다. 이것이 끝이 아니었다. 최순실은 전국 곳곳에서 정부의 온갖 활동에 개입해 국정을 농단하고 민주주의를 침해하고 헌정 질서를 파괴했다" 하고 비판하고, "눈 가리고 아웅하는 식으로는 국민의 목소리를 잠재울 수 없다. 국민은 결국 빼앗긴 권력을 되찾을 것이다" 하고 외쳤다.

김보미 서울대 총학생회장은 최순실 게이트를 비판한 데 이어 박근혜 정부가 추진해 온 대학 시장화 정책도 비판했다.

행진과 2부 집회

행진은 오후 6시부터 시작돼 '종로~을지로~명동~남대문~시청~광화문'으로 이어졌다. 광화문 광장과 시청 방향에 있던 시위 참가자들이 종로로 나가는 데만 30분이 넘게 걸렸다.

행진 과정에서 더 불어난 대열은 20만여 명에 이르렀고, 행진 선두가 종로 3가에 이를 때까지 광화문 사거리 일대에는 행진을 시작하려는 인파로 가득 차 있었다.

다른 대규모 행진과 달리 2차 범국민대회에서는 경찰을 거의 볼 수 없었다. 경찰은 감히 행진 대열과 주변 시민들을 분리하려 하지 못했다. 행진 대열이 나아갈 때마다 주변 차량들은 함께 경적을 울렸고, 주변 시민들도 박수를 치며 시위대를 응원했다.

7시 30분게 광화문 광장으로 돌아온 대열은 2부 집회를 시작했다. 2부 집회가 시작됐는데도 행진 대열이 서울시청까지 이어져 있었고, 뒤늦게 행진을 마친 대열은 광화문 사거리 쪽으로 몰려들었다. 게다가 저녁 집회에 참가하려는 수많은 사람들이 지하철 출입구에서 쏟아져 나왔다.

2부 집회에서도 연설자들은 최순실 게이트뿐 아니라 박근혜 4년의 온갖 악행을 비판했다. 성과연봉제에 맞서 40일 넘게 파업하고 있는 철도노조의 김영훈 위원장이 연단에 올라오자 큰 박수가 나왔다. 김영훈 위원장은 "재벌들이 대가성 없이 선의로 돈을 줬다는 말도 안 되는 소리를 했다. 성과퇴출제, 쉬운 해고, 취업규칙 일방 변경 … 쉬운 해고보다 재벌들에게 좋은 대가가 어디 있는가? 지난해 박근혜 정부는 민자 철도 계획을 내놨는데 공공 부문 민영화보다 재벌들에게 좋은 대가가 어디 있는가?" 하고 비판했다. 마지막으로 "너희가 불법이면 우리는 총파업이다" 하고 외쳐 큰 호응을 얻었다.

시민 자유 발언

2차 범국민대회 공식 행사가 종료되고 연단도 치워졌지만 많은 시민이 광화문에 남아 "박근혜 퇴진"을 외쳤다. 곧이어 시작된 뒤풀이 집회에도 1만여 명이 참가했다. 많은 시민들이 방송차 위에 올라 자유 발언을 이어 갔다.

자유 발언에 나선 이화여대의 김승주 학생이 방송차에 올라서자 엄청난 환호가 쏟아졌다. 김승주 학생은 "어제 박근혜가 우리를 모두 미치게 만드는 대국민 담화를 발표했다. 내 생애 가장 아까운 9분이었다"며, "어느 안전이라고 피해자 코스프레 하는가" 하고 비판했다. 또, "박근혜가 최순실 재단 모금을 했다는 특종이 터졌다. 박근혜·최순실에게 돈 갖다 바친 기업들도 한통속이다. 친기업 반노동 정책으로 받아먹는 게 있으니까 주는 것 아니냐. 피해를 본 사람은 오직 우리뿐이다. 세월호에 아이를 잃고 물대포에 아버지를 잃고 가난에 못 이겨 자기 목숨까지 포기해야 하는 우리만이 눈물을 흘릴 자격이 있다. 박근혜는 눈물 흘릴 자격도 없다. 한 번만 더 울면서 봐 달라고 하면 가만히 있지 않겠다" 하고 말했다.

전교조 정원석 교사가 방송차에 오르자 주변 시민들은 "선생님"을 연호했다. 정원석 교사는 "박근혜가 퇴진해야 하는 이유는 단지 헌정 유린과 국정 농단만은 아니다. 지난 4년간 박근혜가 한 온갖 악행이 이유다. 노동자·서민의 삶 파괴, 세월호 학살, 백남기 농민 살해, 고통 속에 죽어 간 수많은 사람들, 사드 배치로 불안정 심화 … 나는 교사로서 우리 아이들에게 이런 헬조선을 물려줄 수 없다"고 말했다. 그는 박근혜 퇴진 투쟁과 박근혜가 벌인 악행을 무효화하려는 투쟁이 결합돼야 한다고 주장했다.

기아자동차 노동자인 김우용 씨가 "한상균 민주노총 위원장은 지난해 박근혜에 맞서 싸웠다는 이유로 징역 5년 형을 선고받고 구속 중이다. 노동 개악 반대하고, 세월호 진상을 규명하고, 청년 실업을 해결하라고 외친 것이 5년 형을 살아야 하는 죄라면 도대체 박근혜는 몇 년을 살아야 하는가" 하고 외치자, 주변 시민들은 "무기징역"을 연호했다. 김우용 씨는 "2008년을 돌아보자. 그때 이명박을 끌어내리지 못했다. 이번에는 실패하지 말자. 이번에 실패하지 않으려면 다음 주에 더 많은 사람이 나와야 한다. 그리고 민주노총이 파업을 준비하고 있다. 총파업을 실현할 수 있도록 시민들은 응원해 주고, 이 자리에 있는 민주노총 조합원은 파업을 조직하자" 하고 외쳤다.

중고생들을 포함해 20여 명이 밤늦게까지 자유 발언을 이어 갔다. 시민들의 분위기는 본대회보다 훨씬 더 격정적이었다.

강동훈·차승일, 〈노동자 연대〉 184호(2016-11-06) 축약.

3주
촛불, 들불이 되다

"박근혜 퇴진 운동이 불과 3주 만에
한국 정치의 가장 강력한 행위자 중 하나가 됐다.
박근혜 국정 수행 지지율은 2주 연속 5퍼센트대에 머물렀다.
박근혜 퇴진 운동이 만들어 낸 상황이다."

2016-11-07	김무성, 박근혜 탈당 요구
2016-11-09	한국지엠 노동자들, 박근혜 퇴진 요구하며 거리 행진
	박근혜정권퇴진비상국민행동 출범
2016-11-12	'전태일 열사 정신 계승' 전국 노동자 대회(10만)
	민중총궐기, 3차 범국민행동의 날(단 3주 만에 100만 돌파)
2016-11-13	촛불 기세에 놀란 검찰, 박근혜 조사하겠다 발표

이렇게 생각한다

노동자가 앞장서서 박근혜를 몰아내자!
박근혜는 퇴진하고 노동 개악 철회하라!

11월 5일, 박근혜 퇴진을 요구하는 운동은 더욱 커졌다. 서울에서만 20만 명이 거리로 쏟아져 나왔고, 다른 도시들에서도 몇 만 명이 나왔다. 12일 박근혜정권퇴진비상국민행동(이하 퇴진행동) 주최 집회에는 50~100만 명가량이 참가할 듯하다. 이 운동은 박근혜의 위기를 빠르게 심화시키고 있다. 박근혜는 열흘 만에 두 번이나 사과했지만, 지지율은 5퍼센트로 곤두박질쳤다. 역대 대통령 중 최저 수준이다.

박근혜 퇴진 운동은 1990년대 이후의 대규모 항의 운동들과 몇몇 점에서 다르다. 첫째, 이번 운동은 단일 쟁점을 놓고 벌어지는 것이 아니라 정부의 권위 자체에 도전하고 있다. 수많은 사람들이 정치권력에 도전하는 것은, 1987년 격렬한 시위와 뒤이은 수많은 경제적 대파업으로 군부 독재 정권을 압박해 대통령 직선제를 포함한 민주적 기본권들을 쟁취한 이래 처음이다. 2008년 촛불 운동은 광우병 위험 미국산 쇠고기 수입 반대를 핵심 요구로 하되 다른 몇몇 요구가 결합됐다. 6월 10일을 기점으로 많은 사람들이 이명박 퇴진을 공식적 요구로 내놓자고 주장했지만, 촛불 운동 내 온건파들이 반대해 공식적 요구로 채택되지 못했다. 1996년 12월 26일 노동법과 안기부법 날치기 통과로 연말연시 정국을 뒤흔든 민주노총 총력 파업과 대중 항의도 공식적으로는 대통령(김영삼)의 퇴진이 아니라 사과를 요구했다.

둘째, 이번 운동은 노동단체와 좌파 단체들로 이뤄진 민중총궐기본부가 시작했다는 점에서도 과거 NGO들이 시작한 대규모 항의 운동과 다르다. NGO들은 자의식적으로 계급과 좌파 정치를 거부하고 그 대신 '국민'과 점진적 개혁주의를 지향한다.

셋째, 운동에서 조직노동자들의 존재감이 실제로 있다. 2008년 촛불 운동 같은 이전 운동들에서는 노동조합과 좌파 단체 성원들도 '개별 시민'으로 참가해야 한다는 요구를 받았다. 반면 이번에는 조직노동자들이 시위대 전체의 환영을 받고 있다. "(조직)노동자들이 고립됐다"는 진보 진영 내 우파의 주장은 완전히 틀렸다는 점이 (철도 파업에 대한 청년·학생들의 지지 표명에 이어) 또다시 입증됐다.

넷째, 위 특징들 덕분에 진보 진영 내 좌파는 운동에서 주도적 구실을 하기에 과거 어느 때보다 유리한 위치에 있다. 물론 이 점은 잠재력 차원이고 유동적이다. 운동의 저변이 갑자기 넓어져 새로 참여하는 대중의 개혁주의적 의식을 반영하는 개혁주의 지도력 문제도 있지만, 좌파의 처지에 있으면서도 중도계인 NGO 리더들을 추수하는 자민통계의 기회주의 문제도 있기 때문이다. 가령 신설 연대체인 퇴진행동 안에는 박근혜를 어떻게 퇴진시킬지를 두고 논쟁이 있는데, 자민통계와 NGO 리더들 같은 진보적·자유주의적 민중(국민)주의자들은 부르주아 야당인 민주당과 박원순 서울시장, 이재명 성남시장 등과 동맹을 구축하고 있다. 이를 위해 그들은 조직노동자 운동과 좌파의 존재를 하찮은 위상에 묶어 두고 싶어 한다.

박근혜가 실제로 퇴진하게 될지는 불투명하다. 열쇠는 노동자들의 참여에 달렸다.

위에서 언급했듯이 이번 운동에는 노동자들이 존재감이 있을 뿐 아니라 시위대의 환영을 받는데도, 퇴진행동 지도자들은 노동자들에게 운동에 많이 참가하라고 공식적으로 호소하지 않고 있거니와 대다수 노조 지도자들도 파업은 늘 그렇듯 언감생심이다. '민주변혁단계'론자들은 현 시국을 국민(민중) 혁명 직전의 시기로 볼지 몰라도, 노동자 혁명 전략을 추구하는 고전적 마르크스주의자들은 그들과 전술들이 다르다. '민주변혁단계'론자들은 박근혜 퇴진 후 그들이 참여하는 민주 국민내각 따위를 제안하는 듯하다.

하지만 한국 사회의 성격은 종속 경제와 반半식민지 국가가 아니라 선진 산업 경제와 부르주아(자본주의적) 민주주의 국가형태를 본질적 특징으로 한다. '민주변혁단계'론은 실천에선 개혁주의로 나타날 수밖에 없다. 특히, 좌파가 자본주의적 정당들과 함께 연립정부에 참여하는 것은 운동에 큰 해를 입힐 일이다.

반면 고전적 마르크스주의자들은 노동계급의 항의 시위 참가와, 정치적 그리고 경제적 파업(정치총파업만이 유의미하다는 주장은 마르크스주의가 말하는 '정치'의 의미를 오해한 데서 비롯한 경직된 전술이다)이 당면 과제들이라고 본다. 11월 9일 한국지엠 부평 공장 노동자 500명이 공장에서 부평역까지 행진한 것은 좋은 본보기다. 울산 플랜트건설 노동자 파업도 정말 훌륭하다. 또 노동계급 운동의 좌파는 민주노총이 총파업을 선언하도록 지도자들에게 압력을 가하는 조합원 서명운동을 벌이고 있다. 겨우 며칠 만에 조합원 8000명가량이 서명했는데, 현 상황은 민주노총 좌파들과 투사들이 지도부를 압박할 절호의 기회를 제공하고 있다. 이미 철도 노동자들은 자신의 요구를 내놓고 파업을 벌이고 있다.

박근혜는 단순히 고립됐다 해서(지지율 5퍼센트) 순순히 물러나려 하지 않을 것이다. 재벌들과 고위 국가 관료들이 이윤을 위해 모두 그에게 등을 돌려야 비로소 물러날 수 있다. 지금 이들은 정치적 부패만으로 박근혜를 제거하고 싶은 생각이 없다. 왜냐하면 박근혜가 노동 개악과 시장경제 확대를 위해 애쓴 공로를 인정해야 하기 때문이다. 그러므로 좌파라면 지금 열리고 있는 격변기에 계급투쟁(정치적 그리고 경제적)을 건설하는 데 헌신해야 한다.

최일붕, 〈노동자 연대〉 185호(2016-11-11).

몽니 부리는 박근혜, 내분 겪는 여당, 눈치 보는 야당

12일 이후에도 투쟁은 계속된다

박근혜는 최순실 게이트가 폭로된 직후부터 열흘 새 두 번이나 대국민 사과를 했다(10월 25일, 11월 4일). 11월 8일에는 국회의장 정세균을 만나 김병준 총리 지명을 철회하고 국회가 요구하는 사람을 총리로 임명하겠다고 했다. 오만방자하기 짝이 없던 박근혜가 두 번이나 머리를 조아리며 계속 아쉬운 소리를 한 것은 상황의 심각성 때문이다. 물론 늘 그랬듯이 책임 회피와 꼼수뿐인 거짓 사과였지만 말이다. 첫 번째 사과 이후 도리어 국정 수행 지지율은 한 자릿수로 폭락했다(한국갤럽 2주 연속 5퍼센트). 퇴진(탄핵 포함) 지지는 60퍼센트를 넘어섰다(리얼미터).

무엇보다 여론이 강력한 행동으로 보기 드물게 표출되고 있다. 11월 5일에는 약 20만 명이 광화문 일대에서 밤늦게까지 행진과 시위를 벌였다. 구호는 압도적으로 "박근혜 퇴진·하야"다. 국면 초기 역풍론이 무색하게도 투쟁이 커지고 퇴진 요구를 분명히 하면서 박근혜 지지율은 더

하락했다.

이 와중에도 새로운 폭로가 쏟아지고 있다. 박근혜가 기습적으로 임명하려 한 국민안전처 장관 박승주는 굿판을 벌인 사실이 드러나 자진 사퇴했다. 박근혜가 자신은 청와대에서 굿을 한 적이 없다고 굳이 해명한 직후에 일어난 일이다. 시늉뿐인 검찰 조사에서조차 새로운 사실들이 드러나고 있다. 기업주들이 죄다 '삥 뜯긴' 피해자 '코스프레'를 하는데, 안종범은 기업 대상 모금이 박근혜의 지시였다고 자백했다. 김기춘이 정권 비판 세력을 죽이려는 공작 정치를 지시한 사실도 드러났다. 박근혜 정권 자체가 범죄 집단이고, 청와대가 정경유착, 부정 축재의 사령탑이자 몸통인 것이다.

김기춘, 우병우 등 청와대 실세들과 최순실 등 '비선 실세'들이 정부 부처와 검찰 등 국가기관들을 움직여 기업들과 특혜를 거래하고 국가 예산을 자신들 호주머니로 옮겼다. 이것은 추가 매수와 특권 구축에 사용됐을 것이다. 다급해진 최순실, 장시호(최순실 조카), 차은택 등이 급매로 내놓은 부동산의 시세만 500억 원이 넘을 지경이다.

이런 때 미국 대선에서 한국 정부의 예상과 달리 트럼프가 당선했다. 경제·안보 위기(불확실성)가 커지는데, 박근혜가 국가를 다잡아 위기에 대처할 수 있을지 지배계급의 걱정도 커질 수밖에 없다. 박근혜는 이미 11월 에이펙APEC 정상회의에도 불참하기로 했다. 한국 대통령의 불참은 에이펙 정상회의 창설(1993년) 이래 처음이다. 이런 상황 때문에 수습책을 놓고 여권 전체가 내분에 휩싸였다. 전 당 대표 김무성은 박근혜의 탈당을 요구했고, 비박계는 당 대표 이정현의 사퇴를 주문하고 있다.

그러나 이대로 물러서면, 친박이 모두 죽는다고 보기 때문에 이정현과 친박계는 버티는 중이다. 그러나 '최순실을 모르는 게 거짓말'이라고 말한 당사자가 김무성이다. 박근혜와 최순실의 농단을 알면서도 빌붙어 출세와 특권을 챙겨 온 새누리당 전체가 공범 집단이다. 한국갤럽 조사에서는 대구·경북에서조차 민주당에 뒤처지기 시작했다. 의원총회에서 서로 쌍욕이 오갈 수밖에 없었던 이유가 있는 것이다.

국정 운영에 대한 의구심이 커지자 청와대는 당선 하루 만에 트럼프와 통화하는 데 성공했다고 대대적으로 홍보했다. 야당을 향한 국정 정상화 압박이기도 했을 것이다. 그런데 두 주류 야당들은 박근혜의 '2선 후퇴'만 요구하며 그가 시간을 벌게 했다. 특히, '문재인 당'인 민주당은 '책임총리' 방안을 수용해 박근혜의 구원투수가 될 뻔했다.

박근혜는 한 걸음도 물러설 생각이 없다

박근혜 4년의 교훈 중 하나는 박근혜의 통치 스타일과 개인의 개성이 거의 일치한다는 것이다. 계급의식적이지만 욕심과 의심도 많아, 재산뿐 아니라 권력도 측근 실세와만 농단하는 체제를 구축하고 목적 달성을 위해서는 수단과 방법을 가리지 않는다. 거짓말도 서슴지 않고, 죄의식도 없다. 그렇지 않았다면, 세월호 참사나 고 백남기 농민 문제에 그렇게까지 잔인하고 야비하게 나오지 않았을 것이다. 복지 공약 파기하고도 그토록 뻔뻔하지 못했을 것이다. 박근혜 게이트가 부정 축재와 공작 정치가 결합된 형태인 이유이고, 기업주들이 경제 위기 고통 전가를 위해 박근혜를 선택하고 지지한 이유다.

그러니 '국회가 정해 주는 사람을 총리로 뽑고 내각 통할권까지 주겠다'는 박근혜의 방안도 의심해 봐야 한다. 총리의 내각 '통할'은 이미 총리 권한으로 현행 헌법에 명문화돼 있다. 결국 헌법상 이미 주어진 권한을 총리에게 주겠다는 것인데, 그것은 헌법상 대통령의 권한도 유지하겠다는 것이다! 금융권 성과연봉제 불법 도입에 앞장선 금융위원장 임종룡을 경제부총리로 지명한 것도 도발이다. 총리에게 내각 제청과 통할 권한을 주더라도, 대통령이 결재도 하고 총리 임면권도 갖고 있다. 상황이 바뀌면 언제든지 권한을 회수할 수 있다. 이 방안은 조금도 후퇴가 아니다. 국정 마비 상황의 책임을 야당에 떠넘기고 분열시켜 보려는 "덫"일 뿐이다. 타고난 모사꾼답다.

사실 두 번의 대국민 사과도 고개는 숙였지만 기만적이었다. 빼도 박도 못할 사실만 인정했고 자신의 연루 혐의는 축소·부인하며 최순실 개인 비리로 떠넘겼을 뿐이다. 다행인 것은 사람들이 이제는 잘 믿지 않는다는 것이다. 그래서 대국민 담화가 오히려 검찰 수사 가이드라인 제시이고, 검찰이 최순실에게 대국민 담화를 보여 준 것은 공범끼리 소통하게 해 준 것이라는 비난이 쏟아진 것이다.

따라서 2선 후퇴론, 책임총리론 등 박근혜 퇴진을 전제로 하지 않는 수습책은 아무 의미가 없고 단지 기만일 뿐이다. 즉각 퇴진을 위한 대중투쟁을 이어가며 강화해야 하는 까닭이다.

주류 야당은 박근혜 구원투수가 될 것인가?

박근혜의 뻔한 수작을 덥썩 물려 한 것은 민주당 현 지도부와 문재인이 내년 대선을 중립적으로 관리할 '중립'내각 수립에 온통 관심이 가 있기 때문이다. 안철수의 국민의당은 은근슬쩍 이를 묵인했다. 고통 전가, 세월호, 복지 축소, 노동 개악, 사드, 민주적 권리 침해 등 4년 동안 눌려 왔던 대중의 분노가 분출하는 시기에 박근혜·새누리당과 협조해 그 분노를 가로막겠다는 것이다. 국민의당도 안철수·박지원이 서로 일을 분담하며 눈치를 보다가 10일에야 박근혜 퇴진으로 당론을 정했다. 게다가 이 틈에 중립내각 총리 자리를 한 번 누려 보려고 야당의 퇴진 요구에 반대하는 손학규 같은 자들도 있다.

자본주의 야당들은 집권해도 경제 상황 때문에 고통 전가 정책을 펴야 하는 처지에서 지금의 운동이 부담스러울 수도 있겠다. 기층의 압력 때문에 결국 야 3당 대표가 박근혜 제안을 거절하고 11월 12일 민중총궐기에 당 차원으로 참가하기로 결정했다(야 3당 지지율 합계보다 퇴진·탄핵 지지율이 더 높다). 박원순 서울시장은 퇴진을 당론으로 채택하고 총궐기에 함께할 것을 민주당에 촉구하고 서울시 차원에서 집회·행진에 편의를 제공하기로 했다.

좋은 일이지만, 두 야당이 정략적으로, 그것도 이제야 운동에 올라타서는 대여권 (협상) 압박용으로만 이용하는 것 아니냐는 의구심이 쉽게 사라지지 않는다. 여태껏 뒤통수쳐 온 일을 생각하면 더욱 그렇다. 지금 거리의 대중운동도 박근혜를 살려 주는 어설픈 수습책에 만족할 것 같지는 않다. 12일 민중총궐기는 근래 보기 드물게 크고 정치적인 시위가 될 것 같다. 이는 운동이 수도권 바깥으로도 확산되는 계기가 될 것이다. 12일 집회의 성공은 박근혜를 더 위협하겠지만, 박근혜는 시간을 벌며 반격을 준비할 것이다. 다행히 이후에도 대중투쟁 계획이 잡혀 있다. 대중의 자력 투쟁이 진짜 해법이다.

좌파가 자기 색깔 드러내지 말라는 주장은 틀렸다

박근혜 퇴진 운동 일각은 '운동권'(좌파)이 운동에 정치적 길라잡이 구실을 하려 하는 것은 시민의 자발성을 억누르게 될 것이라고 주장한다. 따라서 9일 출범한 퇴진행동 같은 단체들도 시민의 자발성을 보조하는 구실만 해야 한다는 것이다. '정치'와 '리더십'을 부정적으로 보고 이를 대중의 자발성 또는 '순수 운동'과 양립할 수 없는 것으로 보는 운동주의적 주장이다. 운동의 단결을 위해 정치를 배제하자는 견해다.

그러나 이런 주장은 이 운동의 성격을 오해하는 것이다. 이 운동은 정권 퇴진 운동이라는 성격상 처음부터 정치가 선택이 아니라 필수였다. 그래서 초기부터 민주노총, 노동자연대와 진보연대를 비롯한 정치 좌파, 정의당·노동당·민중연합당 등이 적극적인 일원이었다.

이 운동의 초기에 좌파의 주도력이 오히려 대중의 자발성에 부합하고 그것을 더 북돋웠다. 10월 29일 집회가 그 예다. 당시 퇴진 요구를 꺼렸거나, 과단성 있게 행진을 조직하지 않았다면 그것이야말로 오히려 대중의 자발성을 억누른 결과가 됐을 것이다.

온건한 진보 시민 단체들도 주류 '야당'들과 연결돼 있다. 이 당들은 운동 바깥에서 언론 등 다양한 수단으로 운동에 영향을 미치려 한다. 이런 성격 때문에 참가자들도 기성 야당들부터 좌파들까지 정치적 주장과 계획에 관심이 크다. 정치적 지도가 필요함을 이해하기 때문에 통일된 구호("퇴진·하야"), 중앙집중적 행진, 좌파와 노조의 깃발에도 거부감이 별로 없다. 따라서 이 운동의 성공에 일조하려는 정치 세력들은 전망과 과제를 내놔야 한다. 즉, 운동의 성격에 걸맞게 정치적 리더십을 제공하려 노력하는 것이 책임 있는 자세다.

이처럼, 정치와 리더십을 배제하자는 주장은 운동에서 떼어 낼 수 없는 것을 떼어 내려 한다는 점에서 공상적이다. 따라서 온건 개혁 세력이 대중의 정서를 확인하고 뒤늦게라도 운동에 합류한 것은 환영할 일이지만, 무임승차하자마자 막무가내로 운전대부터 뺏으려고 하는 것은 옳지 않다. 오히려 노동운동과 선명 좌파의 주도력을 제어하려는 것으로 보인다.

누구든 '내가 아니면 안 된다'는 식으로 운동의 주도권을 농단하려 하지는 말아야 한다. 누구나 실천에서 입증받으며 정직하게 기회를 노려야 한다. 물론 지금 박근혜 퇴진 운동 참가자들 다수가 좌파적 강령을 지지하는 사람들은 아니다. 그래서 좌파는 개방적이면서도 급진적으로 운동을 이끌려고 노력해야 한다. 운동이 더 보편화하고 (사회적 내용 면에서) 심화하도록 노동자 투쟁과 연결되는 것도 조직해야 한다.

김문성, 〈노동자 연대〉 185호(2016-11-11).

박근혜 퇴진을 외치며
100만 명이 청와대로 향하다

박근혜 정권을 향한 노동자·민중의 분노가 폭발하고 있다. 민중총궐기 본대회가 마무리되고 곳곳으로 행진을 시작하고 있다. 7시 30분 현재 주최 측은 100만 명이 광화문과 시청 광장 일대에 모였다고 발표했다. 행진 코스가 이미 인파로 가득 차 행진하기도 어려울 정도였다. 박근혜 퇴진 운동은 아직도 꼼수와 거짓말, 증거 은폐로 일관하는 박근혜 정부에 다시 강력한 일격을 가했고, 또 한 번 정치적 도약을 이뤄 냈다(서울시는 며칠 뒤에 인근 교통 이용객 숫자 등을 계산해서 12일 집회의 참가 규모가 132만 명으로 추산된다고 발표했다).

지금 광화문 사거리와 서울시청 광장 두 지점을 중심으로 그 일대의 모든 도로가 박근혜 퇴진을 외치는 인파로 가득 찼다. 경복궁역을 중심으로 사직 터널부터 종로 경찰서까지, 경복궁으로 향하는 세종문화회관 뒤편 길, 세종로, 태평로, 종로, 서대문 방향 도로, 청계천 1가의 양쪽 도로, 을지로 입구 도로 등. 사람이 너무 많아 시청역, 광화문역은 집회에 온 사람들이 나올 수 없을 정도다. 서울시는 광화문역을 무정차 통과시키고, 서대문역 등 인근 역에 내려서 집회장으로 가도록 안내하고 있다.

서울만이 아니라 미처 상경하지 못한 사람들이 부산, 대구, 광주 등 전국 곳곳에서 박근혜 퇴진 집회를 열었다.

수도 서울의 한복판에서 거의 전 국민의 지지를 받는 수십만이 박근혜의 모든 악행들을 규탄하고 있다. 노조 파괴와 임금 삭감을 강요당한 세월, 청년들을 좌절케 한 불평등한 현실, 너무나 끔찍하고 야비했던 세월호 참사와 진상 규명 방해 공작, 백남기 농민을 죽게 한 살인 진압, 청와대와 연결된 거의 모든 상층의 부패와 뻔뻔함이 오늘 분노와 항의의 도마 위에 올려졌다.

오늘은 남녀노소 가리지 않고 많다. 민주노총 노동자들이 가장 많고 교복 입은 청소년들, 친구와 무리 지어 나온 청년들의 활기찬 모습이 특히 눈에 띈다. 아이를 데리고 나온 젊은 부부들도 인상적이다. 모두 모두 박근혜 퇴진 손 팻말을 받아 들고 곳곳에서 열린 사전 집회들, 노동자 대회, 본대회에 참가했다.

이미 전국에서 전세 버스가 다 예약돼서 남은 것이 없다는 소식이 보도됐을 때부터 짐작할 수 있었지만, 오늘 낮 12시 전국의 교통 흐름을 전하는 뉴스는 천안 부근의 경부선, 서해안 고속도로 등에서 서울로 향하는 상행선이 하행선보다 더 밀리고 있다고 보도했다. 이것은 단지 지난 며칠간의 폭로가 사람들을 끌어낸 것이 아니라는 것을 보여준다.

전국 노동자 대회
100만 시위의 선두에 민주노총 노동자들이 서다

오늘 수십만 집회와 행진의 선두에는 민주노총 노동자들이 서 있다. 강성 우익 정부의 등장으로 많은 이들이 당황해하고 있을 때부터 저항의 선두에 서 왔던 노동자들이다. 금속 노동자들, 학생들과 함께 나온 전교조 교사들, 올 가을 파업 투쟁으로 오늘의 이 투쟁에 징검다리가 된 철도를 포함한 공공 노동자들, 보건 노동자들, 공무원 노동자들이 그들이다. 가족과 함께 자리 잡은 노동자들도 많았다.

민주노총 전국 노동자 대회는 2시부터 시작됐다. 10만 명이 훨씬 넘는 조합원들이 시청 광장으로 통하는 모든 길목을 가득 메운 채 뜨거운 열기로 진행됐다. 민주노총 최종진 위원장 직무대행은 민주노총이 계속 박근혜 퇴진 운동의 선두에 서겠다고 약속했다.

"민주노총 투쟁이 박근혜 퇴진을 위한 전 국민의 요구가 됐고 국민의 명령이 됐습니다. 민주노총 투쟁이 박근혜 정권 퇴진을 위한 민중 항쟁을 만들어 냈습니다! … 민주노총은 박근혜 퇴진이 전제되지 않으면 그 어떤 해법도 인정할 수 없습니다. … 우리 투쟁이 대통령 얼굴 바꾸고 집권당 색깔 바꾸는 항쟁입니까? 재벌과 새누리당 권력이 망쳐 놓은 것을 원상 복구해야 합니다. 노동 개악 폐기하고 재벌 체제 해체해야 합니다. … 박근혜 정권은 지금 고립됐고 두려워하고 있습니다. 민주노총이 나서면 농민, 빈민, 청년, 학생이 함께 나서겠다고 합니다. … 민주노총 총파업으로 박근혜 정권 끝장냅시다!"

노동자 대회 내내 깃발을 앞세운 노동자 대열이 사방에서 시청 광장으로 모였고, 광장에 앉아 있는 그 끝을 알기 힘든 대열은 박근혜 퇴진 운동의 가장 큰 동력이 누군지를 웅변했다. 민주노총 지도부가 오늘 집회에서 드러난 노동자들의 사기와 분노를 더 고무하려면 약속대로 대규모 거리 시위와 파업을 계속해서 조직해야 할 것이다. 퇴진 투쟁을 이끌어 온 노동자들이 이 국면에서 투쟁으로 더 선명하게 자기 목소리를 내야 한다.

대학생과 시민 행진

대학생 1만 5000여 명은 대학로에서 집회를 하고 시청을 향해 행진했다. 이렇게 대학생들이 대규모로 모여 도심 거리 행진에 나선 것은 수년 만의 일이다. 대학로 청년총궐기 집회에 7000~8000여 명이 모인 것도 대단했는데, 행진하면서 또 급속히 숫자가 불어났다.

학생들은 "박근혜는 지금 당장 퇴진하라", "오늘 당장 우리 힘으로 끌어내리자" 하고 외쳤다. 단 하루도 더 박근혜의 통치를 받고 싶지 않다는 것이다. 오늘 안 내려온다면 다음 주에도, 그다음 주에도 계속 모이자고 했다. 학생들의 표정과 목소리에서 자신감이 느껴졌다. 이렇게 많은 학생들이 함께 행진한다는 것은 서로 벅찬 감동이었다. 특히 학생들은 너무나 선명한 이 사회의 불평등에 크게 분노했다. 집회에서 한 발언자는 오늘도 새벽 4시까지 아르바이트를 하다 왔다면서 "돈도 없고 빽도 없는" 우리에게 이 나라는 너무나 살기 힘들지만 정유라 같은 자는 권력을 등에 업고 온갖 특혜를 얻었다고 울분을 토했다.

학생들이 종로 대로 변에 들어섰을 때, 거리에 있던 많은 사람들은 환호했다. 행진을 배경으로 '인증샷'을 찍고 박수를 치며 응원했다. 대학로 다른 한편에서 모인 1만여 명의 '시민대행진' 대열도 대학로부터 시청까지 행진했다. 416 가족협의회의 유가족들도 노란색 잠바를 입고 "하야하라"가 적힌 띠를 등에 메고 150여 명이 행진했다. 유가족들은 누구보다 더 박근혜가 물러나기를 오랫동안 바랐을 것이다. 박근혜가 세월호 참사 관련 전 과정에서 보인 잔인함과 야비함은 오늘 집회와 행진에 나온 모든 사람에게 응어리진 분노로 남아 있다.

대학 동문회, 지역별 모임들, 합창단, 동호회, 연구회, 협동조합 등 전국에서 온 수백 개 시민 단체들이 깃발을 들고 참가했다. 이른바 '386 세대'로 불린 중장년층이 많았다. 자신들이 민주화를 이룩했다는 자부심으로 살았을 이들에게 박근혜 정권의 부정부패와 민주적 권리 침해는 자기 인생을 부정당하는 듯한 충격이었을 것이고, 이는 분노와 행동으로 이어졌을 것이다.

행진

행진은 시청 광장에서 소공로 방향, 을지로 방향으로 시작됐다. 광화문 방향은 이미 사람들이 꽉 차 있어 매우 느리게 움직였다.

공공운수노조가 이끈 대열은 조계사를 거쳐 안국역을 돌아 효자동 입구까지 진출했다. 금속노조가 이끈 대열은 소공동로, 퇴계로를 거쳐 안국동에 도착했다. 이 행진 대열은 모두 경복궁역으로 향했다. 서대문 방향에서 광화문으로 온 사람들과 태평로 대열은 광화문 세종로, 세종문화회관 뒤편 도로 등을 통해 경복궁으로 향했다. 충무로를 거쳐 안국역으로 진출한 대열은 안국동 삼청각 입구 사거리에 멈춰 있다. 이미 경북궁 앞 도로가 꽉 차 있기 때문이다.

행진 대열은 곳곳에서 박수와 환호를 받았고, 더 많은 시민들을 행진 대열로 끌어당겼다. 워낙 사람이 많아 이동하지 못한 대열들은 시청 광장 무대 등 곳곳에서 집회와 자유 발언 등을 이어 가고 있다. 경찰은 경복궁역에서 청와대로 가는 길목 입구에 차벽을 쳤다. 7시 현재 차벽 앞에 무대를 설치하고 집회를 진행하고 있다. 청와대 앞을 향해 간 대열답게 이 집회에서는 주류 야당들의 온건함과 눈치 보기를 규탄하는 목소리도 많고 박수도 많이 받고 있다.

끝도 없이 늘어선 대열은 곳곳에서 해일처럼 청와대 방향으로 향했다. 박근혜 퇴진, 새누리당 해체 구호가 어지러울 정도로 울려 퍼지고 있다. 경복궁역 앞 도로에는 좌우로 늘어선 대열이 수 킬로미터가 되도록 가득 찼지만, 대열의 말미이던 태평로는 여전히 사람들로 가득 차 있다. 박근혜 일당이 빼돌린 재산을 환수하고 박근혜를 구속해야 한다는 구호와 주장도 일주일 전보다 더 많았다. 참가자들은 밤늦게까지 광화문 광장 무대에서 공연과 발언에 집중했고, 상당수 참가자들은 경찰 차벽이 있는 경복궁역 앞 방송차 앞에서도 집회를 이어 갔다. 광화문 본대회가 끝나 갈 무렵, 그날 낮에 수년 만에 최대 1만 5000여 명 규모로 강력한 도심 행진을 벌였던 대학생들이 경복궁역 앞으로 행진해 와 많은 박수를 받기도 했다. 세월호 유가족들은 청와대로 가서 7시간의 행방을 물어야겠다며 경찰 차벽 맨 앞에서 경찰에게 길을 열어 줄 것을 요구하기도 했다.

오늘 집회와 행진은 박근혜 퇴진 운동이 불과 3주 만에 현재 한국 정치의 가장 강력한 행위자 중 하나가 됐음을 보여 줬다. 이제 새누리당은 당분간 오늘 서울 도심을 가득 메운 사람들과 저마다 목청껏 외치는 박근혜 퇴진 함성들이 꿈에도 나타날 것이다. 주류 야당도 운동이 강력해서 쉽게 올라탈 수 없음을 알았을 것이다. 박근혜가 설사 또 사과를 하더라도 여전히 그것은 기만일 것이다. 그러나 박근혜의 기만과 책략이 분노한 대중을 도통 달래지 못하고 있다. 박근혜 국정 수행 지지율은 2주 연속 5퍼센트대에 머물렀다. 한 정치 평론가는 임기가 1년도 넘게 남은 대통령이 지지율 5퍼센트면, 지지층 재결집조차 안 된다는 뜻이고 (여론조사 오차 범위까지 생각해 봐도) 이 정도면 지지가 없다고 봐야 한다고 독설을 날렸다.

바로 그 상황을 박근혜 퇴진 운동이 만들어 냈다. 9월 말부터 이어진 노동자 파업들이 마지노선이라는 지지율 30퍼센트 벽을 허물었고, 이것이 안 그래도 경제 위기 때문에 분열하고 있는 지배계급 내 암투를 심화시키고 박근혜의 치부가 마침내 폭로되도록 만들었다. 그리고 끝내 10월 29일부터 시작한 단단한 퇴진 운동이 박근혜를 그로기 상태로 내몰고 있다.

오늘 전국에서 모인 100만 대열의 강력한 분노와 기세는 이 운동이 12일 이후에도 계속될 것임을 보여 줬다. 수도권 바깥에서도 이제 이 운동은 더 커질 것이다. 반드시 우리 힘으로 박근혜를 끌어내리고 박근혜가 부패한 관료들과 비선 실세들, 기업주들, 제국주의 강대국들과 함께하려 해 온 온갖 악행을 중단시키자.

특별취재팀, 〈노동자 연대〉 185호(2016-11-12) 축약.

4주

몽니 부리는 박근혜,
내분 겪는 여당, 눈치 보는 야당

"촛불은 바람 불면 꺼진다는 김진태에게 한마디 하겠습니다.
김진태, 너나 꺼져. 촛불은 바람 불면 옮겨붙는다!"

2016-11-14	추미애, 영수회담 제의했다 반발 여론에 취소
	노동부 장관, "노동 개혁 지속해야", 이 와중에도 박근혜의 악행 밀어붙이기
	김무성, "탄핵의 길로 가야 한다", 분열하는 새누리당
2016-11-15	문재인, 안철수, 추미애, 우상호 등 '질서 있는 퇴진론' 언급
	박근혜, 말 뒤집고 검찰 수사 거부
2016-11-17	박근혜·최순실 게이트 특검 국회 통과, 국정조사 시작
2016-11-19	한국노총 전국 노동자 대회(2만)
	4차 범국민행동의 날(서울 60만, 전국 95만), 수능 끝낸 청소년 대거 참가
2016-11-20	검찰, 드디어 박근혜 범죄 피의자로 규정, 뇌물죄는 뺌
	야권 대선 주자들, 국회 탄핵 합의

까면 깔수록 커지는 박근혜의 부패

세월호 참사 직후 박근혜가 직접 받아 본 국가정보원의 대응 보고서가 공개됐다. 참사 이후 실제 벌어진 일들과 비교해 보면, 이 보고서는 박근혜 정부가 공식 대응을 위해 '채택한' 보고서라 할 수 있다.

세월호 참사를 시종일관 '여객선 사고'라 지칭한 이 보고서는 세월호 참사가 경기 회복을 위한 정부의 노력에 찬물을 끼얹었고, 진상 규명 운동이 정부를 압박하는 것이라고 봤다.

이 보고서는 "맞대응 집회 여론전", "지탄 여론 조성" 등을 주문하고 있다. 정부와 여당의 진상 규명 방해뿐 아니라, '과식' 시위, '세월호는 교통사고' 막말이 모두 청와대의 작품이었다는 것이다(공작 정치의 본산이자, 당시 청와대 비서실장이던 김기춘의 작품일 것이다).

세월호 참사 당일 7시간 의혹을 희석시키려고 최순실과 짜고 '해경 해체' 같은 황당한 '재발 방지책'을 제시했다는 사실도 드러났다. 지금도 박근혜는 7시간 의혹을 감추려고 노심초사다.

이런 공작에 당시 우파가 모두 합심했으므로 기업주들과 우파 언론 등이 박근혜 정부의 성공을 '우주적으로' 도왔다는 것을 알 수 있다. 경제 위기 때문에 평범한 노동자들에게 고통을 전가해야 하는 상황에서 강성 우파 정권의 성공은 자본가계급에게는 더 없는 소망 아니겠는가.

박근혜는 이런 추악한 결탁을 배경으로 권력욕을 만끽한 야비한 통치자일 뿐이다. 박근혜가 미르·K스포츠 재단의 건립과 기업 모금을 지시하는 등 부패의 몸통이라는 사실이 계속 드러나고 있다. 사실상 박근혜가 중심이 돼서 은폐를 지시하고 실행한 정황들도 속속 드러나고 있다. 김기춘이 정치적 반대파를 제거하고 사회운동을 약화시키려고 정치공작들을 실행한 정황들도 드러났다.

이런 자들이 지지층을 일부라도 복원해 보려고 '여성으로서의 사생활' 운운하는 것은 역겹다. 정부와 기업들이 파괴한 세월호 희생자 엄마들의 사생활은 누가 보상해야 하는가. 한일 양국 정부 모두에게 모욕당한 '위안부' 할머니들은? 무상보육 후퇴로 고통받는 여성 노동자들의 고통은?

이런 정권을 창출한 새누리당과 협상해 거국내각 총리를 세운다는 게 합당한 기대인가? 박근혜 정권은 즉각 물러나야 한다.

박근혜의 반격

박근혜가 반격을 시작했다. 15일 꼴통 검사 출신인 유영하를 변호사로 선임해 검찰 수사를 대놓고 거부한 것이 시작이었다. 다음 날, 부산 엘시티 부당거래 의혹을 엄정 수사하라고 지시했다. '너 죽고 나 죽자'

는 식이다. '탄핵해 볼 테면 해 봐라'는 말도 나왔다.

엘시티 개발이 이명박 정부 시절에 시작됐고 한나라당 소속 부산시장들과 연루 의혹이 있는 것을 보면, 새누리당 집안 단속부터 해서 전열 재정비를 해 보겠다는 심산일 것이다. 그러면서 은근히 부산 지역 야당 연루설 등을 흘리고 있다.

이를 이어받아 이정현과 김진태 등이 연이어 망언을 했고 박사모가 19일에 맞불 집회를 열겠다고 했다. 반공 궐기대회를 여론 조작용으로 이용했던 박정희의 딸다운 발상이다. 2004년 사립학교법 개정과 국가보안법 폐지에 반대해 대규모 동원 집회를 열었던 일도 떠오른다.

그러나 이게 당장은 잘 먹힐 것 같지는 않다. 당장 당황한 검찰이 18일에 박근혜를 범죄 혐의 수사 대상이라고 흘렸다. 사실상 피의자 신분이라는 것이다. 주요한 국가기관이 박근혜에 반발하는 모양새다.

19일 집회에도 수십만 명이 참가할 듯하다. 기세와 규모 모두에서 12일 시위는 성공했다. 그 압력 때문에 새누리당 비주류 모임에서 "새누리당 해체", "탄핵" 같은 얘기가 나오고, 민주당이 박근혜 퇴진을 당론으로 결정했다.

박근혜는 더는 저자세를 가장한 기만책이 안 먹힐 것 같다는 판단으로 반격에 나섰을 것이다. 현재 수준의 시위만으로는 쉽게 물러서지 않을 것이다. 한일군사정보보호협정, 노동 개악, 교육 개악 등 온갖 악행들은 멈출 기미가 없다.

박근혜의 반격은 박근혜 퇴진 운동의 낙관적 전망이 최고조일 때 시작됐다. 따라서 박근혜 퇴진 운동은 느슨하게 주말 집회만 조직하고 대중의 자발성에만 의존하려고 해서는 안 된다. '이제 박근혜는 끝난 것이나 다름없으니, 퇴진 이후 전망으로 논의를 옮겨가자'는 허망한 낙관론도 위험하다.

그 점에서 정의당이 '질서 있는 퇴진'을 주장하는 것은 위험하기 짝이 없다. 박근혜가 사임을 선언하고, '사표'는 적절한 선거 일정에 맞춰 낸다는 방안인데 공상이다. 도대체 박근혜가 남 좋으라고 자신의 권력을 내줄 성싶은가?

게다가 '질서'라는 표현은 결국 아래로부터의 투쟁을 사태 해결의 주체로 보기보다는 관리·수습해야 할 상황으로 본다는 인상도 준다. 결국 새누리당(비주류)을 포함한 주류 여·야당에 주도권을 넘기게 돼 정의당의 부상을 도운 거리 운동을 약화시킬 것이다. 정의당으로서는 자신을 주변화시키는 '수습책'인 셈이다.

탄핵 대 퇴진

운동은 순식간에 강성 우파 정권을 궁지로 내몰았다. 그러나 박근혜가 더는 물러서지 않겠다는 뜻을 분명히 하면서 반反박근혜 진영도 선택을 요구받고 있다.

박근혜를 어떻게 퇴진시킬 것이냐도 그중 하나다. 탄핵론은 박근혜가 버티니 강제로 퇴진시키려면 국회에서 탄핵을 해야 한다는 것이다. 또한 범국민적 결속을 위해 국회는 국회대로(탄핵과 특검, 국정조사), 거리는 거리대로(즉각 퇴진) 각계각층이 할 수 있는 수단을 각자 쓰자는 주장도 있다. 일종의 역할분담론이다.

그러나 탄핵론은 퇴진 투쟁의 중심을 거리에서 국회로 옮겨야 한다는 뜻이다. 민주당의 우왕좌왕도 못 믿겠는데, 새누리당 의원이 30명 가까이 합류해야 하는 국회의 탄핵소추 과정이 순탄할 리는 없을 것이다.

설사 그런 일이 가능하다 해도, 부패와 농단의 공범인 새누리당과 손 잡고 박근혜를 퇴진시키는 것은 아주 나쁜 수다. 그것이야말로 새누리 당이 박근혜 도당과 차별화해 손쉽게 재활할 수 있도록 해 줄 것이다.

국회에서 새누리당(비주류)과 합작해 탄핵소추를 의결한다고 해도 또 난점이 생긴다. 통합진보당을 말도 안 되는 이유로 해산시키는 정치 적 범죄를 저지른 지금의 헌법재판소가 탄핵 여부를 심판하는 것이다. 사실상 범국민적으로 정서적 탄핵을 선고받은 박근혜의 임기 중단 결 정을 헌법재판소에 맡긴다는 것도 어불성설이다.

그 상황에서는 박근혜의 형식적인 위법 사실을 밝혀야 한다는 압 력도 커질 것이고, 검찰은 비협조적일 것이고 운동은 최순실 특검이나 국회 국정조사 등에 매달려야 한다. 세월호에서 이미 목도했듯 박근혜 와 여당은 다시금 철저하게 방해하려 들 것이다. 지금의 기회를 만들 어 낸 거리 투쟁은 주도권을 잃고 국회와 특검을 바라보는 수동적인 상태에 빠질 공산이 크다.

이보다 박근혜가 더 바라는 상황이 있을까? 게다가 헌법재판소가 탄핵 결정을 내린다 해도 우파의 손을 빌리는 과정에서 박근혜 퇴진 은 그 진보적 내용을 상당히 잃어버릴 수 있다.

이렇듯 국회 탄핵론과 아래로부터의 투쟁을 통한 퇴진론은 서로 충 돌하게 마련이라는 것이 분명하다. 단지 수단만 다른 게 아니라, 행위 주체와 목적이 다르기 때문이다. 박근혜 정부는 분노한 노동자·민중의 손으로 끌어내려야 한다. 그것이 정의다.

김문성, 〈노동자 연대〉 186호(2016-11-19).

박근혜의 반격을
노동자 투쟁으로 격퇴해야 한다

11월 12일 약 100만 명이 박근혜의 퇴진을 요구하며 수도 서울의 거리를 가득 메웠다. 1987년 열띤 거리 항의와 대중 파업으로 당시 군부 독재 정권한테서 민주적 기본권들을 쟁취한 이래 최대 규모의 시위였다.

이 집회와 행진은 민주노총 주최의 연례 전국노동자대회와 맞물려 벌어졌다. 집회와 행진에는 민주노총 조합원 15만 명이 참가해 박근혜의 퇴진과 함께 자신의 요구도 외쳤다.

민주노총 조합원들 외에도 수많은 대중이 여기에 합류해 청와대를 향해 함께 행진했다. 이날 행진에 참가한 사람들 가운데 다수는 이전까지 정치 운동에 참가한 경험이 없었을 것이다.

시위대는 결의문을 통해 여성 차별 근절과 성소수자 권리도 요구했다. 그동안 박근혜의 시장 지향적 '개혁'으로 노동계급은 남성과 여성, 이성애자와 성소수자를 막론하고 생활수준이 저하되는 고통을 겪었다.

민주노총 노동자들이 이번 행진에 앞장선 것은 운동이 한 단계 전진했음을 뜻한다. 그러나 후속조처로서 민주노총 지도자들은 명목 이상의 실질적인 파업 명령을 하지 않았다.

그러자 박근혜는 반격을 시작했다. 16일(수), 그동안 시간 벌기를 하던 박근혜는 검찰 수사를 거부했고, 오보를 이유로 채널A를 언론중재위에 제소했다. 새누리당 대표 이정현은 대통령 지지율 5퍼센트는 곧 반등할 것이라고도 했다.

무엇보다 박근혜는 부산 엘시티 비리 수사를 지시했다. 집권당 내 반대파(친이명박계, 이하 친이계)와 제1야당 지도자를 겨냥하는 반격이 시작된 것이다. 법무부 장관 김현웅에게 "수사 역량을 총동원해 엘시티 비리 사건을 신속하고 철저하게 수사하고 진상을 명명백백하게 규명해 연루자는 지위 고하를 막론하고 엄단하라"고 했는데, 엘시티 비리에 연루된 의혹을 받고 있는 사람 가운데는 친이계와 민주당 대표 문재인이 포함돼 있는 것이다.

문재인이 정말로 엘시티 비리에 연루됐는지는 알 수 없다. 심지어 친이계의 어느 누구가 연루됐는지도 아직 모른다. 한국의 사회·정치 구조 자체가 하도 부패해서 친이계의 인사들이 연루됐을 개연성은 꽤 크고, 심지어 문재인이 연루됐을 수도 있다. 문재인은 노무현 대통령의 민정수석이었다.

지금으로선 문재인 연루설이 사실로 드러날지 아닐지 전혀 알 수 없고 운동에 미칠 영향도 정확히 알 수는 없다. 어쨌든 박근혜는 '아님 말고' 식일지라도 '혐의만으로 유죄'라는 분위기를 대중 속에 조성하고자 하는 것이다.

그러나 더 중요한 점이 있다. '누구든 털어 먼지 안 나오는 놈 나와 봐' 하고 정치적 부패의 주도자가 호전적으로 나오면, 그동안 박근혜 퇴진을 시늉에 불과한 수준으로 지지하거나 절반쯤만 지지하던 정치적 경쟁자들이 동요하기 시작한다는 것이다.

이처럼 자유주의자들이 일관성이 없기 때문에, 박근혜 퇴진 운동은 자본주의적 야당 정치인들로부터 자주성을 유지해야 한다. 또한 단지 정치적 부패만 문제 삼을 게 아니라 민중, 특히 그 대다수인 노동계급의 투쟁이 중요하다.

박근혜 퇴진 운동은 믿기 어려우리만큼 빠르게 솟아올랐다. 이는 그동안 박근혜에게서 박정희의 그림자를 보며(그림자였을 뿐인데도!) 두려움을 느끼고 숨죽여 살던 사람들이 권력층 속에서 박근혜가 급속히 사면초가 신세가 된 것을 보며 그에게 도전할 자신이 급속히 생겼기 때문이다.

최근 야당 지도자들은 대통령 퇴진을 요구하기로 뜻을 모았다. 퇴진과 함께 다른 이질적인 것들도 함께 요구해 퇴진 주장을 희석시키고 있으므로 야당들의 입장이 일관됐다고 할 수는 없을 것이다.

집권 새누리당은 분열했다. 당내 반대파는 '질서 있는 퇴진' 또는 탄핵을 거론하기 시작했다.

때때로 지배계급은 자신들 가운데 대중의 증오가 집중된 몇몇 개인들만을 제거함으로써 위기 상황을 모면하려 든다. 지금 지배계급의 일부는 이런 해법을 모색하는 듯하다. 그러나 모든 지배자들이 여기에 동의하고 있는 것은 아니다. 상당수 지배자들은 불안정한 현 상황에서 대통령이 퇴진하는 것은 위험천만하다고 생각하는 듯하다.

특히 주요 재벌들은 현재 문제가 되고 있는 부패 추문에 연루돼 있으므로 박근혜가 권력을 잃은 채 수사 대상이 되는 것이 자신들의 인

신구속 사태까지 부를까 봐 두려워할 것이다. 게다가 박근혜가 그동안, 그리고 지금 이 순간에도 노동 개악 등 각종 개악을 거의 차질 없이 수행하는 것을 이들은 반기고 있을 것이다.

한편 박근혜를 계속 그 자리에 두는 것은 공분만 키울 뿐이다. 지배자들로서는 딜레마가 아닐 수 없다. 지배자들의 이런 당혹스런 상황 덕분에 대중의 자신감도 솟구쳤다. 솟구친 속도만큼 낙관도 강력하다.

그러나 이런 운동은 우여곡절을 거듭하고 전진뿐 아니라 후퇴도 겪기 마련인데, 그런 상황들에서는 많은 참가자들이 당황할 수 있다. 특히 기층 현장(작업장, 캠퍼스, 지역사회 등)에 좌파 조직들이 강력하게 존재하고, 노동자들이 평소에도 상당수 참가한 1987년과 비교해 보면 어떤 점이 시급히 보강돼야 하는지 알 수 있다.

다음 계획은 19일과 26일 전국 각지에서 동시다발 행동을 벌이는 것이다. 그리고 30일에야 비로소 민주노총은 겨우 4시간짜리 '수요 파업'을 조직할 예정이다.

물론 30일 전교조 교사들이 상경 투쟁을 하기로 한 것은 매우 좋다. 그러나 26일 범국민행동 집회는 수도 집중이어야 하고, 민주노총은 되도록 일찍 실질적인 파업에 돌입하도록 모든 수단과 방법으로 애써야 한다.

100만 시위가 벌어지기 전, 건설 노동자 수천 명이 무기한 파업을 벌여 유리한 양보안을 며칠 만에 얻어 냈다. 한국지엠 부평 공장의 노동자 수백 명은 공장에서 도심지까지 행진하며 박근혜 퇴진을 요구하기도 했다. 철도 노동자들은 퇴진 운동이 벌어지기 전부터 임금 삭감과 철도 민영화에 반대하는 파업을 벌이고 있다.

퇴진 운동은 이 같은 노동자 계급투쟁에 접목되고 기반해야 한다.

최일붕, 〈노동자 연대〉 186호(2016-11-19).

민주당은 친구인가 적인가, 아니면 …

박근혜 퇴진 운동은 그 자체로 매우 정치적인 운동이어서 운동과 정치(정당)의 관계 문제가 일찌감치 제기됐다. 최근에 던져진 물음은 퇴진행동과 야권의 관계는 어떠해야 하는지다. 이때 야권의 실체는 민주당이다. 야 3당 중 정의당은 진보 정당으로서, 퇴진행동 참여 단체다. 국민의당은 "시민사회단체와 연대 기구를 만들 필요성을 못 느낀다"(박지원)는 견해다. 결국 퇴진행동과 민주당의 관계가 쟁점인 것이다.

민주당은 11월 12일 100만 시위를 영수회담 협상에 이용하려던 추미애의 '12시간 소동'이 도처에서 엄청난 몰매를 맞은 뒤에 비로소 허겁지겁 박근혜 퇴진 당론을 정했다. 까딱 했다가는 "광장에서 돌팔매 맞을 것"이라는 걱정에서다. 이 눈치 저 눈치 보다 운동의 막차를 탄 것이다.

그러나 이때조차 박근혜를 어떻게 퇴진시킬 것인지는 쟁점으로 남아 있다. 퇴진행동은 "박근혜 즉각 퇴진"이다. 반면, 민주당 안에서는 "질서 있는 퇴진", "탄핵" 주장이 공공연히 나온다.

"질서 있는 퇴진"은 "즉각 퇴진"이 아니다. 그리하여 박근혜와 그 일당이 퇴진 운동에 반격을 가할 시간을 줄 위험이 있다. "탄핵"으로 말할 것 같으면 일단 현실적 가능성이 적다. 국회 의석 수가 부족하고(박근혜의 악행에 가담해 온 새누리당 비박계와 손잡고 박근혜를 탄핵하는 것은 박근혜 퇴진의 목적을 비트는 것이다), 국회를 통과해도 헌법재판소라는 반동의 보루가 버티고 있기 때문이다. 무엇보다 "탄핵"은 박근혜 퇴진 투쟁을 국회 안으로 수렴시켜 대중을 수동화시킬 수 있다.

또 민주당이 주도해 통과시킨 '최순실 특검'도 역기능 위험성을 경계해야 한다. 박근혜 직접 조사를 특검안에 명문화하지 못하는 등 구멍이 숭숭하다. 박근혜가 거부권을 행사할 수도 있다. 게다가 특검으로 모든 의혹을 해결할 수 있다는 커다란 착각을 심어 줄 수 있다. 보수 언론들이 역대급 특검이라고 떠우는 것은 이런 효과를 노려서다.

결정적으로, 특검과 박근혜 퇴진은 상호 보완적 관계가 아니라 구체적 상황에서는 충돌을 일으킬 수 있다. 민주당 스스로 그렇게 생각한다. 11월 초 민주당은 별도 특검과 국정조사 수용, 총리 지명 철회가 받아들여지지 않으면 정권 퇴진 운동에 들어갈 것이라고 밝혔다. 그랬던 민주당이 퇴진 당론을 정한 뒤에도 새누리당과 협상해 별도 특검과 국정조사를 통과시켰고, 이제 '국회 총리 카드'를 다시 만지작거리고 있다.

따라서 퇴진행동은 민주당이 박근혜 퇴진 운동을 지뢰밭으로 끌고 갈 수 있음을 경계하고, 그 당의 타협주의를 단호하게 비판해야 한다.

일부 단체들은 민주당이 퇴진행동에 가입하기를 바랐던 모양인데,

그것은 희망 사항일 뿐이었다. 민주당은 그럴 생각이 없었기 때문이다. 민주당은 이미 자체적으로 '박근혜 대통령 퇴진 국민주권운동본부'를 발족시켰다.

민주당은 박근혜를 제거하고 정권을 교체하고 싶어 하지만, 아래로부터의 대중투쟁 방식이 아니라 의회 민주주의의 틀 안에서 그렇게 하고 싶어 한다. 그러나 박근혜를 코너로 몬 것은 대중투쟁이었다. 반면, 민주당은 대중투쟁을 극도로 꺼린다. 그 당의 주된 기반이 (비록 비주류일지라도) 자본가계급이기 때문이다.

그래서 민주당은 대중 운동으로부터 붕 떠 있는 비상시국기구 같은 것을 선호한다. 추미애와 문재인은 야 3당과 시민사회가 참여하는 비상시국기구를 제안했다. 이 기구는 박근혜 퇴진 후 모종의 과도 정부를 예비하는 것일 수 있다. 퇴진행동 지도자들은 자본주의 야당의 종속적 구실을 하게 될 연립정부에 참여해서는 안 된다. 부르주아 개혁주의 정부가 노동계급과 천대받는 사람들의 삶을 공격하는 것을 용인하거나 옹호할 위험이 크기 때문이다. 그것은 운동에 큰 해를 입힌다. 그리고 운동이 국가권력 구조에 얽매일수록 우파의 반동 가능성이 더욱 커진다.

따라서 퇴진행동은 어느 순간에도 자본주의 야당인 민주당으로부터 정치적·조직적 독립성을 유지해야 한다. 퇴진행동의 기조와 방향에 동의하는 한에서 민주당과의 제한적·부분적 협력을 일절 배척하지는 않겠지만 (정치적으로 편협하게 보일 수 있으므로), 그때조차 민주당의 타협주의에 대해 비판을 삼가서는 안 된다(정치적 독립성). 그리고 민주당이 주도하는 상층 정치기구에 절대 참여해서는 안 된다(조직적 독립성).

퇴진행동이 전력할 것은 권좌에서 내려오기를 완강하게 거부하는 박근혜를 끌어내리기 위해 운동을 더 크고 더 깊게 건설하는 것이다. 현재 박근혜 퇴진 운동은 국민적 증오의 대상이 된 한 개인을 제거하고자 하는 운동이다. 그래서 박근혜 퇴진 운동에는 매우 다양한 세력과 개인들이 참가하고 있다. 그만큼 운동의 폭이 넓다. 대중성은 박근혜 퇴진 운동의 중요한 장점이다.

그와 동시에, 퇴진을 거부하며 심지어 반격을 가하는 박근혜를 격퇴시키려면 이 운동이 더 급진화되고 심화돼야 한다. 그 방법은 박근혜가 추진한 개악들을 철회시키려는 운동(민주노총의 노동 개악 저지 파업, 국정 역사 교과서 철회 투쟁, 세월호 진실 규명 운동, 사드 배치 철회 운동 등)을 고무하고 그 운동을 퇴진 운동과 결합시키는 것이다.

김인식, 〈노동자 연대〉 186호(2016-11-19).

박근혜 반격에 맞서 95만 명이 모이다
촛불은 바람에도 꺼지지 않았다

[종합] 26일에는 서울로 다시 모이자

주최 측 추산 서울 60만 명, 전국 95만 명이 오늘 박근혜 퇴진을 요구하며 모였다. 대도시들만이 아니라 소규모 시, 읍에서도 집회들이 소집됐다. 전국 방방곡곡에서 박근혜 퇴진의 함성이 메아리친 것이다.

박근혜는 15일 검찰 수사 거부 의사 표명, 16일 엘시티 엄정 수사 지시, 그리고 주말에는 국무회의 복귀 의사를 표명하면서 반격의 신호를 확실히 보냈다. 이런 지시를 받아 오늘 박사모가 서울역에서 전국 집회를 열기도 했다. 그러나 이 집회는 초라한 실패작이었고, 그나마 참가자들에게 알바비를 지급하는 장면이 찍히기도 했다.

초라한 저들의 알바 집회와 달리, 오늘 집회는 규모만이 아니라 정치적으로도 성공이었다. 예상대로 수능을 끝낸 청년들이 대거 참가한 것을 눈으로도 확인할 수 있었다.

오늘은 민주노총에 이어 한국노총 노동자 2만여 명이 자신들의 요구 노동 개악 반대 요구와 박근혜 퇴진 요구를 결합해 조직적으로 참가했다. 부산 등지에서도 조직노동자들이 대열의 축을 형성했다. 여전히 가족 단위로 손잡고 나온 사람들도 많았다. 거리 행진은 곳곳에서 환영받았고, 대열이 늘어났다. 촛불은 바람에 꺼지는 것이 아니라, 바람을 타고 들불로 자라나고 있다.

그럼에도 박근혜의 반격은 교활하게, 때로는 역겹게 계속될 것이다. 그러나 그럴수록 판돈은 오히려 커져갈 것이다. 전국 곳곳에서 확인한 박근혜 퇴진의 의지를 다음 주에도(26일) 다시 한 번 보여 주자. 서울 집중으로 중앙 정치권력에 대한 압력을 극대화하자. 박근혜 정권의 심장부에 또 한 번 정치적 타격을 가하자.

[5보] 오후 11시 공식 행사 마무리, 박근혜 반격이 먹히지 않았다

경복궁을 중심으로 사직로와 율곡로 일대 곳곳의 방송차를 중심으로 진행하던 자유 발언대들이 모두 마무리됐다.

마지막 자유 발언대에는 단원고 재학생이 올랐다. "사고라고요? 웃기지 마세요. 당신은 살인자에 불과해요. 변명할 시간에 반성하고 책임지시길 바랍니다. 4월 16일 이후부터 저는 단 한 순간도 제대로 잠을 잔 적이 없습니다. 매일밤 언니 오빠들이 저의 꿈에 나타나 살려달라고 소리칩니다. 당신은 살인자예요. 이걸 꼭 아셨으면 좋겠습니다.

… 여자라고 말씀하셨는데, 당신은 여자이기 이전에 대통령입니다. 사생활이라고요? 그런 것 챙기실 거였으면 그 자리에 서면 안 되는 거였습니다. 그 무게를 견디실 수 없으면 내려놓으십시오. 당신은 자격이 없습니다. … 마지막으로 외치겠습니다. '세월호를 인양하라', '리멤버 20140416!'"

너무나 처절하고 선명한 메시지가 듣는 이들의 심장을 때렸다.

[4보] 서울 도심 행진, 경복궁역 방향으로 집결해 자유 발언대 진행 중, 주최 측, 전국에서 95만 명 참가 공식 발표

부산과 광주에서 각각 주최 측 추산 10만여 명이 모였다고 발표했다. 부산은 서면 도로를 가득 채웠다. 서면에서 연산로터리까지 6킬로미터 넘게 행진도 했다. 지나가던 시민들은 행진 대열을 보고 환호를 보냈다. 그중 일부는 행진에 합류했다. 고무적이게도 10만 명 중 1만여 명이 민주노총 노동자들이었다. 광주는 옛 전남도청광장부터 금남로5가까지 가득찼다고 한다.

현재 주요 도시들의 집회 참가 현황을 종합해 정리하면 다음과 같다. 부산 10만 명, 광주 10만 명, 대구 2만 명, 창원 1만 명, 충북 청주 8000명, 울산 7000명, 강원 춘천 7000명 등.

박근혜의 정치적 근거지인 대구에서 수만 명이 모인 것도 상당한 사건이다. 강원도 춘천은 인구 30만 명인 도시로 서울로 치면 20만 명이 넘게 모인 숫자다. 춘천이 지역구인 새누리당 김진태의 발언 때문일 듯하다. 집회 후 7000명은 김진태의 지역 사무실로 행진을 했다. 울산도 현대차, 현대중공업 노동자들이 대거 참석했다. 가족들과 함께 나온 노동자들도 많았고, 청년과 청소년들도 많았다.

서울은 본대회를 마치고 행진을 했다. 광화문 광장을 중심으로 광화문 북단부터 덕수궁 대한문 앞까지 전 차선을 가득 메우고도 곳곳의 골목과 인도, 광화문 사거리에서 종각 방향의 종로1가를 채웠던 인파가 시청 방향, 종로 방향, 경복궁 방향 등으로 행진을 시작했다. 광화문 광장에서 대열이 나가는 데만 1시간이 넘게 걸렸다.

대학생들은 종로3가까지 직진해 창덕궁 앞을 거쳐 경복궁역으로 향했다. 오늘도 대거 참가한 노동자들은 종로 방향, 시청을 거쳐 을지로 방향으로 두 대열로 나뉘어 행진을 했다.

시청 방향 대열이 명동 인근을 지날 때는 수많은 시민이 차로변으로 나와 박수를 쳤다. 일부는 지하철역으로 들어가다가 다시 나와서 행진에 합류하기도 했다.

다른 방향으로 행진하던 수만 명의 대열들이 종로에서 서로 교차하며 환영의 함성과 박수로 서로를 응원하는 모습은 장관이었다. 파업 54일차인 철도노조 대열과 만난 나머지 노동자 대열이 "철도노조 힘내라" 하고 응원하는 모습도 감격이었다.

경복궁역 근처 방송차 자유 발언대에서는 분노한 청소년들의 발언이 이어졌다. "촛불이 꺼지나 박근혜가 먼저 꺼지나 두고 보자", "야당은 정신 차려라." 새누리당에 반대하는 게 자동으로 야당 지지가 될 거라고 안심하지 말라는 발언도 있었다.

[3보] 오후 6~8시 본대회,
주최 측 서울만 60만 명 참가 발표(집계 종료)

오후 6시 5분부터 박근혜 퇴진 4차 범국민행동의 날 본대회가 시작됐다.

첫 발언은 대구에서 "하야 버스"를 타고 상경한 고3 여학생이었다. "박근혜가 아직 물러나지 않았습니다. 선택할 시간은 충분히 준 거 같은데 말입니다. 당신은 언제까지 귀막고 눈감고 그 자리에 있을 예정입니까? … 당신이 꼭두각시지, 국민은 꼭두각시가 아닙니다. 박근혜는 퇴진하라! 박근혜는 하야하라!"

이 날 광화문에서는 발언자와 비슷한 또래로 친구들과 함께 나온 참가자들이 많았는데 이들이 특히 환호했다. "나도 어제 수능 봤다!" 하고 외치는 참가자도 있었다.

뒤이은 시민단체 활동가는 박근혜가 "여성으로서의 사생활" 운운하며 수사 받으라는 요구에 응하지 않은 것을 비판하며 수많은 여성들이 이곳에 남성과 함께 촛불을 들고 모였다고 반박했다. 동시에 누구나 평등하게 존중 받는 시위 문화를 만들어 가자고도 당부했다.

이어서 사회자는 매주마다 수천만 원의 모금이 걷힌다고 전했다. 또한, 정작 100만 명이 모인 지난 주에는 사람이 너무 많아 모금함이 움직이지 못해 평소보다 더 적게 모았다는 웃지 못할 에피소드도 전하며 모금을 당부했다. 여기저기서 모금함을 향해 손을 내밀었다.

416 가족협의회 위원장이자 "단원고 2학년 7반 전찬호 아빠" 전명선 씨가 발언하자 참가자들의 집중도가 크게 높아졌다. 지난 수년 간의 세월호 투쟁이 박근혜 퇴진 운동의 저변을 이루고 있음을 몸소 느

낄 수 있었다. 광화문 광장 곳곳에서 어린 자녀와 함께 자리잡은 부부들이 유독 발언에서 눈을 떼지 못하는 것이 눈에 띄었다.

전명선 씨는 다음과 같이 발언을 시작했다. "세월호 참사로 희생된 304분은 이 나라의 주인인 국민입니다. 지난해 민중총궐기 때는 물대포로 국민을 향해 조준 가격해서 백남기 어르신을 돌아가시게 했습니다. 그들은 살인을 했습니다." 이어서 박근혜가 진상조사 시도를 번번이 방해한 것과 최근 세월호 인양을 미룬 것을 폭로하며 끝까지 싸울 테니 함께 해달라고 호소했다. 참가자들은 다 같이 "세월호를 인양하라", "7시간 밝혀내라", "박근혜를 구속하라" 하고 외쳤다.

민변 권영국 변호사는 내일 검찰이 최순실을 기소할 텐데 만일 최고 형량이 무기징역인 뇌물죄를 빼고 기소한다면 검찰도 응징하자고 주장했다. 뒤이은 권정호 변호사는 박근혜가 이 와중에도 사드 배치와 한일 군사정보보호협정 체결을 밀어붙이는 것을 비판했다.

갑을오토텍 노조의 이재헌 지회장은 "노동자들이 함께하면 역풍 맞는다는 주장이 있던데 동의하지 않습니다. 노동자도 국민이고 함께하겠습니다" 하고 말하며 발언을 시작했다. 갑을 자본이 비리 경찰, 전직 특전사를 위장 채용해서 조합원들을 폭행하고 노조를 공격하는 것에 맞서 싸우고 있다고 투쟁 소식을 전했다. 유성기업 등 다른 사업장에서도 이런 일들이 만연한데 사장들이 처벌받지 않는 것은 재벌들의 청탁 때문이고 최순실 게이트는 그것을 보여 준다고 주장했다. "동의하십니까" 하는 그의 질문에 많은 사람들이 "옳소!" 하고 화답했다.

서울과 인천, 경기 지역 차원에서 박근혜 퇴진을 요구하는 연대체 대표들의 발언이 있은 후, 사회자는 지금 수도권뿐 아니라 그 밖의 전국에서도 25만 명이 지금 촛불을 들고 있고, 광화문에만 또다시 50만 명이 모여 있다고 발표했다.

[2보] 오후 5시 시민 자유 발언대

오후 5시부터 오후 6시 본대회까지 시민 자유 발언대가 이어졌다. 자유 발언 신청이 너무 많아서 미처 발언을 못한 사람들이 훨씬 많다고 한다. 집회 주최자인 퇴진행동은 저녁 행진 후에도 곳곳의 행진 방송차에서 자유 발언대를 진행할 계획이다.

삼성전자 반도체 공정 피해자들을 위한 활동을 해 온 반올림 활동가, 가습기 살균제 사건 피해자, 대학생, 고등학생 등이 발언을 했다.

경기도 의정부시에서 온 고등학생의 발언이 가장 인상적이었다. 바로 이번 주에 대입 수능을 치른 고3 학생이었다. "새누리당 친박 의원이 이사장(새누리당 홍문종)으로 있는 의정부 학교에서 왔습니다. 학교에서 박근혜 퇴진 자보 들고 1인 시위하니까 '어린 게 어른들 흉내내지 말라'고 하는 말을 들었습니다. 맞습니다, 저는 어립니다. 그러나 어른들이 말하는 그 정치적 책임감은, 우리가 뽑은 대통령이 나라 망치는 데 주머니에 손 넣고 있는 것입니까? … 정치인들에게 말하고 싶습니다. '정치할 자신이 없으면 정치하지 마라!'"

외국어대 학생이자 노동자연대 회원이라고 소개한 대학생의 발언도 시원한 폭로와 규탄으로 큰 박수를 받았다. "수능이 끝나자 학생들이 '수능 끝, 하야 시작'하면서 거리로 나왔습니다. 너무나도 존경스럽습니다! 왜 학생과 청년들이 이렇게 분노합니까? 우리는 잠이 와도 찬물에 발 담그고 밤새도록 공부했습니다. 그런데 장시호, 정유라는 '아는 이

모 '빽'으로 대학에 들어갔습니다. … 박근혜 4년 내내 노동자들 쉬운 해고 시키겠다고 협박했는데, 이제 우리가 박근혜를 해고해야 하지 않겠습니까. … 촛불은 바람 불면 꺼진다는 김진태에게 한마디 하겠습니다. '김진태, 너나 꺼져. 촛불은 바람 불면 옮겨붙는다!'"

반올림 활동가는 삼성 이재용을 처벌할 수 있도록 힘을 모아달라고 호소했다. 삼성전자 공장에서 산업재해를 입은 것이 명백한데도, 삼성은 겨우 500만 원으로 피해자들을 입막음하려 했다. 그런 삼성이 기업 특혜를 위해서는 수백억 원을 정권에 갖다 바치고 정유라에게 10억 짜리 말을 사 주는 등 부도덕한 일을 벌였다. 그 댓가로 삼성그룹 3대 세습 과정이 탈세 혐의 등 의혹을 받기는커녕 대주주 국민연금의 도움까지 받아 원활하게 진행됐을 것이다.

옥시 가습기 살균제 피해자를 대표해 나온 분도 "불량 정권이 이 모든 것의 원인"이라며 문제 해결과 정권 퇴진을 촉구했다. 박근혜 정부의 친기업 규제 완화 정책은 우리 삶을 위험하게 만들어 왔다. 세월호 참사, 메르스 사태 등이 모두 그런 정책 드라이브를 배경으로 한다.

박근혜 퇴진 운동은 이처럼 강성 우파 정권의 온갖 개악에 대한 반대들을 흡수하고 있다.

[1보] 본대회 시작도 전에 광화문 광장 주변에 25만 명!

서울 광화문 광장에서 열리는 4차 범국민행동의 날에는 6시 현재 25만여 명(주최 측 추산)이 모였다. 광화문 북단부터 태평로까지 전 차선과 인도가 인파로 가득 찼다. 전국 동시다발이고 집회가 밤늦게까지 진행될 것임을 감안하면 대단한 숫자다. 박근혜의 반격 시도가 성난 대중에게 별로 먹히지 않은 것이다.

오늘은 예상대로 청소년, 청년들이 눈에 많이 띄었다. 청소년들 1000여 명은 종각에서 별도 사전 집회를 열고 광화문 광장으로 행진해 왔다.

광화문 광장 일대는 행사 시작 몇 시간 전부터 집회와 행진에 참가하러 온 사람들로 북적댔다. 오후 3시경 인근 서울광장에서 노동자대회를 마치고 행진해 온 수만 명의 한국노총 노동자 대열이 들어올 때는 많은 사람들이 휴대전화를 들고 촬영하고 박수를 치는 등 관심을 보이고 환영해 줬다.

박근혜 퇴진 운동은 박근혜의 악행에 각자 저항해 온 여러 운동들을 결합시키고 있다. 광화문 곳곳에는 가습기 살균제 사건 처리를 위한 특별법 촉구 서명, 우체국 비정규직 노동자 밥값 보장을 위한 예산 촉구 서명, 핵발전소 반대 서명, 삼성전자 반도체 산재 노동자들을 위한 캠페인 등이 벌어지고 있다.

오늘도 다양한 박근혜 퇴진 손팻말들이 배포됐다. 사람들은 강력한 퇴진 여론에 모르쇠로 일관하며 수사를 회피하고 한일군사정보보호협정, 사드 배치, 노동 개악 등 개악 정책들을 여전히 밀어붙이는 박근혜 정부에 대한 분노를 곳곳에서 드러냈다.

한편에서는 박근혜가 물러서기는커녕 반격으로 나오는데, 운동이 이를 물리치고 퇴진을 이뤄내려면 무엇을 해야 하는지에 관한 고민도 커지고 있다.

박근혜 퇴진! 노동탄압 분쇄! 한국노총 2016 전국노동자대회

박근혜 퇴진 투쟁을 결의한 한국노총 조합원 2만여 명이 서울시청 광장에서 전국노동자대회를 열었다. 금속, 공공 노동자들이 많이 참가했다.

오후 1시부터 시작한 집회에서 노동자들은 박근혜 퇴진과 노동탄압 분쇄를 주요 구호로 외쳤다.

한국노총 김동만 위원장은 대회사에서 최근의 부패 게이트를 "박근혜 최순실 일당과 재벌 대기업의 탐욕이 빚어낸 합작품 … 더러운 정경유착"이라고 규정했다. 박근혜 정권 퇴진, 전경련 해체, 노동 개악과 탄압 중단을 위한 투쟁을 주장했다. 또 "박근혜 정권 퇴진을 위한 전 국민 대항쟁의 선봉에 설 것"이라며, 서울 평일 촛불 결합, 26일 5차 범국민행동의 날에 조직적 참가, 양대노총 공동투쟁 등을 약속했다.

이날 대회에서는 야 3당 대표들과 박원순 서울시장이 연대 발언을 했다. 이전과 달리, 올해는 한국노총 임원 출신 새누리당 의원들이 여럿 있는데도, 옳게도 마이크를 주지 않았다.

추미애 민주당 대표와 박지원 국민의당 비상대책위원장은 박근혜 퇴진과 노동 개악 중단을 위해서 노동자들과 연대하겠다고 했다. 사전에 예고되지는 않았지만, 박원순 서울시장도 발언했다. 박원순 시장은 박근혜 퇴진 투쟁이 노동자를 위한 사회 개혁을 위한 시작이 돼야 한다고 해 박수를 받았다.

이날 가장 많은 환호를 받은 정치인은 정의당 심상정 대표였다. 심 대표는 "노동자들이야말로 박근혜 정권을 심판할 권리와 책임이 있다"고 강조했다. 심 대표는 이날 유일하게 박근혜의 대대적 반격에 맞서야 한다고 주장했다. 또한 11월 26일에 전국에서 서울로 모이자고도 했다.

박근혜 퇴진과 노동 개악 중단을 위한 투쟁을 결의하고 2만여 명 노동자들 모두 오후 3시경 태평로를 거쳐 광화문 광장으로 행진해 갔다. 본대회가 시작하기 세 시간 전인 이 시각에도 이미 광화문 광장으로 사람들이 모여들고 있었다. 이들은 깃발과 갖가지 박근혜 퇴진 현수막을 앞세워 행진해 오는 한국노총 노동자들에게 박수를 치는 등 호의를 보였다.

행진 후 김동만 한국노총 위원장은 광화문 광장에서 진행되던 사전 행사 무대에 올라 한국노총이 박근혜 퇴진 운동에 앞장서겠다고 해 모인 시민들에게 박수를 많이 받았다.

특별취재팀, 〈노동자 연대〉 186호(2016-11-19) 축약.

5주
청와대는 포위됐다

"가난해서 서른 살 넘어서 겨우 대학에 들어갔다는 청년이
정유라를 보며 억울해 눈물이 나더라고 말하다가
진짜 울어버리는 장면은
이 운동이 왜 한 달 넘게 지속되고 있는지를 가슴 찡하게 보여 줬다."

2016-11-22   야 3당이 철도 파업 종료를 요구했으나 현장조합원들이 막아 냄

2016-11-25   박근혜 지지율 4퍼센트

2016-11-26   법원, 청와대 100미터 앞 행진 허가

              5차 범국민행동의 날(서울 150만, 전국 190만)

야당들의 탄핵 합의는 배신이다
정의당은 번복하라

11월 19일 전국 동시 다발 시위에 95만 명이 참가했다. 서울에서만 60만 명이 참가했다. 2주 연속 대규모 시위가 수도 한복판에서 벌어졌다. 비수도권 지역에서도 35만 명이 참가했다.

부산에서 10만 명이 참가했다. 오랫동안 새누리당의 아성이었던 부산에서 의미심장한 정치 변화가 이뤄지고 있음을 볼 수 있다. 이미 지난 총선에서도 여당이 사실상 야당에 패배했다. 박근혜의 정치적 고향인 대구에서도 3만 명이 도심 대로를 점거하고 행진했다. 최근 여론 조사에서 박근혜의 대구·경북 지지율도 5퍼센트로 나왔다.

19일 집회는 지난주 초부터 개시된 박근혜의 반격에 맞선 퇴진 운동 측의 응전이었다. 박근혜는 지난주 검찰 수사를 거부하고, 새누리당 내 반대파(친이계)와 제1야당 지도자를 겨냥한 부산 엘시티 비리 수사를 지시했다. 국정 운영 일선으로 복귀할 준비도 했다.

19일 집회에는 12일 집회에 이어 조직노동자들이 많이 참가했다. 특히 서울과 부산에서 민주노총 소속 노동자들이 꽤 참가했다. 그리고 한국노총 노동자들 3만여 명이 전국노동자대회를 열고 박근혜 퇴진 집회에 참가했다. 한국노총 노동자들은 자체 집회가 끝난 뒤 광화문 광장으로 행진해 와 미리 자리를 잡고 있던 박근혜 퇴진 집회 참가자들에게 큰 환영을 받았다. 2007년까지만 해도 이명박을 지지했던 한국노총이 박근혜 퇴진을 요구하며 시위한 것은 시사적이다.

19일 집회에는 수능을 치른 수험생들이 대거 참가했다. 거리 곳곳에 설치된 방송차에서 정유라와 장시호의 교육 특혜와 대조되는 평범한 청년들의 불평등한 현실에 분노하는 10대들의 울분을 들을 수 있었다. 이들은 행진에서도 활력이 됐다.

본대회 전에 열린 세월호 시국 강연회에도 많은 사람들이 참가했다. 세월호 참사 진실 규명 운동은 박근혜 정부하에서 가장 중요한 정치 운동이자, 노동자 투쟁과 함께 양대 저항 운동의 축이기도 했다. 이날 집회는 '세월호 세대' 청년들을 비롯해 수십만 명이 박근혜 정부의 세월호 참사 진실 은폐에 맺힌 응어리가 크다는 것을 보여 줬다. 고등학생과 청년들은 자유 발언대에서 세월호 참사 당일 사라진 박근혜의 7시간 의혹 등을 제기하며 박근혜를 살인자라고 불렀다.

대규모 시위 다음 날(20일) 검찰이 박근혜·최순실 게이트 수사 중간 결과를 발표했다. 검찰은 시위대를 자극할까 봐 발표 날짜를 20일로 한 것 같다.

검찰은 박근혜를 범죄 피의자로 발표했다. 박근혜도 최순실·안종범과 공모한 범죄 혐의자라는 것이다. 미르·K스포츠 재단을 위해 수백억 원을 걷고, 롯데·포스코·현대차·KT 등에 현금이나 부당한 특혜

거래를 요구하고, 정부 문서를 유출시킨 사건에서 박근혜가 사실상 주범이라는 것이다.

검찰이 박근혜를 피의자 신분으로 전환시킨 것은 박근혜에게 커다란 타격이다. 박근혜의 악행을 뒷받침해 온 핵심 국가기관이 박근혜를 더한층 궁지로 몰아넣었다. 청와대는 "객관적 증거는 무시한 채 상상과 추측을 거듭해서 지은 사상누각일 뿐"이라고 격하게 반응했다.

그러나 검찰 수사 결과나 향후 전망을 낙관할 수는 없다. 검찰은 뇌물죄 혐의를 뺐다. 온갖 사업성 특혜, 노동 개악, 감세 정책 등 혜택을 누려 온 재벌들에게 면죄부를 준 것이다. 그리되면 박근혜의 죄도 경감된다. 김기춘·우병우 등은 아예 기소 대상에 포함시키지 않았다. 검찰의 늑장 수사로 범죄자들이 증거를 상당히 인멸했다.

박근혜는 검찰 조사를 일절 받지 않겠다고 했다. 그러면서 "중립적인 특검 수사에 대비"하겠다고 했다. 야당이 추천한 특검이 "중립적"이지 않다며 거부권을 행사하거나 무력화할 수 있음을 암시했다. 또 '탄핵할 테면 해 봐라' 하고 나왔다.

그런데 검찰 발표 직후 야당 대선 주자들이 회동해 박근혜 퇴진 운동과 국회 탄핵소추 검토를 시작하겠다고 합의했다. 그러나 탄핵은 새누리당과 협상해야 하고, 탄핵소추에 성공해도 지금으로선 황교안이 대통령권한대행이 된다. 민주당 대표 추미애와 국민의당 비대위원장 박지원이 박근혜와의 영수회담에 미련을 못 버리는 이유도 권한대행 총리 문제 때문이다. 20일 회동한 야권 대선 주자들도 국회 주도 총리 선출이 필요하다고 합의했다. 결국은 탄핵 대상을 임명권자로 인정해야 하는 것이다.

그리고 최후의 반동적 보루 헌법재판소도 남아 있다. 이런 점들 때문에 탄핵절차는 자칫하면 박근혜의 임기를 거의 보장하는 결과를 낳을 수도 있다. 이 과정은 운동의 김을 빼는 반격에 시간을 벌어주는 구실을 할 공산이 크다.

이렇듯 대중투쟁에 의한 현 정권의 "즉각 퇴진"이 아니라 국회 탄핵을 채택하면, 박근혜와 새누리당이 중요한 정치 협상 대상이 될 수밖에 없다. 그 결과 거리의 박근혜 퇴진 운동을 수동화하고, 국회 안 논의로 제약하게 될 것이다. 지금 시점에서 반박근혜 투쟁과 여론의 중심은 거리에 있는데 말이다. 결국은 국회에 맡기고 이 운동을 이제는 정리하자는 뜻이다. 따라서 정의당이 '탄핵' 야합에 동참한 것은 유감이다. 즉시 번복해야 한다.

검찰의 중간 발표 이후 박근혜 퇴진 운동은 중대한 국면에 서 있다. 야권 대선 주자들이 모인 비상시국정치회의가 탄핵 추진에 합의했다. 이들은 "국민적 퇴진 운동"과 탄핵을 병행하겠다고 했지만, 강조점은 탄핵이다. 거리의 퇴진 운동을 국회 안으로 수렴시키려 한다.

퇴진행동은 비상시국정치회의의 투 트랙을 지지해서는 안 된다. 탄핵이 아니라 대중투쟁에 의한 "즉각 퇴진" 입장을 재차 밝혀야 한다. 그리고 11월 26일 5차 행동은 수도 집중으로 해야 한다. 이번 주는 박근혜 퇴진 운동이 시작된 10월 말 이래 정치적으로 가장 중요한 때다. 수도 집중을 통해 대중의 힘과 투지를 극대화해야 한다.

민주노총도 더 많은 조합원들이 조직적으로 이 운동에 참가할 수 있도록 해야 한다. 재벌들은 박근혜의 버티기가 상황을 악화시켜 자신들까지 엮이는 상황이 가장 싫을 것이다. 특히 민주노총은 되도록 일찍 실질적 파업에 돌입하도록 모든 수단과 방법으로 애써야 한다.

김문성, 〈노동자 연대〉 186호(2016-11-21).

박근혜 퇴진 운동 논쟁

즉각 퇴진을 요구하는 대중투쟁이어야 한다

11월 19일 4차 범국민행동의 날은 전국에서 90만 명이 넘게 참가했다. 연 2주째 수십만 명이 서울 도심에 모인 것이다.

여전히 노동조합과 좌파가 행진을 이끌고 있다. 수능을 끝낸 청년들을 포함해 중·고교생도 열정적으로 참가한다. 밤늦게까지도 수십만 명이 청와대 방향 행진에 동참해 퇴진 구호를 목청껏 외친다. 가장 인기있는 구호는 "즉각 퇴진", "구속", "새누리당 해체" 같은 것들이다.

이런 시위가 거의 범국민적 지지를 받고 있다. 한국갤럽 조사에서 박근혜 국정수행 지지도는 3주째 5퍼센트였다가 이번 주에는 4퍼센트로 내려앉았다. 부정평가도 최대치인 93퍼센트이고, 새누리당 지지율은 12퍼센트로 추락했다. 리얼미터 조사나 〈중앙일보〉 조사를 봐도 박근혜 퇴진 지지는 80퍼센트에 이른다. '즉각 하야'와 '탄핵' 등을 구분해서 물어 본 〈중앙일보〉 조사에선 '즉각 하야'가 40퍼센트로 가장 많았다.

이런 압력 때문에 여론과 정권 사이에서 눈치 보며 고심하던 검찰은 결국 20일 박근혜를 사실상 피의자(내용상 '주범')로 규정한 중간 수사 결과를 내놓았다. 일선 검사들 사이에서는 대對청와대 강경론도 만만치 않다고 한다.

수사 내용 자체는 기만적인 내용을 여럿 품고 있고 '정치 검찰'을 전혀 믿을 수 없지만, 이 발표가 박근혜에게 타격을 준 것도 사실이다. 가장 중요한 국가기관 하나의 이반이 공개적으로 일어난 것이다. 그동안 검찰은 정권의 철저한 하수인이었다.

결국 검찰의 이례적 태세 전환으로 청와대가 휘청거렸고, 국회에서의 탄핵 국면이 시작됐다. 청와대의 검찰 통제 라인인 민정수석과 검찰 지휘권을 가진 법무부장관이 잇달아 사표를 냈다. 검찰총장에게도 동반 사퇴 압력을 가한 의도도 있을 수 있지만, 이는 무엇보다 검찰이 통제되지 않는 상황에 대한 반응이다. 박근혜는 닷새 동안 사표를 수리하지도 반려하지도 못하고 있다. 사표 반려 오보 소동까지 벌어졌다.

또한 국회의 탄핵소추 발의를 위한 움직임도 빨라졌다. 12월 초순에 표결이 이뤄질 수도 있다. 새누리당 비박계가 탄핵소추안 가결에 필요한 표를 확보했다는 보도들이 나오고 있다.

대통령 출마 선언도 한 적 없는 김무성이 불출마 선언을 하며 탄핵의 선봉으로 나섰다. 유승민은 "청산 대상과 야합하지 않겠다"고 했다. 우습다. 김무성은 개헌을 고리로 현재의 야권을 쪼개는 정계 개편을 시도해 집권 연장을 노리겠다는 의도를 숨기지 않고 있다. 유승민은 지난해 초 새누리당 원내 대표 선거에서 "친박이라는 말이 처음 생겼을 때부터 친박"이라고 아부했던 자다.

그럼에도 집권 여당이 공개적으로 분열하기 시작한 것은 운동에 유리하게 작용할 수 있다.

왜 탄핵 절차에 종속되면 안 될까?

2주 연속 100만 명이 거리로 나오는 상황에서도 박근혜가 물러나길 거부하고 한일군사정보보호협정, 국정 역사 교과서 발행 등을 추진하고 노동 개악 등을 포기하지 않는 걸 보면서 박근혜 정권 퇴진을 바라며 거리에 나온 사람들 중에는 갑갑함을 나타내는 사람들도 있다.

운동 일각에서는 국회 탄핵으로 '강제'로 박근혜의 권한을 정지시키는 것 말고는 뾰족한 수가 없다고 주장한다. 정말 국회에서 탄핵소추가 의결되면 문제가 해결될까? 전혀 그렇지 않다.

첫째, 박근혜 퇴진 운동과 여론의 중심이 거리에서 국회로 옮겨갈 가능성이 높다. 당장 박근혜 폭로를 쏟아 내던 언론 보도들에서 국회 동향 보도의 비중이 커졌다. 특히, 탄핵을 하려면 새누리당의 표가 필요하기 때문에 새누리당 일부가 정치적 주체로 나서는 것을 용인하게 되고 이는 박근혜 악행의 공범들에게 면죄부를 줄 수 있다. 박근혜 정부에서 영광을 누리던 새누리당 지도자들이 뻔뻔하게 탄핵 가결의 열쇠를 쥔 사람들마냥 비장한 모습을 연출한다. 민주당과 국민의당 지도부는 이런 비박계 인사들을 붙잡느라 여념이 없다. 이 과정에서 내각제 개헌 등 밀약들이 벌어질 것이다. 여권의 공개적 분열은 반가운 일이지만, 그 이면도 봐야 하는 것이다.

김무성은 〈뉴스룸〉 인터뷰에서 탄핵 추진 이유를 다음과 같이 설명했다. "수십만 명의 국민들이 모여서 분노를 표시 … 국가가 불행한 상태까지 갈 수 있기 때문에 … 빨리 탄핵의 틀 속에 집어넣어야 국민들의 분노도 좀 줄어들 것이고 그런 사고를 미리 예방할 수 있[다].”

따라서 정의당 심상정 대표가 새누리당이 탄핵의 주체가 될 자격이 없다고 지적하고 새누리당에 표를 구걸하지 말라고 다른 야당들에 요구한 것은 옳다. 그러나 심 대표가 야 3당이 공조해 국회 탄핵 절차로 가기로 합의한 것에 이미 이런 문제들의 씨앗이 있었다는 점도 봐야 한다.

헌재로 넘어간 뒤에도 마찬가지로 운동의 추이를 헌재 절차에 종속시킬 수 있는 압력은 여전할 것이다.

둘째, 지금 국회 탄핵으로 즉각 퇴진 요구를 희석시키는 것은 무책임한 것이다. 탄핵소추가 가결될 경우, 박근혜의 권한이 정지되는 건 사실이다. 그러나 탄핵심판 절차로는 박근혜의 임기 중도 퇴진이나 온갖 개악의 철회가 하나도 보장되지 않는다.

우선, 탄핵심판 절차는 국회가 원고(검사)가 돼서 헌법재판소에 박근혜를 탄핵해 달라는 것이다. 그때 헌재에서 검사 구실(소추위원)을 맡는 것은 국회 법제사법위원장이다. 지금 이 자리는 새누리당 권성동이 맡고 있다. 탄핵소추안 자체를 새누리당과 협상해야 한다는 문제가 생긴다. 그렇다면 죄목이 단순한 측근 비리나 직권남용으로 협소화될 수 있다.

또한 헌법과 헌법재판소법, 그리고 노무현 탄핵시 헌재 판례를 종합할 때, 대통령 탄핵은 헌법상, 법률상 중대한 법 위반 행위를 근거로 하고 있다(노무현도 선거법 위반은 인정됐다).

박근혜 퇴진이든 탄핵이든 그것은 명백히 정치적 사안인데, 형식적 법 위반을 따져야 하는 것이다. 그런데 헌법재판소법 제51조는 “탄핵심판 청구와 동일한 사유로 형사소송이 진행되고 있는 경우에는 재판부는 심판절차를 정지할 수 있다"고 돼 있다.

여기에 더해 현재의 헌법재판소 구성이 매우 보수적이라는 것도 봐야 한다. 최근에만 해도 전교조 법외노조 합헌, 통합진보당 해산, 동성애 차별 군형법 합헌, 낙태 처벌 합헌, 몇 년 더 거슬러 가면 물대포 직사 합헌 등 쓰레기 같은 우익적 판결의 본산이었다.

이들은 검찰 수사나 특검 수사에 불명확한 점이 많다고 시간을 끌 것이고, 최악의 경우 심판 절차를 중지시키고 재판을 지켜보자고 할 수 있다. 이미 증거를 상당히 인멸한 것으로 추정되는 박근혜가 대면조사까지 계속 거부하면 혐의 입증이 쉽지 않아 재판은 시간을 마냥 잡아먹을 수 있다. 박근혜와 우파에게는 겹겹의 안전판이 있는 것이다.

결국은 이 상황에서도 정부와 헌재 등을 압박하는 것은 아래로부터의 운동일 수밖에 없다. 그런데 야당을 무비판적으로 따르며 대중 동원과 투쟁을 뒷전으로 미룬다면, 권한대행인 황교안이 박근혜 없는 박근혜 정부를 정상적으로 이끌 수 있다. 황교안은 망신살이 뻗칠대로 뻗친 박근혜보다는 더 자유롭게 나쁜 정책들을 지속하고 공안탄압 등 역습을 시도할 수 있다.

이런 문제점을 모를 리 없는 민주당과 국민의당이 탄핵 추진으로 가는 것의 속내는 무엇일까? 이들은 탄핵소추를 가결해 박근혜의 권한을 정지시킨 것으로써 자신들이 운동의 요구를 국회에서 대변한 것으로 체면을 세우고 정국의 주도권을 강화하겠다는 계산일 것이다. 그리고 최종적인 사태의 책임은 자신들이 통제할 수 없는 헌재에 넘겨버리는 것이다.

총리 교체에 목매면서 퇴진 요구와 거리를 두고 영수회담이라는 무리수까지 두던 민주당이 총리 교체보다 탄핵이 우선이라고 하는 것은 황교안 권한대행 체제로 박근혜 임기가 길어지고 반박근혜 반감이 유지되는 것이 내년 대선에서는 자신들에게 더 유리하다는 속내일 공산이 크다. 바로 같은 이유로 민주당은 운동 초기에 박근혜 중도 퇴진을 반대했다.

그래서 무책임한 것이다. 박근혜 퇴진 요구는 온갖 개악들을 철회·중단시키자는 염원이기도 한데, 주류 야당들의 탄핵 프로세스에서는 그런 전망을 거의 찾아볼 수 없다. 물론 야당들도 일정하게 운동의 성장을 필요로 한다. 현재 자신들이 대여권 관계에서 일정한 주도권을 쥔 것은 운동이 급부상한 덕분이기 때문이다. 대신 운동을 자신들의 정국 주도를 위한 부속물로 만들기를 바라는 것이다.

따라서 지금 국회 탄핵 절차는 위험한 도박이다. 만에 하나, 도저히 쓸모없어진 박근혜를 지배자들이 중도 퇴진시킬 수도 있을 것이다. 그러나 1972년 미 의회의 닉슨 탄핵 시도는 결국 닉슨 체제의 광범한 부패망이 아니라 닉슨 개인의 거짓말만을 문제 삼아 제거하는 것으로 마무리됐다. 광범하게 시스템의 문제와 연결시키는 운동이 없었기 때문이다.

광범한 운동을 건설해 노동계급과 피억압 민중이 체제의 광범한 문제들을 제기하며 스스로 행동에 나서도록 하는 것이 효과적이고 필요한 이유다.

박근혜 퇴진 운동은 주류 야당들의 무책임성을 비판하고 국회 논의와 무관하게 계속 "즉각 퇴진" 운동을 건설하겠다고 선포해야 한다. 이 점에서 진보 정당인 정의당이 국회 탄핵 공조에 합류한 것은 옳지도 현명하지도 않다.

검찰 수사를 믿을 수 있을까

한국의 검찰은 태생부터 '산 권력에 충성하고, 죽은 권력에는 칼을 대는' 정치검찰이었다. 더군다나 현직 대통령 수사는 그 자체로 정치적일 수밖에 없다.

그래서 박근혜를 공개적으로 들이받은 것은 악화될 대로 악화된 여론을 의식한 것으로 볼 수 있다. 박근혜에 일방적으로 충성하는 집단으로 보여서 만에 하나 차기 정권에서 개혁 대상으로 치부될 가능성을 차단하려는 계산일 것이다. 어쨌든 가장 중요한 국가기관 하나의 이반으로 박근혜의 권력 누수가 공개적으로 드러난 것은 좋은 일이다.

그러나 체제 수호의 전위부대인 검찰이 개과천선한 것은 전혀 아니다. 검찰은 아직 뇌물죄, 제3자뇌물죄 적용 등을 회피했다. 이렇게 되면 박근혜는 유죄 판결을 받아도 죄질과 형량은 매우 낮게 된다(탄핵 심판은 '중대한 헌법적·법률적 위반'을 요건으로 한다). 그래서 현재의 검찰 공소장으로는 박근혜가 심지어 무죄를 받을 수 있다는 비판도 나온다.

무엇보다 뇌물죄 배제는 뇌물을 바치고 온갖 특혜(정의당 추산 3조 7000억 원)를 받아 온 삼성, 현대, SK, 한화 등 주요 기업주들이 법망을 빠져나갈 수 있게 해 준다. 게다가 박근혜가 검찰을 통제하는 인적 가교 구실을 해 온 김기춘과 우병우는 혐의조차 안 걸고 있다.

검찰이 지금 여론의 압박 때문에 뇌물죄 혐의 적용을 위한 수사를 하겠다는 둥, 우병우를 수사하겠다는 둥 말을 흘리고 있지만 온전히 믿기만 해서는 안 된다. 운동의 지속적 압력이 있어야만 뇌물죄 기소가 가능해질 것이다.

설사 뇌물죄로 기소하더라도 수사를 부실하게 해 놓으면 사법부가 재벌들의 혐의를 벗겨 줄 수 있다. 검찰은 면피할 수도 있는 것이다. 정치자금 사건으로 정권마다 대통령의 친형, 아들 등이 옥고를 치렀지만, 재벌들이 뇌물죄로 유죄 판결을 받거나 구속된 적은 별로 없다.

물론 살펴볼 것은 있다. 검찰이 그동안 운동과 여론이 더 큰 압력을 가할 때마다 조금씩 수사를 진전시켜 왔다는 점이다.

검찰은 박근혜 퇴진 여론이 들끓기 시작한 10월 27일에야 7명짜리 수사팀을 특별수사본부로 격상시켰다. 29일 집회 다음 날에 이를 중수부급으로 격상시켰고, 그 주에 최순실을 구속했다. 11월 5일 집회 전날 검사 32명을 투입해 특별수사본부를 역대 최대 규모로 늘렸고, 집회 다음 날 우병우를 소환하고 안종범과 정호성을 구속했다. 11월 12일 민중총궐기 다음 날에는 박근혜 조사 방침을 밝혔고, 11월 19일 집회 다음 날에는 박근혜를 피의자 신분이라고 발표했다.

이는 검찰의 수사가 정치적 세력균형을 살피는 '정치' 수사라는 방증이다. 운동이 호시탐탐 기회를 노리는 여권의 역습에 허를 찔리면, 검찰은 금세 발을 빼려 할 수 있다.

박근혜 퇴진(과 구속)의 핵심 열쇠가 국회나 수사와 재판이 아니라 아래로부터의 투쟁이 더 강해지는 데에 있다는 뜻이다. 전자는 뒷북치기일 뿐이다.

특검은 양날의 칼

지난주에 국회를 통과한 '최순실 특검'은 검찰에 대한 불신과 더 철저한 수사를 명분으로 사람들의 지지를 구했다.

그러나 수사 대상에 박근혜가 명시되지 않았고, 출범에만 사실상 한 달 가까이 걸리는 점, 수사 기간이 70일밖에 안 되고, 그나마 연장이 가능한 30일은 바로 대통령에게 보고하고 허가를 받아야 한다는 점에서 허점이 많다.

검찰이 그나마 늦게라도 확보한 증거들을 모두 특검에 전달할 가능성도 별로 없다. 그동안의 특검이 권력의 심장부를 제대로 찔러서 유죄 처리한 적이 없다는 점도 기억해야 한다. 이 나라에서 검찰 권력의 주된 수단은 기소 독점주의였기 때문에 검찰은 이에 반하는 특검에 반감이 많다.

지금도 특검은 박근혜와 검찰 양쪽에 시간 끌기의 핑계가 되고 있다. 박근혜는 '정치적으로 중립적인' 특검의 수사를 받겠다며 검찰 수사를 거부하고 있다. 검찰은 특검 출범 전에 면피용 결과를 내놓으려고 서두르고 있지만, 특검이 출범하면 검찰이 부실 수사를 해도 면피를 받을 가능성이 크다.

검찰이 박근혜에 맞서게 하려면 특검이 아니라 아래로부터의 대중운동을 더 강화해야 한다.

김문성, 〈노동자 연대〉 187호(2016-11-25).

이렇게 생각한다

항의 시위는 계속돼야 한다

지금 박근혜는 절체절명의 위기에 직면해 있다. 지지율이 몇 주째 5 퍼센트 이하인 사면초가 신세도 위협이겠지만, 지배계급의 한 주요 부분이 그를 버리기로 한 것이 더 큰 위협일 것이다.

이는 검찰이 그를 뇌물죄로 기소하는 것을 고려하고 있는 것으로 방증될 수 있다. 그러나 무엇보다 김무성이 야당들의 탄핵소추에 가세하기로 한 것으로도 방증된다. 한때 친박 좌장이었던 김무성의 집안 배경을 보면 그가 십중팔구 지배계급 주요 부분의 의사를 반영하고 있음을 짐작할 수 있다. 부친은 ㈜전방 회장이었고, 형은 경총 회장이었고, 장인은 경향신문 사장과 공화당 국회의원이었고, 사돈은 바로 현대그룹 회장 현정은이다. 조카사위 등 다른 친인척 상당수도 막강한 세도가들이다.

한편 지배계급의 다른 주요 부분은 박근혜 탄핵소추에 동의하지 않고 있다. 박근혜에게 뇌물을 준 삼성 이재용과 SK 최태원 등등은 박근혜의 몰락이 자신들의 (재)수감과 대가성 사업의 곤란을 동반할 것이 므로 탄핵소추에 쉽사리 동의하지 않을 것이다.

무엇보다 박근혜 자신이 강력하게 버티고 있다. 대통령은 단순히 자본가계급의 집행 책임자인 것이 아니라 가장 강력한 국가기관으로, 그 자신이 지배계급의 주요 일부분이다. 따라서 탄핵 의결과 헌재 심판, 또 이후 대선까지 전체 정치과정이 지배계급의 내분으로 점철될 것이다. 그리고 우여곡절과 함정이 있어서 국민 대중을 당혹케 할 경우가 왕왕 있을 것이다.

그래서 가능한 한은 항의 운동이 계속돼야 하는 것이다. 이제 박근혜가 퇴진해야 하는 이유 자체를 새삼 생각해 봐야 한다. 분명 박근혜 게이트로 불리는 정치적 부패는 심각한 문제다. 그러나 그것이 그가 물러나야 할 유일한 이유인가?

박근혜는 불황을 조금치도 완화시키지 못했다. 오히려 불황의 효과를 노동계급과 대다수 여성, 서민에게 떠넘겨 우리의 삶을 더욱 고통스럽게 만들었다. 조선업 고용조정(해고와 비정규직화, 임금 삭감)과 공공부문 성과연봉제 등은 가장 최근의 사례일 뿐이다. 이보다 조금만 더 거슬러 올라가도 사례가 너무 많아져 제목 나열만 하는 것도 불가능할 지경이다.

또한 미국과 일본 제국주의자들에게 매우 후하고 관대하게 군사적 이득과 편의를 제공했다. 사드 배치와 한일군사정보보호협정은 그 최근 사례일 뿐이다. 박근혜는 통합진보당을 강제 해산시키고 공무원노조와 전교조의 합법성을 박탈하는 등 정치적 기본권과 노동기본권 등을 일부 유린해 왔다. 국민 속에서 '권위주의로의 회귀'라는 공포심을 조장하려 애쓴 책임이 있는 것이다.

박근혜는 이 모든 것에 책임을 지고 물러나야 한다. 그러나 지금 야당들은 탄핵소추를 추진함으로써 박근혜 반대 운동의 주도권을 가져가려 한다. 그들의 손안으로 운동의 주도권이 넘어가면 박근혜의 온갖 못된 짓들 가운데 극히 일부만이 되돌려질 것이다.

특히, 시장 지향의 경제개혁과 노동개혁 등 노동력 착취와 관련된 이슈들은 대부분 거의 손도 안 댈 것이다. 이 와중에도 철도 노동자들의 파업에 귀도 기울이지 않는 것을 보라. 미·일 제국주의를 돕는 외교적 조처들도 겉치레에 불과한 손질만 한 채 본질적으로 건재하게 될 것이다.

노동계급과 천대받는 다른 사회집단들은 박근혜의 퇴진이 단지 국가기구 최상층부의 몇몇 인물들만의 교체로 끝나지 않고 폭넓은 개악 철회를 수반하도록 박근혜 퇴진과 자신의 조건 개선, 둘 모두를 위해 투쟁해야 한다. 둘의 연결은 자유민주주의(자본주의적 민주주의) 아래서, 자연스럽지 않을 수 있다. 최순실 딸 정유라가 연루된 이화여대 사례는 이례적일지 모른다.

박근혜 퇴진과 대중의 고유한 부분적 요구들이 서로 연결되려면 운동이 훨씬 더 폭넓은 계급투쟁으로 확대돼야 한다. 그래서 단지 일부 국가기관 상층부의 인물들만 교체하는 것을 지향하는 게 아니라 시스템 자체를 문제 삼도록 발전해야 한다.

물론 박근혜가 즉각 퇴진하는 것 자체만도, 또 그가 탄핵으로 물러나는 것 자체만도 진보다. 모두 대중 항의 운동의 효과이기 때문이다. 그러므로 마르크스주의자는 현재의 운동을 흠뻑 지지한다.

그러나 진보가 더 이상의 진보를 보증한다고 생각하는 것은 지나치게 소박한 낙관이다. 박근혜가 물러나도 황교안 같은 '공안'통이 어떤 권모술수와 야비한 계략으로 박근혜 퇴진 운동 내의 특히 진보·좌파 진영을 이간해 각개격파하려 들지 고려해야 한다.

통치자들, 특히 그들을 배출한 지배계급은 허수아비가 아니다. 정치 투쟁은 우리만 하는 게 아니고 적들도 한다. 게다가 야당들은 체제의 프레임 안에서 활동하고 그걸 지키는 데 헌신하기로 공적 약속을 한 세력이다. 그러므로 조만간 항의 시위를 중단시키려 들 것이다. 마치 온건한 노조 지도자가 교섭을 위해 '이 정도면 됐다' 싶으면 쟁의를 중단시키는 것처럼 말이다.

1987년 6월 항쟁과 뒤이은 7~8월 대파업처럼 혁명적 좌파와 노동계급이 분출했던 대중투쟁도 그해 말 대선에서 노태우가 승리하고, 1990년 1월 김영삼의 배신으로 3당 합당이 벌어지고, 1991년 분신 정국에도 노태우를 퇴진시키지 못하고, 1992년 연말 김대중이 패배하는 등의 우여곡절을 겪었다.

1992년 9~10월경 노태우가 민자당을 탈당하고 중립내각이라는 게 들어섰지만, 중부지역당(소위 민애전) 사건 등 마녀사냥은 극에 달했다. 필자도 당시에 다른 조직 사건으로 한두 달마다 반지하 월셋방을 전전하던 끝에 체포돼 수감 생활을 시작해야 했다.

박근혜 즉각 퇴진도 결코 쉽지 않은 문제이지만 '이후'를, 특히 위도 위이지만 아래를 생각해야 한다. 결국 천대받고 착취당하는 사람들이 해방되고 싶어서 하는 운동 아닌가.

최일붕, 〈노동자 연대〉 187호(2016-11-25).

150만 명이 청와대를 포위하다 ─
박근혜의 발악에 분노는 더 커졌다

'즉각 퇴진'을 위한 거리 투쟁은 계속돼야 한다

박근혜 퇴진 5차 범국민행동의 날이 역대 최대 규모의 집회로 마무리됐다. 주최 측은 서울 연인원 150만 명을 포함해 전국 190만 명이 참가했다고 발표했다. 박근혜 퇴진 운동은 2주 만에 100만 명을 넘어섰고(민중총궐기), 이후 3주째 규모를 유지해 왔다. 그런데 26일은 규모가 더 커진 것이다.

운동이 굳건하게 자리를 잡으면서, 박근혜의 이런저런 반격 시도가 제대로 먹히질 않았다. 잘 써먹던 검찰도 이제는 뜻대로 제어되지 않고 있다. 오히려 개인 용도인 것이 분명한 의약품들을 세금으로 청와대가 구입한 것이 또 새로 드러났다. 이런데도 박근혜는 수사 협조를 거부하고 있다.

결국 주말 대규모 집회로 표현되고 있는 아래로부터의 압력이 가장 중요한 국가기관 하나가 박근혜에게 반기를 들게 만들고, 여권 내 분열을 앞당겼다. 자신을 얻은 야당은 국회 탄핵 절차를 시작하려고 한다.

이런 상황이 다시금 박근혜 퇴진 여론에 새로운 기름을 부은 것 같다. 새로운 '콘크리트 지지율'이라던 5퍼센트 벽을 3주 만에 밑으로 돌파해 박근혜 지지율은 4퍼센트가 됐다. 중도 퇴진 지지가 80퍼센트가 넘는다.

정치 상황들보다는 덜 중요하지만, 법원이 경찰의 금지 통고를 계속 취소해 행진과 집회가 점점 청와대와 가까워지는 것도 사람들을 고무한 듯하다. 26일은 실제로 청와대가 역대 가장 가까운 거리에서 100만 명 넘는 사람들과 그들의 구호, 노래, 야유와 함성으로 둘러쌓였다.

부산과 대구 같은 새누리당 강세 지역에서 수만 명 규모의 집회가 2주 연속 열린 것도 시사적이다. 박근혜가 정치적 고향으로 삼아 온 대구에서는 26일에 5만여 명(주최 측 추산)이 모여 "박근혜 퇴진", "새누리당 해체" 같은 구호들을 외쳤다.

그래서 26일 집회에서 가장 두드러진 정서는 '낙관'이었다(때가 조금 일러 보이기도 하지만). 청운동 길, 효자동 길, 삼청동 길, 청와대로 향하는 길 곳곳에서 감격해 하는 표정들을 볼 수 있었다. 낙관은 빽빽한 그 공간들, 진눈깨비가 날리는 추위에도 운동 지지자들 사이에 우애와 배려를 낳는다. 집회 말미에 곳곳에서 세대와 성별을 넘어 목청껏 합창을 하며 함께 춤을 추는 모습들을 볼 수 있었다. 대중투쟁이 피억압 민중의 축제라는 걸 많은 이들이 느끼고 있고 표현하고 있다.

이런 낙관 밑에는 강력한 분노가 있다. 워낙에 사악한 정권이었기 때문에 박근혜 정부가 직접 벌인 나쁜 정책들에 대한 분노가 크다. 4년 전 박근혜 당선 직후 개봉돼 많은 사람들에게 힐링 영화라고 불렸던 〈레미제라블〉의 수록곡들이 매주 인기 공연곡인 것이 단지 우연의 일치일까.

그렇지만 이것만은 아니다. 경제 위기 시대에 더 악화된 사회적·경제적 불평등도 분노의 대상이다. 이런 현실에 전혀 공정하게 대처하지 않는 국가에 대한 불만도 매우 크다. 사람들은 앉아서 무대 발언과 공연만 얌전히 보다 집으로 돌아가지 않는다. 맘에 드는 퇴진 팻말들을 골라 들고, 밤늦게까지 구호를 외치며 청와대로 향한다.

가난해서 서른 살 넘어서 겨우 대학에 들어갔다는 청년이 정유라를 보며 억울해 눈물이 나더라고 말하다가 진짜 울어 버리는 장면은 이 운동이 왜 한 달 넘게 지속되고 있는지를 가슴 찡하게 보여 줬다.

10~20대의 발언에서는 세월호 참사에 대한 분노와 항의가 거의 빠지지 않았다. 국민 전체를 아끼고 대표해야 한다(고 여겨지)는 대통령이 바다에 빠진 ('자신의 국민') 수백 명의 목숨을 도대체 무엇으로 여긴 것일까. 태반주사 한 대만큼이나 소중하게 여겼을까. 여러 사전 집회에서도 가장 규모가 컸던 게 세월호 행진이었다. 세월호 참사는 박근혜 퇴진 운동의 중심에 있다.

다양한 투쟁과 캠페인이 박근혜 퇴진 운동 안에 수렴돼 있다. 사드, '위안부' 문제처럼 제국주의 강대국을 위해 평범한 사람들을 괴롭히고 모욕한 사건에도 참가자들은 관심이 많다. 기업 특혜 정책에 대한 불만도 많다. 검찰 공소장에서는 재벌이 피해자일지 모르지만 거리에 나오는 사람들에게 재벌은 부패하고 불평등한 체제를 만들고 유지시키는 공동정범이다.

물론 이런 불만과 분노는 생생하지만 아직 즉자적이다(앞으로 운동이 더 지속되고 사회적·경제적으로 그 내용이 더 깊어져야 할 것이다). 그렇지만 이런 의제들을 적극 결합시키며 운동 안에서 진보 정당과 좌파가 능동적 구실들을 하는 것은 좋은 일이다. 적어도 거리 시위에서는 민주당과 국민의당이 그다지 관심의 대상이 아니다. '박근혜가 저 정도로 나라를 망칠 동안 야당은 뭐했냐'는 비판을 오히려 자주 들을 수 있다(거리의 퇴진 운동을 초기부터 지지한 몇몇 정치인들은 예외일 것이다).

박근혜 정부에 맞선 저항의 최선두에 서 왔던 조직 노동운동에 대한 지지와 기대도 꽤 크다(임금과 고용조건 악화를 핵심으로 하는 박근혜의 노동 개악은 경제활동인구에서 70퍼센트가량을 차지하는 임금노동자 전체의 문제이기도 하다). 조직노동자들은 이 운동에서 환영받는 존재다. 연단에서도, 행진에서도. 이들은 26일도 청와대와 가장 가까운 곳으로 가는 행진을 이끌었다.

그래서 61일째 파업을 하는 철도 노동자는 자유 발언대에서 소개만 받아도 박수를 받았다. 민주노총의 11월 30일 박근혜 퇴진 파업도 곳곳에서 관심과 지지의 대상이었다. 특히, 공무원과 교사가 정부의 불참 강요를 거부하고 30일 민주노총 파업에 참가하겠다고 발언할 때마다 진심 어린 환호와 박수를 받았다. 이런 상황에서 철도 등 일부 노조 상층 지도자들이 파업을 접으려거나 또는 예정된 파업 조직에 해태하는 것은 여러모로 좋지 않은 일이다.

특히 이런 전혀 불가피하지 않은 후퇴가 야당들의 움직임과 연계돼 있다는 점에서 더욱 불길하다. 야당들은 이 운동을 지지하고 대표한다는 명분으로 탄핵 절차를 개시하려고 한다. 그러나 이를 믿고 운동이 자기 동력을 식혀 버린다면, 한 달 여간 피억압 대중에게 점진적으로 열려 왔던 정치 상황은 다시 바뀌기 시작할 수도 있다.

따라서 즉각 퇴진을 위한 대중투쟁을 지속한다는 기조는 유지돼야 한다. 박근혜의 온갖 개악 정책 철회로까지 나가려면 더욱 그래야 한다. 투쟁을 이끄는 퇴진행동은 즉각 퇴진 운동 지속 기조를 재확인했다(아쉽게도 국회 탄핵 논의로 즉각 퇴진 요구를 희석시키려는 주류 야당을 공개적으로 비판하는 것은 삼갔다). 이런 맥락이 있는데도 26일 본대회(와 행진 시작) 후 본무대를 이용한 자유 발언대를 진행한 사회자가 공식적인 기조와 합의를 어기고 임의로 '국회 탄핵'을 지지하는 구호를 선창한 것은 대단히 부적절한 행위다.

26일 집회와 행진, 청와대 에워싸기는 성공적으로 끝이 났다. 낙관과 흥분이 채 가라앉기도 전에 검찰은 27일 공개한 차은택 공소 내용에서 또다시 박근혜를 '공모' 관계의 피의자로 명시했다.

즉각 퇴진을 요구한 26일 집회의 대성공은 역설적으로 이를 국회와 제도 내 절차로 안고 들어가려는 주류 정당들의 국회 탄핵 절차를 앞당길 듯하다. 이번 주에 표결까지 치러질 가능성이 높아졌다. 설사 밀리더라도 탄핵소추안은 곧 발의가 될 것이다. 이제는 박근혜도 다시 입장을 내놓아야 할 상황이다. 물론 수사 거부(와 방해)는 계속되겠지만, 일각에서는 3차 대국민담화도 거론된다(어떤 개악도 철회하지 않은 상황에서 어차피 기만일 것이다). 사실 '즉각 사임' 말고 그 무엇이 성난 대중을 달랠 수 있을지는 미지수다.

이번 주 11월 30일 민주노총 파업이 중요해졌다. 박근혜 퇴진 운동이 시작된 후 평일 대규모 집회는 처음이다. 민주노총 지도자들은 파업과 시위 모두 적극적으로 조직해야 한다. 그러면 박근혜 퇴진 운동만이 아니라 경제 위기 고통 전가에 맞서는 노동자 투쟁도 전진할 수 있을 것이다.

특별취재팀, 〈노동자 연대〉 187호(2016-11-26) 축약.

6주
"변명 말고 즉각 퇴진하라!" 사상 최대 전국 230만 명이 모이다

"물러나기는 하는데, 하야는 아니다.
죄송하기는 한데, 잘못한 것은 아니다.
국회에 맡기는데, 탄핵은 하지 마라."
(박근혜의 3차 담화 세 줄 요약)

노동자 2만여 명이 박근혜 3차 담화에 "박근혜 구속"이라고 응답하다

11월 30일 '박근혜 즉각 퇴진! 박근혜 정책 폐기! 총파업 대회'가 전국 16개 도시에서 열렸다. 민주노총은 오늘 "파업 및 단체 행동에 조합원 22만 명이 동참했고, '총파업 대회'에는 6만여 명이 참가했다"고 발표했다.

이날 전국에서 열린 노동자들의 파업 집회는 박근혜의 3차 대국민 담화 바로 다음 날에 열려 정치적 의미가 각별했다. 잘못한 것이 없다며 하야도 탄핵도 거부한 박근혜를 향해 공분이 다시 한 번 고조되는 분위기에서, 조직노동자들이 즉각 퇴진을 요구하며 파업을 벌인 것은 중요한 정치적 효과를 낸 것이다.

서울 시청 광장에서 열린 집회에는 2만여 명이 모였다. 민주노총 가맹·산하 노조들이 빠짐없이 참가했고, 그중 공공운수노조와 건설노조, 금속노조 대열이 가장 컸다. 하반기 노동자 투쟁을 선도해 온 공공

부문 노동자들이 이번 파업에도 가장 큰 규모로 참가했다. 국민연금지부가 파업을 하고 나왔고, 조합원 총회를 마치고 참가한 건강보험노조는 파업 65일째를 맞은 철도노조 다음으로 많은 노동자들이 나왔다.

철도 노동자들은 지난 일주일 동안 야당들의 파업 종료 종용에 맞서야 했다. 게다가 동요하는 철도노조 지도부를 압박해 두 번이나 파업을 계속하도록 결정하게 만들 만큼 강한 투지를 보여 줬다. 박근혜의 노동 개악에 맞선 대표 선수답게 자신의 몫을 톡톡히 해내고 있는 것이다.

건설 노동자 대열도 꽤 컸는데, 경기중서부건설지부와 경기도건설지부 등 조합원 2000여 명이 파업을 하고 참가했다. 특히 경기중서부건설지부에서 1000여 명이 참가했는데, 이 중 반 이상이 재중 동포 등 이주 노동자였다! 이주 노동자들은 자신들도 "박근혜에 반대"해 참가했다고 말했다. 국적과 민족이 달라도 노동자들이 단결해 함께 싸울 수 있음을 건설 노동자들이 보여 준 것이다.

집회에 참가한 모든 대열을 열거할 수는 없지만, 금속과 건설, 보건 등 대부분의 노동자 대열은 활력이 느껴졌고 자신감도 커 보였다. 한편 민주노총 파업에 대한 국내외 연대도 이어졌다.

'동맹휴업'에 참가한 서울대 학생 중 일부가 민주노총 '총파업 대회'를 지지해 참가했고, 전국노점상연합 회원 1500여 명도 파업을 지지하며 집회와 행진에 참가했다.

세계 곳곳에서도 파업에 돌입한 민주노총을 응원하고 지지하는 연대의 목소리가 이어졌다. 스위스, 뉴질랜드, 프랑스, 캐나다, 미국 등에서는 한국 대사관 앞에서 '민주노총 총파업 연대 행동'이 진행됐고, 전세계 150개 노동조합이 박근혜 앞으로 항의 서한을 보냈다.

오늘 노동자들이 행진하면서 가장 많이 외친 구호는 단연 "즉각 퇴진"과 "박근혜 구속"이었다. 특히 노동자들은 박근혜가 추진해 온 온갖 노동자 공격 정책을 폐기하라고 요구했다. "재벌도 공범", "노동 개악 폐기", "800억 대가 성과퇴출제 폐기", "법외노조 철회", "비정규직 정규직화", "규제프리존 의료 민영화 반대" 등등.

박근혜 정부 아래서 법외노조 공격을 받아 온 전교조와 공무원노조는 연가 투쟁으로 민주노총 파업에 동참했다. 전교조는 '박근혜 정권 퇴진! 국정화 폐기! 법외노조 철회! 전국교사결의대회'를 개최하고 민주노총 총파업 대회로 합류했다. 전교조는 교사 1200여 명이 연가·조퇴를 냈다고 발표했다. 전교조 변성호 위원장의 말처럼 "박근혜의 모진 탄압에도 전교조는 굴하지 않고 싸웠다. 지금 모든 사람들이 박근혜 퇴진을 요구하면서 전교조가 옳았음을 입증하고 있다." 전교조 교사들은 민주노총 파업 집회가 끝난 후 청와대 앞 청운동사무소까지 행진하며, "박근혜와 함께 노동 개악, 국정교과서, 불평등한 교육정책, 경쟁을 강화하는 교원 정책도 끌어내리자"고 외쳤다.

공무원노조도 '박근혜 정권 퇴진! 성과퇴출제 폐기! 박근혜 정권 사망 선포대회'를 열었고, 민주노총 총파업 대회 후 '근조 박근혜 정권'이라고 적힌 대형 배너를 들고 행진했다. 공무원노조는 전국에서 2000여 명이 연가·반차를 냈다고 밝혔다.

금속노조 대열의 선두에 선 삼성전자서비스 노동자들은 '박근혜 구속', '이재용 구속' 배너를 들고 행진했다.

오늘의 행진은 삼성, 롯데, SK 등 여러 재벌 건물 앞을 지났는데, 노동자들이 이 건물 정문을 '뇌물죄 박근혜·재벌 총수 즉각 구속' 포스터로 도배했다. SK 본사 앞에서는 희망연대노조 SK브로드밴드 비정규직 노동자가 방송차에 올라 "재벌들이 갖다 바친 800억 원이면 비정규직 노동자들을 정규직화할 수 있다"며 재벌들의 뇌물을 받아 비정규직을 양산해 온 것도 박근혜 퇴진 사유라고 주장했다.

철도 노동자들은 파업가를 부르며 행진했고, 보건 노동자들은 의료 민영화 반대를 외쳤다.

이처럼 노동자들이 자신들의 요구를 모두 내걸고 함께 싸우는 것이 중요하다. 지금은 노동자들이 박근혜 정권의 심각한 위기를 이용해 자신들의 요구를 쟁취할 좋은 기회다. 노동자 투쟁은 박근혜 퇴진 운동을 확대하고 강화하는 방법이기도 하다.

총파업 대회 참가자들은 광화문으로 행진해 그중 1만여 명이 촛불집회에 참석했고, 집회 후에는 내자동 로터리까지 행진했다(이 행진이 마무리된 뒤에야 법원은 2만여 명이 청운동사무소 앞까지 행진하는 것을 허가했다).

오늘 민주노총 파업 이후에도 노동자 투쟁과 파업은 더 확대돼야 하고, 노동자들은 거리 시위에 더욱 많이 동참해야 한다.

이정원·장우성, 〈노동자 연대〉 187호(2016-11-30).

박근혜는 변명 말고 즉각 퇴진하라

12월 1일 민주당은 다음날 탄핵 표결을 강행하겠다고 공언했다. 박근혜의 대통령 권한을 정지시켜 민심의 명령을 따르겠다고 했다.

그러나 당대표 추미애가 그날 오전 김무성을 만나 모종의 협상을 시도한 것이 알려지며 허세임이 드러났다. 알려진 정보를 종합하면, 추미애는 '1월 말 퇴진 약속' 방안과 '탄핵 가결 협조' 두 방안을 놓고 김무성과 거래를 시도한 듯하다.

국민의당은 부결 우려를 이유로 1일 발의를 반대해 분노한 민심을 제대로 반영하지 않았다.

두 야당 모두 탄핵 부결 가능성에 움츠러들어, 용두사미 꼴이 됐다. 부결되면 자신들이 운동을 통제하며 국회 안으로 수렴할 수단이 약화된다는 걱정이 크게 작용했을 것이다. 사실 그들은 운동 초기부터 박근혜 즉각 퇴진 상황을 꺼렸다.

민주당이 탄핵 표결 강행에 정치적 부담(부결 가능성, 의회 내 협상

구조 파탄 가능성 등)을 느낀다는 것이 분명해지자 새누리당은 의원 총회에서 박근혜에게 '4월 말 퇴진 6월 대선'을 약속해 줄 것을 요구하기로 결정했다. 이것이 이뤄지면 탄핵 표결에 참가하지 않겠다는 것이다. 새누리당 내분이 일시 봉합되는 모양새가 된 것이다. 이는 야당들을 더 혼란스럽게 했다.

물론 일시적 봉합이 될 공산이 크다. 민중의 압력이 여전하기 때문이다. 사실 새누리당도 탄핵안 부결이 부담스럽긴 마찬가지다. 새누리당 의원들은 한 보수 언론에 "요즘 토요일이 가장 괴롭다"고 하소연했다. 가결도, 부결도 부담스러우니 여론 반전 때까지 최대한 시간을 끌어 보자는 것이다. 비박계도 의견이 통일돼 있지 않다.

결국 여론의 압력에 밀린 야 3당 원내 대표들은 '2일 발의, 9일 무조건 표결' 일정에 합의했다.

12월 1~2일 국회 탄핵 해프닝은 지금 정국의 기본 대립 구도가 '여 대 야'가 아니라 '박근혜 퇴진 운동 대 버티는 박근혜'라는 점을 보여 준다. 이 대립을 국회 협상으로 조정(중재)하는 게 쉽지 않은 것이다.

따라서 박근혜 퇴진 운동 안에서 온건파들이 난데없이 운동의 타깃을 국회로(즉, 새누리당으로) 맞추고자 하는 것은 틀린 상황 분석이다. 다수가 미조직 노동계급 배경으로 보이는 백수십만 명이 광화문으로 모여 청와대로 행진하는 것은 단지 주최 측의 유도라기보다는 이 싸움의 적이 박근혜임을 계급적 직관으로 알기 때문이다.

국회의원들도 나오지 않는 주말 국회 앞으로 투쟁의 무대를 옮기는 것은 운동의 에너지를 낭비하는 것이다. 민중의 항의 운동을 국회 보조 수단쯤으로 격하하는 일일 뿐이다. 퇴진행동은 3일 집회에서 더 많은 사람들이 더 늦게까지 최대한 청와대 앞까지 행진하도록 조직해야 한다. 그것이 아래로부터의 의사를 민주적으로 반영하는 것이다.

박근혜의 꼼수는 대중의 부아를 돋울 뿐

박근혜가 위기 때마다 즐겨 이용한 방법이 집토끼, 즉 우파 결집에 의존하는 것이었다. 탄핵안 발의 논란이 있던 12월 1일 대구 서문시장을 기습 방문한 것도 마찬가지다. 물론 박근혜로서는 결과가 썩 만족스럽지는 않았지만 말이다. 세월호 막말 목사를 국민대통합위원장에 앉힌 것도 그런 경우다.

임기 단축을 포함해 "진퇴"를 국회 절차에 맡기겠다고 한 것도 새누리당 비박계에게 당 잔류의 명분을 주려는 것이다. 어떻게든 뭉쳐서 같이 사는 방안을 만들어 보자는 것이다. 4월 총선 때 배신의 정치를 심판해 달라고 서슬 퍼렇게 오만을 부리던 것과 비교하면 확실히 달라진 태도다. 사면초가 상황을 반영하는 것이다.

물론 이는 꼼수다. 인생 자체가 거의 사기임이 드러난 박근혜의 중도 퇴진 약속을 곧이곧대로 믿을 사람도 거의 없다. 따라서 국회가 박근혜의 덫에 걸렸다느니 하면서 그 효과를 과장하는 것은 야당의 자책골 책임을 흐리는 것이다. 야당들의 딜레마는 대중의 즉각 퇴진 요구를 국회 탄핵 절차로 가져간 것이다.

오히려 아래로부터의 운동이 정권을 크게 타격해 검찰의 이반 등 국가기구를 분열시킨 것에서 교훈을 얻어야 한다.

박근혜는 11월 29일 담화에서도 자기는 잘못이 없고, 별도로 해명할 기회를 갖겠다고 얘기했다. 특검을 핑계로 검찰 수사를 거부한 박근혜가 특검 수사도 거부할 명분을 쌓는 것이다. 이미 특검 출범으로 검찰 수사가 사실상 중단되고, 정작 특검은 준비 기간만 20일이나 돼 박근혜는 한 달 이상 수사를 피하고 증거를 인멸할 시간을 벌었다.

특검에 누가 임명되고 포함되는지는 영향이 없지는 않지만 부차적이다. 시간과 인력이 제한된 특검으로는 뭘 밝혀내기가 쉽지 않다. 정치적 세력균형이 누구에게 기우느냐가 결정적 변수다.

야당의 탄핵 딜레마와 연동되지 말고 독자적 투쟁을

야 3당이 박근혜 탄핵을 추진한 명분은 박근혜의 대통령 권한을 즉시 중지시키는 것이 거리에서 표출된 민심을 국회가 받아안는 길이라는 것이다.

그러나 탄핵 자체가 성난 민심을 제대로 대변하는 것이라고 보기는 어렵다. 주말 집회 현장에서는 물론이고, 지난주 〈중앙일보〉 조사, 이번 주 박근혜 담화 이후 〈노컷뉴스〉와 등의 온라인 여론조사에서도 "즉시 퇴진"을 지지하는 사람이 "탄핵"보다 몇 배 더 많았다.

지금 국회 세력관계에서 탄핵을 하려면 박근혜와 공범인 새누리당 일부와 협상을 해야 한다. 새누리당 비박계의 요구를 반영해야 한다. 설령 가결돼도 헌법재판소 판결을 지루하게 기다려야 하는 문제도 크다.

가령 탄핵소추안 가결 시 헌법재판소에서 검사(소추위원) 구실을 할 국회 법제사법위원장 권성동(새누리당)은 탄핵 사유에서 세월호 참사 등의 제외를 요구했다. 국민의당도 이런 주장에 동조했는데, 헌재가 심사할 내용을 최대한 줄여야 탄핵심판 결과가 신속히 나올 수 있다는 것이다.

다행히도 아래로부터의 압력이 커서 2일 발의된 탄핵소추안에는 뇌물죄와 세월호 참사 등이 포함됐다. 그럼에도 이런 안을 가결시키려면 비박계와 손을 잡아야 한다.

힘은 어디로부터 나오나?

이런 상황에서 각 정당은 자신들에게 유리한 대선 시기를 따지면서 퇴진 시점을 거래하다 이탈할 가능성이 언제든 있다. 운동이 수그러들 조짐만 보여도 순식간에 자신들만의 이익에 운동을 종속시키려 시도할 것이다.

따라서 운동 내 일부 지도자들이 탄핵 가결을 가장 중요한 문제인 양 여기는 것은 운동보다 국회적 해결책을 중시하는 것이다. 가결을 내세워 배신적 타협을 정당화해 줄 위험이 존재하는 것이다.

애시당초 새누리당 안에서조차 국회 탄핵 동조가 나오고, 박근혜와 새누리당이 말로는 '임기 단축'에 동의하게 된 것도 박근혜 퇴진 운동의 기세 때문이었다.

그 점에서 민주노총의 11월 30일 박근혜 퇴진 하루 파업 집회는 의미가 있었다. 11월 26일 190만 집회의 기세와 12월 3일 집회를 잇는 징검다리 구실을 할 수 있었다.

비록 경제적 효과는 내지 못했어도 잘 조직된 노동자들이 박근혜 퇴진 파업을 한 것은 정치적 상징이라는 면에서 좋은 일이다. 또한 이

판국에도 노동 개악 시도가 멈추지 않고 있으니, 노동자 운동 측으로서도 위력 과시가 필요했다. 그런데 현대차와 기아차 등 핵심 사업장들에서 노조 지도자들이 4시간 파업조차 꺼리며 매우 소극적으로 파업에 임한 것은 아쉽다.

국회가 아니라 거리와 작업장에서 투쟁의 힘을 극대화해야 한다.

김문성, 〈노동자 연대〉 188호(2016-12-02).

이렇게 생각한다

민중의 힘에 의지하라

여당은 물론이지만 주류 야당의 정치인들도 아래로부터의 대중 행동을 마음 속 깊이 경멸한다. 의미 있고 진정한 정치는 국회의원이나 지방자치단체장, 광역지방의원 등 공직자들이 하는 활동이라는 것이다. 마치 거리의 정치는 유치하고 하찮은 양, 심지어 말썽꾼들의 사기성 소동이나 되는 양하는 말투다.

자본주의 체제를 지키면서 사회를 개혁하겠다는 주류 야당은 자신의 배신에 대한 노동계급의 비판을 모면하고 지지자들의 좌경화를 막으려고 덕망과 존경 받기의 중요성을 주문처럼 되뇌어 왔다. 심지어 사회민주주의 정당 정의당의 심상정·노회찬 의원조차 지난해까지만 해도 자신들은 기층 투쟁보다는 점잖은 제도권 정치를 지향한다고 공언했다.

주류 야당 정치인들은 항의 집회와 시위가 사상 최대 규모에 이르렀는데도 박근혜가 물러나지 않고 있는 것이 곤혹스럽다. 동시에, 그들은 박근혜의 즉각 퇴진도 두렵다. 완전한 모순이 아닐 수 없다.

이 모순을 피할 수 있고 안심되는 묘수라며 퇴진행동 일각에서 제안되고 있는 것이 박근혜 퇴진 촉구 집회를 국회의사당 앞에서 열자거나 주류 야당들에 탄핵을 촉구하자는 안이다.

이런 생각의 근저에는 트로츠키가 "의회 크레틴병"이라고 부른, 일종의 운동발달장애인 의회주의가 자리 잡고 있다. 그러나 현재의 맥락에서 대중 직접행동의 가치를 알아야 한다.

첫째, 박근혜를 더 이상 손을 쓸 수 없는 듯한 지경으로 몰아넣은 건 박근혜를 **직접** 공격한 대중 항의 운동이었다. 항의 집회와 시위는 그동안 큰 효과를 냈다. 첫 집회가 열리던 10월 말에 견줘 박근혜의 지지율은 곤두박질을 하다가 이제 4퍼센트를 넘지 못하고 있다. 20대 청년 속에선 0퍼센트다!

둘째, 아래로부터이긴 하지만 의회에 압력을 가하는 간접적 행동은 이보다 **비효과적인** 데다, 지금 이 순간 대중적 직접행동이 활성화돼 있는 점에 비춰 보면 **불필요**하다.

셋째, 탄핵 프로세스가 우여곡절로 점철돼 있음을 고려한다면(벌써부터 '야권 공조'가 삐걱거린다), 의회가 박근혜 퇴임의 행위 주체가 되는 것은 전망이 훨씬 **불확실**하므로 위험하다.

우리나라 최근 정치사에서 항의 행동이 효과를 거둔 사례는 아주 많다. 1987년 6월 항쟁은 전두환·노태우로부터 6·29라는 양보를 얻어 냈다. 6·29양보안은 대통령 직선제와 언론·출판의 제한적 자유 등 일단의 제한적 민주적 기본권들로 이뤄져 있었다('제한적'이라 한 이유는 국가보안법에 의한 제약이 매우 심했기 때문이다).

1991년 5월의 '분신정국'은 노태우 치하의 최대 항의 시위였다. 그 시위로 당시 총리 노재봉을 앞세워 정치적 주도권을 되찾으려 했던 군부의 시도가 좌절됐다.

1995년 12월의 한총련 시위는 전두환과 노태우를 광주 민주화 항쟁을 유혈 진압한 혐의로 구속시켰다.

1996년 말 노동법과 안기부법 개악에 항의해 이듬해 초까지 일어난 항의 운동은 민주노총 총파업과 결합돼 개악의 수위를 다소 낮추거나 개악의 발효를 늦추는 효과를 냈다. 그리고 그해 말 대선에서 일당 국가가 와해되는 데 결정적으로 일조했다.

2002년 12월 대선을 앞두고 일어난 촛불 시위는 이회창을 대선 후보로 앞세운 옛 여당의 정권 되찾기 시도를 좌절시켰다.

2004년 노무현 탄핵을 반대한 촛불 운동도 구여권의 탄핵 시도 좌절시키기를 넘어, 뒤이은 총선에서 구여권을 대패大敗케 하고 민주노동당이 대약진하는 것을 도왔다.

2008년 광우병 위험 미국산 쇠고기 수입 금지 촉구 운동을 계기로 일어난 거대한 촛불 시위는 비록 패배했음에도 이명박의 파죽지세 공세를 한동안 주춤케 만들 수 있었다. 지방선거에서 여당이 패하게 하는 데 크게 일조했고, 민주노동당이 소생하는 데에도 일조했다.

국제적이고 역사적인 수많은 사례는 일단 제쳐 놓고 논의를 이어 가자.

이 모든 경우에 민주당은 어부지리를 얻는 데에나 몰두했다. 그리고 어부지리로 심지어 그들이 집권한 기간에는 전에 군부·재벌 정당이 감히 못 했던 공격을 자신의 지지자들에게 하는 따위의 일이나 했다. 물론 듣기 좋은 감언이설을 늘어놓으며 말이다. 김대중·노무현 정부하에서 비정규직이 대폭 늘어난 것이 대표적 사례일 것이다.

민주당은 미국 제국주의자들의 아프가니스탄·이라크 전쟁을 외교적·군사적으로 도왔고, 민주적 권리의 상징인 보안법 폐지는 한 걸음도 나아가지 못했고, 심지어 과거사 청산도 제대로 하지 못했다. 그들은 민중(노동자와 대다수 여성 등 천대받는 대중을 아우르는 말)과 함께 소리치는 걸로 시작하지만 거의 언제나 민중을 배신하는 걸로 끝났다. 말하자면, '100만 원 삭감 안 돼!' 해 놓고 80만 원 삭감에 동의하는 식이었다.

노동계급의 운동과 조직이 성장한 1980년대 이래로, 자본주의의 틀 안에서 개혁을 추구하는 부르주아 개혁주의 정당 민주당은 계급투쟁이 두려워 언제나 운동이 민중주의(반동적 극소수를 제외한 나머지 국민이 **계급을 초월**해서 단결해 그 극소수를 권좌에서 축출하자는 사상) 기조를 유지하고 제도권과 의회 안으로 수렴되도록 애썼다. 2008년 촛불 운동이 100만 명을 결집시킨 6월 10일 직후 그들을 대변한 이데올로그 최장집과 김우창은 의회로 공을 넘기라고 〈경향신문〉과 〈한겨레〉를 통해 주장했다. 그 결과는 어물어물하다 광우병 위험 미국산 쇠고기 수입조차 막지 못하고 운동이 패배하는 것이었다.

민중의 힘과 항의가 의회 책략보다 더 효과적인 이유는 첫째, 우리가 사는 사회, 자본주의 사회가 대기업들에 의해 지배되고 있고 그 경영자들은 이윤 생산에 의존하는데, 이들은 정치인들의 '현실적'이고 '실제적'인 책략보다는 민중의 힘과 항의에 의해 훨씬 위협받는다. 특히, 정치인들은 길들일 수 있고, 감언이설로 설득할 수 있고, 뇌물 먹일 수 있고, 타협과 양보를 이끌어 낼 수 있다.

반면 민중의 힘과 항의는 정부 행정과 경제에 혼란을 일으킬 수 있다. 특히, 민중 가운데 노동자가 하던 일을 멈추면 사용자들인 기업인들이 보는 손실은 크다. 일터를 점거라도 하면 더욱 말할 나위 없다. 현대차와 기아차 소유주들과 정부가 해당 노조 지도자를 압박하는 것을 봐도 잘 알 수 있다. 두 달 전 현대차 파업은 정부로부터 심지어 긴급조정권 발동 위협을 받았다.

민중 항의의 둘째 효과는 항의 집회 참가자의 의식에 좋은 효과를 미친다는 것이다. 거대한 규모의 집회와 행진을 경험한 참가자는 일상으로 돌아가 지인들(친구, 가족, 직장 동료, 학교 동료 등)에게 자신의 경험을 얘기하고 관련 쟁점에 대한 토론을 촉발한다. 이게 여론 형성에 엄청나게 큰 영향을 미치는 것이다.

민중 항의의 셋째 효과는 실로 가장 **중요한** 점으로, 민중의 힘 수위가 갑자기 높아지면 지배자들이 감당할 수 없게 될 잠재력이 있다는 것이다. 바로 그래서 세계 유수의 자본가 신문 〈파이낸셜 타임스〉 11월 29일치는 박근혜가 즉시 검찰 조사를 받으며 이실직고하든지 아니면 즉시 물러나든지 해야 한국 정치가 안정될 것이라고 조언했던 것이다(검찰에 이실직고한다고 민중의 힘이 사그라들지 의심스럽다). 또 국제 자본가 주간지 〈이코노미스트〉 12월 3일자도 박근혜가 우물쭈물하지 말고 퇴진해야 한다고 주장하고 있는 것이다.

대규모 민중 거리 항의가 특히 노동자 대파업 투쟁과 결합돼 지배자들의 제어를 벗어나게 되면, 혁명을 향해 나아갈 수도 있다.

물론 아직은 그런 상황이 아니다. 특히 노동계급의 투쟁 수위와 의식이 민중주의를 넘어 일반적인 **계급투쟁**으로 나아가지 못하고 있다.

그러나 조금만 더 민중의 힘이 지속되면 참가자들, 특히 노동자와 학생의 의식이 변할 것이다. 평소에 책과 신문, 강좌 등이 변모시키는 것보다 몇 갑절 빠르게 사람을 변모시킬 수 있다. 투쟁을 통해 집단적인 힘과 자신감 고양을 느끼기 때문이다.

자본주의가 사람들한테서 통제력을 박탈해 민중이, 특히 노동계급이 자신감 결여와 무력감을 느끼던 것이야말로 계급의식의 최대 장애물이었던 것이다.

민중의 힘이야말로 박근혜 퇴진과 퇴진 '이후'를 이어 줄 고리인 것이고, 노동자의 힘은 특히 '잃어버린 고리'인 것이다.

최일붕, 〈노동자 연대〉 188호(2016-12-02).

항의 시위의 효과는 무엇이며,
무엇이 더 필요할까?

거리의 퇴진 운동이 박근혜를 궁지로 몰았다. 한국 역사상 최대 규모인 190만 명이 참가한 11월 26일 시위 직후, 독살스럽기 그지없던 박근혜가 어깨 처진 모습으로 "물러나겠다"고 제 입으로 말했다. 십 년 묵은 체증이 내린 듯 후련하다.

물론 박근혜가 궁지에 몰려서도 발악하고 있으므로 정치적 결말이 정해진 것은 아니다. 무엇보다 의회 백치증에 걸린 야당들이 박근혜 퇴진 문제를 의회 민주주의 틀 안으로 가져가면서 정치적 불확실성이 커졌기 때문이다. 거리에서는 박근혜의 공범이자 공공의 적으로 낙인 찍힌 새누리당 비박계가 국회 내에서는 탄핵소추안 가결에 결정권(캐스팅 보트)을 쥐기 때문이다.

그 덕분에 박근혜는 숨 쉴 틈을 벌고 반격을 노리고 있다. 탄핵이라는 의회 민주주의적 방식이 오히려 박근혜 퇴진의 가능성을 낮게 만든 것이다. 정의당은 종종 두 주류 야당의 기회주의를 비판하지만, 그

당도 근본에서는 의회 민주주의 전략을 지향한다. 정의당이 야 3당 공조에 자박自縛한 까닭이다.

그동안 박근혜에게 숨 쉴 틈을 주지 않고 코너로 몰아 댄 것은 거리의 퇴진 운동이었다. 야당이 아니라 퇴진 운동 때문에 박근혜가 사면초가의 위기에 빠진 것이다.

그러나 200만 명이 거리로 쏟아져 나왔는데도 박근혜는 물러나기는커녕 악행을 멈추지 않고 있다. 답답함과 의문이 드는 시위자들이 많을 것이다. 박근혜를 쫓아내려면 더 많은 사람들이 거리로 나와야 할까? 거리에서 더한층 완강한 투쟁 방법을 사용해야 할까?

모든 거대한 운동이 그렇듯이, 현재 퇴진 운동도 사회적 구성으로 보자면 민중의 투쟁이다. 노동계급이 아직은 이 투쟁의 헤게모니를 쥐고 '국민의 지도자' 구실을 하는 것은 아니지만, 철도를 중심으로 공공부문 노동자들이 이 투쟁 시작 전부터 파업을 벌인 덕분에 과거 많은 정치 투쟁들과 다르게 조직노동자 운동이 퇴진 운동의 선두에 서 있다는 점은 운동의 잠재적 가능성을 보여 주는 대목이다. 퇴진 투쟁의 주된 방식은 토요일 거리 시위다.

역사적으로 민중의 항의 운동은 지배자들과 벌인 전투에서 중요한 역할을 했다. 1770년대 미국 혁명, 1789년 프랑스 혁명, 1960~1970년대 국제적인 베트남 전쟁 반대 운동, 한국의 1987년 6월 항쟁, 1989년 중국 톈안먼 항쟁, 팔레스타인 인티파다 등이 그랬다. 2000년대 초반에는 1999년 시애틀에서 벌어진 WTO 회담 반대 시위를 비롯해 국제적으로 반신자유주의 항의 시위들이 있었다.

지금도 여성 차별에 반대하는 운동, 성소수자 해방을 위한 투쟁, 이주자 차별과 단속에 항의하는 운동, 제국주의에 반대하는 운동 등 노동계급과 차별받는 사람들의 저항 운동이 계속되고 있다.

사회주의자들은 이런 모든 저항 운동들을 지지한다. 그리고 이런 항의 운동과 시위들은 지배자들과 벌인 전투를 승리로 이끄는 데서 중요한 구실을 할 수 있다.

그러나 많은 사회적·정치적 전투의 승패는 그 운동들이 노동자들의 산업 잠재력을 이용할 수 있는지에 달려 있다. 그래서 마르크스주의는 노동계급의 자주적 활동을 사회 변화의 핵심으로 본다. 파업과 산업 투쟁만 일면적으로 편협하게 강조한다는 뜻이 아니다.

노동자들은 거리의 시위대들이 지니지 못한 체제에 도전할 수 있는 힘을 갖고 있다. 노동자들의 집단적 노동은 사회적 생산의 기초다. 노동자들의 노동이 없다면 우리 사회는 단 1초도 굴러가지 않을 것이다. 자본주의의 운명은 노동계급의 정치적·경제적 행동에 달려 있다.

폴란드 태생의 독일 혁명가 로자 룩셈부르크가 1919년 1월 살해당하기 직전에 한 유명한 말은 오늘날에도 진실이다. "자본주의의 사슬은 그것이 벼려진 곳[생산 분야]에서 끊어져야 한다."

1987년의 경험은 정치적 항의 운동과 노동자 투쟁의 변증법적 상호작용의 좋은 사례다. 6월 항쟁은 군사독재의 억압에 반대하는 모든 피억압 민중이 군사독재에 맞서 일어선 민중항쟁이었다. 노동계급뿐 아니라 중간계급, 심지어 부르주아 일부도 동참했다. 개인 또는 시민으로 참가했던 노동자들은 거리에서 느낀 민주주의와 해방감을 일터로 가지고 들어갔다. 전두환 정권이 항복 선언을 하자 노동자들이 사용자에 맞설 자신감을 얻었다. 군사독재가 양보한 틈을 비집고 노동자들이 7월 초부터 싸움에 돌입했다. 7~9월 노동자 대투쟁이 시작됐다.

1960년 4·19 혁명이 이듬해 박정희의 군부 쿠데타라는 반동으로 분쇄된 것과 달리, 1987년은 노동자 대투쟁이 전개되면서 6·29 항복 선언을 굳힐 수 있었다. 6월에 군대를 출동시키려다 포기한 전두환은 7~9월 노동자 투쟁 물결을 보면서 반동을 포기했다.

노동자 투쟁만이 국가권력이 민주적 권리를 억압하는 것을 효과적으로 막을 수 있었던 것이다. 억압의 이유가 착취를 강화하기 위한 것이므로 착취에 타격을 가해 억압자들을 마비시킬 수 있는 세력은 노동계급인 것이다.

이 교훈을 현재 퇴진 운동에 적용하면, 조직노동자들은 박근혜뿐 아니라 자본가의 착취와도 맞서 싸워야 한다. 파업이 효과적인 투쟁 수단일 수 있다. 파업은 광범한 노동계급을 동원해 행동으로 나아가게 할 수 있다. 또 노동자들은 파업하면서 집단적 힘을 느끼고 매우 열린 자세로 그동안 자신들을 분열시킨 관념들에 도전하기 시작한다. 아주 작은 파업들에서도 이런 일이 소규모로 나타난다. 노동자들이 대규모로 파업하면 더더욱 분명하게 나타난다.

요컨대, 자본주의 체제의 심장부를 강타하는 노동자들의 경제적 도전이야말로 노동자들에게 정치적 힘을 부여한다. 그래서 거리 전투는 중요한 투쟁 방법이지만 유일한 것은 아니다. 노동계급의 자력 해방과 이를 통한 인류의 해방 프로젝트에서 한 계기다.

박근혜를 끌어내리고 싶어 하는 사람들은 투쟁의 핵심 동력을 이해하며 노동자들이 그 힘을 사용할 수 있게 할 방법을 발견해야 한다. 철도 노동자들의 성과연봉제 저지 파업이 승리할 수 있도록 지지·지원하는 게 첫 단추가 될 수 있다. 그리고 철도 노동자들의 투쟁 경험이 다른 노동현장의 투쟁을 고무할 수 있도록 기대해 보자.

김인식, 〈노동자 연대〉 188호(2016-12-02).

160만 명의 "즉각 퇴진" 열차 청와대로 돌진
─ 시위 규모 기록 또 경신

[종합] '연쇄담화범' 박근혜가 대중의 분노에 불을 질렀다

전국에서 200만 넘겨, 서울과 전국에서 역대 최대 시위

본대회가 끝난 후 광화문 광장 북단에서 청와대 방향으로, 광화문 사거리에서 종로로 서대문 방향으로 해서 사직로로 수십만 명이 행진을 시작했다. 서울시청 앞 대한문까지 늘어선 대열은 행진에 참가하기도 어려울 정도였다. 오늘 행진은 지난주보다 더 거세고 성난 기세가 확연했다.

부산과 대구, 광주, 대전, 울산 등에서도 최대 규모로 집결했다. 각 지역에서도 민주노총 노동자들의 참가가 인상적이었다.

많은 자유 발언에서 세월호 7시간이 언급됐다. 이 사건이 얼마나 많은 사람들에게 충격과 분노를 줬는지 새삼 알 수 있었다.

많은 발언에서 단지 박근혜 개인의 죄상을 뛰어 넘어, 불평등하고 부조리한 사회 현실과 박근혜 퇴진을 연결시키는 언급들이 많다. 운동이 성장하면서 급진화하는 징조다.

박근혜가 담화를 하자, 주류 야당과 언론에서는 박근혜의 덫이라는 말이 많았지만, 사람들은 전혀 박근혜의 덫에 걸리지 않았음을 보여 줬다. 지금 정국을 규정하는 정치적 대립 전선은 박근혜와 거리의 즉각 퇴진 운동 사이에 있다. 국회는 이를 자신들의 주도 아래 중재하려는 것이다. 따라서 그들이 덫이라고 할 때는 그것은 박근혜의 몽니만 얘기하는 게 아니다. 자신들이 감당하기 힘든 민중의 힘에 대한 두려움을 가리키는 것이다. 정의당과 민중연합당도 "즉각 탄핵" 팻말을 들고 나왔는데, 표결 날짜가 정해진 상황에 좀 맞지 않아 보였다.

오늘 또 다시 거리의 노동자·민중이 지금 정국을 결정지을 수 있는 주역임을 보여 줬다. 그러나 박근혜는 우리 말을 곧바로 따르지는 않을 것이다. 청와대 앞 행진을 포함해, 거리와 작업장에서 투쟁은 계속돼야 하고, 더 커져야 한다. 곳곳에서 박근혜가 공고히 해 온 적폐에 맞서 진격해야 한다.

행진

세월호 유가족들이 앞장선 행진 대열이 광화문을 지나 사직로로 들어서자, 대열은 수만 명이 돼서 세월호 방송차를 따랐다. 청운동사무소에서 새로이 허가된 청와대 100미터 앞 장소로 우회전할 때 전 대열이 환호했다. 바로 이곳이 지난 2년간 세월호 유가족들이 피눈물을 흘리면서도 경찰 차벽에 막혀 넘어서지 못하던 곳 아닌가. 복잡다단한 심경일 유가족들을 앞세우고 수만 명의 대열은 다시금 힘을 내서 "박근혜를 구속하라" 하고 외치기 시작했다. 유가족들은 너나 없이 눈물을 흘렸다.

세월호 대열이 청운동 길로 들어선 뒤에 효자동 길, 삼청동 길로도 수만 명이 따라서 행진했다. 각 행진 대열마다 사람들이 발 디딜 틈 없이 꽉 찼다.

삼청동 길 행진

김지윤 씨의 발언이 큰 환호를 받았다. "박근혜 씨는 자신의 진퇴를 묻겠다 했는데 매우 쉽다. 청와대에서 나와서 감옥으로 직진하면 된다. 박근혜에게는 불명예 퇴진이 정의다."

한 시민이 외쳐 달라고 방송차에 전달한 구호는 다음과 같다. "목숨만은 살려 주마, 당장 퇴진하라. 퇴진해서 광명 찾아라."

효자동 길 행진

청와대가 육안으로 보이는 곳까지 대열이 진입했다. 사상 처음이다.

"더 이상은 못 참겠다, 박근혜는 범죄자다, 지금 당장 퇴진하라!"

방송차 발언이 잠깐 쉬는 사이, 사람들은 자발적으로 "방 빼라!"를 연호했다. 시민들이 들고 온 팻말에는 "하야도 감지덕지"가 눈에 띄었다.

[1보] "박근혜를 구속하라", 청와대 향해 행진 시작 (오후 7시 30분 현재 서울 150만 명 추산)

전국에서 역대 최대 규모, 부산 20만 명 등

본대회가 진행 중인 지금, 100만 명이 훨씬 넘게 모인 듯하다. 일주일 만에 다시 역대 최대 집회가 될 듯하다.

청와대 100미터 앞에서부터 덕수궁 대한문까지, 종각, 서대문 방향으로 인파로 넘치고 있다. 육안으로 봐도 이미 지난주 최대치에 버금갈 상황이다. 오후 7시 현재, 부산에서도 역대 최대인 20만 명이 모였다는 소식이 들어왔다. 대구도 4만 명이 넘었고, 광주도 7만 명이 넘었다. 울산도 퇴진 집회 시작 후 최대인 1만 5000명이 노동자들 중심으로 모였다.

대중의 거대한 압력에 밀려서 "물러나겠다"고 말한 박근혜가 정작 "진퇴"의 결정은 국회에 맡기겠다고 꼼수를 부리자, 민중이 다시금 채찍을 든 것이다. 낮부터 거대한 물결로 청와대 코앞까지 가서 "즉각 퇴진"과 "구속하라"를 외치고 있다.

법원의 허용으로 청와대 100미터 앞까지 진격한 4시 행진에도 수십만 명이 참가했다. 맨 처음 광화문 광장을 출발한 세월호 행진 대열 뒤로 참가자들이 사직로 전 차선을 메우고 경복궁역으로 향하는 광경은 장관이었다. 가히 민심의 해일이 청와대를 덮치러 가는 기세였다.

2시 사전 집회들부터 곳곳에서 본지 취재기자들이 이구동성으로 전한, 오늘 단연 인기 있는 구호는 "박근혜를 구속하라"였다. 국회 탄핵은 미봉책일 뿐, 대중의 바람은 즉각 퇴진과 구속 수사인 것이다. 박근혜와 새누리당은 명예로운 퇴진과 유리한 퇴진 시기를 결정할 자격이 없다.

이번 주는 탄핵'조차' 반대하는 새누리당의 뻔뻔함만이 문제가 아니었다. 야당들의 자칭 '탄핵 열차'도 비둘기호 수준의 완행 열차인 게 확인됐다. 사람들은 박근혜만이 아니라 국회도 거리의 민심을 따를 것을 요구한 것이다.

광화문 광장과 세종로, 태평로 곳곳에서 열린 여러 사전 행사 한 곳에서 한 민주당 의원이 "지난주에 박근혜 담화 보고 우왕좌왕하셨죠?" 하고 묻자, 지나던 한 중년 여성은 "지네가 우왕좌왕해 놓고, 누구보고 우왕좌왕했다고 그래" 하고 짜증을 냈다.

박근혜 담화에 흔들린 것은 주류 정당들이었지, 대중이 아니었음이 확연히 드러났다.

광화문 광장에서 진행된 사전 집회들에서 단연 눈에 띈 것은 두 곳에서 열린 노동자들의 집회였다. 노동자 수천 명이 모였고, 미리 나온 시민들도 함께하면서 공공성 수호와 임금 개악 반대, 비정규직 차별 반대에 목소리를 합쳤다.

자유 발언대들에서 쏟아진 참가자들의 목소리

진실과 정의는 반드시 승리한다. 7시간 낱낱이 밝히고 진상 낱낱이 밝혀서 아이들 희생이 헛되지 않고 안전한 나라에서 살 수 있는 권리 보장받을 때까지 끝까지 맨 앞에서 함께하겠다.(416 가족협의회 전명선 위원장)

요즘 슬프고 화가 나서 잠이 안 온다. 세월호 유가족만 생각하면 너무 슬프고 화가 난다. 그 때 아무 것도 하지 않은 대통령을 왜 명예로운 퇴진을 시켜줘야 하나? 당장이라도 머리끄덩이 잡고 끌어내리고 싶다. 국민들은 매일매일 끓어오르는 화를 참고 있다. … 박근혜 당신은 아버지가 어떻게 대통령에서 내려 왔는지 기억하지 않나? 국민들의 뜻을 거스르면 어떻게 되는지 역사에 똑똑히 남을 것이다.(남양주 학부모)

6주 만에 처음 나왔다. 사실 지난 대선에 박근혜 찍었다. 무지무지하게 후회한다. 촛불 안 나오면 죽을 때까지 후회할 거 같아서 나왔다. 내 손으로 뽑은 박근혜, 이젠 하야시키고 싶다! 새누리당 보고 찍었었는데 새누리당도 해체하고 싶다!(중년 남성)

박근혜 3년 반 동안 경제성장률 떨어졌고 실업률 올라갔고 물가 올라갔다. 대체 뭘 하는 건가? 박근혜는 퇴진하라! 지금 당장 퇴진하라!(30대 청년)

촛불이 끝나는 것은 세월호 7시간 진실이 풀리고 책임질 사람이 모두 책임지는 그날이어야 한다. … 포기하지 않으면 이길 수 있다. 누가 이기나 보자!(안성에서 시국선언을 준비하는 고2 학생)

여기 나온 결정적 계기는 3차 담화다. 당시 가족들과 베트남 여행중이는데, 거기서도 방송해 주더라. 그래서 봤는데, 끓이고 있던 라면 물이 채 끓기도 전에 벌써 끝나고 들어가더라. 황당했다.(한 여학생)

교복에 세월호 배지를 달고 다닌다. 어떤 어른들은 학생이 무슨 정치냐고 말한다. 학생은 정치하면 안 되나? 당장 우리 앞에 국정교과서 문제가 있다. 우리는 보수 어른들이 뭐라 하든 꿋꿋이 싸울 거다.(배화여중 3학년 학생)

운전석에 면허 없는 사람이 앉았는데 좀 있다 내려오게 해도 되나? 당장 끌어내려야 하는 거 아닌가? 그거 가만히 두는 것도 불법이다. 광장의 시민들이 당장 퇴진, 당장 구속을 요구하며 싸울 거다.(중년 여성)

지난 56년간 우리 열심히 살았는데, 성실히 근면하게 살았는데 여전히 집 한 칸 없다. 성실 근면은 우리를 조종하는 자들이 강요한 미덕이었다. 그래서 이 나라가 싫어서 내년에 아내, 딸과 함께 동티모르로 가려고 준비 중이다. 그러나 만일 박근혜가 올해 안으로 퇴진하면 안 갈

생각이다. 박근혜는 퇴진하라!(56세라고 밝힌 애니메이션 감독)

재벌 스스로 피해자라고, 검찰도 재벌이 피해자라고 한다. 그러나 재벌이 피해자인가? 재벌 총수야말로 비리의 공범들이다. 뇌물죄로 엄하게 처벌받아야 한다. 재벌 총수들이 800억 입금한 다음에 어떤 일이 벌어졌나. 노동 개악법, 의료·철도 민영화 추진했다. 재벌 독대 후 SK 등 재벌 사면됐다. 정몽구의 비정규직 불법파견 범죄 덮고 노조 탄압 범죄 덮었다. 이재용은 권력 승계 위해서 국민연금에 손댔다. 박근혜와 재벌 총수들 감옥으로 보내야 한다.(반올림 상임 활동가 이종란)

역대급 촛불로 3차 담화에서 그나마 물러나겠다고 말하게 했다. 그런데 물러나기는 하는데 하야는 아니라고 한다. 누구를 바보로 아느냐. 열 받는다. 즉각퇴진 촛불이 더 타올라야 한다. 철도처럼 노동자들이 일손 놓고 함께 싸워야 한다. 그렇지 않느냐. 대학생들이 거리로 더 많이 나와야 한다. 박근혜만 내쫓는 것이 아니라 온갖 개악정책 다 바리바리 싸서 버리자. 노동 개악, 교육 개악, 온갖 개악 갖다 버리고 세월호 인양하고 진실 규명하자.(대학생시국회의 한국외대 학생 박혜신)

박근혜가 아름다워질 수 있는 유일한 방법은 피부 시술이 아니라 당장 내려와서 수사받는 것이다.(초등학교 5학년생)

박근혜 꼼수 하나도 통하지 않았다. 역대 가장 많이 운집했다. 우리가 얼마나 대단한 일을 하고 있는가. 데모만 20년 했는데 여기까지 와 본 것 처음이다. 60대이신 대구 선생님 한 분이 20대에 박정희 독재에 맞서 싸웠는데 지금은 그 딸내미 치우려고 싸우고 있다고 하셨다. 그런데 그럴 수 있을 것 같다. 박근혜가 3차 담화에서 물러나겠다는 말을 내뱉었다. 그런데 자기들끼리 물어뜯고 공멸하는 퇴진 봐야 하지 않겠나. 다음 주에 탄핵 부결하면 이 자들 다 청산하자. 탄핵이 가결되면 정치인들이 일상으로 돌아가라 하겠지만 적어도 반 년은 끌 것이다. 벚꽃 필 때까지 봐줘야 하나! 즉각 퇴진시키자.(장호종 〈노동자 연대〉 기자)

고려대 학생들 5년 만에 2000명이 모여서 학생총회 성사했다. 박근혜식 구조조정 철회시키겠다고 본관 점거 들어갔다. 박근혜 온갖 개악에 맞서 노동자 파업과 거리시위 모두 커져야 한다. 각자의 요구를 내건 투쟁을 하면서 박근혜를 압박하고 개악도 철회하자.(고려대 학생 연은정)

경찰청에 한마디 하고 싶다. 죄송하지만 경찰들이 싫다. 세월호 때 담요도 불법 물품이라고 차단한 경찰, 고 백남기를 죽음으로 몬 물대포, 매일 폭력시위라고 매도하는 공권력 잊지 않을 것이다. 경찰들 무릎 꿇고 국민에게 사죄하라. 차벽이 100만의 목소리 막을 수 없다.(한예종 학생)

딸내미가 나가라 해서 나왔다. 세월호 참사 너무 가슴 아팠다. 가족을 잃은 슬픔 겪어봐야 안다. 6살 딸아이도 정직함을 알고 있다. 자꾸 말바꾸기 하는 박근혜 정부 당장 끌어내리자.(6살 딸아이 아빠)

아침 7시부터 일해서 허리가 부러질 것 같지만 나왔다. 3차 담화를 보니 오물을 뒤집어쓴 것 같은 모욕감이 들었다. 저들은 우리 투쟁에 끊임없이 모욕감을 주고 있다. 세월호 7시간 무엇을 했든 간에 사람이 죽었는데 측은지심도 없다. 괴물들이다. 우리는 지금 괴물들이랑 싸우고 있다. 여러분 힘내서 계속 싸우자.(택배 노동자)

대국민 담화 이후 야당이 우왕좌왕하고 범죄자 박근혜는 퇴진 시기를 지가 정하려 한다. 정치에서 국민을 배제시키려는 정치인들의 속셈이다. 하지만 주인공은 국민이다. 우리가 물러나지 않고 계속 싸워야 한다. 철도 노동자 분들이 싸우고 있는데 대체인력도 고용했다는데 의로운 투쟁에 지지를 보내자.(고3 학생)

시민들은 김밥으로 한끼 배를 채우는데 박근혜는 2500만 원어치나 비타민제를 샀다고 한다. 우리는 청와대 지붕도 제대로 못 보는데 최순실은 그곳을 제집 드나들듯 했다. 이게 말이 되나?(수원에서 온 60대 주부)

이번 촛불 집회는 우리에게 희망을 줬다. 박근혜 다음 어떤 정권이 들어오더라도 국민들을 속일 수는 없을 것이다.(40대 주부)

14년째 비정규직으로 살았다. 왜 아무리 열심히 일해도 계속 이렇게 살아야 하는지 모르겠다. 프랑스 역사를 좀 봤다. 만약 박근혜가 자기 발로 안 내려오면 시민불복종 넘어서서 봉기라도 해서 끌어내리자.(중년 남성)

나는 촛불이 아니다. 나는 숯불이다. 바람 불면 더 벌겋게 달아오르는 숯불이다! 붉은 눈 더 부릅뜨는 숯불이다!(대학생 남성)

특별취재팀, 〈노동자 연대〉 188호(2016-12-03) 축약.

7주
탄핵 가결됐으니
이제 당장 내려와라

"이미 일백 번 끌어내려도 모자란 자가 뻔뻔하게 버티겠다고 한다.
오늘 박근혜는 쉬면서 티브이를 봤다고 한다.
우리가 박근혜 쉬게 하려고 여기 나왔나.
더 꼼수 쓰지 못하게 얼른 끌어내려야 한다."

2016-12-06	국정조사 1차 청문회, 이재용 등 재벌 총수 15명 출석
2016-12-07	국정조사 2차 청문회, 네티즌 수사대 제보로 김기춘 위증 들통
2016-12-09	철도노조 지도부, 일방적 파업 종료 선언
	박근혜 탄핵소추안 국회에서 가결(찬성 78퍼센트)
	박근혜, 자진 사퇴 거부
	민주당, 황교안 대행 체제 인정, 협의체 제안
2016-12-10	7차 범국민행동의 날 "국회도 탄핵했다, 박근혜는 물러나라" (서울 80만, 전국 104만)
2016-12-11	국방부, 5월 이전에 사드 배치 완료 선언

탄핵안 가결은 민중의 투쟁이 낳은 성과

즉각 퇴진 투쟁은 계속돼야

박근혜 탄핵소추안이 국회에서 234표로 가결됐다. 국회 재적 대비 78퍼센트 찬성이고, 새누리당 의원의 절반 가까이가 탄핵소추에 찬성했다. 무기명 투표의 효과라는 말이 나올 정도다. 집권당도 거의 절반이 등을 돌려 박근혜의 대통령 직무가 정지됐다. 즉각 퇴진을 요구하며 "아무것도 하지 말라"고 외쳐 온 민중의 투쟁에 국회가 압박당한 결과다. 지은 죄로 말하자면, 박근혜는 세월호 참사 때 이미 두 번 세번 탄핵됐어야 할 자다. 퇴진 운동은 여기서 멈추거나 조기 대선 준비로 휩쓸리기보다 고삐를 더 당겨야 한다.

지도자의 추락에 전전긍긍한 공범 새누리당은 물론이고 주류 야당들도 처음부터 이런 상황을 바랐던 것은 아니다. 주류 야당들은 즉각 퇴진이 압도적이던 거리의 운동과 처음에 거리를 뒀다. 박근혜 '2선 후퇴', '거국내각 구성' 따위로 거래하려 하면서 말이다. 그 뒤 운동에 발을 걸치며 박근혜 퇴진 당론을 정하고 탄핵소추 추진을 선언해 놓고도 새누리당 일부와 밀실 거래를 하는 등 기회주의적 처신을 거듭했다. 이런 틈새를 노려 지난 주 박근혜는 검찰 수사도 자진 사임도 거부한다는 3차 대국민담화를 발표했다.

박근혜의 몸부림에 크게 한 방 먹인 것은 성난 민중이었다. 역대 최대 시위로 답했다. 주최 측 추산으로 전국 232만 명, 최초로 청와대 담벼락 100미터 앞까지 진격한 서울에서는 160만 명이 넘게 나왔다. 이날은 "단 하루도 꼴 보기 싫다"는 분노가 더 두드러졌다. 여전히 뻔뻔하게 버티는 박근혜의 모습에 민중은 모욕감을 느꼈을 것이다. 결국 강력한 거리 운동이 의회 정치인들로 하여금 자칫하다가는 자신들에게도 분노의 불길이 옮겨 붙을 수 있다는 생각을 하게 했을 것이다. 사회 안정을 위해서라도 성난 여론을 국회 탄핵으로 제도권 안으로 수렴해야 한다는 생각도 했을 것이다.

그러나 박근혜는 여전히 버티고 있다. 탄핵소추안 가결 직후 국무위원 간담회에서 그는 "헌재 심판에 담담히 대비하겠다"며 "정부가 추진해 온 국정과제만큼은 마지막까지 추진해 [달라]"고 밝혔다. 그러고는 민정수석 최재경의 사표를 수리하고 4·16세월호참사 특별조사위원회(이하 (세월호) 특조위)를 내파하려 한 조대환을 그 자리에 임명했다. 아마 특검 수사와 헌재 탄핵심판 심리 대비일 텐데, 이미 박근혜는 변호사들을 선임해 그 준비를 시작했다. 검찰과 헌재 재판연구관 등 고위직 출신들로 알려져 있다. 총리 황교안도 2004년 고건 직무대행 당시의 자료를 검토하며 탄핵소추 가결 상황에 대비해 왔다.

황교안이 대통령권한대행이 되면 청와대 비서진은 총리실로 출근하며 박근혜에게는 비공식적 보고를 계속할 것 같다. 박근혜는 수렴청정을 하면서 막판 뒤집기를 획책할 것이다. 황교안은 복지 축소와 민주적 권리 침해 등 온갖 개악에 앞장서 온 박근혜 '내각 원년 멤버'다. 노동 개악, 각종 민영화 등 악행에 앞장선 장관들도 자리를 그대로 지킨다.

박근혜가 임명한 황교안이 대통령권한대행으로 있고 박근혜가 아직 대통령 권좌에 앉아 있는 것은 박근혜 퇴진 운동을 통해 사람들이 바꾸길 바라는 많은 적폐들이 청산되지 않고 있음을 상징하는 것이다.

따라서 국회에서 탄핵소추가 압도적으로 가결하게끔 만든 그 힘, 박근혜 즉각 퇴진 대중투쟁을 계속해서 유지해야 한다.

4년 동안 누적된 반감과 저항이 박근혜를 코너로 몰다

여론조사는 변하는 사람들의 정서의 단면을 보는 것이고, 설문 문항의 구성에 따라 같은 시기에도 다른 답변을 얻을 수 있다. 그래서 여론조사는 간접적으로, 서로 다른 조사들의 비교를 거쳐 시간 변화에 따른 추이 등을 봐야 한다. 이 점에서 최근 폭발적인 반박근혜 여론은 의심의 여지가 없는 듯하다. 또한 박근혜의 국정수행에 대한 지지도는 긍정 평가와 부정 평가를 동시에 봐야 한다.

이렇게 보면 반박근혜 여론이 갑자기 최순실 등 몇몇 폭로로만 폭발한 것이 아님을 알 수 있다. 박근혜가 당선한 18대 대선에서 문재인이 얻은 1500만여 표는 비우파 후보가 얻은 최대치였다. 이는 인구 증가나 문재인의 인기만으로 설명할 수 없다. 과거 반성 없는 독재자의 딸이 구 세력과 함께 돌아오는 것에 반감을 표한 반박근혜 투표였던 것이다. 박근혜의 초기 내각 구성이 대중의 반발 덕에 한 달 이상이나 걸린 것을 떠올려 보자.

이후 상황은 한국갤럽이 집권 1년차부터 조사한 추이를 바탕으로 살펴 보자(다른 조사들도 추이가 대강 비슷하다). 박근혜 국정 수행 긍정 평가는 대체로 낮을 때도 40퍼센트 수준에서 안정되게 유지돼 왔다. 그래서 콘크리트 지지율이란 말도 나왔다. 그러나 임기 첫해 국회의 법안 통과율이 '0'에 가까웠음도 봐야 한다. 즉, 경제 위기 고통 전가를 위한 박근혜의 악행이 본격화하지 못해서 지지율이 유지된 것이다.

철도 민영화를 본격화하려다가 이에 반대하는 철도노조 파업이 2013년 12월에 3주가량 진행되자 부정 평가도 30퍼센트를 넘기며 결집하기 시작한 것은 의미심장하다.

세월호 참사 이후에는 부정 평가가 40퍼센트 후반에서 50퍼센트 중반대를 유지해 왔다. 세월호 참사를 대하는 박근혜 정부의 무책임하고 냉소적인 대응 때문에 2014년 3분기 이후 지금까지 긍정 평가가 부정 평가를 앞선 적은 단 한 번도 없다!

측근 부패의 실상이 알려지기 시작하고, 세월호 특별법 시행령이 격한 반대 여론 속에서도 관철된 2015년 상반기에는 부정평가가 긍정평가를 당시까지 가장 큰 격차로 앞섰다. 그 때는 바로 민주노총이 한상균 팀 하에서 노동 개악 반대 파업을 벌이며 저항을 재개한 때이기도 하다. 결국 온갖 반감이 확산하는 상황에서 경제 실패도 확연해지자, 올해 총선에서 박근혜는 참패했다. 그 뒤로 정권의 불안정은 본격화됐다. 노동 개악 반대 공공·금융 파업이 시작한 가을에 마침내 지지율이 30퍼센트 밑으로 떨어졌다. 정권이 가장 취약해진 순간, 그토록 꽁꽁 싸매왔던 해괴망측한 부패상이 줄줄이 폭로됐다. 부정 평가도 늘었다.

결국 10월 29일 박근혜 퇴진 집회가 시작했다. 참가 규모는 주최 측 예상보다 거의 열 배나 됐고, 사람들은 너나 없이 "박근혜 퇴진"을 외치며 청와대를 향해 종로, 광화문을 행진했다. 이 시위는 일종의 분수령이었고, 퇴진 운동이 커지는 속도만큼 박근혜 지지율은 급속히 추락했다.

11월 12일 민중총궐기 때, 사상 최대의 반박근혜 시위가 벌어진 뒤로 모든 여론조사에서 박근혜 지지율은 최저치로 떨어졌고 부정평가는 최대치로 올랐다. 결국, 파죽지세로 성장한 퇴진 운동이 청와대 100미터 앞까지 이르자, 박근혜는 온갖 몸부림도 소용 없이 대통령 직무를 정지당하는 탄핵소추 상태에 처하고 만 것이다.

이런 상황은 박근혜 퇴진 운동이 단지 몇몇 부패 추문 때문에 일어난 운동이 아님을 보여 준다(물론 그런 추문은 불평등한 현실에 대한 박탈감을 한층 더 자극했다). 운동 과정에서 새누리당 지지율이 폭락하고 주류 야당들과 그 당들의 대선주자들이 수혜자가 됐지만, 이 운동은 단지 야당으로의 정권 교체만을 위한 운동이 아닌 것이다.

박근혜 퇴진 운동의 중심에는 시작부터 좌파와 조직노동자들이 있었다. 여기에 대부분 미조직노동자들로 보이는 30~40대들이 가족과 함께 대거 참가했고, 청소년들의 참가도 비교적 초기부터 두드러졌다.

즉, 거리 운동이 시작하기 전에 이미 반박근혜 여론이 강력하게 조성되고 있었고, 노동자 투쟁이 이 여론을 이끌고 있었으며, 퇴진 운동의 사회적 구성도 노동계급 중심의 민중인 것이다.

따라서 이 운동은 빈부격차와 불평등이 심화하는데도 대기업과 특권층의 이익을 더 중시하는 사회, 평범한 민중보다 강대국 지배자들과 협력을 더 중시하는 정부, 무고한 아이들의 생명보다 대통령 개인의 심기 경호를 더 중시하는 정치 등에 대한 불만들이 결합한 것이다.

게다가 이 정부는 더러운 공작 정치를 일삼아 왔다. 세월호 참사 진상 규명 방해와 모욕, 노동운동 와해 시도 등이 모두 정권의 공작과 관계있음이 드러나고 있다. 이런 더러운 일들이 재벌과의 끈끈한 유착 속에서 이뤄졌음도 드러났다.

친특권층, 친기업, 반노동, 반민주, 반생명 정책들에 맞선 여러 투쟁과 경험 속에서 박근혜 정권에 대한 반감은 총체적 증오로 성장했다. 물론 권력자들과 기업 성장을 위해 노동자·민중을 옭아매는 걸 당연하게 여기는 '박정희 신화'에 대한 거부도 연관돼 있다.

그러나 대통령 박근혜와 그 체제는 아직은 죽지 않았다. 탄핵소추가결 선포 후 "더 이상의 혼란은 없어야 한다"는 국회의장 정세균의 말과 달리, 거리의 민중은 할 일이 남아 있다. 파죽지세로 성장한 이 운동이 여기서 멈출 이유는 없다.

김문성, 〈노동자 연대〉 189호(2016-12-09).

이렇게 생각한다

'즉각 퇴진하라!' 운동은 계속돼야 한다

탄핵됐다고 거리를 떠나면 안 돼

박근혜가 국회에서 탄핵당함에 따라 퇴진행동 내 온건파들은 12월 10일 집회에서 "국민의 승리"를 일방으로 선언하고 헌법재판소 심판 때까지 거리 항의 시위를 청산하려 할 수도 있다.

그러나 박근혜 자신은 6일 새누리당의 대표·원내대표인 이정현·정진석과 회담한 자리에서 헌재의 탄핵심판(심리와 재판)이 자신에게 유리하게 진행되도록 투쟁할 것임을 암시했다. "탄핵소추 절차를 밟아 가결되더라도 헌법재판소 과정을 보면서 국가와 국민을 위해 차분하고 담담하게 갈 각오가 돼 있다.""탄핵이 가결되면 받아들여서 내가 할 수 있는 모든 노력을 다하겠다.""당에서 이런 입장을 생각해서 협조해 주길 바란다." 그 일주일 전인 11월 29일 박근혜는 제3차 대국민 담화를 발표했다. 이를 음성 분석 전문가 조동욱 충북도립대 정보통신과학과 교수가 분석했는데, 그는 박근혜의 어조를 고스톱에 비유해 이렇게 말했다. "패 한 번 돌려야겠다는 상당한 의지가 실려 있다."

상대가 싸우겠다는데 우리가 거리에서 물러나서는 안 될 것이다. 지금 박근혜 퇴진 운동은 크게 두 가지 전투로 전개되고 있다. 하나는 진보·좌파 진영이 주도하는 거리 항의 투쟁이고, 다른 하나는 주류 야당들이 주도(하고 사회민주주의 정의당이 지지)하는 제도권 책략이다.

둘은 박근혜 퇴진이라는 당면 목표를 공유하지만, 그 목표를 이룰 수단을 달리한다. 하나는 거리(그리고 노동자연대 등 좌파의 경우 작업장 파업도)고, 다른 하나는 의회와 헌법재판소다. 두 수단은 '경쟁'과 '협력'의 역설적 관계인데, 일반으로 "민중의 힘과 항의가 의회 책략보다 더 효과적"이다. 특히, 민중이 동원돼 민중의 힘이 가동되고 있는 "현재의 맥락에서[는] 대중 직접행동의 가치를 알아야 한다. … 민중의 힘이야말로 박근혜 퇴진과 퇴진 '이후'를 이어 줄 고리"다.

민주주의 혁명?

물론 지금 민중(시민)의 힘은 전혀 혁명적 수위에 육박하지 않았다. 국가 형태가 자본주의적 민주주의가 아니라 군사독재나 파시즘 또는 관료적 국가자본주의 국가인 사회에서는 민주주의 혁명을 전망할 수도 있다. 1989년 동유럽에서 스탈린주의 국가기구를 자본주의적 민주주의로 변혁한 민중 혁명이 민주주의 혁명의 사례였고, 또 2011년 튀니지와 이집트 등 아랍 세계를 뒤흔들었던 민중 혁명도 민주주의 혁명이었다.

그러나 한국의 국가 형태는 자본주의적 민주주의다. 비록 국가보안법이 존재하는 등 불완전한 요소가 엄존하지만 말이다.

국가 형태가 자본주의적 민주주의인데도 민주주의 혁명을 일정에 올리는 것은 실천에서는 개혁주의로 나타난다. 비록 좌파적인 개혁주의일지라도 말이다. 좌파적인 개혁주의는 주류 개혁주의와 두 가지 점에서 다르다. 하나는 자본주의를 개혁해 ('인간다운' 자본주의가 아니라) 사회주의로 나아간다는 것이고, 다른 하나는 대규모 거리 투쟁 전술을 (극도로 아끼지 않고) 기꺼이 사용한다는 것이다.

스탈린주의자들은 사회주의 운운하기 전에 민주주의 혁명부터 완수해야 한다는 2단계혁명론을 고수해 왔다. 그리고 민주변혁 단계에서 그들의 실천은 좌파적 개혁주의 노선을 따랐다. 그래서 자민통계는 거의 모든 결정적 정국에서 참여연대의 좌파적 버전 비슷한 입장을 취해 왔다. 가령 자민통계는 2008년 6월 10일 100만 촛불 시위 직후, 광우병 위험 미국산 쇠고기 수입이라는 단일 쟁점 특권화를 폐기하고 이제 이명박 퇴진으로 나아가자고 한 좌파 측과 강경파 시위대의 요구를 전면 수용하지 못하고 "우왕좌왕하며 중심을 못 잡았다."(정대연) 자민통계는 지금의 박근혜 퇴진 운동 안에서도 끊임없이 운동을 민주당과의 공조 속에 자리 잡게 하고자 참여연대의 왼쪽에서 그와 함께 애쓰고 있다. 특히, 퇴진행동이 민주당을 비판하지 말아야 한다고 주장한다.

1994년부터 집권해 온 남아프리카공화국 아프리카민족회의ANC 정부의 사례에서도 스탈린주의의 노선이 잘 드러난다. ANC의 핵심은 남아공공산당인데, 공산당은 심지어 ANC 정부의 신자유주의(특히 민영화) 정책을 지지해 왔다.

어떤 계급이 이끄는 '민중' 혁명?

한국에서 혁명이 의제에 오른다면 그 동력은 계급을 초월한 민중 혁명이 아니라 노동계급이 이끄는 민중 혁명, 즉 노동자 혁명일 것이다. 선진 산업국의 일원이 된 한국에서 민중의 대부분은 노동계급이다.

노동자가 아닌 다른 민중(노동계급에 속하지 않는 빈민 부분이나, 농촌의 중간계급인 농민)이 '혁명적' 행동을 할 가능성이 있다손 쳐도 어디까지나 정치적 헤게모니(지도권)는 노동계급에 있을 수밖에 없다. 빈민이나 농민은 존재 조건상 자본주의를 넘지 못하기 때문이다.

지금 노동계급은 자체의 고유한 행동을 하고 있지 않다. 철도 노동자들이 부분적 파업 행동을 했고, 다른 부문의 노동자들이 유리한 정세를 이용해 파업이나 다른 형태의 쟁의 행위를 한 적이 있지만 전혀 일반적이지 못했다. 노동계급의 자체 활동이 없는데도 노동자 혁명에 대해 얘기할 수는 없다.

공장점거 운동까지 수반한 1936년 프랑스 정국도 혁명적 상황으로 규정되진 않는다. 1000만 명의 노동자들이 무기한 총파업에 돌입한 1968년 5월도 엄밀히 말해 혁명은 아니었다.

혁명적 상황이 아니라면 그 많은 적폐들은?

즉각 퇴진 시위대의 대부분은 박근혜 퇴진과 함께 박근혜가 표상하는 온갖 적폐(쌓이고 쌓인 폐단)도 사라지길 원할 것이다. 그들은 단지 박근혜·최순실 부패 스캔들에만 부아가 치밀어 거리로 나오지는 않았을 것이다.

박근혜·최순실 부패 추문은 단지 운동이 분출한 계기일 뿐이다. 오직 온건하기 이를 데 없는 개혁주의자들만이 부패·비리 단죄로 만족할 것이다.

퇴진 운동이 박근혜 탄핵과 함께 적폐 일소를 위한 주류 야당 압박 위주의 전술로 전환해서는 안 된다. 이런 생각은 박근혜 탄핵을 계기로 거리 투쟁을 정리하길 원하는 자들의 구상과 일치한다.

박근혜의 존재(정치적 생존) 자체가 적폐의 일부분이다. 그것도 가장 큰 부분이다. 그러므로 그가 청와대에 남아 온갖 공작을 꾸미는데도 즉각 퇴진을 위한 거리 투쟁 없이 그저 개혁입법을 통한 적폐 일소에 힘쓰자는 심상정 의원의 주장은 지지할 수 없다.

그렇다고 혁명적이거나 부분적으로 혁명적인 상황이 아닌데도 '이행기' 강령을 내놓을 수는 없다. 대중의 **현재** 의식과 전혀 조응하지 않기 때문이다.

최선의 방법은 박근혜 즉각 퇴진과 그가 임명한 황교안 총리 내각의 총사퇴 등을 반드시 포함한, 현 시기에 걸맞은 (아래로부터의) **대중행동** 강령을 내놓고 주류 야당으로부터 독립적으로 싸우는 것이다. 그 강령은 세월호 참사 진상 규명, 친북 좌파와 혁명적 좌파도 정당을 결성할 정치적 자유, 온갖 노동 개악 철회 등 몇 가지 핵심 요구들을 포함해 열 손가락을 넘지 않는 소박한 행동강령이어야 한다.

퇴진행동 측은 거리 항의 청산주의자와 즉각 퇴진이라는 단일 쟁점 운동주의자 사이에서 분열되지 말고 박근혜와 황교안 내각 즉각 사퇴를 포함한 핵심 적폐의 일소를 위해 대중행동 강령을 제안하고 이를 위해 계속 거리에서 싸워야 한다.

물론 좌파와 노동단체는 노동자들이 자신의 고유한 요구를 위해 행동(특히 파업)을 하도록 고무하는 일도 해야 할 것이다.

최일봉, 〈노동자 연대〉 189호(2016-12-09).

탄핵안 가결 뒤에도
100만 명이 박근혜 즉각 퇴진을 요구하다

국회에서 탄핵소추안이 가결됐어도 전국에서 100만 명 넘는 사람들이 또다시 박근혜 즉각 퇴진의 촛불을 들었다(주최 측 발표: 오후 8시 현재, 서울 광화문 80만 명을 포함해 전국 104만 명). 어제 밤부터 오늘 낮까지 많은 언론과 의회 정치인들은 국회가 민심을 수용해 탄핵소추를 했으니, 이제는 일상으로 돌아가라고 했다. 그러나 다시 역대급 시위로 "하루도 꼴 보기 싫다", "국회 탄핵소추가 끝이 아니다" 하는 뜻을 전하려고 모인 것이다.

사람들은 국회 탄핵소추안 가결을, 옳게도 6주간 거리 투쟁으로 보여 준 민중의 힘 때문이라고 여겼다. 자신들의 힘으로, 철옹성 같아 보이던(또는 그렇게 믿기를 강요당해 온) 그 정권이 서서히 허물어지는 것을 보면서 사람들은 자신감이 오른 것이다. 오늘 집회는 한층 밝았고, 그럼에도 분노는 여전했고, 힘이 있었다. 아마 오늘 한 참가자가 손

수 써서 만들어 온 팻말이 사람들의 이런 마음에 가장 부합하지 않았을까 싶다. "모두 수고했습니다. 우리의 승리입니다. 끝까지 함께합시다."

서울에서는 기온이 영하로 떨어진 상황에서도 오후 8시에 2차 행진이 시작하자 수십만 명이 물밀듯이 청와대로 향했다. "국회도 탄핵했다. 박근혜는 당장 물러나라", "하루도 보기 싫다", "박근혜 구속 수사", "황교안도 꺼져라", "정현아, 장 지져라" 등의 구호를 외쳤다.

상황을 전진시키고 있는 것이 제도권 정치가 아니라 바로 자신들이라고 자각했기 때문에, 사람들은 탄핵안 가결 다음 날 자신들이 거리로 나오지 않으면 박근혜 일당이 그것을 어떻게 판단하고 어떻게 이용할지 꿰뚫어 본 것이다. 제도권 정치에 믿고 맡기기도 탐탁지 않다는 건 지난 한 달여 상황에서 크게 드러난 바다.

마냥 안심할 수도 없다. 탄핵안 가결 24시간이 지나기도 전에, 박근혜는 세월호 특조위 방해에 '올인'한 조대환을 직무 정지 직전에 청와대 민정수석에 임명했고, 청와대 참모진들은 직무 정지된 대통령에게 국정 보고를 계속하겠다고 도발했다. 웃는 얼굴에 침 뱉은 격이다.

박근혜 한 사람만 권좌에서 제거하는 것만이 아니라 불평등하고 부조리한 사회 현실을 바꾸고 싶어 하는 욕구도 여전하다. 따라서 이후 박근혜를 진짜로 쫓아내려면 무엇이 더 필요한지, 박근혜 적폐를 어떻게 해야 청산할 수 있을지, 그 이후의 방향은 무엇일지 등에 대한 고민들도 본격화하는 분위기다.

박근혜 즉각 퇴진 세월호 7시간 진상 규명 416세대 문화제

주말 박근혜 퇴진 집회가 거듭될수록 세월호 문제가 이 운동의 중심이 돼 왔다. 청와대 행진 때 세월호 가족들이 선두에 서는 걸 모두가 자연스럽게 여긴다. 세월호 참사와 그 때문에 맺힌 응어리가 박근혜 통치를 허무는 중요한 축이었음을 실감한다. 정말이지 세월호 참사야말로 박근혜 퇴진의 첫째 이유다.

오늘 밤 자유 발언에서 초등학교 2학년 학생이 한 '단 두 마디' 발언이 아마 수천만 명의 마음을 명징하게 보여 준 게 아닐까 싶다. "저는 박근혜 대통령이 빨리 퇴진해야 한다고 생각합니다. 바다에 빠져 익사하신 분들이 천국에서라도 기뻐할 수 있도록 꼭 그렇게 됐으면 좋겠습니다."

자유 발언 진행자들까지 울컥하게 만든 이 두 문장을 이 학생은 꼭 말하고 싶었다고 했다. 박근혜 퇴진이 억울한 희생자들이 천국에서 기뻐할 유일한 길인 것 같다며 말이다. 참사 당시 초등학교도 입학하지 않은 이 아이의 감정을 희생 학생들과 동년배인 청년, 대학생들이 못 느낄 리 만무하다. 그들은 지난 2년 동안 세월호 운동의 주요 동력이었다. 세월호 세대, 4·16 세대라는 말이 생길 정도다.

이 대학생들은 진상 규명과 책임자 처벌을 위해 끝까지 세월호 유가족들과 함께 싸울 것을 결의했다.

기타 사전 집회들

정의당, 노동당 등 진보 정당들과 민주당 등 야당들도 곳곳에서 자신들의 집회를 열었다. 민주주의국민행동이 서울시청 광장에서 연 집회에는 박원순 서울시장, 정의당, 무소속 윤종오 의원 등이 발언했다.

대체로 수백 명 규모들이었는데, 노동당, 민중연합당을 빼고는 거리 투쟁을 이어가자는 메시지가 분명하지 않았다. 이제 거리 투쟁보다는 차기 대선을 겨냥한 사회 개혁 비전에 관한 얘기들이 많았다. 그 점에서 탄핵안 가결이 '끝이 아니다'는 말은 맞지만, '새로운 시작'이라는 표현들은 누가 하는 말이냐에 따라 좀 의심스러운 구석들도 있다.

박근혜와 새누리당 정권 아래서 심화한 한국 사회의 적폐 청산은 당연히 필요한 것이지만, 그것을 위해서는 민중의 투쟁이 더 필요하다. 지난 두 달 간 입증된 것 아닌가. 그런 점에서 오늘 집회에 굳이 나온 사람들의 투지나 의식 수준에 못 미치는 집회들이었다. 민주당 집회에서는 "그래도 이번에는 민주당이 잘하지 않았냐?"는 질문에 "아니다"라는 시민들의 반응도 나왔다.

오후 4시 청와대 포위

오후 4시부터 시작한 청와대 포위 행진은 청운동 길, 효자동 길, 삼청동 길에서 각각 청와대 담벼락 100미터 앞까지 전진했다. 본대회 전인데도 수만 명이 긴 대열을 이뤄 또다시 청와대를 포위하고 박근혜 즉각 퇴진과 구속 수사, 적폐 청산 등을 외치는 것은 고무적이었다.

오후 5시에는 청운동에서 집회를 진행했다. 사드배치철회 성주투쟁위원회 손소희 조직팀장의 발언이 인상적이었다.

"이미 국민들한테 버려진 박근혜지만 여전히 이 사회에 산적해 있는 문제들이 많다. 쉬운 해고와 비정규직 문제, 세월호와 국정교과서, 한일군사정보보호협정과 같은 사안들이 박근혜 정부에서 지속적으로 추진돼 왔고, 과도 정부에서도 지속될 것이다. … 박근혜 정부가 몰락하는 지금도 여전히 사드 미군 기지를 배치하기 위한 행위가 지속되고 있다. 미국 트럼프 정부의 국방장관으로 내정된 제임스 매티스의 별명이 '미친 개'고 전쟁광이다. 한국 정부와 국방부, 새누리당에도 여전히 '미친 개'들이 가득하다. 우리가 박근혜 퇴진을 외친 것은 우리의 삶을 위협해 온 정부의 행위를 막아내기 위해서였다. 사드를 막기 위해 성주 주민들은 뙤약볕 폭염 속이든 비가 오든 눈이 오든 하루도 빠짐없이 촛불을 밝혀 왔다. 성주의 주민들이 밝힌 151일 동안의 촛불이 박근혜를 쫓아내는 데 작은 불씨가 됐을 거라고 자부한다. 정부의 위험한 전쟁 정책을 중단시키는 데 전 국민이 함께해 달라."

오후 6시 광화문 광장 본대회

본대회 역시 기세 좋게 시작했다. 국회 탄핵소추 가결로 박근혜를 직무 정지시킨 것을 기뻐하면서도 적폐 청산을 위해 계속 거리로 나와야 한다는 공감대가 느껴졌다.

퇴진행동 정강자 상임공동대표는 퇴진행동을 대표해 즉각 퇴진을 위해 계속 싸우자고 강조했다.

평택에서 온 고교 1년생 이수진 학생도 즉각 퇴진 투쟁의 지속을 지지했다. "여러분의 노력으로 탄핵안이 가결됐다. 그러나 끝이 아니다. … 어른 말을 믿으라고? 어른 말을 믿어서 어떻게 됐나? 노력해도 빽 좋은 애, 돈 많은 애만 잘되면 안 된다. 정치인들 똑똑히 하라."

416 가족협의회의 유경근 집행위원장의 발언은 감동적이었다. "어제 국회에 가서 탄핵 과정을 지켜봤다. 국회에 갈 수 있게 허락해 준 국민 여러분께 감사 드린다. 어제 희망을 갖게 됐다. 국회가 탄핵해서가 아

니다. 그 탄핵을 하게 만든 국민들의 힘이 있기 때문이다. 진실 규명도 여러분들의 힘으로 가능할 것이다. 여러분의 힘을 믿고 힘내서 싸우겠다. … 첫째, 그동안 우리 힘을 몰랐는데 이렇게 모여 보니까 우리의 힘이 이렇게 강하다는 것을 알게 됐다. 우리 힘을 믿고 끝까지 갈 수 있을 것 같다. 둘째, 0이라는 숫자를 추가하고 싶다. 부패한 정치인들과 권력자들 제로가 될 때까지 독하게 싸우자."

퇴진행동 재벌특위 김태연 공동위원장은 박근혜 적폐 청산의 과제 중 하나로 재벌 총수 구속과 처벌이 왜 필요한지 발언했다. "박근혜가 버티는 것은 구속되기 싫어서다. 이재용이 바친 수백억 원이 대가성 없다는 게 말이 되나? 국민연금 개입 덕분에 삼성이 세습됐다. 대통령 개입이 없었다는 게 말이 되나? 박근혜와 공범이다. 재벌을 놔두면 제2의 박근혜 정권이 생길 수밖에 없다. 광장의 힘으로 재벌 총수 구속하자."

싱가포르 유학생 시국선언단 4명 발언도 환영받았다. 10년 전 유학을 갔다는 한 학생은 "철학 전공인데 공자를 읽고 있으면 외국인 친구가 '한국은 주술을 배워야 출세하지 않냐'고 조롱한다. 참을 수가 없었다" 하고 시국선언 참여 이유를 설명했다. 다른 학생은 "우리를 놀리던 외국인 친구들이 232만 명 집회를 보며 감탄했다"고 말했다. 참고로 싱가포르 인구는 2013년 현재 540만 명이다. "냄비 근성이라고 하지만 우리는 뚝배기 민족이다. 어제 탄핵이 가결됐지만 우리의 뚝배기는 아직 식지 않았다."

민주노총 이상진 부위원장은 바로 박근혜 퇴진 운동의 선구자로서 앞장서 싸우다 구속된 한상균 위원장 석방을 촉구했다. 한상균 위원장을 잘 몰랐을 수많은 사람들에게서 많은 지지를 받았다. "오늘이 한상균 위원장이 조계사에서 자진 출두한 지 딱 1년인 날이다. 오늘 우리는 차벽 없이 광화문 광장 북단에 있다. 여기까지 오기 위해 구속돼 있는 민주노총 노동자들이 있다. 한상균 위원장의 죄는 1년 먼저 촛불을 든 것일 뿐이다. 당장 석방돼야 한다. 박근혜를 구속하고 한상균을 석방하라."

부산 집회 "산타가 오기 전에 박근혜는 퇴진하라"

탄핵이 가결됐지만, 부산에 10만 명 가까운 사람들이 모였다. 민주노총 조합원들이 5000명 정도 왔고 다양한 사람들이 참여했다. "재벌도 공범이다, 재벌 총수 구속하라"도 인기가 많았다.

동래고 3학년 학생은 "헌재 판결이 몇 달이나 남았다. … 끝까지 해산하지 말고 저항해야 한다"고 이야기해 환호를 받았다.

퇴진행동 부산본부의 공동대표인 이정은 부산학부모연대 대표도 정권 퇴진과 적폐 청산을 위해 계속 싸우자고 강조했다. "박근혜 탄핵은 우리 국민들의 촛불의 힘 때문이다. 박근혜는 국민과의 대결을 계속하겠다고 하고 있다. 박근혜는 즉각 퇴진하라. 범죄자에게 명예로운 퇴진은 없다. 박근혜를 구속 처벌하라. 황교안은 핵심 부역자다. 이것은 박근혜 정권의 연장이다. 용납할 수 없다. 국민들은 이미 박근혜 정권을 심판했다. 내각은 전원 사퇴해야 한다. 박근혜와 그 공범들이 만든 적폐들을 함께 처분해야 한다. 검찰과 국정원, 재벌들도 함께 처벌해야 한다."

서울 저녁 자유 발언들

내 꿈은 박근혜 처벌만이 아니다. 대출 없이 사는 신혼부부, 무상교육으로 대학 다니는 학생, 기저귀 값 걱정 없는 워킹맘, 지방대 출신의 게이 대통령이 있는 나라가 내 꿈이다! 그런 나라를 위해 박근혜를 끌어내리고 싶다. 촛불의 열기를 끝까지 이어가자!(30대 청년)

이미 100번 끌어내려도 모자란 자가 뻔뻔하게 버티겠다고 한다. 오늘 박근혜는 쉬면서 티브이를 봤다고 한다. 우리가 박근혜 쉬게 하려고 여기 나왔나. 더 꼼수 쓰지 못하게 얼른 끌어내려야 한다. 그리고 황교안이 누구냐. 국무총리 취임한 날에 4·16연대를 압수 수색한 자다. 그러니 탄핵이 가결돼도 촛불을 멈출 수 없다.(성균관대 학생)

직무 정지된 박근혜의 자리에 황교안이 온다. 법의 이름으로 정권과 기업주들을 비호한 공안 검사 출신, 부정부패의 '끝판왕' 황교안 말이다. 이 무슨 황당한 경우가 다 있는가? … 박근혜는 세월호 특조위를 망가뜨린 조대환을 민정수석으로 임명하며 민중과 촛불한테 최후 결전을 선포했다. … 황교안은 박근혜의 적폐들을 그대로 이어가려고 한다. 다 끝났으니 돌아가자는 말을 믿지 말자. 박근혜가 자기 아빠의 말로를 떠올리며 제 발로 내려올 때까지 촛불을 이어가자.(대학생 김승주)

헌재도 촛불에 영향을 받는다고 들었다. 그러니까 촛불을 더 많이 들어야 한다. 청문회에 안 나오는 최순실, 어디 있는지도 모르는 우병우, 권력에 기대 이득을 챙긴 재벌, 헛소리하는 김기춘까지 모두 법의 심판을 받게 해야 한다. 우리 아빠가 그랬다, 콩밥이 건강에 좋다고. 박근혜 씨, 들어가서 많이 드셨으면 좋겠다!(막 수능 끝낸 고3 학생)

최순실이 학력 위조했다고 드러난 [미국 학위 장사 기관 퍼시픽 스테이츠

유니버시티] PSU는 건국대가 소유했다. 그런데 건국대 당국은 의혹을 밝히라는 학생들한테 "엄중 대응" 운운했다. 학생들이 아니라, 학력 위조한 최순실한테 "엄중 대응" 해야 하지 않는가!(건국대 학생 김무석)

너무 화나서 월차 쓰고 올라왔다. 박근혜는 탄핵으로 끝내면 안 된다. 50년은 옥살이 해야 한다. 우리가 나라를 변화시켜야 한다.(부산에서 올라온 노동자)

특별취재팀, 〈노동자 연대〉 189호(2016-12-10) 축약.

3부
국회 탄핵 후 숨고르기
(12월 중순 ~ 1월 말)

국회 탄핵소추 가결 이후 일시적 안도감이나 피로감 등으로 집회 규모는 줄었다. 주류 언론과 정치인들은 이제는 일상으로 돌아가라고 주문했다.

기로에 선 퇴진 운동을 이어 간 건 대중이었다. 여전히 수십만 명이 촛불을 이어 갔다. 사람들은 "단 하루도 보기 싫다"며 즉각 퇴진을 요구했다. 또 박근혜 개인의 퇴진보다 더 많은 변화를 요구했다.

"우리 박근혜 하나 잡으러 나온 거 아니잖아요? 대학 안 가면 취업 안 된다고 대학 보내 놓고는 졸업하면 빚이 2000만 원이 넘는 세상 바꿔 보려고 나온 거잖아요?"

8주
박근혜 없는 박근혜 정부, 황교안 체제가 시작하다

"단 하루도 못 참겠다, 박근혜는 퇴진하라!
황교안도 공범이다, 황교안은 사퇴하라!
범죄자를 구속하라, 헌재는 탄핵하라!"

2016-12-15	교육부, 국정 역사 교과서 강행 피력
2016-12-16	박근혜 헌재 답변서에서 "국회 탄핵소추 부당", "세월호 참사에 직접적 책임 없어"
	〈한겨레〉, 황교안이 법무부 장관 당시 세월호 수사에 외압 행사했다는 의혹 제기
2016-12-17	8차 범국민행동의 날(서울 65만, 전국 77만)

박근혜 정부, 존재 자체가 적폐

황교안과 각료들 사퇴하고
온갖 개악들 철회하라

　박근혜는 16일 헌법재판소에 낸 탄핵소추 답변서에서 "세월호 참사에 직접적 책임이 없다"고 했다. 모욕도 이런 모욕이 없다. 새누리당 원내 대표 경선에서 이긴 친박 정우택은 "개헌을 추진하고 좌파 집권을 막겠다"고 공공연히 떠들었다. 사실상 정권 자체가 국민에게서 정서적·정치적으로 탄핵당한 상황에서도 대통령권한대행 황교안은 '박근혜 없는 박근혜 정부'를 계속 유지하려 한다.

　새누리당 분당이 가속되고, 정권에 대한 원망과 증오도 커지겠지만, 지금 궁지에 몰릴 대로 몰린 박근혜와 새누리당 친박계는 권력 유지라는 이해관계를 위해 체면을 차리거나 여론의 눈치를 볼 여력도 없다. 어떻게든 정치적 패퇴를 최소화해 재기를 도모하려면 그나마 남은 우파 지지층이라도 결집할 시간과 권력이 필요하기 때문이다. 권력 구조 개편 개헌으로 정국이 흐르면, 만에 하나 박근혜의 명예 퇴진이 가능할지 모른다는 계산도 있을 것이다.

그런데 새누리당 비박계라고 본질적으로 다를 건 없다. 비박계는 황교안의 박근혜 정책 유지 기조에 대해서는 절대 말하지 않는다. 탄핵소추위원 구실을 할 법제사법위원장 새누리당 권성동은 박근혜 탄핵에 부정적인 인물을 탄핵소추 대리인단의 총괄팀장으로 임명했다.

집권 여당이 이토록 추한 모습들을 보이는 까닭은 이들이 박근혜 정부 적폐의 공범들이기 때문이다. 박근혜의 온갖 반동적 정책들은 그저 측근 실세들의 사익 추구인 것이 아니다. 노동 개악, 복지 축소 등 고통 전가 공격은 경제 위기 상황에서 기업주들의 계급적 이익을 보호하려는 정책들이었다. 사드 배치, 한일군사정보보호협정 등은 미국 제국주의에 더욱 편승해 미국 중심 질서에서 한국 국가(즉 지배계급)의 위상을 높이고, 또한 이를 통해 기업들의 국제 경쟁에도 유리한 조건을 형성하려는 것이다.

이런 계급적 이해관계 때문에 여러 난제 속에서도 박근혜 지지율이 일정하게 유지됐다. 비록 이런 꿈들이 미·중 갈등이나 경제 위기 회복 실패 등으로 모순과 위기를 겪고, 노동자·민중의 저항을 키워 왔지만 말이다.

드러난 사실들로 보건대, 세월호 참사는 침몰 원인부터 구조 실패까지 모두 '기업주 경제 살리기'와 '친제국주의 정책'이 결합하면서 낳은 비극이었다. 여기에 민중의 삶에 극도로 냉소적이고 공감 능력이 거의 없는 박근혜의 개성이 덧붙여졌다. 이런 실체적 진실을 감추려고 청와대는 국가기관들을 동원해 유가족들을 괴롭히고, 수사를 가로막고, 운동을 탄압해 온 것이다.

박근혜 퇴진 운동은 정책 철회와 더불어 인적 청산(처벌)도 해야 한다. 박근혜의 해괴망측한 개성과 행태를 알면서도 지배계급이 이를 감싸고 포장해 주며 대통령에 앉힌 이유를 이해하고 분쇄해야 한다. 그러려면 재벌과 언론도 표적에 넣어야 한다. 단지 거리에서 국회로 장을 옮겨 새로운 입법을 하거나 차기 대선에서 모종의 개혁 강령을 제시하는 것으로 적폐 청산 수단을 삼으면 이런 일들을 하기 힘들어질 것이다.

해방 직후 반민특위가 실패한 사례는 청산 대상도 포함된 기존 국가기관에만 의존해서는 최소한의 청산도 거의 불가능하다는 것을 일깨워 준다. 전두환과 노태우의 구속과 처벌에도 여러 해에 걸친 강력한 대중투쟁이 있었음을 기억해야 한다.

박근혜 정권의 적폐가 지닌 이런 계급적 성격 때문에 주류 야당들의 태도도 일관되지 않다. 애초 거리 운동의 거대한 압박에 밀려 국회에서 탄핵소추안을 가결했지만, 그것이 민중의 뜻을 온전히 대변하겠다는 뜻은 아니었다. 주류 야당들은 탄핵안 추진을 피할 수 없는 게 분명해진 상황에서야 움직였다. 이들은 이 과정을 자신들이 '민심'을 국회로 수렴시켰다는 식으로 포장해 정국 주도권을 확보하려고 했다. 그러나 주지하듯이 주류 야당들은 역대 최대의 시위 이후에야 탄핵 절차를 밟았다.

탄핵소추안 가결 뒤에도 야당들의 스텝이 꼬이는 이유다. 그럼에도 야당들은 국회 탄핵안 가결 뒤엔 할 일을 다했다며 정작 황교안 내각은 건드리지도 않고 있다. 오히려 적폐 공범 황교안과 새누리당에게 박근혜 이후 국정 운영에 관해 협상을 하자고 채근하고 있다.

개헌 논란도 기껏해야 대선주자들의 유불리 차원에서 제기될 뿐이다. 권력 구조 개편에 초점을 둔 개헌 논의는 박근혜의 명예 퇴진과 연결될 수 있어 위험하다. 박근혜의 악행과 적폐는 권력구조 문제가 아니라 경제 위기와 계급의 문제다. 영국의 마거릿 대처가 신자유주의 개악과 노동운동 억압을 자행한 것이 '제왕적' 대통령제 때문이었는가?

한마디로 주류 야당들은 진정한 적폐 청산에 진지하지 않다. 그러므로 박근혜 정권 퇴진 운동은 더더욱 야당으로부터 독립적인 거리 투쟁에 의존해야 한다. 황교안과 반동적 장관들의 사퇴를 요구하고 그렇게 하지 않는 야당을 비판하고 폭로해야 한다. 국회에 한 것처럼 헌재에도 투쟁의 압력을 넣어야 한다.

적폐 청산의 과제도 대중투쟁의 성장과 유지에 달려 있다. 따라서 적폐 청산의 내용물은 야당의 사회 개혁 과제가 아니라 대중이 그 청산을 위해 행동에 나설 수 있는 요구들(행동강령)로 이뤄져야 한다. 노동자들의 작업장 투쟁과도 연결돼야 더 강력해질 것이다.

김문성, 〈노동자 연대〉 190호(2016-12-16).

갈림길에 선 박근혜 정권 퇴진 운동

박근혜가 탄핵됐다. 실로 기쁘기 그지없다. 물론 박근혜가 소생할 가능성을 경계해야 한다. 그 자신도 최고 국가기관이고(활동 정지를 명령 받았지만), 운이 따르면 특정 상황에서 다른 몇몇 권력 기관을 움직일 수도 있기 때문이다. 그러나 탄핵소추안이 압도적으로 가결된 것을 보면, 지배계급의 다수는 도마뱀처럼 (박근혜라는) 꼬리를 자르고 도망가기로 한 듯하다.

그런 다수 지배자의 의지를 대변한 듯한 선전물이 바로 전여옥의 《오만과 무능 — 굿바이, 朴의 나라》(도서출판 독서광, 2016)이다. 저자는 6·15선언을 폄훼하고, 노숙자를 정리해야 한다고 주장하고, 2008년 촛불 운동을 비난한 악명 높은 우익 언론인이자 친이명박계 정치인이다.

그는 박근혜가 아는 게 없는 무식쟁이인 데다, 꼴에 극도로 오만 방자하고, 하얀 양복에 하얀 구두를 신고 늙다리들의 나이트클럽이나 출입할 듯한 늙고 천한 제비족 최태민과 함께 기업인들의 돈이나 뜯으러 다닌, 수준 이하의 인물이었음을 많은 구체적 사례를 들어 폭로한다. 박근혜는 말이든 글이든 횡설수설하는 데다 가끔 얼토당토않게 뜬구름 잡는 신비주의적 언사도 섞어 말한다고 한다. 또, 박근혜를 그림자처럼 쫓아다니며 박근혜를 '조종한' 최태민 딸 최순실의 정체도 전여옥은 들춰 낸다. 물론 박근혜에게도 강점은 있는데, 바로 권력 의지, 권력에의 놀라운 집착이라고 한다.

그런데 우리가 보기에 문제는 그런, 크게 함량 미달인 인물이 어떻게 공식 정계 입문 후 지금까지 거의 20년 동안 대부분 승승장구했느냐다.

전여옥은 한때 박근혜가 한나라당 대표던 시절에 당 대변인이었다가 2007년 박근혜에게 등 돌리고 이명박 지지로 옮겨 갔다. 그러니 박근혜 공식 정치 인생의 전반부는 지지해 준 셈이다.

다른 우익들과 지배자들은 모두 박근혜와 그의 반동적(반민주, 반민생, 반노동, 반평화 등) 정책들을 일관되게 지지했다.

그들이 박근혜의 결정적 단점들을 몰랐을 리 없다. 허구한 날 작당이나 하고 앉았고 꼼수나 쓰는 인간들이 그걸 간파하지 못했을 리 없다. 그들은 박근혜가 박정희 시대를 나타내는 정치적 상징 구실을 할 수 있고, 정치의식이 없는 후진적 유권자들로부터 동정표를 얻어 낼 수 있다는 점을 주목하고는 박근혜라는 우상을 앞세워 그 우상 뒤에서 이윤과 권력을 쌓았던 것이다.

그러다 어느 날 한 아이가 "임금님 벌거벗으셨네요!" 하자 모든 것이 한순간 무너지기 시작했다.

박근혜는 최순실의 꼭두각시도 아니고, 다른 어느 누구의 꼭두각

시도 아니다. 그는 그 모든 자들과 공범이다. 부패와 부정 축재 공범이고, 노동계급 착취의 공범이고, 반민주 억압의 공범이고, 친미·친일 군국주의 후원의 공범이다. 이 경우에 공동정범의 주종 관계를 따지는 게 무의미하지만, 굳이 따지자면 오히려 박근혜가 주범이다.

신분 세습 왕조라면 모를까 (자본주의적) 민주주의 사회에서는 형식상으로 공정한 절차를 거치므로 일곱 살배기가 대통령이나 총리가 되는 일은 없다. 박근혜처럼 정치 지도자로서 자질과 능력, 성품이 결여된 인물이 국가 수반이 되고, 언론과 학계의 아첨꾼들이 그에 대한 칭찬과 격려를 온 국민에게서 쥐어짜 내려 애쓰는 것이 바로 위기에 처한 자본주의 정치체제(전여옥이 '시스템'이라고 부르는)인 것이다. 미국의 트럼프 현상, 일부 유럽 나라들에서 우익 포퓰리스트들과 심지어 나치의 부상도 같은 맥락 속에서 볼 수 있다.

이처럼 시스템에 비춰 본다면, 그동안 박근혜라는 정치적 상징(더 정확히 말하면 우상)을 내세워 억압과 착취, 천대와 차별을 일삼던 자들이 이제 박근혜만 남겨 두고 도망가고 있는 명백한 현실을 똑바로 직시할 수 있다.

그런 현실을 못 본 척하는 기성 정치인들은 박근혜 없는 박근혜 정부인 황교안 내각을 반대하는 것조차 막으려 애쓰고 있다. 퇴진행동 안에서 그들을 지지하는 사람들은 민주노총 한상균 위원장의 석방을 요구하는 것도 막으려 하고 있고, 비폭력적 정치 활동을 했는데도 단지 친북 사상을 가졌다는 이유로 수감된 통합진보당 간부들의 석방을 요구하는 것도 가로막고 있다. 노동 개악이 박근혜 아래서 쌓이고 쌓인 폐단(적폐)의 일부라는 점조차 인정하지 않으려 한다.

물론 고전 마르크스주의자들은 수감된 통합진보당 간부들의 사상에 별로 동의하지 않는다. 그러나 이석기 등은 아무도 다치게 하지 않았고, 아무의 목숨도 노리지 않았으며, 테러용 폭탄이나 총기를 준비하지도 않았다.

사상과 정치적 견해를 이유로 정당을 강제 해산시키는 것은 민주주의가 아니다. 자본가들을 비롯한 지배자들에게는 민주주의일지 몰라도 노동자들과 천대받는 사람들에게는 독재다.

지금 촛불 운동은 갈림길에 서 있다. 전진이냐, 아니면 잠시 답보하다 퇴보까지 하느냐 하는 선택지 말이다. 정부·여당을 확실히 패퇴시켜야 한다. 적당히 패퇴시키고 빨리 선거 문제로 도망가는 것은, 명망과 존경, 점잖다는 칭찬의 입발림 소리를 늘어놓으며 정치적 소생의 기회를 엿보는 여권 세력에 반격의 기회를 주는 것이다.

최일붕, 〈노동자 연대〉 190호(2016-12-16).

황교안: 박근혜 적폐의 정치적 공범

최근의 행보가 보여 주듯 황교안은 단지 '관리자' 노릇에 머무르려 하지 않는다. 권한대행이 되자마자 '안보', '치안'을 강조하더니 〈조선일보〉 고문 김대중 등 우파 인사들만 불러 간담회를 열었다. 국회에는 '대통령 대접'을 요구하더니 교활하게도 야당들의 면담 요구에는 각각 따로 만나겠다고 받아쳤다. 이간질하려는 것이다. 5·16 쿠데타는 "혁명"이고 사상의 자유도 "제재할 수 있다"는 확고한 소신을 바탕으로 역사 교과서 국정화도 강행하려 한다.

따라서 퇴진행동이 "박근혜 없는 박근혜 체제에서 새로운 권력자로 떠오른 황 권한대행의 사퇴를 요구"한 것은 매우 시의적절했다.

박근혜 탄핵 이전에도 황교안은 단지 '관리자' 구실에 머무르지 않았다. 2016년 6~9월에 열린 국무회의의 절반 가까이를 황교안이 주재했다. 그사이에 열린 국가정책조정회의와 테러방지법 통과 이후 열린 첫 국가테러대책위원회도 주재했다.

이 자리에서 황교안은 박근혜가 추진하던 국정과제들을 나름으로 매우 힘주어 강조했다. 민영화 추진을 위한 서비스산업발전기본법, 공공기관 기능조정, 규제 개혁과 경제 위기 고통 전가를 위한 구조조정 강화, 노동 개악, 성과연봉제와 사드 배치 강행, 산학 협력 강화를 위한 공대 구조조정, 교육·금융 개혁 등.

박근혜의 임기 중반 구원투수로 임명된 총리답게 이 자는 특히 정권에 위협이 될 만한 문제들 앞에서는 정치적 경호실장 노릇도 마다하지 않았다. 야당 국회의원들을 대하는 태도부터 다른 총리들과 사뭇 달랐다. 심지어 국회 대정부 질의에서도 특유의 오만하고 고압적인 태도로 일관해 '아직도 자기가 공안 검사인 줄 아나' 하는 소리가 나올 정도였다.

박근혜 정권 출범 당시 **국가기관의 총체적 대선 개입 사건**에서 황교안이 검찰 수사에 압력을 행사한 사실은 잘 알려져 있다. 황교안은 '혼외자' 논란을 부추기는 치졸한 수법으로 검찰총장 채동욱을 쫓아내는가 하면 당시 수사를 주도한 윤석열(현 특검 수사팀장)을 좌천시켰다. 성완종 리스트와 정윤회 국정 개입 사건에서도 자기 권한을 최대한 활용해 범죄자들에게 면죄부를 줬다. 검찰 내부에서조차 반발이 잇따른 이유다.

세월호 사고 직후에는 정부의 과실 책임을 은폐하려고 해경 123정장에 대한 기소를 방해했다. 당시 기소를 강행한 검사들을 모조리 좌천시켰다는 폭로도 나왔다. 세월호 특조위에 기소권과 수사권을 주는 데에도 단호히 반대했고 국무총리 취임 이튿날에는 4월16일의약속국민연대(이하 4·16연대)와 주요 활동가들에 대한 압수수색이 이뤄지기도 했다.

황교안은 최순실 게이트가 본격적으로 폭로되던 10월 국회 대정부질의에서도 "최순실이 누군지 모른다. 의원님이 알면 좀 알려 달라" 하며 비아냥거렸다. '세월호 7시간'에 대해서도 "최순실 씨와 연관 없다. 그 시간 동안 세월호 사고에 대한 대처를 하고 있었다"고 거짓말을 지어냈다. 비서실장 김기춘도 모른다던 시간에 대해서 말이다.

이 자는 틈만 나면 자신의 검사 이력을 과시하며 법을 들먹였지만, 지배계급답게 실제로는 법도 제 입맛에 따라 이용하거나 거부할 수 있는 도구로 여긴다.

백남기 농민 사망에 대해 법원이 경찰의 책임을 지적했을 때조차 황교안은 "그동안 우리가 해 온 법이 있고 판례가 있고 … 1심 판결인 만큼 판결문을 분석해야 한다" 하며 사과를 거부했다. 반면 2015년 민중총궐기 집회에 대해서는 고작 버스 파손 등이 "법질서와 공권력에 대한 중대한 도전"이라며 한상균 민주노총 위원장에게 중형을 구형하라고 사실상 지시했다.

2005년 강정구 교수를 국가보안법 위반 혐의로 구속하려 했을 때도, 황교안은 구속영장 발부 기준인 '증거인멸과 도주 우려'가 없음을 인정하면서도 '엄벌', '강력한 처벌 의지 표명' 등을 이유로 구속해야 한다고 버텼다. 삼성 엑스파일 사건에서도 이건희, 홍석현 등에게는 면죄부를 주고 오히려 이를 폭로한 이상호 기자와 노회찬 의원을 기소했다. '명예훼손'과 '유언비어'에 대한 처벌 협박은 황교안이 사실 여부와 무관하게 반대자들을 입막음하는 데 즐겨 사용해 온 무기였다.

이런 태도의 극단을 보여 준 것은 통합진보당 해산 사건이다. 어처구니 없게도 이 자는 "민주노동당이 2000년 창당했을 때 언젠가는 위헌 정당 심판이 있을 줄 알고 내 나름대로 준비를 해 왔다"고 자랑했다. 저서인 《국가보안법》에서도 "어떤 행위가 국가의 존립·안전이나 자유민주주의적 기본 질서를 위태롭게 할 가능성이 있는지 여부는 구체적·객관적으로 명확한 증거를 필요로 하는 것은 아니고 추상적으로 이익이 될 수 있는 개연성만 있으면 충분"하다고 주장한 바 있다. 증거도 없이 의심만으로 조사·처벌할 수 있다는 식이니 그 자신이 수호한다던 '자유민주주의'의 기본도 부정하는 것이다.

헌재는 이런 자의 편을 들어 통합진보당 해산을, 대법원은 이석기 의원을 포함한 7인에게 최대 징역 9년의 실형을 선고했다. 대법원은 '내란 음모'에 대해 무죄를 선고하면서도, 내란 선동과 국가보안법 위반을 이유로 중형을 선고했다. 명백한 정치적 판결이다. 황교안의 법무부는 몇 달 뒤 추가로 3인을 구속했고 2016년 6월 서울고등법원은 이들에게도 최대 징역 3년의 실형을 선고했다.

황교안 때문에 "피눈물을 흘리는" 이들은 국가보안법 구속자들에 그치지 않는다. 황교안은 한상균 민주노총 위원장을 비롯해 역대 노동운동 지도자들을 구속한 경력으로도 악명이 자자하다. 2002년에는 단병호 전 민주노총 위원장과 차봉천 초대 공무원노조 위원장을 구속했다. 박근혜 정부 들어서는 전교조를 법외 노조로 만들며 노동운동 탄압을 대폭 강화하려 했다. 전교조 조합원들이 이런 압력에 굴복하지 않고 당당히 맞서자 보복성 징계와 기소를 일삼았다.

황교안은 노동자들이 파업에 나설 때마다 이유와 부문, 심지어 법원 결정도 무시하고 불법으로 몰아 탄압할 정도로 노동자들의 자기 결정과 자주적 행동을 극렬히 혐오하는 자다. 스스로 자랑거리로 삼는 신앙생활에서조차 그는 보수 대형 교회의 재산권을 노동자들의 권리보다 우선시했다. 《교회가 알아야 할 법 이야기》에서 그는 "교회를 노동법상의 사용자로, 교회 직원을 노동법상의 근로자로 보는 것은 심히 부당한 결론이다" 하며 부패한 교회를 옹호했다.

박근혜의 적폐를 완수하려는 확신범이 이제 '권한'까지 대행하게 됐다. 이 자를 더는 내버려 둬서는 안 된다.

정의당은 황교안 내각 인정 입장을 바꿔야

심상정 정의당 대표는 박근혜 탄핵 직전 기자들을 만난 자리에서 황교안을 쫓아내야 한다는 주장에 대해 "가당치 않다"고 일축했다. 심 대표는 탄핵 이후 황교안이 최소한의 권한만 행사해야 한다면서도 "국정 안정"을 강조하며 "안보 공백이 없도록 만전을 기하고 일상적 위기관리에 전력을 다해줄 것을 당부"했다. 민주당 추미애조차 '황교안 탄핵'을 말하던 상황에서 말이다.

심 대표가 이처럼 당찮게 온건한 견해를 밝힌 것은 그의 탄핵 이후 전망과 연관이 있어 보인다. 심 대표는 탄핵 이후에도 박근혜 (즉각) 퇴진 요구는 계속돼야 한다는 입장이지만, 이제는 제도권(의회) 정치로 무대를 옮겨야 한다고 여긴 듯하다. "과감한 개혁을 국회가 주도해 나가야 합니다 … 촛불은 더 이상 광화문 광장에만 머물러선 안 됩니다. 가정과 지역으로 또 학교와 직장으로 들불처럼 번져야 합니다."

그는 박근혜 퇴진 요구를 지지하면서도 (박근혜가 여전히 사퇴를 거부하는 상황에서) '가정'과 '직장'으로 촛불이 향해야 한다는 모순된 메시지를 동시에 내놓고 있다. 박근혜 탄핵을 앞두고 부르주아 야당들과 공동으로 철도 파업 중단을 종용하는 입장을 발표한 것에 비춰볼 때 직장 촛불이 파업 같은 노동자들의 행동을 가리키는지는 알 수 없다.

그러나 박근혜는 아직 물러나지 않았다. 그러기는커녕 억울하다며 헌재 재판 대응을 적극 준비하고 있다. 직무 정지 직전 조대환을 민정수석에 임명한 까닭이다. 조대환은 세월호 특조위를 의도적으로 무력화시킨 당사자이자 헌재소장 박한철, 총리 황교안과 사법연수원 동기다.

그나마 박근혜를 탄핵한 동력은 거리 시위 등 오롯이 기층 민중의 행동에서 나왔다. 민주당과 국민의당은 이미 수십만 명이 거리에서 "즉각 퇴진"을 요구한 11월 초까지도 "2선 후퇴", "거국중립내각" 따위를 운운하며 망설였다. 심지어 탄핵 방침을 세운 뒤에도 앞서거니 뒤서거니 하며 새누리당과 막후 협상에 골몰했다. 부패한 권력자를 쫓아내고 '적폐'를 청산하는 일보다 누가 권력을 물려받을지에 더 관심이 있기 때문이다.

4월 총선 이후 여소야대 국회에서도 부르주아 야당들은 세월호 특별법, 노동 개악, 사드 배치 등 문제에서 대중의 기대를 충족시키지 못했다. 정부·여당뿐 아니라 기업주들의 권력, 심지어 제국주의 질서 자체에 도전해야 하는 쟁점에서 이들의 입장 자체가 어정쩡하기 때문이다.

따라서 거리 항의 운동을 국회 내 협상으로 대체하려는 시도는 오히려 박근혜 없는 박근혜 체제를 연장하는 효과만 낼 것이다.

사실 정의당은 초기부터 "즉각 퇴진" 당론을 내걸고, 거리의 퇴진 운동에도 적극 참여하는 등 박근혜 퇴진에 실질적 기여를 했다는 점에서 부르주아 야당들과는 달랐다. 부르주아 야당들이 6명의 의원밖에 갖지 못한 정의당을 따돌리지 못한 이유다. 결과적으로 보면 정의당의 입장 쪽으로 끌려온 측면도 있다. 이 점 때문에 정의당은 거리에서도 크게 환영받았다.

심상정 대표와 정의당은 박근혜 즉각 퇴진과 함께 황교안 퇴진과 그 장관들의 사퇴를 요구하며 항의 운동을 지속·확대시키는 데 기여해야 한다.

장호종, 〈노동자 연대〉 190호(2016-12-16).

"하루도 보기 싫다. 박근혜·황교안은 물러나라"

탄핵소추안 가결 뒤, 운동에 한 발 걸치던 주류 야당부터 박근혜 게이트 폭로에 일조하던 보수 언론들까지 이제 '거리의 정치'는 접어야 한다고 목소리를 높였다. 국민의 바람을 국회의 탄핵안 가결로 제도권이 수렴했으니, 이제 헌법 절차에 맡기자는 것이다.

그러나 박근혜 정권 퇴진 운동을 지지한 사람들 대다수는 그것이 사탕발림이거나 허망한 기대임을 간파한 것 같다. 탄핵안 가결 후 2주째 집회와 행진에도 수십만 명이 참가해 분위기가 뜨거웠다. 퇴진행동은 오늘 연인원 서울 65만, 전국 77만 명이 집회에 나왔다고 발표했다.

오늘의 사전 집회들과 본대회, 행진은 사람들이 여전히 박근혜 즉각 퇴진을 바랄 뿐 아니라, 황교안을 포함한 많은 적폐들이 청산되길 바라고 있음을 보여 줬다. 헌법재판소에 탄핵을 빨리 결정하라고 요구하는 목소리도 컸다. 헌재 앞으로도 행진한다는 소식에 사람들은 큰 환호를 보냈다.

국회 탄핵안 가결 후 일시적 안도감이나 피로감 등으로 최대치보다 규모가 줄긴 했지만 그게 문제는 아닌 것 같다. 청와대 바로 앞 서울 도심에서 매주 수십만 명이 집회와 행진을 벌인 것은 지금껏 없었던 일이다. 쌓여 온 분노가 그만큼 크다는 것이고, 운동의 동력이 그리 쉽게 소진되지 않을 수 있다는 뜻이다. 물론 버티는 박근혜 일당을 보며 대안에 대한 다양한 고민들도 있다.

변명과 부인으로 일관한 박근혜의 헌재 답변서, 국회 청문회가 준 실망과 분노, '박근혜 없는 박근혜 정부'를 공고히 하려 했으나 세월호 수사 외압이 들통난 황교안, 국정 역사 교과서 강행, 민주노총 한상균 위원장에 중형 선고, 기소되지 않은 재벌 기업주들 등 적폐들이 아직 제거되지 않고 있는 것이 짜증과 분노를 더 자극했을 것이다.

게다가 이 정권이 정권 보위만 궁리하다가 또다시 조류독감 대응의 적기(골든 타임)를 놓치고, 계란 품귀에 식료품 가격 인상까지 부추긴 상황이 오늘 집회 곳곳에서 새로운 (심판 대상으로서) 적폐 목록에 포함됐다.

이런 점에서 여전히 박근혜 퇴진에만 머물고 황교안과 국정 협의를 하려고 한 야당들은 또다시 운동보다 뒤쳐졌다. 야당들이 운동의 요구를 부분 수렴해 정국을 주도한다는 계획이 뜻대로 되지 않고 있는 것이다. 그래서 오늘 집회에 민주당 의원들이 여럿 나왔지만 크게 주목받지는 못했다. 야당들의 지지율 상승은 압도적으로 거리 투쟁이 만든 정치 지형의 좌경화 때문이다. 자신들을 부상시켜 준 운동과 거리를 두고 운동의 섰을 죽이려 할수록 호시탐탐 역전의 기회만 노리는 적폐들에게 소생 기회만 줄 것이다(그것이 그들이 흔히 해 왔던 일이다).

지금처럼 투쟁적이고 급진적인 목소리로 운동을 이끄는 것이 운동을 키우고 정치적으로 더 강하게 하는 데 도움이 된다는 뜻이다. 이 강력한 거리 운동이 (역풍론 걱정을 거부하고) 처음부터 '박근혜 퇴진'을 기치로 과감하게 청와대로 행진하면서 탄생했듯이 말이다. 조직 노동운동과 좌파가 이를 용기 있게 주도했다.

오늘 집회에서 적어도 두 가지가 확인됐다. 여전히 이 운동에게는 바라는 것을 성취할 기회가 있다. 그리고 지난 두 달 간의 과정을 보건대, 이 운동에 참가하는 모든 사람들에게는 그런 승리를 성취할 자격이 있다. 특히, 세월호 유가족들과 민주노총 노동자들이 그렇다.

정리 집회에서 사회자인 최영준 퇴진행동 공동상황실장이 이 점을 잘 정리했다. "지난 7주 동안 광화문에서 촛불을 들었고 그것이 박근혜 탄핵을 이끌었다. 더 길게는 2년 반 동안 세월호 유가족과 시민들이 박근혜와 싸웠다. 또한 박근혜의 온갖 개악에 맞서 싸워 온 민주노총 노동자들이 있었다. 지난 4년간 싸워 온 분들이 있었기 때문에 지금 우리가 광장에서 외칠 수 있다."

바로 이 투쟁들의 목록이 광장과 거리에서 이 운동이 외쳐야 할 적폐의 목록일 것이다.

사전 집회

오후 2시 박근혜 공범 재벌 총수 구속 결의 대회

오후 2시 광화문 광장 북단 본무대에서 퇴진행동 내 재벌구속특별위원회 주최로 열렸다. 주된 구호는 "재벌 총수를 뇌물죄로 구속하라"였다. LG유플러스비정규직지부, SK브로드밴드비정규직지부, 삼성전자

서비스지회, 현대차 비정규직, 기아차 화성공장 비정규직 등 재벌 기업들의 비정규직 노동자들이 많이 참가했다. 일찌감치 광화문 광장에 나온 사람들 수백 명도 관심을 많이 보였다.

재벌 기업들 성장의 동력이자 그 악행의 피해자이기도 한 노동자들이 직접 나서 총수 구속을 요구하고 투쟁을 호소한 것은 의미 있는 것이다.

노동자들을 불법 파견으로 착취해 곳간을 채운 기업주들이 박근혜·최순실에게는 군말 없이 수십 수백억 원씩 갖다 바치고, 그 대가로 노동 개악 등 온갖 특혜를 보장받은 과정이 주된 규탄 대상이었다.

"재벌들은 불법파견으로 비정규직 착취하고 배를 불려 왔다. 박근혜 퇴진뿐 아니라 재벌도 구속시켜야 한다."(기아차 화성공장 비정규직분회 김수억)

"임금 10원 올리기도 어려운데, 저들은 수십억 원을 박근혜와 최순실에게 갖다 바쳤다. 그 대가로 국민연금을 제 돈처럼 쓰고 특별사면이나 노동 개악 추진 등 온갖 특혜를 받았다. 재벌 총수를 뇌물죄로 구속해야 한다."(SK브로드밴드비정규직지부)

오후 4시 사드 배치 반대 자유 발언대

KT 사옥 앞에서는 소규모로 사드 배치 반대 발언대가 운영됐다. 매주 했는데, 오늘은 사드배치철회 성주투쟁위원회 소속 주민들도 여럿 왔다(오늘 본대회에서 성주 주민 발언이 있었다). 성주투쟁위원회는 "사드 없는 성주 땅을 후손에게 물려주자"는 현수막을 들고 왔다.

황교안 사퇴를 촉구한 노동자연대 김어진 활동가의 발언이 호응을 받았다. "이곳에 계신 성주, 김천 주민 여러분이야말로 지금까지 박근혜 적폐에 맞서 싸워 오신 분들이다. 김장수 안보실장은 청문회에서 세월호 7시간을 묻자 자신은 '안보만 생각했다'고 했다. 그자들이 말하는 안보에 우리 평범한 사람들의 생명과 안전은 없다는 것이다. 황교안은 성주에 와서 허리 굽히면서도 성주 군민들에게 '어쩔 수 없으니 위험을 감수하라'고 말한 교활한 인간이다. 당장 사퇴시켜야 한다."

오후 7시 행진

청와대, 총리 공관(삼청동), 헌법재판소(안국역) 세 방향으로 방송차 4대가 출발했다. 지난 몇 차례 집회들보다 다소 차분해 보이던 광장 분위기는 일순 바뀌었다. 행진이 시작하기만 기다린 것처럼 말이다. 떠들썩함과 활기가 금세 광화문 광장을 중심으로 사방으로 퍼져 나갔다.

방송차마다 수만 명이 행진에 함께했다. 청와대로 향하는 행진이 가장 많았고, 이전과 달리 총리 공관이 있는 삼청동 방향으로도 많은 사람들이 함께했다. 특히, 총리 공관 방향은 구명조끼를 입은 세월호 유가족들이 앞장섰다. 황교안이 세월호 수사까지 방해한 것이 드러났기 때문이다. 이 대열을 민주노총 노동자들이 뒤따랐다. 헌재 방향 행진에서는 통합진보당 해산 당시 청와대와 내통한 헌재를 규탄하고 이석기 전 의원 석방 등을 요구하는 구호도 많았다.

민중의 다수는 박근혜를 하루라도 빨리 제거하고 싶어 한다. 그러나 그것이 극악한 통치자 한 명 제거하는 데 그치질 않기를 바란다.

곳곳의 자유 발언들

오늘은 977일째 4월 16일이다. 우리 지현이가 살아 있었으면 살아 있음이 가장 크게 느껴지는 이 자리에 함께했을 텐데 그러지 못해 너무 억울해서 눈물이 났다. 박근혜 정권 끝장내고 싶다. 수사를 방해하고 반발하는 사람들을 좌천까지 시켰다. 황교안, 김기춘, 우병우 모두 공범이다. 새누리당도 공범이다. 국정원도 공범이다. 그들의 더러운 일 감춰 준 이들 모두 공범이다. 유가족과 특조위가 (침몰 원인에서) 가장 중요하다고 언급하는 부분마다 해수부가 없애고 있다. 일분일초도 자유롭지 못하게 끌어내리자. 우리 아이들이 가장 살고 싶어 했던 일분일초다. 세월호 진실을 숨기는 그 자들은 지옥에 갈 것이다. 오늘 우리 부모님들이 구명조끼를 입고 행진하신다. 동생을 마지막으로 봤을 때 구명조끼 끈을 허벅지에 칭칭 감고 나왔다. 얼마나 살고 싶었으면 그 낡은 조끼의 끈을 칭칭 감았을까. 오늘 우리 부모님들이 내는 용기는 쉬운 것이 아니다. 가장 강한 엄마, 아빠들의 행진에 함께하고 응원해 달라.(단원고 2학년 2반 남지현 학생의 언니 남서현)

6년째 해고자 생활을 하고 있다. 제가 입고 있는 옷은 사람이 하직했을 때 입는 장례복이다. 이 옷을 입은 이유는 같이 20년을 일했던 한 노동자가 회사의 탄압 때문에 목숨을 끊었기 때문이다. … 300명 남은 노동조합에서 30명이 해고당하고 매일같이 징계당했다. 사측은 노동조합을 무려 1300건이나 고소했다. … 회사는 노동자가 스스로 목숨을 끊은 것이지 자기들이 죽인 게 아니라고 한다. 법원은 회사에게는 아무런 제재도 가하지 않고 노동자들에게만 유죄를 선고한다. 하나만 묻자. 304명의 목숨이 수장되는 동안 박근혜는 뭐했나? 이런 박근혜에게 몇 년을 구형해야 하겠나? 재벌 총수들에게는 몇 년이 떨어져야 하나? 우리는 피눈물로 살고 있다. 박근혜 정권과 놀아난 재벌놈들 감옥에 넣을 때까지 우리는 최전선에서 싸우겠다.(유성기업 노동자 조성덕)

국정교과서 폐기를 위해 집회에 나왔다. 하나의 교과서로[만 배워서] 단일한 생각을 하게 되는 것보다 여러 교과서로 [배워서] 다양한 생각을 배우는 [기회가 있는] 게 좋다고 생각한다. 그리고 박근혜는 범죄자이기 때문에 더욱 박근혜 정부[가 만든] 교과서를 사용할 수 없다고 생각한다. 국정교과서를 올해가 가기 전에 폐기했으면 좋겠다.(중학교 1학년 여학생 류현)

자유롭고 정의로운 대한민국[은 어때야 하는지] 여기 계신 분들은 아는 거 같은데 저기 [정치권에] 계신 분들은 모르는 것 같다. 국민이 있어야 국가가 있는 것이다. … 나는 13살밖에 안 되지만 저분들보다 더 정의를 잘 안다. 나는 부모님 지갑을 건드리지 않는다. [박근혜가] 보톡스나 맞으라고 [서민들이] 세금 낸 것 아니다. 국가가 국민을 무서워할 때까지 촛불을 들 것이다.(초등학교 6학년 여학생 장민주)

황교안은 즉각 사퇴하고, 그때까지 아무것도 하지 않는 것이 국민을 위한 일이다. 황교안이 누구인가? 그동안 박근혜 옆에서 용비어천가 부르고 권력을 주워 먹던 최고의 부역자다. … 황교안은 '위안부' 합의 [결과를 옹호하며] 그 정도면 만족하라[고 말한 사람이다.] 황교안은 세월호 진상 규명도 막아 왔다. … [황교안은] 대리운전 하라고 했더니 자기 차인 줄 안다. [황교안이 말한 것 중] 국정을 차질 없이 운영하겠다고 한 것이 가장 끔찍하다. 국정교과서와 노동 개악이 황교안이 말하는 '국정'이다. [황교안 뿐 아니라] 저들 중 누구도 국정을 운영하면 안 된다. …

황교안은 사퇴하고 그때까지 아무것도 하지 마라.(공공운수노조 사무처장 김애란)

삼성은 [백혈병으로 사망한 반도체 노동자] 고 황유미 씨의 유가족들에게는 500만 원 내밀고 정유라와 최순실에게 수십억 원을 줬다. 그런데 [그런] 재벌을 찬양하는 교과서를 국정으로 채택한다는 것은 노동자 서민의 피를 빨아[먹고] 사는 것이 괜찮다고 아이들에게 가르치겠다는 것이며, 그런 나라를 계속 이어가겠다는 것이다. 박근혜 정부의 국정교과서는 국민의 힘으로 폐기해야 할 것이다. 촛불이 할 수 있다!(정의당 국회의원 윤소하)

김영한 전 민정수석의 업무 수첩 2014년 8월 25일자 메모에는 김기춘이 통합진보당 해산 관련해서 지원 방안을 마련하라고 [했다고] 되어 있다. … 2014년 12월 19일에 통합진보당이 해산되는데, 바로 그 이틀 전에 김기춘이 19일에 선고되니까 후속 작업을 준비하라고 지시했다. 헌법재판소 판결 내용을 어떻게 청와대가 미리 알 수 있단 말인가? 이것이 내통한 것이 아니면 무엇인가? … 끝날 때까지 끝난 것이 아니다. 헌법재판소가 국민이 무서워서라도 시급하게 조속하게 탄핵 결정을 하도록 끝까지 싸우자. 헌재는 [박근혜를] 탄핵하라! 조속히 탄핵하라!(민중연합당 공동대표 정태흥)

언론이나 정치권은 탄핵이 가결됐으니 투쟁을 마쳐도 될 것처럼 말하지만 그렇지 않다. 우리의 목표는 언제나 박근혜 즉각 퇴진이다. 2만에서 200만이 될 때까지 언제나 우리의 요구는 즉각 퇴진이었다. 박근혜 아바타 황교안이 대행하고 있는데도 탄핵이 끝이라는 것은 기만이다. 여기서 투쟁이 멈추면 박근혜는 다시 살아날 것이고 그러면 모든 죄가 가라앉을 것이다. … 그러니 이제 종강을 했다고 탄핵이 가결됐다

고 가만히 있지 말자. 진실을 되찾는 날까지 거리로 나오자.(숙명여대 학생 김성은)

우리는 박근혜 개인에게만 분노하는 게 아니다. 박근혜가 국정을 농단할 수 있게 한 시스템에 분노하는 것이다. [주변 어디를 봐도] 부정부패가 가득하다. … 청년들의 요구는 단순하다. 학교와 일터에서 기본적 [권리를 누리며] 살아가는 것이다. 아버지가 철도 조합원[이기도 한데] 박근혜 정부 하에서 우리 집 [모두가] 너무 힘들었다. 끝까지 싸우겠다.(한 청년)

특별취재팀, 〈노동자 연대〉 190호(2016-12-17) 축약.

박근혜 정권 퇴진할 때까지 촛불은 계속 간다

"국정조사 청문회 완전 고구마 100개 먹은 것 같았다. 최순실, 김기춘, 우병우 모두 기억상실증 걸린 것마냥 아무것도 모른다고 했다. 우병우한테 '너 우병우 아냐'고 물어도 모른다고 잡아뗄 기세였다."

2016-12-22   국정조사 5차 청문회, 우병우 출석 "최순실 모른다"

2016-12-24   9차 범국민행동의 날 "박근혜 퇴진해야 메리 크리스마스"(서울 60만, 전국 70만)

2016-12-26   전 문체부 장관, "문화·예술계 블랙리스트 김기춘이 주도했다" 폭로

주적이 누구인지 아는 게 중요하다

 "'탄핵소추 사유'는 ⋯ 전혀 사실이 아니고, 그것을 입증할 만한 증거가 없으며 ⋯ 각하 또는 기각되어야 마땅 ⋯ [헌법은] 지지율이 일시적으로 낮고, 100만 명이 넘는 국민들이 촛불 집회에 참여하면 임기를 무시할 수 있다는 예외 규정을 두지 않고 있[다.] ⋯ [세월호 구조] 결과가 기대에 미치지 못하였다고 ⋯ 대통령에게 국가의 무한 책임을 인정하려는 국민적 정서에만 기대어 헌법과 법률의 책임을 문제 삼는 것은 무리 ⋯ "

 12월 16일 박근혜가 헌법재판소에 제출한 탄핵소추 답변서 일부다. 박근혜는 거대한 박근혜 퇴진 여론을 또다시 바보 취급했다. 다른 일당도 대장을 잘 따랐다. 재판과 국정조사 청문회 등에서 최순실, 김기춘, 우병우 등 핵심 실세들은 모두 혐의를 부인하거나 모른다고 잡아뗐다.

 이들은 권력을 조금이라도 더 연장하려고 박근혜 헌재 심리와 최순

실 등의 형사재판을 연계해 시간을 끌어 보려 한다. 그러나 탄핵심판
은 형사재판과 다르고 형사재판의 사실 다툼에 종속돼야 할 필연적
이유가 있는 것은 전혀 아니다.

노동자들에게는 성과해고제, 성과연봉제를 강요하며 피눈물을 흘리
게 하던 자들이 정작 자신들이 쫓겨날 때가 되자 "결과가 기대에 미치
지 못했다고 물러나라고 하면 되냐"고 한다. 이 꼴을 보고 있자니 피
가 거꾸로 솟는다.

박근혜가 뻔뻔한 답을 내놓는 것은 시간 끌기일 뿐 아니라, 자신의
우익 지지층에게 헌재를 압박할 논리와 동기를 제공하는 것이다. 박근
혜가 11월부터 우익 기독교 세력과 접촉해 대형 기도회 등을 촉구했
다는 의혹을 CBS가 폭로했다. 17일에 헌재 앞에서 집회를 연 박사모
등 우익 동원에 돈이 살포되고 있다는 의혹도 곳곳에서 나왔다.

따라서 정권 퇴진 운동이 헌재에 조기 탄핵 결정을 압박하는 것은
정당하다. 그러나 박근혜의 대타로 나서 '박근혜 없는 박근혜 정부'를
이끄는 황교안의 사퇴를 요구하는 것도 마찬가지로 중요하다.

박근혜 정부는 국가기관이 총동원된 더러운 대선 개입 정치 공작
(이것도 부패의 양상)에 힘입어 출범했다. 우파 전체와 기업주들은 똘
똘 뭉쳐 선거에서 그를 지지했다. 개인 호주머니로 들어갈 돈인 걸 다
알면서도 꼬박꼬박 더러운 돈을 입금했다. 심지어 같잖은 아이를 말에
태워 명문대에 입학시키려고 수십억 원씩 내놓았다. 박근혜 정부가 경
제 위기의 대가를 노동계급에 떠넘기고 자본가계급 전체의 이익을 수
호하려고 탄생한 정권이기 때문에 가능한 일들이다.

그래서 박근혜 정부는 그 자체가 적폐다. 이 정부가 온갖 악행을 일
삼으면서 내세운 것이 바로 '법과 질서'였다. 박근혜의 법치주의는 가

진 자들에게서 못 가진 자들을 보호하는 것이 아니다. 특권과 횡포에 항변하지 못하게 때려잡는, 가진 자들의 주먹이다.

바로 이 법치주의를 박근혜 정부 초대 법무부 장관으로 시작해 국무총리로서 떠받쳐 온 것이 황교안이다. 따라서 황교안이 '박근혜 없는 박근혜 정부'를 이끄는 것도 그 자체로 박근혜의 적폐. 퇴진 운동은 황교안과 장관들의 사퇴를 분명하게 주장하면서 싸워야 한다. 야당(특히 민주당)과의 협력을 위해 이를 전면에 내세우길 꺼려서는 안 된다.

박근혜가 시간을 끄는 동안 황교안은 국정 역사 교과서, 사드 배치, 노동 개악, 한일군사정보보호협정 등을 강행할 태세를 갖추고 있다. '협치'를 하자며 야당과의 개별 회담을 추진하는 것도 공작 정치의 재탕이다. 법리적으로는 말도 안 되는 헌재소장 박한철의 임기 연장설을 흘린 것도 되치기 시점을 잡으려는 간 보기다. 지난 17일 서울 집회는 전과 달리 무장한 진압 경찰들이 경복궁역과 안국역 등에 전진 배치됐다.

지배계급은 거의 수직으로 솟구쳐 오른 대중투쟁에 놀라서 우왕좌왕하다가 이제는 박근혜 개인을 제거하는 쪽으로 옮겨가는 듯 보인다. 그런 혼란과 당혹감 속에서도 그들 모두가 동의하는 점이 있다. 대부분 노동계급 성원인 시위 참가자와 지지자들이 자신들의 힘에 대한 자기 확신을 유지하고 키우지 못하게 하는 것이다. 폭발적인 거리 시위는 (바라는 바를 아직 충분히 이루지 못했지만 그럼에도) 등장 두 달 만에 파죽지세로 박근혜의 공식적인 직무 정지와 집권당의 분당을 이끌어 냈다. 그러나 이제는 곳곳에서 제동을 걸려 한다.

지배계급이 우파 언론을 통해 박근혜 개인의 치부는 계속 폭로하면서도 야당들에 황교안 내각의 안정에 협조하라고 촉구하는 이유다. 대통령과는 달리 황교안은 야당 의원 수만으로도 제거가 가능한데도(총리는 과반이면 탄핵소추 가능) 공식 야당들은 그렇게 하지 않는다. 오히려 황교안에게 여야정 협의체를 주문한다. 주류 야당도 자본주의 수호 원칙은 새누리당과 공유하기 때문에 대선을 앞두고 자본가계급에 국정 수습 능력을 보여 주려는 것이다.

공식 야당들에게는 우파들과 타협해 황교안이 공정한 대선 관리 내각이 돼 주는 게 더 중요하기도 할 것이다. 야권 후보들의 단일화를 조율할 시간도 필요하니, 대체로 3월 초로 예상되는 탄핵심판 시계가 더 빨라지는 것도 별로 바라지 않을 수 있다.

야당과의 공조가 우선돼선 안 된다

탄핵소추안 가결로 한 번 정점을 찍은 뒤로, 운동 초기에 있던 지배계급의 부분적 용인이 줄어드는 상황이 전개되고 있는 듯하다. 이 운동에도 정치적 분화가 일어나는 것이다. 박근혜 개인만을 제거하길 원하는 자들과 박근혜 정권을 제거하길 원하는 더 급진적인 자들 사이의 분화 말이다.

NGO들은 민주당의 개혁파 정치인들을 밀어 정권 교체를 이루고 싶어하는 자신들 고유의 프로젝트 때문에라도 운동이 이제는 민주당(특히 박원순) 대선 승리의 보조물로 가기를 바라는 듯하다. 운동이 더 자신감을 얻고 급진적이 되는 것은 민주당(심지어 박원순)에게도 불안할 것이기 때문이다.

자본주의 야당들과 계급을 초월한 국민 연합 정권에 참여하길 바라는 자민통계는 거리 운동을 강조하면서도, 야당 비판을 삼가고 그들과 동맹하길 바라는 점에서는 NGO들과 보조를 맞춘다.

정의당도 민주당과의 연립정부를 염두에 두느라 말을 아끼고 있다. 황교안 사퇴 요구와도 분명하게 선을 긋고, 정략적 개헌 논의를 대놓고 거부하지도 않는다. 새만금에 카지노를 유치하려 한 국민의당을 비판한 정의당 전북도당을 중앙당이 견제하는 일도 벌어졌다. 〈레디앙〉 보도에 따르면, 정의당 한 의원은 전북도당에 "굳이 이 국면에서 이렇게 (국민의당과 대립하는 것을 뜻함) 해야 하느냐"고 질책하기도 했다.

그러나 진보 정치 세력이나 노동운동이 한사코 자본주의 시스템을 고수하는 민주당과 연립정부를 세운다는 계획은 위험하기 짝이 없는 전략이다. 위기에 처한 자본주의는 그 수호자들로 하여금 가차없는 착취자·억압자가 되라고 압박하기 때문이다. 즉, 경제 침체가 계속될 것이므로, 진보 세력이 포함된 민주당 정부조차 고통 전가 정책을 추진하라는 지배계급의 압력을 이겨내기 힘들 것이다(박근혜의 권력 농단이 현행 헌법상 대통령 권한이 너무 커서 벌어졌다고 하지만, 같은 헌법 아래서 노무현은 "권력이 시장에 넘어갔다"고 무기력을 호소하고 지지층을 배신했다).

그런 상황에서도 진보 세력이 그 정부 안에 머물려고 하면, 투쟁 대상에 대한 정치적 혼란을 줘 노동자·민중이 효과적으로 저항하는 데에 해가 된다.

지금 박근혜 정권 퇴진 운동 안에서 이런 전략은 '운동의 성공을 위해 야당 지지가 필요하니, 운동의 요구와 수위를 낮추자'는 압력으로 나타나고 있다. 이는 틀린 주장이다.

첫째, 꼭 온건한 주장이 운동의 저변을 넓히는 것은 아니다. 상황에 따라 다르다. 지금처럼, 박근혜 개인뿐 아니라 그의 정부에 증오심을 갖고 불만과 분노가 분출하는 상황에서는 투쟁적 목소리가 필요하다. 이 강력한 거리 운동이 ('역풍'론 걱정을 거부하고) 처음부터 과감하게 "박근혜 정권 퇴진"을 기치로 탄생했듯이 말이다. 조직 노동운동과 좌파가 이를 처음에 제안해 성공을 거둔 배경이다.

둘째, 대중보다 오른쪽에 있으려는 정책은 패배를 자초하는 정책이 될 가능성이 크다. 퇴진 운동의 동력인 거대한 분노와 자신감을 운동이 온전히 표현하지 않는 결과가 되기 때문에, 운동 자체가 가라앉고 그렇게 될수록 주류 야당들조차 운동의 요구에 냉담해질 것이다.

벌써 그와 비슷한 일이 벌어지고 있다. 퇴진행동의 온건파들이 야당들을 압박하려고 22일 국회에서 연 '6대 긴급 현안 연내 해결 촉구 토론회'에 주류 야당 지도자들은 별 관심을 보이지 않았다. 주최 측은 야 2당의 원내 대표들이 올 것을 기대했는데 오지 않았다고 불만을 털어 놨다. 민주당의 집권을 뒷받침하는 수준으로 운동을 제한하는 것을 멈춰야 한다.

대신 정치적 독립성을 추구하며 대중투쟁 중심성을 유지해야 한다. 아래로부터의 힘을 극대화해야 한다.

김문성, 〈노동자 연대〉 191호(2016–12–23).

"즉각 정권 퇴진, 조기 탄핵" 크리스마스

영하의 날씨임에도 또다시 박근혜 정권 퇴진 집회에 수십만 명이 모였다.

24일 서울 광화문 광장에 열린 '끝까지 간다! 박근혜 정권 즉각 퇴진, 조기 탄핵, 적폐 청산 9차 범국민행동의 날'에는 60만 명(주최 측 추산, 전국 70만 명)이 모였다. 부산에서도 7만 명이 모였다. 첫 집회를 3만여 명으로 시작한 이후, 8주째 서울 도심에 수십만 명이 연속으로 모인 것이다.

오늘 집회는 성탄절 전야를 맞아 시내 나들이를 나온 가족 단위 참가자들도 많았다. 데이트를 나온 커플들도 집회와 행진에서 눈에 많이 띄었다. 청소년들이 많이 나온 데다가, 곳곳에서 분노의 자유 발언들을 해 호응을 많이 받았다. 민주노총 노조와 좌파 단체들, 대학생 단체들이 행진을 앞장서 이끌었다.

집회는 성탄절 전야의 특성상 축제처럼 진행됐고 사람들도 흥겹게 호응했지만, 분노는 여전했다. 박근혜는 탄핵소추안에 뻔뻔하기 그지없는 답변서를 보냈고, 여전히 황교안이 박근혜 정부를 이끌고 있다. 재판과 국회 청문회에서 최순실과 우병우, 김기춘 등 정권 실세들이 부끄러운 줄도 모르고 죄를 잡아떼고 있다. 청문회를 보다가 "고구마를 100개 먹은 것 같았다"는 한 대학생의 발언이 사람들의 마음을 잘 표현한 듯하다.

사람들은 연이은 강력한 대중 시위로 박근혜 직무를 정지시키고, 새누리당을 쪼갠 것에서 힘을 느꼈을 것이다. 그러나 유례 없는 시위가 국민적 지지를 받고, 곤두박질친 박근혜 지지율이 회복되지 않는데도 박근혜 정권이 버티는 것, 야당이 탄핵소추 가결 후 운동과 거리를 두는 것에도 고민이 많을 것이다. 이는 박근혜 정권을 확실히 끝내길 바라는 마음이 전혀 식지 않았기 때문이다. 오늘 구호 중 "황교안이 박근혜다"(황교안 사퇴 요구)가 집회와 행진 방송차에서 인기를 끈 것도 그런 의지의 표현으로 보인다.

본대회 후 청와대(청운동 길), 헌법재판소(안국동), 국무총리 공관(삼청동 길) 세 방향으로 나눠진 행진에서 지난주에 견줘 헌재 방향 규모가 두드러지게 늘어난 것은 제도적 수단으로라도 서둘러 강제 퇴진을 시키고 싶은 이유 때문일 것이다(물론 여전히 청와대 방향이 가장 많았고, 삼청동 길도 가득 찼다). "조기 탄핵" 문구를 담은 팻말도 인기가 높아진 듯 보였다.

크게 줄지 않은 참가 규모도 그렇고, 사람들은 우익들이 헌재를 타격 대상으로 삼아 "탄핵 무효"나 맞불 집회를 열려고 하는 것에 대응해야 한다는 생각들도 컸을 것이다. 여전히 경계를 풀 수 없는 상황이라고 느껴지니, 야당들이 조기 대선을 향한 애드벌룬을 띄우는 것도 광장과 거리에 나오는 사람들에게는 썩 만족스럽지 않다.

가령, 최근 지지율이 대폭 오른 민주당이 지역 조직 깃발들을 들고 수백 명 참가했지만, 광장에서 크게 환영받지 못했다. 사전 행사에서 한 중학교 1학년 학생도 "박근혜가 탄핵됐다고 당연히 대통령이 될 수 있다고 생각하지 마시고 진짜 국민들이 원하는 게 뭔지 고민하시라"고 말할 정도였다. 황교안 사퇴 요구에 반대한 정의당의 광장에서의 인기도 초기만큼은 아닌 듯 보였다. 그럼에도 정의당은 주류 야당보다는 더 환영받고 있고, 오늘도 "조기 탄핵"을 주장하며 당원들을 동원한 것은 잘한 일이다.

한편, 오늘 주최 측이 본무대에서 미리 행진 방향과 각 방송차를 안내하자 사람들이 광장에서 자신이 가고 싶은 방향으로 이동해 따라가는 모습이 인상적이었다. 기자 바로 앞에 서 있던 한 가족은 "헌재로 가야 한다, 아니다 총리 공관으로 가야 한다" 하며 즉석에서 가족 회의를 열었다.

운동 참가자들이 이처럼 정치적이다. 참가자들의 정치의식을 낮춰 보고, 정치와 조직의 깃발이 거부당한다는 식의 (도대체 집회에 와 봤는지 모를) 기사들이 현실에 들어맞지 않는 이유다. 박근혜 정권 퇴진 운동은 운동의 성장을 위해서라도 명확한 정치가 매우 중요함을 잘 보여 주고 있다.

사전 행사들

오후 1시 파이낸스센터 앞에서 '박근혜 즉각 퇴진을 요구하는 교수·연구자 거리 시국강연'이 열렸다. 노중기 교수는 지난 4년 동안 박근혜에 맞서 싸워 온 세력들이 있었고 11월 12일 첫 100만 집회까지 이들이 규모를 키워 왔음을 강조했다.

이석기 석방 요구 서명 캠페인은 지난주에 이어 이번 주에도 여러 곳에 부스를 차리고 서명을 받았는데, 호응을 많이 받았다. 광화문 9번 출구에 위치한 헌법재판관에게 엽서 보내기 부스에도 지난주에 이어 이번 주에도 많은 사람들이 찾았다.

상명중학교 학생들이 세월호 트리를 만들어 와서 많은 사람들이 사진을 찍었다. 아이디어가 톡톡 튀는 각종 풍자도 많았다. 특'껌', 박근혜 감'빵'이 등장했고, 몇몇 예술인들은 양파를 까면서 세월호 거짓말이 이처럼 "까도 까도 나온다"고 비판했다.

광화문 광장에서는 박근혜가 밀어붙이는 국정교과서 중단 서명과 홍보물이 설치됐다. 조희연 서울시 교육감도 서명을 호소했고, 많은 사람들이 조희연을 알아보고 사진을 함께 찍었다.

재벌을 규탄하는 집회도 진행됐다. 반올림은 유인물을 나눠 주며 사람들에게 삼성전자 반도체 노동자들의 고통을 외면하고 있는 삼성을 폭로했다.

오후 3시에는 광화문 광장 북단 본무대에서 적폐 청산 토크 콘서트가 열렸다. 퇴진행동은 연내 해결해야 할 과제로 세월호, 사드, 성과연봉제, 언론 장악, 백남기 농민 사망, 국정교과서 등 6개를 제시한 바 있다. 토크 콘서트에서 박래군 4·16연대 상임운영위원, 고 백남기 농민의 딸 백도라지 씨, 철도노조 김영훈 위원장 등이 각각의 과제를 대표해 발언했다.

본대회

"박근혜가 퇴진해야!", "메리 크리스마스!"

박근혜를 즉각 퇴진시켜 즐거운 크리스마스를 맞자는 의지를 확인하며 본대회가 시작됐다. 사회를 맡은 퇴진행동 윤희숙 집회기획팀장은 박근혜 즉각 퇴진과 구속 외에도 황교안 사퇴와 구속 등도 구호로 강조했다.

퇴진행동을 대표해 이재화 변호사(민변 박근혜정권퇴진특위 부위원장)가 마이크를 잡았다. 이 변호사는 박근혜 즉각 퇴진, 적폐 청산, 황교안과 그 부역 장관들 사퇴를 강조했다. "국정 농단 주범 박근혜를 국민의 힘으로 즉각 퇴진시켜야 한다. … 박근혜의 적폐를 청산하지 않으면 도루묵이다. 우선 인적 청산부터 해야 한다. 박근혜, 김기춘과 우병우를 구속시켜야 한다. 대통령 코스프레하면서 박근혜 표 나쁜 정책을 추진하려는 황교안과 그 부역 장관들을 모두 사퇴시켜야 한다. … 박근혜표 나쁜 정책과 제도도 폐기시켜야 한다. 세월호 특별법 재제정, 고 백남기 농민 특검 실시, 사드 배치 중단, 성과퇴출제 중단, 국정 역사 교과서 폐기, 언론장악방지법 제정 등 6대 긴급 과제는 반드시 올해 안에 관철시켜야 한다."

그리고 헌재의 조기 탄핵을 촉구하며, 헌재를 믿지 말고 계속 촛불을 들자고 호소했다. "지금 헌재는 박근혜 탄핵심판이 진행 중이다. 심판 지연은 또 다른 부역이다. 조기 탄핵은 국민의 명령이다. … 헌재는 청와대와 내통해 진보 정당을 해산한 전력이 있다. 촛불이 사그라지면 헌재는 언제든지 엉뚱한 판결을 할 수 있다. 새로운 대한민국, 정의로운 세상이 오는 그날까지 광장의 촛불은 계속 타올라야 한다."

소등 행사를 할 때 정부 종합 청사 건물에는 레이저로 쏜 "박근혜 구속, 조기 탄핵" 글씨가 눈에 띄었다.

집회가 끝날 즈음에, 사회자는 12월 31일은 박근혜 없는 2017년을 위해 '송박영신' 집회로 하려 한다고 말하며 많은 사람들이 참가해 줄 것을 호소했다.

부산 대회

부산에서는 7만 명(주최 측 추산)이 또 한 번 모였다. 민주노총 조합원들이 3000여 명 참가한 민주노총 사전 집회로 이날 집회가 시작됐다. 크리스마스 이브라서 서울과 마찬가지로 가족 단위 참가자들이 많았다. "박근혜가 구속돼야 메리 크리스마스, 공범자도 구속돼야 메리 크리스마스" 구호가 호응이 좋았다.

참가자들은 문현로터리까지 행진하고 집회를 마쳤다.

자유 발언들

보수 언론들은 "언제까지 촛불 들 거냐"고 한다. 그런데 살면서 수천 번 사는 토요일 중에 이제 아홉 번 나왔다. 문제가 해결되지 않으면 얼마든지 더 나올 수 있는 것이다. … 여러분이 지난 수년간 우리에게 지치지 말고 포기하지 말라고 해 주셨다. 우리가 그 덕분에 여기까지 올 수 있었다. 감사하다! 우리는 저 나쁜 무리들보다 단 1분만 더 싸우면

된다. 저들은 끝을 맞이할 것이고 우리는 승리할 것이다. 그러니 주저하지 말고 두려워하지 말자.(416 가족협의회 집행위원장 2학년 3반 예은 아빠 유경근)

박근혜·최순실 게이트의 진짜 몸통은 이재용을 비롯한 재벌들이다. 삼성이 박근혜·최순실에게 바친 수백억 원이 어디서 나왔는가? 삼성 반도체 노동자 수십 명이 백혈병으로 죽을 동안 수많은 비정규직 노동자들에게서 [삼성이] 착취한 돈을 뇌물로 바친 것이다. 그런데 삼성은 정유라 강아지의 팬티까지 사다 바쳤다고 한다. 분노하지 않을 수 없다. 이재용을 비롯한 재벌들을 구속해야 한다.(삼성전자서비스지회 지회장 라두식)

12월 28일은 굴욕적 한일 '위안부' 합의가 맺어진 지 1년 되는 날이다. 지난해 말은 '위안부' 할머니들에게는 절대 기쁜 날이 아니었다. 1년이 지난 지금 서른아홉 분만이 살아 계신다. 많은 할머니들이 진정한 사과를 받지 못한 채 돌아가셨다. 지난 여름 '화해와치유재단'이 만들어졌는데, 누구를 위한 화해고 치유인가! 아베가 무릎 꿇고 사과할 때까지 싸워야 한다. 한일 합의 철회하라!('대학생 겨레하나' 대표 김연희)

박근혜가 해직해 1년 동안 학교로 돌아가지 못하는 윤리 교사다. 얼른 학교로 돌아가고 싶다. … [나를 해고한] 박근혜는 역사 교과서를 국정화하려 한다. 과거에서 교훈을 배워서 미래를 발전시키기 위해 역사를 배우는 것 아닌가? 과거의 잘못에서 배우게 하려고 역사를 가르쳐야지 자기 아버지를 미화하려고 가르쳐서는 안 된다. 게다가, 2015개정 교육과정이라는 것은 원래는 2018년부터 새 교과서로 가르치기 시작하는 것인데, 박정희가 태어난 지 100년에 맞춰서 역사만 꼭 찍어서 내년에 하겠다는 것이다. 그리고 그 국정교과서를 저기 공관에 있는 황교안이 '올바른 교과서'라고 말하는 것이다. 미친 것이다. … 박근혜와 황교안은 한통속이다. 몰아내야 한다. 그리고 촛불이 같이 뭉쳐서 사람이 사람답게 사는 나라를 만들었으면 한다. 그리고 나도 빨리 학교로 보내 달라.(전교조 조합원 해직 교사)

원래도 공부하기 싫었는데 국정화된 역사 교과서로 공부하라니 심적 부담이 크다. … [다음 대통령은 어떤 사람이 돼야 한다고 보느냐는 질문에] 국민 전체의 의견을 대변할 수는 없겠지만 대다수의 의견은 대변할 줄 알아야 한다. 특히 빨간색 상징을 쓰는 당[새누리당]은 절대 뽑으면 안 된다. 그리고 유엔 사무총장에서 내려오신 미꾸라지 기름장어님[반기문]은 품격도 있고 권위도 누리신 분이, 안 그래도 어지러운 흙탕물 정국을 더 흐리게 하지 마시고 품격을 지키시길 바란다. … [야당 주자들에 대해서는 어떻게 생각하느냐는 질문에] 민감한 질문인데, 어떻게 됐든 박근혜가 탄핵됐다고 당연히 대통령이 될 수 있다고 생각하지 마시고 진짜 국민들이 원하는 게 뭔지 고민하실 때다.(중학교 1학년 학생)

고려대 학생들의 승리 소식을 촛불 집회에 크리스마스 선물로 드리고 싶다. 박근혜 정권의 교육 개악에 발맞춰 추진되고 있던, 대학을 삼성·SK 등 대기업의 입맛에 맞추는 미래대학 설립을, 학생들이 28일의 점거로 철회시키고 승리했다. 박근혜 퇴진 촛불 운동과 고려대 학생들의 단호한 점거가 만나 만들어 낸 승리다. … 우리 투쟁이 승리한 것은, 이 시기에 싸우면 이길 수 있다는 것을 보여 주는 사례라고 생각한다. 박근혜 정부의 적폐 철회를 위해 거리와 학교, 작업장 등에서 투쟁이 더욱 성장해야 한다. 각자의 현장에서, 박근혜 정권의 정책이 실현되는 곳에서 그 정책을 막아 내는 투쟁을 벌이자!(고려대 점거위원회 부위원장 연은정)

최순실 재산이 10조 원이란다. 너무 황당하다. 박근혜는 [국민의] 머슴인데 계속 버티고 있다. 심지어 나쁜 짓도 다시 꾸미고 있다. 즉각 퇴진해야 한다. 헌재도 빨리 탄핵 결정을 내려라. 그러려면 우리가 지치면 안 되고 계속 더 모이고 횃불이 돼야 한다.(한 중년 남성)

특별취재팀, 〈노동자 연대〉 191호(2016-12-24) 축약.

10주

황교안이 박근혜의
적폐를 밀고 가다

"2016년은 박근혜가 노동 개악법, 친기업 규제 완화법을 통과시키라고
국회를 압박하며 짜증나게 시작됐지만, 그 마무리는 다르다.
박근혜는 청와대에서 정치적으로 유폐된 상태로 2016년을 떠나보내게 됐다."

황교안이 박근혜의 적폐를 밀고 가고 있다

헌법재판소의 박근혜 탄핵심판이 조기에 이뤄질 듯하다는 관측이 점점 힘을 얻고 있다. 내년 상반기 대선 가능성이 커지는 상황에서 민주당의 지지율이 올랐는데, 새누리당은 지지율 폭락과 함께 둘로 쪼개졌다. 정권 교체 가능성도 높아진 것이다. 연인원 1000만여 명이 참가한 박근혜 정권 퇴진 운동이 두 달여 만에 만들어 낸 정치적 변화다. 민중의 투쟁과 분노가 오만방자한 집권당을 극심한 위기에 빠뜨렸다. 이 점을 강조하는 이유는 역설이게도 정권 퇴진 운동이 아직 그 목표를 이룬 것은 아니기 때문이다. 이 정도에서 멈추려고 그 많은 사람이 영하의 날씨에 눈비 맞고 거리에 나온 것이 아니다.

사실 박근혜의 '비선' 통치가 문제가 된 마당에, 박근혜의 '공식' 업무가 정지됐다고 정권의 악행이 멈출 거라고 생각할 근거가 애초에 없었다. 박근혜는 구속 수사를 피하기 위해서라도 수단과 방법을 가리지 않고 탄핵심판의 시간을 끌 것이다. 우파는 여전히 호시탐탐 역전 기회를 노린다.

그럴수록 운동은 황교안과의 대결이라는 문제에 직면할 수밖에 없다. 지금 정치적 유폐 상태의 박근혜를 대신해 권한대행 황교안이, 잠시 멈춘 강성 우파 정권의 시계를 다시 돌리려 한다. 황교안 내각이 설사 은밀한 부패의 몸통은 아닐지언정, 그 부패와 융합해 박근혜 정권이 벌인 반민중·반민주 학정의 몸통임을 잊어서는 안 된다.

지금 박근혜 퇴진이 기정사실화됐으니, 차기 대선을 겨냥한 입법·개헌 과제 목록을 작성하고 정권 교체를 위해 야당 후보를 암묵적으로 지원하는 데 더 신경 쓰자는 일부 세력들은 현실을 직시해야 한다.

우익의 새 아이콘으로 등극한 황교안

황교안은 표현의 자유를 억압하고 국정원 권한을 늘려 공작 정치를 부분 합법화할 국가사이버안보법을 국무회의에서 의결했다. 정부 입법을 발의한 것이다. 국회 통과 여부는 불투명하지만, 그가 여소야대 국회에 어떻게 맞서려 하는지는 잘 알 수 있다.

그는 '미스터 국가보안법'이라는 별명답게 국가보안법 위반 신고자 포상액도 20억 원(종전 5억 원)으로 대폭 올렸다. 한일 '위안부' 합의 1년을 맞아서는 "[이보다] 더 좋은 합의가 어떤 것이냐"며 기존 합의를 옹호하고, 차기 정권에서도 유지돼야 한다고 주장했다. 대표적인 적폐 청산 요구에 정면으로 도전한 것이다.

한 종편 채널은 경찰청이 11월 19일 퇴진 운동 주말 행진을 경복궁 역까지 허용한 것을 황교안이 질책했다고 보도했다. 권한대행을 맡은 후, 경찰이 주말 시위에 더 전진 배치된 것이나, 부산에서 '위안부' 소녀상 설치를 경찰 폭력으로 막으려 한 것도 황교안의 우파적 통치 유지 기조와 연관돼 있을 것이다.

이런 황교안 아래서 적폐 장관들의 행태도 여전하다. 문화·예술인 블랙리스트를 만든 문화체육부의 장관 조윤선은 "내부 제보자를 데려와 봐라" 하며 오리발을 내밀고 있다. 행정자치부는 가임기 여성 전국 지도를 만들어 지자체별 경쟁을 시키겠다는 황당한 짓을 하고 있다. 해양수산부 장관은 세월호 참사 추가 '진상 규명'에 반대했다. 노동개악을 추진해 온 노동부, 한일 '위안부' 협상을 옹호하는 외교부 등도 여전히 변함이 없다.

일부 우파 언론과 논평가들은 정권이 궁지에 몰린 상황에서도 밀리지 않는다며 황교안을 우익의 새 아이콘으로 치켜세운다. 심지어 정통 보수의 차기 대선 주자로까지 거론한다. 벌써 황교안을 대입한 대선 여론조사가 발표되고 있다. 황교안 내각을 겨눈 투쟁의 중요성이 더 커진 것이다.

현 시점에서 개헌 논의는 본질 흐리기다

애초 박근혜 정부의 존재 이유는 경제 위기의 책임과 고통을 노동자·민중에게 전가하고 이를 잘 관철하려고 우파적 통치를 실행하는 것에 있었다.

지배계급 다수는 더는 보호하기 힘들 정도로 만신창이가 된 박근혜를 제거하고 고통 전가 기조를 조금이라도 더 유지하고 싶어 한다. 그들은 이를 '국정 정상화'라고 부른다. 탄핵 인용 결정이 1월 말에 나올지 모른다는 예측까지 나오는 이유다. 특검이 박근혜를 압박하는 강도도 세지고 있다(물론 다 믿을 수는 없지만).

전경련의 기관지라 할 만한 〈한국경제〉는 "모두가 경제를 죽이지 못해 안달이다"며 운동의 압력 때문에 기업 규제 완화가 늦춰지는 것에 짜증을 부렸다.

그러나 폭발적인 대중 저항 때문에 노골적인 우파 통치 기조를 대놓고 유지하기는 힘이 드니, 현 상황에서는 황교안 체제를 지지하면서 여야정 협치를 주문한다. 더는 기존 정치체제의 안정을 흔드는 일들(야당들이 운동을 지지하며 그 요구를 국회에서 대변하는 일)은 중단하라는 것이다. 위기 속에서 박근혜를 도마뱀 꼬리 자르듯 버리고 이제는 지배계급이 큰 틀에서 단결(협치)하자는 것이다.

그 방안 하나가 개헌 정국을 조성하는 것이다. 12월 30일자 〈조선일보〉의 사설 제목은 "역사적 개헌 특위 출범, 통치 끝내고 협치 열어 달라"다. 탄핵안 가결 직후 야당들이 여·야·정 협의체 구성에 합의한 것이나, 1월 30일 여야 주류 4당(민주당, 새누리당, 국민의당, 개혁보수신당(지금의 바른정당))이 1월 임시국회를 열고 개헌 특위를 가동하는 것에 합의한 것은 '위기 속 단결(협치)'을 주문한 지배계급 여론에 부합하는 행위다.

그러나 현행 헌법 아래서, 군사독재 정권의 핵심 일원인 노태우가 집권해서도 아래로부터의 저항이 강력할 때에는 "물태우" 소리를 들었고, 한때 지지율 90퍼센트를 구가하던 김영삼은 "산송장" 소리를 들었으며, 김대중은 임기 초 반년이나 총리를 임명하지 못했다. 노무현은 그 스스로 "권력은 시장에게 넘어갔다"고 푸념했다(그럼에도 노동계급을 향한 공격은 줄기차게 계속됐다).

이명박·박근혜 정부 아래서 대통령과 국회 모두 새누리당이 지배하고, 우파 지배자들이 이 정권을 전폭 지지하는 상황이 이른바 제왕적 권력 현상의 실체다. 계급적 이익(과 정권 존속)이라는 커다란 목표를 위해 서로서로 감싸 주고 덮어 준 것이다. 이명박의 '4자방'(4대강·자원외교·방위산업) 비리를 박근혜(의 검찰)가 덮어 준 일이 한 사례다.

그러므로 현행 헌법의 조문 때문에 박근혜 게이트 따위가 생겼다고 보는 것은 박근혜와 새누리당의 잘못(적폐와 책임)을 가리고 면제해 주는 허구적 담론에 가깝다. (피억압 대중에겐 헌법이 국가권력을 더 제약하고 기본권을 더 많이 보장하는 게 좋겠지만, 그것이 권리로 보장되는 것은 아래로부터의 투쟁이 강력할 때이다.) 퇴진 운동 일각에서 특정 지지 후보에 대한 유불리를 따져 개헌 정국에 섣불리 부화뇌동하다가는 운동이 낭패를 겪을 수도 있다.

오히려 불평등 사회를 더 공고히 해 온 박근혜의 학정 때문에 민중이 겪은 좌절과 분노, 투쟁이 적폐 청산 요구에 더 반영돼야 한다.

헌재가 박근혜를 조기 탄핵할 수도 있다

박근혜는 헌법재판소 탄핵심판 심리에 무더기 사실 조회 신청을 내며 시간을 끌고 있다. 최순실도 거의 모든 혐의를 부정하고 있다. 이들 모두 탄핵 결정을 최대한 늦추려 한다. 친박 우파도 헌재 앞 시위를 벌이며 "탄핵 무효"를 외친다.

그러나 박근혜는 현직 대통령으로서 헌법상 형사재판의 대상이 되지 않는다. 자신에게 적용되지 않는 형사재판 식으로 탄핵심판을 하자는 것은 세력 균형 변화를 꾀할 시간을 벌어 보려는 꼼수에 불과하다. 지금까지 확인된 사실관계만으로도 박근혜 탄핵은 얼마든지 가능하다.

사실 자신이 절대적으로 유리한 헌법재판관 구성인데도, 박근혜가 시간을 끄는 의도가 무엇이겠는가? 정말로 자신 있다면, 우주 최강급 독점욕을 가진 박근혜가 헌재 심리를 빨리 해서 권좌로 복귀할 생각을 하지 않고 왜 시간을 끌려고 하겠는가?

이는 헌재 탄핵심판이 단순히 사실 심리가 아니라 정치 재판임을 알기 때문이고, 그것이 정치적·사회적 세력 균형에 영향을 받게 됨을 알기 때문이다. 지금 수백만의 거리 투쟁이 국회를 압박해 압도적으로 탄핵소추를 가결토록 만든 것은, 박근혜를 탄핵하라는 거대한 압박이 헌재에 가해져 있음을 뜻한다.

이런 세력 균형 때문에 지배계급 다수도 만신창이가 된 박근혜의 존재를 부담으로 여기고 빨리 털어 버리고 싶어 하는 것 같다. 애초 빠르면 3월초에나 결정이 될 것 같다는 전망이 우세했으나, 헌재소장인 박한철의 퇴임 전인 1월 말(설 연휴 전)에 결론이 날 수도 있다는 예측이 대두되고 있다. 헌재는 주 2회 심리를 하겠다며 속도를 내고 있다.

비선의 농락이 문제의 본질인가?

기존 정치 시스템에는 아무런 문제도 없고, 박근혜와 연계된 소수 비선 실세들의 농단과 농락이 박근혜 게이트의 본질이라고 보는 것은 피상적이다.

박근혜의 특수한 개성이 문제인 것은 사실이다. 그러나 객관적으로 드러난 이 권력형 부패의 실체에서 그런 문제들은 부차적일 뿐이다. 어떤 면에서는 박근혜만의 특수성도 아니다. 계급사회의 고위층 중에 자기 연설문을 직접 쓰는 자가 몇 명이나 되는가. 대의 기구와 대중의 의사와 무관하게 비밀스런 측근들과 정책을 상의하는 일도 흔한 일이다.

물론 이런 저질스런 자들에게 박해를 받고 힘겹게 지내 왔다는 것이 노동자·민중 운동에게는 자존심 상하는 일이긴 하다. 그들의 부정축재와 특권은 국민적 박탈감도 자극했다.

일각에선 노동운동과 좌파를 겨냥해 "초점을 흐리거나 참가자들을 불편하게 할 요구는 자제하고 쟁점을 최소화하자"고도 주장한다. 그러나 박해받고 투쟁하는 노동자들의 지지 호소는 광장에서 큰 지지를 받는다. "노동 의제는 시민에게서 환영받지 못한다"는 아전인수식 주장을 펴거나, 민주당 등을 곤란하게 할까 봐 노동 의제를 일부러 배제하려는 사람들만 광장에서 노동이 외면받는다는 (실제 경험과도 다른) 주장을 한다.

그러나 1000만이 넘는 사람들이 영하의 날씨에 눈비 맞아 가며 광장에 모여 청와대로, 총리 관저로, 헌재 앞으로 행진하는 것은 단지 박근혜 일당의 은밀한 사생활 때문만은 아니다. 애초에 가진 자들을 위해 노동자들을 쥐어짜고 민중을 천대하는 정책들에 정권의 명운을 걸어 온 자들을 향한 반감과 증오가, 그 전부터 전개돼 온 노동자 투쟁을 발판 삼으면서 (스스로도 놀랄 만큼) 많은 사람들이 순식간에 뛰쳐 나올 수 있었다.

박근혜·최순실 게이트의 실체는 '박근혜가 시녀에게 지시받거나 농락당한 것'이 아니다. 정권이 자신의 권력(검찰 등)을 이용해 국가 예산, 친기업 정책들을 대기업들과 부당 거래하며, 상호 간에 부당한 재산과 특권을 챙겨 왔다는 것이다. 이를 위해 공작 정치 수단도 동원됐다.

가령, 세월호 참사에 관해 정부 대응의 잘못을 지적한 감사원 보고서가 청와대를 거치며 윤색됐다는 폭로가 나왔다. 세월호 유가족의 항의를 묻어 버리려고 다양한 여론 조작 방법이 동원됐다. 국민연금으로 삼성의 경영권 승계를 도왔는데, 엉뚱한 학생들을 탈락시키며 최순실의 딸을 이화여대에 보내는 것에 그 삼성이 수십억 원을 들여 협조한 것도 그런 사례다. 그런 주고받기 속에서 이들은 고통 전가와 세월호 참사 항의 탄압하기 등 온갖 악행에 서로 협조해 왔다.

지금도 구속된 최순실은 국정조사를 당당히 거부한다. 서울구치소에서는 최순실 혼자만 식수와 온수로 샤워할 수 있다고 한다. 여전히 정권의 비호를 받는 이런 특혜는 박근혜가 대통령이 되지 않았다면 누리지 못했을 것들이다.

따라서 주범은 박근혜 정권인 것이고, 정권의 존재 자체가 적폐인 것이다. 이는 적폐 청산이 결코 몇몇 개혁 입법으로(당연히 개헌으로도) 환원될 수 없고 많은 정책들의 폐기와 함께 인적 청산이 이뤄져야 한다는 것을 보여 준다. 운동이 황교안 퇴진과 내각을 향한 공격을 강화해야 하고, 이것이 적폐 청산 투쟁의 알맹이를 이뤄야 하는 이유다.

지금은 어느 정도의 피로감과 안도감, 목표의 일차적 성공에 따른 낙관 등으로 운동의 기세가 잠시 숨을 고르는 듯하다. 여전히 수십만 명이 거리로 나오지만, 12월 9일 이후 조금씩 준 것도 사실이다.

그러나 뿌리 깊은 증오가 겨우 박근혜의 직무 정지 정도로 사라지지는 않는다. 박근혜 일당이 범죄 혐의를 부인하며 헌재에서 시간 끌기로 나오는 것이 분명해지자, 12월 17일 행진에서 조기 탄핵을 촉구하는 헌재 앞 행진 대열이 (전주와 다르게) 크게 형성된 것을 봐도 알 수 있다.

운동이 혁명이나 항쟁 수준은 아직 못 되기에 제도상 방법인 헌재의 탄핵심판을 촉구하는 것으로 표출되지만, 하루라도 빨리 이 무능하고 무책임하고 지겨운 자들을 끝장내고 싶어 하는 마음은 여전한 것이다.

따라서 퇴진행동은 다소 굴곡을 겪더라도 올곧게 대중의 염원을 대변하는 리더십을 발휘해야 한다. 정치적이고 투쟁적인 리더십 발휘를 회피할수록 이 운동을 차기 대선에 이용해 먹을 생각만 하는 주류 야당의 보조물로 운동을 조율시킬 뿐이다. 그것은 이 운동의 잠재력을 갉아먹어 전진을 방해할 수 있다.

김문성, 〈노동자 연대〉 192호(2016-12-30).

100만 명이 소리친 광화문 "송박영신"

2016년을 시작할 때 박근혜는 노동 개악, 친기업 규제 완화 법들을 통과시키라고 국회를 압박했다. 바로 직전인 2015년 연말의 한일 '위안부' 합의가 국민적 공분을 일으켜 역풍을 일으키지 않을까 걱정하면서 말이다. 당연히 박근혜는 노동자·민중에게 모든 책임을 떠넘기는 특유의 유체이탈 화법으로 그런 짓들을 했다.

2016년은 그렇게 짜증 나게 시작했지만, 그 마무리는 다르다. 지금 박근혜는 법으로 직무가 정지됐고 청와대에서 정치적으로 유폐된 상태로 2016년을 떠나보내게 됐다. 그뿐인가? 청와대 코앞까지 몰려간 수십만 대중이 외치는 즉각 퇴진의 함성을 들어야 했다. 물론 창문 틈까지 꽁꽁 틀어막고 실내에 틀어박혀 민중의 함성을 애써 외면하겠지만 말이다.

오늘 서울 광화문 광장과 종로 1가 일대에는 박근혜 즉각 퇴진과 헌재 조기 탄핵, 황교안 사퇴와 적폐 청산을 요구하며 100만 명(주최 측 발표)이 모였다. 10월 29일 청계 광장에서 시작된 박근혜 퇴진 운동이 두 달여 만에 연인원 1000만 명을 넘어섰다.

그야말로 '송박영신'을 제대로 한 것이다. 박근혜 당선 직후, 많은 사람들이 2013년을 '회피 뉴 이어'의 쓰라린 마음으로 맞이한 걸 떠올리면, 민중 스스로 움직여 끌어낸 정치적 변화를 자축할 만하다. 자신들의 힘으로 이나마 정치적 변화를 이끌어 낸 것에 자부심도 느꼈을 것이다.

이런 맥락 속에서인지, 오늘 사람들의 표정은 밝았고, 기세도 좋았다. 시간을 끌려는 박근혜의 뜻과 달리 헌법재판소 탄핵심판 심리가 크게 지연되지 않고 조기 탄핵설이 대두하는 등의 상황도 영향을 준 듯하다. 또한 연말연시 분위기를 반영해서인지 가족 단위로 온 참가자들이 많았다. 친구들과 온 청소년들도 눈에 많이 띄었다.

본대회 수 시간 전부터 광화문 광장을 채우기 시작한 사람들은 여러 사전 행사들에 참여했다. 오늘 본무대에서 진행한 자유 발언대와 여러 행사들에서는 이석기 전 의원 등 양심수들을 석방하라는 요구, 가습기 살균제 사건 책임자 처벌 등 다양한 쟁점이 소개됐고, 관심과 지지도 받았다. 광화문 광장에서 새해 소원을 노란 종이에 적은 뒤 종이배로 접어 전시하는 행사에도 사람들이 많았는데, "박근혜 퇴진"을 써낸 사람이 "가족들의 건강"을 기원하는 사람보다도 많았다! 의료 민영화와 복지 삭감을 추진해 온 박근혜 정부의 적폐 정책들을 생각하면 오히려 합리적 선택이 아닐까 싶다.

열광을 이끌어 낸 신대철·전인권 공연 직후에 사회자가 연인원 1000만 명 돌파 선언을 하자 사람들은 광장이 떠나갈 듯이 함성을 질렀다. 이어진 촛불 파도는 장관이었다. 사람이 워낙 많아 파도가 한 번 끝까지 가는 데에만 시간이 꽤 걸렸다.

물론 분노도 뜨거웠다. 한일 '위안부' 합의 1년을 맞아 이를 변경할 수 없다거나 블랙리스트 작성을 주도한 것으로 알려진 자를 문화체육부 차관으로 임명한 황교안의 작태는 사람들에게 아직 우리 운동이 **현재 진행형**임을 환기시켜 준 사건이었다. 이날도 황교안의 경찰들은 행진 경로와 인도를 분리하는 차벽을 잔뜩 세우고, 시청 방향에서는 우익 집회를 핑계로 사람들의 참가를 방해하는 등 신경질을 부렸다.

그래서 오늘 행진에서는 "황교안은 박근혜다, 황교안은 퇴진하라" 구호를 많이 외쳤다. "박근혜를 구속하라" 팻말이 많이 눈에 띄었고, "황교안 내각 퇴진" 팻말도 인기가 많았다. "조기 탄핵" 팻말도 여전히 인기였다.

오늘 행진은 청와대, 총리 관저, 헌법재판소, 명동 네 방향으로 진행됐다. 본무대 행사를 모두 마치고 행진을 시작하자, 사람들은 각자 가려는 방향으로 정렬하면서 물밀듯이 몰려갔다. 모든 행진이 인도까지 들어차며 진행됐다. 공식 행진은 모두 보신각으로 집결한 후 마무리됐다. 하지만 많은 사람들이 깃발과 팻말을 들고 보신각 타종 행사에 참가했다. 그야말로 투쟁적인 '송박영신'이고, 전진하는 반정부 투쟁으로 시작한 2017년이 된 것이다.

광장 곳곳의 발언들

은화가 너무나 보고 싶다. 대통령이 약속하지 않았냐. 미수습자 마지막 한 명까지 가족의 품에 돌려 주겠다고. 그 약속 어디 갔는가. …

그래도 여러분의 도움 덕분에 여기까지 왔다.(세월호 미수습자 2학년 1반 은화 아빠 조남성)

아직 세월호 속에 사람이 있다. 대한민국 국민 9명이 있다. 조은화, 허다윤, 남현철, 박영인, 양승진 선생님, 고창석 선생님, 권재근 님, 권혁규, 이영숙 님. … 이제 곧 1000일이다. 그 1000일 동안 내 딸이 배 안에 있다. … 인양을 해야 가족을 찾을 수 있고 진상을 규명할 수 있다. … 도와주시고 함께해 달라.(세월호 미수습자 2학년 2반 다윤 엄마 박은미)

하늘에 있는 아내에게 보내는 편지다. 아내가 들으면 좋겠다. … "당신이 떠난 지 7년이 됐어. 아이들은 벌써 초등학생이 됐는데 잘 자라고 있어. 당신이 어떻게 아팠는지 이유도 몰랐어. 아이들에게 먼저 하늘나라로 갔다고만 말했어. … 당신이 가습기에서 가장 가까운 쪽에 잠들었지. 아이들은 어떤지 정말 걱정이야. 효정아, 이름을 부르니 아프다. 아이들은 내가 잘 키울게." … 정부와 가해 기업은 끝까지 책임져라! 가습기 참사 특별법 즉각 제정하라! 가해자 징벌제를 도입하라!(가습기 살균제 피해자와 가족 모임 최승영)

범죄자 박근혜와 그 동조자들이 추진한 불법적인 사드 배치는 원천 무효화돼야 한다. 사드는 우리의 생명과 평화를 깨뜨릴 무기다. 작은 무기라도 좋은 것은 하나도 없다. … 며칠 전 여론조사 결과 국민의 62퍼센트가 사드 배치에 반대한다는데도 박근혜의 공범자인 황교안과 한민구가 계속 사드 배치를 추진한다고 한다. … 성주에서는 7살 아이부터 어르신까지 추위에도 매일 촛불을 든다. 대한민국의 안전과 평화는 사드 배치를 철회하는 데서 시작된다. 부지 협상에 응한 롯데를 국민의 힘으로 심판하자! 생명과 평화를 지키는 데 함께하고, 범죄자 박근혜와 공범들이 저지른 모든 것을 청산하자.(135일째 사드 배치 반대 투쟁을 하롯데의 신동빈 회장이 청문회에 나왔지만 이걸로 끝낼 수 없다. 최순실 옆 감방으로 보내야 한다. ⋯ 박근혜가 퇴진 위기에 처한 여러 이유 중 하나가 사드 배치 밀어붙이기다. 그런데 권한대행 황교안은 그만두기는커녕 조기 배치를 하겠다고 한다. 올해 여름 성주에 갔다가 망신당했던 황교안, 그는 아직 정신을 못 차렸다. 더 혼쭐나야 한다. ⋯ 민주당 등 야당들은 차기 정권으로 넘기라고만 하지 말고, 사드 배치 절대 불가, 완전 폐기부터 당론으로 채택해야 한다. ⋯ 미국은 한국에서 일어난 촛불 집회를 보면서 "사드 배치에 차질 생기면 어쩌지" 하고 걱정했다. 그 걱정을 현실로 만들자. 촛불의 힘으로 사드 배치 결정 다 태워 버리자!(노동자연대 활동가 김영익)

지난해 한일 '위안부' 합의 이후, 시민들에게 한 푼 두 푼 모금을 하고, 디자인 결정부터 설치까지 부산 시민들의 힘으로 소녀상을 부산에 세우고자 했다. '위안부' 할머니들과 끝까지 함께하겠다는 의지였다. 그런데 부산 동구청이 교통에 방해된다며 소녀상을 철거하려 했고, 이에 저항하는 대학생들을 경찰이 폭력 진압했다. ⋯ 하지만 부산 시민들이 포기하지 않은 덕에 소녀상을 이틀 만에 반납받아 영사관 앞에 다시 설치할 수 있었다. 부산은 지금 축제 분위기다. 싸움이 끝나서가 아니라, 친일 잔재와 적폐를 청산하기 위한 첫 승리이기 때문이다. ⋯ 박근혜가 탄핵됐지만 친일 잔재가 전혀 청산되지 않았다. 끝까지 싸우겠다. ⋯ 쫌 가라 한일합의! 쫌 가라 나쁜 정책! 온나 새로운 대한민국!(부산에서 온 대학생 양인우)

문화체육계 인사에 대한 블랙리스트, 국정원의 민간인 사찰이 공공연하게 드러난 이때, 아직도 수많은 양심수들이 감옥에서 고통받고 있다는 사실을 말하고 싶다. 전국적으로 60명이 넘는 양심수들이 옥살이를 하고 있다. … 우리는 지난 3년 동안 금기와 배제의 대상이었다. 사실 여기서 말하기 두려웠다. 그래도 언론이 사실을 날조하는 무시무시한 상황 속에서도 진실을 밝히기 위해 노력했고, 촛불 집회에 참가한 3만 명이 넘는 시민들이 양심수 석방을 위해 서명해 주셨고 격려해 주셨다. 이 자리를 빌려 감사와 존경의 인사를 드린다. … 촛불 집회의 열기 덕분에 감옥에 있는 남편들도 감옥이 춥지 않다고 한다. 우리 남편들이 하루빨리 가족의 품으로 돌아오고, 그 자리를 박근혜와 그 부역자들이 대신하는 날이 왔으면 좋겠다.(소위 '내란 음모' 구속자 이상호 씨 부인 윤소영)

박근혜에게 뇌물 바친 CJ를 폭로하러 나왔다. 박근혜 정부의 적폐를 청산해야 하지만, 그중에도 재벌이 대표적인 문제다. 재벌들은 지금 '피해자 코스프레'를 하고 있지만, 그들은 대한민국 부의 40퍼센트를 거머쥐고는 박근혜에게 뇌물을 바치면서 온갖 편법을 다 쓰고 있다. 재벌들이 노동자 탄압을 하고 '살인 해고', '갑질 해고'를 했다. 그런데 막상 박근혜에게 바친 뇌물, 그 돈을 메운 사람들이 누구인가? 다 노동자다. 이들 때문에 노동자와 소비자가 겪은 피해는 이루 말할 수 없다. … 박근혜와 함께 죄를 저지른 사람들은 다 벌 받아야 한다. 1월 8일 전국택배연대노동조합이 출범할 계획이다. 노동자들도 박근혜와 재벌의 갑질에 맞서 끝까지 싸우겠다.(CJ대한통운 택배 노동자)

서민들이 단백질 섭취를 위해서 가장 많이 먹는 게 계란이다. 그런데 그 계란이 한 판에 1만 5000원까지 올랐다고 한다. 누가 올렸나? … 박근혜 정부는 조류독감 바이러스가 퍼지고 있는데 허송세월로 보내다가 한 달이 지나고 나서야 겨우 회의를 열었다. 조류독감은 방역이 중요한데 [정부가 보유한] 소독약의 80퍼센트가 [조류독감에는] 효과가 없는 것이었다고 한다. 박근혜의 뒤를 이은 황교안은 대통령 코스프레나 하고 사드 배치와 한일정보보호협정만 중시하더니 닭 3000만 마리가 살처분되는 동안 삼계탕 먹는 쇼나 하고 있다. … 이번에 보건복지부 장관 문형표가 결국 삼성·제일모직 건으로 구속됐다. 그러나 사실 지난해 메르스 사태 당시 발병 병원인 삼성병원을 숨겨준 죄로 훨씬 전에 구속됐어야 마땅한 자이다. … 조류독감보다 훨씬 무서운 것이 황교안 내각이다. 박근혜·황교안 퇴진이야말로 조류독감 퇴치에 가장 좋은 방법일 것이다.(인도주의실천의사협의회 정책국장 정형준)

촛불 집회에 수화 통역이 있어 4번째 참가한다. 그것이 없었다면 세상과 완전히 단절됐을 것이다. … 박근혜는 증세 없이 복지국가를 한다고 말했지만, 국민 없는 '근혜 국가'를 만들고 있다고 생각한다. 그 '근혜 국가'에서 먼저 죽어 간 사람들이 있다. 장애등급제 때문에 활동 보조 서비스를 받지 못해 살려 달라 외치다 돌아가신 분들이 있다. 온몸으로 살고 싶다고 외친 것이다. 그 모든 외침들을 외면한 채 대기업의 경영 승계를 위해 뛰던 [보건복지부 장관] 문형표가 드디어 구속됐다. 그러나 그렇다고 해서 돌아가신 분들이 우리 곁으로 돌아올 수 있을까? 박근혜와 그 부역자들이 감옥에 가면 그 한이 풀릴까? 다시는 그런 죽음이 반복되지 않도록 해야 한다. 장애인도 인간답게 살고 싶다!(수화로 발언한 청각장애인 김세식)

대통령이면서도 대통령이기를 포기한 박근혜의 즉각 퇴진을 위해 집회에 나온 노인도 있다는 사실을 알리려 발언한다. … 우리 노인들은 박정희·전두환 군부독재에 맞서 싸웠고, 민주화를 위해 6월 항쟁과 7·8·9월 [노동자] 대투쟁에 온몸으로 참가한 세대다. 그런데 지금 우리

나라의 노인 빈곤율은 [OECD] 최고 수준이다. 수많은 노인들이 복지 혜택에서 배제당하고 있다. 박근혜의 기초연금 20만 원 공약도 어디론가 사라졌다. … 촛불의 힘으로 탄핵 인용을 이끌어 내고, 박근혜가 양산한 악법과 쓰레기 정책을 폐기하자. 단순히 정권만 교체하는 것을 뛰어넘어, 국민 모두가 차별받지 않고 더불어 잘 사는 세상을 만들자.(노후희망유니온 이상관)

비박계가 창당한 개혁보수신당이 지지율 3위권이라 한다. 그러나 서로 분열하더라도 결국 그들의 뿌리가 새누리당이라는 것, 그런 자들이 청문회에서 잘하는 것은 살아남기 위한 발버둥이라는 것, 그들이 과거에 박근혜를 대통령으로 만든 자들이라는 것을 잊지 않았으면 좋겠다. 우리의 일이라 여기고 촛불이 그들을 특검하자! … 정유년에는 탄핵의 촛불이 희망 길잡이가 되기 바란다.(20대 여성 직장인)

사드 배치는 대한민국 보호보다는 탄핵이라는 핵을 막기 위해 배치한 것 같다. 촛불 민심은 헌재 판결을 기다리기보다 직접 목소리를 내야 한다. 운전면허도 없는 국무총리에게 대리운전을 시켜서는 안 된다. 세월호 참사의 진실을 밝히고, [학생들이] 잘못된 역사를 배우지 않게 해 달라. 우리 힘으로 광장을 계속 채워 나가자. … 진실과 정의를 외쳐도 바보가 되지 않는, 그런 나라를 만들어야 한다. 국민이 명령한다! 박근혜 퇴진하라!(박근혜 성대모사 한 청소년)

조금 더 나은 세상을 위해 촛불을 드신 여러분께 감사하다. 학교라는 울타리에 갇혀 살아 세상의 쓴 맛을 모르지만, 그 세상이 깨끗하고 아름답기 바란다. 낙하산이 당연한 세상, 잘못을 해도 권력이 있으면 미꾸라지처럼 빠져나가는 세상은 바라지 않는다. 이제 우리의 미래를 촛불로 만들어 나가자. … 마지막으로, 책임지지 않는 청와대의 그분에

게 말하고 싶다. 어둠은 빛을 이길 수 없고, 촛불은 끝나지 않을 것이
다.(중학교 1학년 학생)

특별취재팀, 〈노동자 연대〉 192호(2017-01-01) 축약.

"세월호는 올라오고, 박근혜는 내려가라!"

"세월호 생존 학생들은 '나중에 친구들을 만났을 때 우리를 이렇게 멀리
떨어지게 만든 사람들을 모두 처벌하고 왔다고 얘기하고 싶다'고 했다.
그 바람대로 되는 것이 노동계급 민중의 '정의'일 것이다."

2017-01-02　　특검, 국민연금이 이재용 경영 승계에 이용됐음을 밝히다

　　　　　　　정유라, 덴마크에서 체포

2017-01-04　　황교안, 사드 배치와 한일군사정보보호협정 체결은 "중요한 성과"

2017-01-05　　황교안, 훈령으로 세월호, 5·18 추모 금지 시도

　　　　　　　이진영 '노동자의 책' 대표, 국보법 위반으로 구속

2017-01-07　　세월호 1000일, 11차 범국민행동의 날(서울 60만, 전국 65만)

세월호 1000일: 박근혜는 진작 쫓겨나야 했다

"작년인가, 재작년인가요, … '한 사람이라도 빨리빨리 필요하면 특공대도 보내고, 모든 것을 다 동원해 가지고 한 사람도 빠짐없이 구조하라' 이렇게 해 가면서 보고 받으면서 이렇게 하루 종일 보냈어요. … 거기 119도 있고 다 있지 않겠습니까? 거기에서 제일 잘 알아서 하겠죠, 해경이. 그러나 대통령으로서는 … 제 할 것은 다 했다고 생각하는데."(박근혜, 2017년 1월 1일 기자단 신년 간담회)

"[참사 당일 구조에 나섰던 어선의] 선주들이 나를 보자마자 하는 첫마디가 '해경 개새끼, 죽일 놈의 새끼들, 저 새끼들이 안 구했어'였어요. 나보다 성이 더 나가지고는 '살릴 수 있었는데 안 살렸다'고. … [당일] 저녁 7시쯤에 몇몇 부모들이 돈을 걷어서 어선을 빌렸어요. … 애 아빠가 다녀와서는 '구조를 전혀 안 해. 보트 같은 것만 주변을 돌고 있어'라고. …"(유가족 증언)

세월호 참사의 비극을 기억하는 사람들은 1000일이 다 돼서야 내놓은 박근혜의 변명을 들으며 울화통이 터졌을 것이다. 박근혜가 천진한 표정을 가장하며 3년 전 세월호 참사를 "작년인가, 재작년인가"할 때는 특히 그랬다. 정말 날짜를 헷갈린 것이든, 그 날 자신에게는 기억날 만큼 특별한 일이 없었다는 암시를 주려 수작을 부린 것이든 둘 다 어처구니 없고 가증스런 언사다. 평범한 사람들의 목숨에 아무런 관심도 안타까움도 없다는 뜻이니 말이다.

그래도 '대통령'이라고 이런 작자에게 유가족들이 이야기를 들어 달라고 애원한 시간이 억울할 뿐이다.

박근혜의 죄가 참사 당일에 희생자들을 구하려고 노력하지 않은 것만은 아니다(물론 그것만으로도 '부작위에 의한 살인'을 의심할 정도로 큰 죄다). 참사의 배경이 된 안전 규제 완화, 국가기관의 안전 예산 삭감, 안전 업무 일부 민영화에 앞장선 것이 박근혜 정부다. 박근혜·최순실 게이트는 이 친기업 행각에 윤활유 구실을 한 부패 구조의 꼭대기에도 박근혜 일당이 있었음을 드러냈다.

이윤 우선주의 친기업 정책들을 역대 정부들도 강화해 왔다고 해서 박근혜의 책임이 줄어드는 건 아니다. 박근혜는 그런 국가의 수장이었을 뿐 아니라, 둘째 가라면 서러울 정도로 친기업 임무에 충실했기 때문이다. 박근혜는 메르스 사태 때도 기업주들의 이익을 위해 무책임과 은폐로 일관하다가 온 나라를 위험에 빠뜨렸다. 박근혜와 최순실의 사적 치부인 것을 알면서도 기업주들이 돈을 내놓은 것은 단지 협박이 아니라 감사와 청탁의 뜻도 있는 것이다.

직접 책임도 있다. 규제와의 전쟁을 선포해 첫 해에만 600개 넘는 규제를 없앤 것이 박근혜다. 선장의 선박 안전 관리 보고 의무를 없애고 과적과 화물 결박 점검을 서류로 대체 가능하도록 한 것도 박근혜다.

재난 관리 예산을 줄이고 해경의 수색구조계를 폐지한 것도 박근혜다.

해경의 구조 능력 약화는 관련 업무 민영화와 예산 직접 삭감은 물론이고, 예산 절감을 목표로 한 기관별 성과주의가 관료적 무책임과 상명하복 분위기를 조장한 대가일 것이다.

세월호 과적의 중요한 배경이 된 제주 해군기지 건설을 적극 찬성하고 공사를 서두른 것도 박근혜다. 그 배경인 미국의 군사 패권 정책에 앞장서 협력해 온 것도 박근혜다. 그런 호전적 정책이 우파 지지층을 달래고, 한국 기업주들의 이익에 부합한다고 보기 때문이다.

타인의 고통에 공감할 능력도 의사도 없는 박근혜가 기업주들이나 제국주의자들과는 죽이 척척 맞는 것은 독재자 박정희에게서 물려받은 계급 본능일 것이다. 그러니 노동계급이 대부분인 희생자들의 목숨을 자기 어깨나 허리 잠깐 아픈 것보다도 하찮게 여긴 것이다.

심지어 박근혜는 아비에게서 배운 공작 정치 등 통치 기술을 유가족들에게 써 먹었다. 세월호 참사 진실 규명이 자신의 안정적 통치에 방해된다는 걸 간파했기 때문이고, 세월호 유가족들은 그래도 되는 존재로 봤기 때문일 것이다.

진실이 드러나 이윤 우선주의와 친제국주의 정책에 대중적 문제 제기가 일어나는 것도 싫었을 것이다. 혹시라도 자신의 무책임하고 비밀스런 사생활이 드러나 위신이 떨어지는 것도 피하고 싶었을 것이다.

결국 세월호 특별법을 반쪽으로 만들었고 그마저 '쓰레기 시행령'으로 다시 반토막 내 버렸다. 청와대(김기춘)와 국정원은 유가족을 '돈벌레'로 모욕하고, 세월호 특조위를 '세금 도둑'으로 몰았다(김기춘이 감사원 세월호 보고서 내용 변경에, 황교안과 우병우가 세월호 검찰 수사에 각각 압력을 넣었다는 의혹들이 최근 제기됐다). 가진 게 변변찮아 자식이 유일한 희망이고 미래인 사람들이 자식을 잃은 비통함을 하소연할 기회도, 죽은 이유라도 알고 싶다는 소박한 소망도 꺾어 버리려 한 것이다.

그 일에 혁혁한 공을 세운 조대환을 자신의 마지막 민정수석으로 임명한 것은 용서받지 못할 만행들에 책임질 자가 박근혜 본인이라는 자백으로 볼 수밖에 없다.

비극의 상징물인 세월호가 사람들의 눈앞에 다시 모습을 드러내는 것도 악몽처럼 여겼을 것이다. 책임론이 다시 대두돼 원망과 분노가 다시 자신을 향할 것을 예감했을 것이다. 그러니 거듭된 인양 결정 지연과 인양 실패는 '연출된 무능'으로 볼 수밖에 없다.

정리하면, 세월호 참사는 이윤 우선주의의 야만과 냉혹함, 노동계급 천대의 극치를 보여 줬다. 세월호 참사는 자본주의 이윤 경쟁 체제와 부패한 우익 정권의 합작품이다. 체제의 사악함과 정권의 적폐가 집약된 이 사건을 보면, 박근혜 정부의 존재 자체를 적폐라고 말할 수 있다. 세월호 참사만으로도 박근혜는 진작 쫓겨나야 했고 열 번이라도 탄핵을 당해야 마땅했다.

따라서 세월호 참사에 대한 정치적·도덕적 항의는 이윤 우선주의에 대한 문제제기를 함축하는 것이고, 노동계급적 정의의 실현을 요구하는 것이다. 수천만 노동자·민중도 같은 마음이었다는 것은 연인원 1000만 명이 참가한 정권 퇴진 운동에서 가장 지지를 받는 요구가 세월호 참사 문제 해결인 것을 봐도 알 수 있다. 아직 책임자 처벌도, 진상 규명도, 세월호 인양도 충분히 이뤄지지 않았지만, 결국 그런 악행들의 대가로 박근혜가 쫓겨나기 직전으로 몰렸다. 다만, 이는 최소한의 정의다.

지금이라도 유가족과 운동의 요구는 즉각 실현돼야 하고, 박근혜 정권은 당장 물러나야 한다. 그래야 우리는 비로소 희생자들에게 정의가 실현되고 있다고 말할 수 있을 것이다. 지금 즉각적인 정권 퇴진과 적폐 청산 요구는 세월호 참사 해결과 한 몸이다.

김문성, 〈노동자 연대〉 193호(2017-01-06).

세월호 1000일, 11차 범국민행동의 날

"세월호는 올라오고, 박근혜는 내려가라"
쌓여 온 분노가 청와대로 향하다

1월 9일은 세월호 참사 1000일이 되는 날이다. 304명의 생명을 태운 세월호가 가라앉는 걸 온 국민이 속절없이 지켜 본 지 2년 9개월이 지난 것이다. 그 세월 동안 책임자 처벌은 거의 이뤄지지 않았고, 진상 규명은 완료되지 않았으며, 희생자 9명이 아직 가족들에게 돌아오지 못했다. 책임자 중 세월호 선주인 유병언만 의문의 변사체로 발견됐을 뿐이다.

그러나 수천만 민중에게 동병상련의 아픔을 남긴 세월호 참사는 유가족들이 진상 규명을 요구하며 용기 있게 나서면서 단지 충격과 슬픔의 일회성 사건에서 벗어났다. 온갖 탄압과 모욕 속에서도 유가족과 세월호 참사 진상 규명 운동은 전국적·민중적 지지를 받으며 힘겹게 전진해 왔다.

이 운동이 한걸음씩 내딛을 때마다 앞장선 유가족들은 정권의 방해

와 탄압, 냉대와 모욕을 겪어야 했다. 오죽하면 오늘 본대회에서 세월
호 생존 학생들이 "잘못한 것이 있다면, 세월호에서 살아나온 것이라
고 생각한다"는 말을 했겠는가. 정부가 구조한 게 아니라 스스로 살아
나온 이 학생들에게 무슨 죄가 있다고!

정권이 그렇게 나온 것은 박근혜의 개인적 치부를 가리려는 것뿐만
은 아니었다. 세월호 참사가 이윤 우선주의 체제와 부패한 우익 정권이
쌓아 올린 적폐들 때문에 벌어진 비극이기 때문이었다. 세월호 참사로
드러난 이 체제의 적폐와 싸우는 일은 사람보다 이윤이 우선인 비정한
체제, 노동계급 사람들은 죽어도 대접 못 받는 원통함이 가득한 세상
에 대한 항의이자 도전일 수밖에 없다. 그러한 체제의 수호자를 자처
한 박근혜 정권과 정면 대결하는 일일 수밖에 없었다.

그러나 세월호 참사 항의 운동은 마침내 박근혜를 청와대로 유폐시
킨 대중운동의 선두에 서 있다. 세월호 참사 1000일을 맞아 세월호 쟁
점을 거의 단독으로 부각시킨 집회에도 60만 명이 넘는 사람들이 모였
다. 전국으로는 65만 명이 세월호 참사 유가족들과 함께 울고 함께 분
노의 함성을 질렀다. 서울에서는 수십만 명이 유가족을 따라 청와대로
행진했다.

오늘 특별히 광화문 행진의 방송차마다, 또 전국 곳곳의 집회에 발언
자로 참가한 유가족들도 만감이 교차했을 것이다. 어쩌면 세월호가, 희
생자의 원혼들이, 박근혜 정권을 침몰시키고 있다는 것이 진실일 것 같
다. 세월호 생존 학생들은 "나중에 친구들을 만났을 때 우리를 이렇게
멀리 떨어지게 만든 사람들을 모두 처벌하고 왔다고 얘기하고 싶다"고
했다. 그 바람대로 되는 것이 희생자, 생존자, 유가족만이 아니라 이 참
사를 내 일처럼 미안해 하고, 함께 고통스러워하고, 함께 싸움을 벌여

온 노동계급 민중의 '정의'일 것이다.

그러나 이 정의는 더 전진해야 한다. 오늘 광장에서는 가습기 살균제 피해자들이 특별법을 제정하려는 서명을 받았다. 이들은 바로 하루 전, 가해자들에게 턱없이 약한 처벌을 한 재판 때문에 통곡을 해야 했다. 국가보안법 피해자인 이석기 전 의원이나 '노동자의 책' 이진영 대표 등의 석방 촉구 서명운동도 있었다.

세월호 참사가 3년 전인지도 기억 못하면서 '내가 더 억울하다'는 뻔뻔한 박근혜는 아직도 청와대에서 버티고 있다. 그를 대신한 황교안은 친기업 정책을 지속하고 국가보안법 탄압을 하면서 정권의 적폐를 이어가려고 한다. 헌법재판소 탄핵심리에서 박근혜 대리인단은 촛불은 국민 민심이 아니고, 북한의 사주를 받은 것이라고 도발했다. 박근혜 일당의 이런 교활한 버티기는 사람들을 또 분노케 했다.

오늘 집회는 세월호 998일을 맞아 전체적으로 엄숙한 분위기였지만, 일찍부터 삼삼오오 가족이나 친구들과 나온 사람들의 표정이 어둡지는 않았다.

광화문역 9번 출구에서 나오는 길에 놓인 세월호 참사 희생자를 상징하는 304개의 구명조끼는 많은 사람들의 주목을 받았다. 광화문 광장 남단 세월호 광장에 자리 잡은 분향소에도 차례를 기다리는 줄이 끊이지 않았다.

본대회가 끝나자, 눈물의 바다가 분노의 파도로 변했다. 분노한 사람들의 열기가 대단했다. 최근 정치 상황과 세월호 문제 때문인지 참가자들은 압도적으로 청와대를 향했다. 오늘 청와대 방향 행진은 세월호 유가족들이 앞장섰고 성난 군중이 청운동 거리를 가득 채웠다. '분노가 하늘을 찌를 듯하다'는 식상한 표현이 이상하지 않을 정도였다. "박근혜를 구속하라"가 가장 많이 외쳐졌고, "세월호를 인양하라", "헌재는 탄핵하라"도 주요 구호였다.

비통함을 이겨낸 정의는 힘이 세다. 그러나 그 정의는 결코 저절로 이뤄지지 않는다. 오직 그것을 실현할 용기와 의지를 가진 사람들에 의해 구현될 뿐이다. 오늘 집회에 모인 60만 명, 오늘 집회에 오지 못했지만 마음으로 응원한 수천만 명이 그 주인공이 돼야 한다. 박근혜 정권과의 대결을 이끌어 온 조직노동자들이 견인차가 돼야 한다.

박근혜·황교안 정권을 하루라도 빨리 끌어내려야 하고, 그들의 사악한 정책들을 중단시켜야 한다. 그 책임자들을 처벌로 응징하는 것도 빠져서는 안 된다. 망신의 아이콘이 된 박근혜만 꼬리 자르고 적폐의 체제를 이어가려는 기득권 집단과의 투쟁도 계속돼야 한다.

본대회에서 세월호 참사 이후 징계를 감수하고 가장 먼저 정권 퇴진 선언을 한 전교조 교사가 큰 지지 속에서 발언하고, 정리 집회에서 국가보안법 구속자 이진영 씨의 부인인 최도은 가수와 손배가압류에 맞선 하이디스 노동자들이 환대를 받은 것은 그래서 기쁜 일이다.

행진이 모두 끝난 후 연 대학생 정리 집회에서 416 가족협의회 유경근 집행위원장이 한 발언이 오늘 집회 참가자들의 마음일 것이다.

"지금까지의 1000일은 힘들었지만, 앞으로의 1000일은 전보다 희망적일 것 같은 예감이 든다."

본대회

오후 5시 본무대에서는 사전 행사로 4·16세월호참사 국민조사위원회(이하 416국민조사위) 발족식이 열렸다. 5시 30분에 퇴진행동 주최의 본대회가 시작할 때는 대열이 광화문 광장 북단부터 광화문 사거리까지 메웠다. 주최 측은 50만 명이 참가했다고 밝혔다. 집회가 진행되면서 참가자가 불어나 광화문 광장 일대도 꽉 들어찼고, 뒤로는 광화문 사거리를 지나 동화면세점과 청계천 광장 앞 차도가 가득 찼다.

본대회에서는 세월호 희생자 유가족, 미수습자 유가족, 생존한 학생들이 발언했다. 세월호 참사의 책임을 묻는 박근혜 정권 퇴진 시국선언을 해 징계 위협에 시달리는 전교조 교사도 발언했다. 이 발언들 모두 한마디 한마디가 폐부를 찔러 광장은 눈물 바다가 됐다. "7시간 밝혀내라", "세월호를 인양하라", "박근혜는 퇴진하라", "황교안도 퇴진하라" 구호들이 평소보다 더 크게 들렸다.

본대회 사회를 맡은 최영준 퇴진행동 공동상황실장(이자 4·16연대 상임운영위원)은 황교안의 국민의례 규제 시도에 항의하며 세월호 참사 희생자 묵념으로 집회를 시작했다.

"대통령 행세를 하고 있는 황교안이 대통령 훈령을 개정해 세월호 희생자 추모를 국가 행사나 학교 행사에서 못 하게 막았다. 국론 분열을 막겠다는 것이다. 우리는 거부한다. 우리는 5·18 광주를 추모할 수도 있고, 민주화를 위해 싸운 열사들을 추모할 수도 있고, 재벌과 자본에 맞선 노동 열사들을 추모할 수 있다. 무엇보다 국가가 구하지 않은 304명을 추모할 수 있다고 생각한다. 그래서 오늘 범국민대회는 억울한 죽음을 기리고 진실 규명을 다짐하며 박근혜 퇴진을 촉구하는 묵념으로 시작하고자 한다."

오늘 퇴진행동 활동가들의 모금함을 향해 뻗는 손이 이전보다 더 많아 보였다. 세월호 생존 학생이 친구들이 보고 싶다고 발언할 때는 모금하던 활동가도, 소방대원도 멈춰 서서 듣고는 눈시울을 붉혔다.

무대에 오르는 미수습자 허다윤 양 아버님의 모습이 보이자 곳곳에서 안타까움의 탄식이 터져 나왔다.

오늘은 세월호 유가족 합창단이 직접 노래를 불렀다. 〈네버엔딩스토리〉의 "그리워하면 언젠가 만나게 되는, 어느 영화와 같은 일들이 이뤄져 가기를"이라는 노랫말처럼 희찬 아버지는 "앞으로도 기적을 만들어 가자"며, "오늘 너무 보고싶은 제 아이만큼이나, 이 자리까지 함께해 주신 여러분을 사랑합니다. 감사합니다!" 하고 인사했다.

무대에 생존 학생들이 오르자 응원의 박수가 평소보다 크고 길게 쏟아졌다. "3년간 이렇게 사람들 앞에 나서기까지 많은 고민을 했다"고 입을 뗀 장애진 학생은 발언 도중 보고 싶은 친구들에 대한 이야기를 하다가 눈물을 보였다. 많은 사람들이 안타까운 마음에 눈물을 터트렸다. 이후 사회자가 "유가족들의 투쟁이 있었기에 박근혜 퇴진을 목전에 둔 오늘까지 올 수 있었다"고 말하자 여기저기서 "옳소!" 하는 큰 호응이 나왔다.

행진

수만 명이 청운동 길을 꽉 채워서 행진했다. 세월호 유가족이 최선두에 섰고, 수만 명이 함께 행진했다. 박원순 서울시장과 정의당 심상정 의원도 유가족과 함께 행진했다. 청운동 약식 집회에서 박원순 서울시장과 416 가족협의회 유경근 집행위원장이 발언했다. 박원순 시장은 정권의 광화문 세월호 광장 철거 시도에 방어막을 쳐 준 것에 대한 유가족들의 감사 인사 속에서 발언했고 그 때문에 박수를 많이 받았다. 유가족들은 또 1000일 동안 유가족들과 함께해 주신 분들이라며 안산시장, 정의당의 심상정, 윤소하 의원도 소개했다. 돌아가신 세월호 잠수사 고 김관홍 씨의 어머님이 소개됐을 때도 큰 박수가 나왔다.

헌법재판소 방향 행진은 종각에서 종로 2가 사거리를 가득 메웠다. 〈박근혜를 감옥으로〉를 사람들이 따라 불렀다. 낙원상가 인근에서는 오전 사고로 매몰된 노동자들을 구조하는 작업 중이었다. 행진하던 사람들은 무사 귀환을 기원하며 행진했다. 방송차는 하루에 9명이 산재로 목숨을 잃는 현실을 상기시켰다.

헌재 앞에서 경찰이 '소음 기준 허용치를 넘었다'고 주최 측에게 전했다는 말을 사회자가 하자마자 사람들은 더 크게 함성을 지르고 호루라기를 불었다. "국민들이 탄핵했다, 국회도 탄핵했다, 헌재는 즉각 탄핵하라"라는 구호가 계속 울려 퍼졌다. 국회가 탄핵소추안을 가결하게 만든 국민 다수의 의사를 헌재도 따르라는 것이다.

부산

1월 첫째 주, 부산에서도 2만 명이 모였다. 세월호 참사 희생자들을 추모하고 진상을 밝히라고 요구했다. "박근혜는 내려가고 세월호는 올라오라"는 구호가 많이 외쳐졌다.

부산 집회에도 세월호 유가족들이 여러 명 참가해 발언도 했다. 다음과 같은 비장한 발언에 큰 박수가 쏟아졌고, 곳곳에서 눈물짓는 사람들이 보였다.

"부산 시민 여러분, 저희는 여러분들을 보면 힘이 납니다. 저희는 여러분들과 함께 갈 것입니다. 세월호뿐 아니라, 이 나라를 도탄에 빠뜨린 모든 이들을 처벌해야 한다고 생각합니다. … 죽을 때 귀한 죽음으로 가자고 우리 부모들끼리 이야기합니다. 너희들 엄마, 아빠가 해냈다고, 세월호 이후는 분명히 바뀌었다고 그렇게 이야기할 수 있도록 많이 도와 주시기 바랍니다."

부산풀뿌리네트워크 이혜정 대표는 세월호 참사 진상 규명, 적폐 청산을 하자고 발언했다.

"저들은 세월호 아이들이 죽을 때 무엇을 했는지 모르겠다고 이야기하거나 저마다 다른 이야기를 합니다. 세월호 진상 규명을 해야 합니다. 제 두 번째 꿈은 적폐 청산이 이뤄지는 것입니다. 세 번째 꿈은 끝까지 하는 것입니다. 박근혜, 정유라, 최순실의 꿈이 이뤄지는 나라가 아니라 우리 청년, 노동자의 꿈이 이뤄지는 나라를 만들고 싶습니다. 끝까지 함께합시다."

본대회 후 시민들은 부산시청까지 행진하며 '박근혜 구속'을 외쳤다.

세월호 생존 학생, 유가족 발언 모음

장애진(2학년 1반 생존 학생)

저희는 세월호 생존 단원고 학생들입니다. 저희가 이곳에 서서 시민 여러분 앞에서 온전히 저희 입장을 말씀드리기까지 3년이라는 시간이 걸렸습니다. 그간 저희에게 용기를 주시고 챙겨 주시고 생각해 주신 많은 시민들에게 감사 인사를 드리고 싶습니다.

사실 저희는 세월호 사건이 일어난 지 3년이라는 시간이 흘렀기 때문에, 나라가 감추는 것이 워낙 많기 때문에 진상 규명을 하지 못할 것이라 생각했습니다. 이 참사의 책임자가 누군지 찾을 수 없을 것이라 생각했는데, 시민 여러분 덕에 이렇게 다시 한 번 제대로 된 진상 규명을 할 수 있는 기회가 생긴 것 같아 매우 감사하게 생각합니다.

아시는지 모르겠지만, 저희는 구조된 것이 아닙니다. 저희 스스로 탈출했다고 생각합니다. 배가 기울고 한순간에 물이 들어와 머리 끝까지 물에 잠겨 공포에 떨고, 많은 친구들이 안에 있다고 구조해 달라고 직접 요구하기도 했으나, 그들은 저희 요구를 무시하고 지나쳤습니다. 하지만 제 친구들과 저희는 가만히 있으라 해서 가만히 있었습니다. 구하러 온다 해서 구하러 올 줄 알았습니다. 헬기가, 해경이 왔다기에 역시 별일이 아닌 줄 알았습니다.

그런데 우리는 지금 사랑하는 친구들과 함께할 수 없게 됐고 앞으로 평생 보고 싶어도 볼 수 없게 됐습니다. 저희가 무엇을 잘못한 걸까요? 저희가 잘못한 것이 있다면 세월호에서 살아나온 것이라고 생각합니다. 꺼내기 힘든 이야기이지만, 저희가 살아 나온 것이 유가족들에게 너무 죄송하고, 죄를 지은 것만 같습니다.

처음에는 유가족들을 뵙는 것조차 쉽지 않았습니다. 고개조차 들 수 없었고 죄송하다는 말만 되뇌며 어떤 원망도 다 받아들일 각오도 했습니다. 하지만 우리에게 '너희는 잘못이 없다, 힘을 내야 한다'며 오히려 응원하고 걱정도 해 주고 챙겨 주시는 모습을 보면서 우리는 더 죄송했고, 지금도 너무나 죄송합니다.

어찌 우리가 그 속을 다 헤아릴 수 있을까요? 안부도 여쭙고 싶고 찾아뵙고도 싶지만 용기가 나지 않아서, 혹시나 저를 보면 친구가 생각나서 더 속상하실까 봐 그러지 못한 것도 죄송합니다. 저희도 이렇게나 친구들이 보고 싶은데, 부모님들은 오죽할까요?

3년이나 지난 지금 아마 많은 분들이 '지금쯤이면 그래도 무뎌지지 않았을까, 이제는 괜찮지 않을까' 싶으실 겁니다. 단호히 말씀 드리지만, 전혀 그렇지 않습니다. 아직도 친구들 페이스북에는 그리워하는 글들이 잔뜩 올라옵니다. 답장이 오지 않을 걸 알면서도 계속해서 카카오톡 메시지를 보내고, 꺼져 있을 걸 알면서도, 받지 않을 걸 알면서도 괜히 전화를 해 봅니다. 친구들이 너무 보고 싶어 사진과 동영상을 보며 밤을 새기도 하고 꿈에 나와 달라고 간절히 빌며 잠들기도 합니다.

때로는 꿈에 나와 주지 않고, 보고 싶어도 볼 수 없는 먼 곳에 있는 친구가 원망스러울 때도 있지만, 그 물 속에서 나만 살아 나온 것이, 지금 친구와 같이 있어 줄 수 없는 것이, 미안하고 속상할 때가 많습니다.

참사 당일 대통령이 나타나지 않았던 그 7시간. '대통령의 사생활이다, 그것까지 다 알아야 하느냐'고 생각하는 분들도 있을 것입니다. 하지만 저희는 대통령의 사생활을 알고 싶은 것이 아닙니다. 나타나지 않았던 그 7시간 동안 제대로 보고받고 제대로 지시해 줬더라면, 가만히 있으라는 말 대신 당장 나오라는 말만 해 줬더라면, 지금처럼 많은 희생자가 나오지 않았을 것입니다. 박근혜 대통령은 제대로 지시하지 못했고, 따라서 제대로 보고받았는지 의문이 들었고, 그러면 그 7시간 동안 무엇을 했기에 이렇게 큰 사고가 생겼는데도 제대로 보고받지 못하고 제대로 지시하지 못했는지 조사하는 것이 당연하다고 생각합니다.

지금 국가는 계속해서 숨기고 감추기에 급급합니다. 국민 모두가 더 이상 속지 않을 텐데, 국민 모두가 이제는 진실을 알고 있는데도 말입니다.

사실 그동안 우리는 당사자이지만 용기가 없어서, 지난 날들처럼 비난 받을 것이 두려워 숨어 있기만 했습니다. 이제는 저희도 용기를 내 보려 합니다. 나중에 친구들을 다시 만났을 때, 너희 보기 부끄럽지 않게 잘 살아 왔다고, 우리와 너희를 멀리 떨어뜨려 놓았던 사람들 다 찾아서 책임 묻고 제대로 죗값을 치르게 하고 왔다고 당당히 말할 수 있게 되기를 바랍니다.

마지막으로 우리와 뜻을 함께해 주시는 많은 시민들, 가족들, 유가족분들께 진심으로 감사드리며 조속히 진실이 밝혀지길 소망합니다.

먼저 간 친구들에게 해 주고 싶은 말이 있습니다. '우리는 너희를 절대 잊지 않고 기억하고 있을게. 우리가 나중에 너희를 만나는 날이 올 때 우리를 잊지 말고, 열여덟 살 그 시절의 모습을 기억해 줬으면 좋겠어.'

전명선(416 가족협의회 운영위원장, '찬호 아빠')

저희가 1000일이 다 되도록, 참사로 희생된 고귀한 영혼들을 위로하겠다고 이렇게 길에 서 있는, 모든 것을 내주신 촛불 국민들의 은혜에 감사드린다.

1월 1일 박근혜의 기자 간담회를 보면서 분노를 금할 수 없었다. 기자들을 모아 놓고 처음 말한 것이 세월호 참사가 몇 년도에 났는지를 모르고 있다는 것이었다.

탄핵소추안에 세월호 7시간과 생명권이 들어간 것은 대한민국 역사에 길이 남을 사안이다. 박근혜 정권은 국민들의 안전과 생명권을 강탈했던 것이다. 그럼에도 대통령이란 자가 아직까지도 본인이 왜 탄핵당해야 하는지, 저렇게 뻔뻔스럽게 부인하고 있다.

[대통령이라는 자리는] 대한민국 국민의 이름으로 대통령에게 권한을 부

여했던 것이다. 그 첫 번째 권한이 국민의 안전과 생명권을 지키는 것이었다. 그 첫 번째 항목조차도 인지하지 못했다는 것이 박근혜 정권의 부도덕함을 보여 주고 있는 것이 아니고 무엇이겠나?

아직 헌재에서 탄핵소추안이 인용되지 않았다. 우리 유가족들은 박근혜 정권 내에서 세월호 참사 진상 규명이 어렵다는 것은 이미 알고 있었다. 2016년 촛불 국민의 힘으로 탄핵 정국을 만들어 낸 것이라면, 2017년이야말로 이 땅의 주인이 누구인지, 민주주의가 바로 서고, 대한민국 국민이라면 안전한 사회에서 [삶을] 보장받고, 돈과 권력이 아닌 인간의 존엄성이 중시되고 바로 서는 올바른 민주주의가 탄생하는 2017년이 되리라 믿는다. 우리 유가족들은 진상을 규명하고 더는 참사를 겪을 일이 없는 대한민국을 만들 때까지 실천해 나갈 것이다.

정의는 반드시 승리한다. 올바른 민주주의를 바로 세우는 그날, 2017년 여기 광장에 계시는 국민이 함께 힘을 모아서, 안전이 보장되는 나라, 이 나라의 주인이 국민임이 만천하에 알려진 그런 세상, 그리고 국민의 생명권을 내몰았던 박근혜가 반드시 심판받는 그날을 함께 만들어 가면 좋겠다.

유경근(416 가족협의회 집행위원장, '예은 아빠')

지난 10번의 집회와 달리 오늘은 설렘을 가지고 집회에 나왔다.

9명의 아이들[이 무대에 올랐다]. 솔직히 말씀드리면 왜 내 아이는 저 가운데 없을까 그런 생각 때문에 쳐다보기조차 힘든 마음이 있었던 것도 사실이다. [그러나] 그 아이들이 바로 세월호에서 부모들이 보지 못했던 내 아이들의 마지막을 함께했던 그 아이들이기 때문에, 그 마지막 순간을 평생 죽을 때까지 안고 살아가야 할 아이들이었기 때문에, 그 아이들이 용기를 내어 이 자리에 함께 선다고 했을 때 두려웠지만 기뻤고, 슬펐지만 새로운 힘이 솟는 것 같았다. 다시 한 번 어려운 결정하고 나와 준 이 아이들에게, 예은이와 수많은 우리 아이들의 체온을 함께 지니고 있는 그 아이들에게 다시 한 번 진심으로 고맙고 사랑한다는 인사를 전한다.

뜨거운 시민들의 마음을 모아 416국민조사위를 출범했다. 416국민조사위는 몇몇 학자와 전문가들이 만들고 조사하는 단체가 아니다. 이 자리에 계신 분들 하나하나가 조사원이고 연구원이 돼 달라. 국민 여러분들이 각자 계신 곳에서 자신이 가진 능력을 세월호 진실을 밝히는 데 조금씩이라도 보태 주시면, 국민의 힘으로 박근혜를 몰아냈듯 우리의 힘으로 세월호의 진실을 밝혀낼 수 있으리라 확신한다.

지난 1000일 함께 고통 받으며 고생해 주셔서 감사하다. 이제 새로운 1000일이다. 이제 새로운 시작이다. 그동안 잠겨 있던 문틈 사이로 한 줄기 빛이 새어 나왔다. 좌고우면하지 않고 그 빛줄기 길을 따라 앞으로 새로운 1000일은 전진하고 또 전진하자.

장훈(416 가족협의회 진상규명분과장, '준형 아빠')

1000일 결코 짧지 않은 시간이다. 그러나 나에게 1000일은 1000번의 4월 16일이다. 팽목항에서 내 아들 준영이를 떠나보낸 그 이후로 우리의 시계는 멈췄고, 우리의 달력은 넘어가지 않았다. 그러니 나에게 1000일은 1000번의 4월 16일이다.

우리의 시계가 다시 가고 달력이 넘어가려면 무엇이 필요하겠는가? 진상 규명이다. 나는 내 아들 준영이를 떠나보낼 수밖에 없었던 이유를 알고 싶다. 왜 우리 아이들은 배 안에 갇혀 구조되지 못하고 결국 죽어야만 했는지 꼭 알아야겠다.

1000일 동안 박근혜와 이 정부는 거짓말만 했다. 왜 그런 끔찍한 참사가 일어난 거냐고 왜 구하지 않았냐고 묻는 우리의 입을 틀어막고 진실을 은폐하고 온갖 패악질을 해 댔다. 1000일이 되도록 9명의 미수습자가 바닷속에 있다.

오늘 이 1000일은 우리가 세월호 진상 규명을 하기 위해 정부와 맞서 싸우며 견뎌 온 1000일이다. 앞으로의 1000일은 우리가 직접 세월호 참사의 진상 규명을 향해 가는 1000일이 될 것이다.

국민은 세월호 참사 진상 규명의 방관자나 참고인이 아니다. 우리는 세월호 참사의 직접 피해자고 증인이고 당사자다. 정부는 세월호에 갇힌 304명을 구하지 않았다. 죽였다. 이 정부는 304명의 선량한 국민을 살해한 살인자다. 우리는 정부의 살인에 대해 직접 조사하고 밝혀내서 처벌해야겠다.

정부는 655만 명이 넘는 국민 지지로 만들어진 특조위를 목 졸라서 질식시키고 말려 죽였다. 하지만 특조위가 없어졌다고 진상 규명이 끝난 것이 아니다. 새로운 세월호 특별법, 수사권과 기소권이 있는 강력한 특조위가 만들어질 때까지, 그 이후에도 우리는 멈춤 없이 전진할 것이다.

정성욱(416 가족협의회 인양분과장, '동수 아빠')

해수부는 작년 말까지 세월호를 인양하겠다고 했지만 아직도 인양하지 않았다. 304명의 억울한 죽음을 낳은 박근혜는 아직도 청와대에 있다. 박근혜는 살인자다. 아이들이 억울하게 죽어가는 동안 박근혜가 관저에서 무엇을 했는지 아는 사람이 없다. 세월호를 반드시 인양해서 진상을 규명하고 책임자를 처벌해야 한다. 특조위가 강력한 수사권과 기소권을 갖고 부활해야 한다.

정부와 해수부는 세월호가 올라오면 진상을 규명할 수 없도록 세월호를 절단하려 한다. 그러지 못하도록 국민의 힘이 필요하다.

416국민조사위가 발족했다. 활동하고 조사할 수 있도록 같이 힘 모아 달라.

허흥환(미수습자 2학년 2반 '다윤 아빠')

방금 전에 팽목항에서 달려온 다윤이 아빠 허흥환이다. 우리는 2014년 4월 16일, 304명이 무참히 바닷속으로 생매장되는 그런 사건을 봤다. 아직 팽목항에는 가족을 기다리고 있는 가족이 있다. 가족을 찾아 달라고 울부짖고 있다. 아직 세월호에는 9명의 사람이, 생명이 있다. 조은아, 허다윤, 박영일, 남현철, 양승진 선생님, 고창석 선생님, 권혁규 아드님, 권재근 씨, 이영순 님. 아직 9명이 돌아오지 못하고 있다. 그들을 찾기 위해서는 세월호 인양이 반드시 필요하다.

제가 달려온 이유는 여러분들이 세월호 인양에 힘써 달라고 [부탁하기 위해] 왔다. 지금은 세월호에 딱히 어떤 일을 할 수 없지만, 다시 3월이 되어, 이제 새로이 선체 인양을 시작하는 데에 국민의 힘이 필요하다. 여러분들의 함성이 필요하다.

여러분, 도와 달라, 꼭 9명이 가족의 품으로 돌아갈 수 있도록 해 달라. 국민이 약속했던, 마지막 한 명까지 가족의 품으로 돌려주겠다는 그 약속, 반드시, 꼭 지켜 달라.

저는 다시 팽목으로 달려가야 한다. 왜? 갈 수밖에 없다. 거기서 울부짖을 수밖에 없다. 세월호 인양부터 해 달라. 그리고 기억하고 잊지 말아 달라. 한 맺힌 가슴을 풀어 달라. 여러분, 오늘도 승리하자!

2학년 8반 '상준 엄마'

'반갑습니다' 하는 인사가 처음이다. 늘 '감사하다'가 먼저 나왔다. 오늘도 반갑다고 인사드렸지만 감사드리고 또 감사드린다. 세월호 7시간 진실을 밝혀야 한다. 당연하다. 그러나 4월 17일, 18일 … 998일 동안 진상이 규명되지 못하도록 한 박근혜의 책임들도 다 밝혀야 한다. 아이들 3주기가 오기 전까지 밝혀낼 수 있도록 힘을 보태 달라.

임종호(2학년 9반 '세희 아빠')

박근혜 대통령, 최순실 비선 실세의 악행들이 속속들이 드러나고 있다. 함께해 주신 국민들 덕이라고 생각하지만, 그에 앞서 먼저 간 아이들이 간절히 바랐기 때문에 이런 시국이 왔다고 생각한다. 이 자리 계신 여러분들이 진실이 밝혀질 때까지 함께해 주실 거라 믿는다.

아까 생존 학생들 보면서 불러도 외쳐 봐도 돌아오지 않는 아이들이 보고 싶어서 눈물이 났다. 목표가 있기 때문에 주저앉지 않고 끝까지 나아가겠다. 이승에서 볼 수 없는 우리 아이들, 죽어서라도 '아빠·엄마가 너희들의 억울한 죽음을 이렇게 밝혔다'고 안아 줄 그날이 올 거라 의심치 않는다.

2학년 8반 '희찬 아빠'

여러분은 기적이 있다고 생각하는가? 우리가 함께 만든 기적에 대해 이야기하고 싶다. 이때까지 세월호 관련 서명에 참가해 준 국민들이 1000만 명이 넘고, 세월호 리본이 1000만 개가 넘게 배포됐다고 한다. 이 자리를 빌려 여러분께 감사드린다. 그리고 이 광장에 촛불을 들고 힘을 보여 준 국민들이 지난해 연인원 1000만 명이 넘었다고 한다. 그 힘으로 민심도 바꾸고 정치도 바꾸고 탄핵도 이뤄 낸 것 아닌가? 이것이 우리가 함께 이룬 기적이 아니고 무엇이겠나? 그러므로 기적이라는 것은 우연히 일어나는 것보다 우리 국민이 힘을 합쳐 함께 이룰 때 최고의 기적을 만들 수 있다고 본다. 알량한 저들은 국민에게 고통과 참사를 줬지만 우리 위대한 국민들은 힘을 모아 2017년에도 큰 기적을 만들어 갈 것이다.

올해에는 더욱 간절하게 여러분과 함께 또 다른 기적을 만들어 가고 싶다. 우선 올바른 세월호 인양으로 미수습자 가족을 찾고 감춰져 있는 진실을 완전히 드러내는 기적을 만들고 싶다. 또, 신속처리법안으로 상정돼 있는 세월호 특별법을 꼭 통과시켜 진상 규명을 위한 특조위를 꼭 출범시키자. 이것은 국민이 참사를 만든 국가를 상대로 진실을 밝혀낼 수 있는 강력한 도구이며 안전 사회로 갈 수 있는 길이다. 또한 특조위가 출범할 때까지 오늘 출범하는 416국민조사위가 연결 고리 구실을 잘 할 수 있도록 힘찬 응원과 뜨거운 관심과 참여를 부탁드린다. 마지막으로, 생명을 경시한 박근혜와 부역자들, 부패한 기업들이 마땅한 처벌을 받고 하루라도 빨리 대통령을 우리 손으로 뽑는 기적을 2017년에 만들어 가자.

김성실(부산 집회에서 2학년 4반 '동혁 엄마')

자식을 잃고 전국을 돌아다니며 소리치며 외치고 다녔다. 세월호 그 큰 배가 수면 아래로 어떻게 가라앉을 수 있었을까? 복원력 상실, 과적, 다 이해가 되지 않는다. 저희는 사고 원인을 알 수 없다. 그리고 왜 한 사람의 어른도, 왜 거기 있으면 안 된다고 [말하지 않았는지], 왜 구조하지 않[았는지], 빵 점짜리 어른이었는지 이해가 되지 않는다.

내 자식을 왜 뺏어 갔는지 알려 달라고 했는데, 우리에게 캡사이신을 쐈다. [유가족들은] 그 경찰 병력 앞에서 울고불고 쓰러지고 했다.

우리가 쓰러졌을 때, 몇몇 진실을 알리는 언론사 외에는 우리 이야기를 알려주지 않았다. "죽은 자식 곱게 보내라, 돈 때문에 그러는 거지, 종북 좌파지"라고 이야기했다.

아니다. 시간이 지날수록 진실은 밝혀졌고, 나라는 썩어 빠졌다는 것을 알게 됐다.

여러분들을 보면 힘이 난다. 왜냐하면, 그 수많은 거절과 거부 속에서도 다 함께 버텼으니까. [앞으로도] 여러분들과 함께 갈 것이다. 그리고 분명히, 세월호뿐 아니라, 이 나라를 도탄에 빠뜨린 모든 이들을 처벌해야 한다고 생각한다. 저희는 탄핵뿐 아니라, 이들이 감옥에 가는 것을 보고 싶고 이들이 처벌받는 것도 보고 싶다.

안 내려오면 끌어 내려야 한다. 그것밖에 길이 없다. 국민의 힘으로, 우리들은 할 수 있는 데까지 할 거다. 우리 [유가족들은], 죽을 때 귀한 죽음으로 가자고 부모들끼리 이야기한다. 우리 애들한테 이 말을 해 주자. 너희 엄마 아빠가 해냈다고. 그렇게 해서 해냈다고. 세월호 이후는 분명히 바뀌었다고. 그렇게 이야기할 수 있도록 많이 도와 주시기 바란다.

광장의 목소리

박영대(416국민조사위 상임연구위원)

세월호 참사 진상 규명은 광범한 국민들의 참여가 있어야만 가능하며, 세월호 참사 진상 규명은 동시대를 사는 우리 모두의 의무이기도 하다.

용산 참사 후 8년이 지났는데도 여전히 진상이 규명되지 않았다. 오히려 피해자가 가해자라는 누명을 쓰고 감옥에 갔다. 법원에서 검찰에게 수사 기록 3000페이지를 공개하라고 판결을 내렸는데도 검찰은 공개하지 않았다. 용산 참사를 총지휘했던 당시 서울지방경찰청장 김석기는 국회의원 배지를 달았다. 한국에서 진상 규명은 참 어렵다. 그렇기에 국민적 참여·관심·지지가 없으면 진상 규명은 불가능하다.

장은하(4·16대학생연대 대표)

세월호 참사를 단순히 슬픔으로 묻을 수 있겠는가? 그럴 수 없다. 차가운 바닷속에 잠들어 있는 세월호의 진실을 인양해야 한다. 9명의 미수습자가 사랑하는 가족 품으로 돌아와야 한다. 강력한 세월호 특별법을 제정해 특조위를 재건하고 선체 조사와 인양, 진상 규명의 주체가 세월호 특조위가 돼야 한다. 세월호 참사의 진상 규명과 안전한 사회 건설은 416 세대인 우리의 일이다. 세월호 진상이 규명되는 그날까지 학내에서, 또 거리에서 함께하겠다.

이상목(금속노조 하이디스지회 지회장)

노동자들이 살아가기 어려운 나라다. 노동자들이 알몸 수색당하고 강제 추방될 때도 가만히 있는 외교부, 노동자들이 살려 달라고 하는데 '아직 해고되지 않았으니 [나중에] 다시 오라' 하는 노동부 …
'박근혜 정권 퇴진' 조끼를 입은 지 1년이 지났다. 지금 전국이 박근혜 퇴진과 구속을 외치고 있지만, 투쟁하는 노동자들은 거기서 만족하면 안 된다 생각한다. 박근혜의 부역자들이 저기 저 정부 청사에 넘쳐 난다. 그들을 온전하게 처벌해야 민중과 노동자들이 잘사는 나라 만들 수 있을 것이다. 그때까지 촛불이 광장을 채워야 한다.

새로운 세상을 만들기 위해 국민들이, 노동자들이 한마음 한뜻으로 정치인, 관피아들을 모두 몰아내는 그날이 올 때까지 함께 투쟁하면 좋겠다. 노동자들이 앞장서서 투쟁하겠다.

유성기업 노동자

현대차 정몽구 삼성 이재용은 자신의 부를 자기 자손들에게 영원히 물려줄 수 있도록 편법과 불법을 저질렀다. 비정규직 불법으로 부려먹고 여성 노동자들이 백혈병으로 죽어 가도 처벌받지 않았다. 이게 다 뇌물 준 대가 아니겠나. 이게 바로 한국 사회의 적폐다.

우리는 서로를 지키기 위해 모였다. 누구도 나를 지켜 주지 않기 때문에 세월호를 건져 주지 않았기 때문에 현장에서 노조 파괴로 죽어 가는, 백혈병으로 쓰러져 가는 사람들을 누구도 지켜 주지 않았기 때문에 우리 스스로 지키려고 이 자리에 모인 것이다.

노조 파괴에 맞서 싸우다 돌아가신 한광호 열사를 기억해 달라. 유성기업 노동자들은 촛불의 힘을 믿고 제대로 된 싸움을 벌여 나갈 것이다.

최도은(노동 가수, 이진영 씨 부인)

12월 28일 새벽 6시에 보안수사대가 집에 찾아와 우리 남편을 잡아가고, 집에 있는 것을 다 털어 갔다. 탄핵 처리 후 다 이긴 줄 알았는데, 국가보안법을 휘두르는 황교안이 권력을 잡았다고 한다. 대체 누가 그 권력을 줬나? 우리 남편이 마르크스, 레닌, 트로츠키 책 읽고 팔았다고 잡아갔는데 우리 남편이 무슨 해를 끼쳤나? 1600만 노동자들과 연금 내는 4000만 국민들이 모은 연금을 다 가져간 이재용이 우리 남편보다 더 해를 끼쳤다.

검사는 우리 남편이 가진 책이 국가보안법 위반 도서라 한다. 그런데 그 책들이 《자본론》과, 세계적 역사학자 E H 카가 쓴 《러시아 혁명사》 같은 책들이다. 《러시아 혁명사》는 지금 민주당 국회의원 하는 신계륜이 번역한 책인데, 그런 책을 이적 [표현물]이라고 한다. 이적으로 치면 군대도 안 다녀온 황교안이 이적 아닌가?

남편이 구속되고 3일 밤을 샜다. 이렇게 해도 힘든데, 이 나라에는 노동자 권리를 위해 싸우다 5년 형을 받은 민주노총 위원장 한상균도 있다. 아주 말이 안 된다. 끝까지 싸우자. 촛불의 힘으로 국가보안법 철폐하자.

이진영·최도은의 아들

황교안 아저씨, 저희 아빠 잡아가지 말고 박근혜 잡아가세요.

조수진(전교조 교사)

2014년 4월 16일은 우리 교사들에게 충격과 슬픔이었다. 매일 같이 만나는 학생들 수백 명이 어느 봄날 수학여행 가는 길에 한꺼번에 바다 밑으로 수장됐다. 그리고 우리가 함께 수업을 준비하고 고민을 나누던 동료 교사들도 창백한 시신이 돼 돌아왔다.

그래서 우리 교사들은 1000일 전 4월 16일 그날을 차마 잊지 못한다. 바로 우리 자신의 일이었기 때문이다.

그런데 박근혜는 새해 벽두부터 뭐라고 했나? 세월호 참사가 작년인지 재작년인지조차 모르고, 그 많은 사람을 죽여 놓고도 제 할 일을 다 했다고 가증스러운 말을 늘어놓았다.

선실 벽과 유리창을 할퀴고 두드리다 부러지고 피멍이 들고 부러진 아이들이 절규하던 시간에, 물이 차오르던 배 안에서 304명이 죽음의 공포와 싸우고 있었을 때 박근혜 정부가 했던 일은 무엇이었나? 책임 회피, 언론 통제, 오보와 유언비어로 몰아 진실을 가로막기, 우리의 입과 귀와 눈을 틀어막기였다!

그래서 우리 교사들은 교실에서 학생들의 눈을 똑바로 쳐다볼 수 없었다. 진실과 정의를 가르치고 모범을 보여야 할 교사로서의 양심 때문이다. 2014년 5월 청와대 게시판에 오른 박근혜 정권 퇴진 교사 선언과 그 이후 전교조 시국선언은 그렇게 시작됐다. 몇 차례에 걸쳐 최대 1만 7000명이 세월호 참사에 대한 정권의 책임을 물었다.

구조에 늑장 부렸던 정권은 국가공무원법을 위반했다며 교사들을 검찰에 고발했고, 검찰은 20여 명의 교사들에게 징역 8개월부터 1년 6개월까지, 도합 21년 6개월의 실형을 구형했다. 법원은 벌금형을 선고했다. 그런데 진실과 정의를 바란 교사들이 왜 7400만 원이나 하는 돈을 저 무능하고 무책임한 박근혜 정권에 갖다 바쳐야 하나?

지금까지 1000만 명이 넘는 사람들이 참가한 이 정권 퇴진 운동에서 가장 지지받는 요구가 무엇인가? 바로 세월호 참사 진실 규명과 책임자 처벌이다. 그래서 탄핵 사유 첫 번째로 들어 있다. 교사들의 행동은 자랑스럽고 완전히 정당하다. 그런데 다수가 동의하는 것을 몇 년 앞서 물었다는 이유로 교사들을 처벌하겠다고 한다. 심지어 검찰 수사와 벌금형을 확대하면서 더 많은 교사들을 탄압하려 한다.

그런데 진짜 처벌받아야 할 사람은 누구인가? 법정에서 감옥에서 죗값을 똑똑히 치러야 할 진정한 범죄자는 누구인가? 진작, 수천 번 수만 번 당장에 탄핵돼야 마땅할 범죄자 박근혜, 당장 구속돼야 하는 것 아닌가!

법이 교사들의 행동을 부정하고 단죄하려 하지만, 또다시 그런 상황이 온다면 지금과 똑같이 진실과 정의를 위해 행동할 것이다. 우리 교사들은 정권의 탄압에 굴하지 않고 법정에서도 당당히 싸울 것이다. 우리에 대한 탄압은 세월호 참사에 대한 탄압이자, 박근혜 퇴진 운동에 대한 탄압이고, 여기 계신 촛불에 대한 탄압이기 때문이다!

징계, 탄압이 우리를 막을 수 없다. 박근혜와 한통속인 황교안을 끌어내리고 적폐를 청산하는 길에 끝까지 함께하겠다. 진실을 침몰시키려는 자 우리가 반드시 침몰시키자!

"박근혜는 내려오고 세월호는 올라와라!"

김승주(노동자연대 회원, 이화여대 학생)

안산 합동 분향소에 있는 한 어머니의 편지에는 이렇게 적혀 있습니다. "엄마는 모든 걸 잘못한 죄인이다. 몇 푼 더 벌어 보겠다고 일하느라 마지막 전화를 못 받아 미안해. 가진 게 없는 이 집에 너같이 예쁜 애를 태어나게 해서 미안해. 엄마가 지옥 갈게, 딸은 천국에 가."

희생된 단원고 학생들의 부모님들은 이렇게 대부분 평범한 노동자들이었습니다. 가진 재산이라고는, 의지할 데라고는 일평생 서로 아껴 가며 단란하게 꾸려 온 가족이 전부인, 그런 평범한 우리네의 모습이었습니다.

그날을 어떻게 잊겠습니까? 떠올릴수록 새로워지기만 하는 그날의 충격과 분노와 눈물이 어떻게 지겨울 수 있겠습니까.

박근혜는 1월 1일, 참사 당일 현장에서 119랑 해경이 다 알아서 어련히 잘하지 않았겠냐고 했습니다. 하지만 현장에서 해경이 한 일이 뭡니까? 7000톤 급 세월호 침몰 사고에 13명이 타고 있던 작은 123정을 보냈고 123정이 세월호에 접촉했던 시간은 딱 9분밖에 안 됐습니다. 해경의 진정한 관심사는 생명을 구하는 일이 아니라 대국민 조작 은폐 쇼를 벌이는 것이었습니다. 그러는 동안 가족들은 천국과 지옥을 오가며 하루하루 피폐해졌습니다.

그런데 이런 핵심 책임자들 중 123정장 한 명 말고는 단 한 명도 처벌 안 받았고, 여전히 공직에 있고 줄줄이 승진을 거듭했습니다. 목포 해경 서장 김문홍, '전원 구조' 거짓말의 시초인 해경 본청 황영태, 청와대 국가안보실장이었던 김장수 등 일일이 다 말할 수가 없습니다. 이 살인자들 다 누가 승진시켜 준 겁니까? 해경이 알아서 어련히 잘했겠냐는 박근혜가 승진시켜 준 거 아닙니까?

청해진해운으로부터 뇌물 받고 세월호 도입 허가해 준 인천 항만청 과장은 징역 5년을 받았다가 대법원에서 무죄로 뒤집혔습니다. 이거 누가 뒤에 있었던 겁니까? 세월호 수사에 외압 넣고 자기 맘에 안 드는 재판하면 다 좌천시켜 버린 당시 법무부 장관 황교안 아닙니까?

세월호 참사에는 박근혜 정권의 적폐가 다 집약돼 있습니다. 세월호 참사만으로도 박근혜는 이미 쫓겨나야 했고, 열 번이라도 탄핵을 당해야 했고, 살인죄나 다름없는 죗값을 치러야 했습니다.

어제는 가습기 살균제 참사 가해자 옥시 대표가 무죄를 받았습니다. 참사는 과거가 아닙니다. 박근혜, 그리고 황교안이 계속하고 있는 규제 완화, 민영화 등 친기업 정책을 멈춰 세워야 합니다. 우리는 넉넉치 못해서 값싼 배를 태워야 했는데, 돈도 실력이니 능력 없으면 부모를 원망하라던 정유라가 뻔뻔하게 잘살던 그런 더러운 사회를 멈춰야 합니다.

지난 1000일이라는 긴 시간 동안 후퇴 없이 포기 없이 싸워 오신 유가족분들이 계셨기에 우리는 여기까지 올 수 있었습니다. 지배자들은 탄압했지만 우리는 싸웠고 다시 싸우면서 그렇게 강해졌습니다. 그리고 끝내 광화문 세월호 광장과 분향소가 촛불로 눈부시게 밝혀지는 날을 만나게 됐습니다.

우리 지금처럼 앞으로 나아갑시다. 세월호 304명, 그뿐 아니라 고 백남기 농민, 유성 한광호 열사, 가습기 살균제 희생자, 구의역 스크린도어 사고 희생자 모두 앞에 부끄럽지 않도록, 끝을 볼 때까지 제대로 싸웁시다.

특별취재팀, 〈노동자 연대〉 193호(2017-01-07) 축약.

12주
준 놈이나 받은 놈이나 한통속,
"재벌 총수 구속하라!"

"지난해 현대중공업에서 산업재해로 죽은 노동자들만 열한 명입니다.
하지만 정몽준과 바지 사장들은 사과 한마디 없었습니다.
그들은 권력에 돈을 바치고 재벌들만 살찌는 경제를 만들고 있습니다."

촛불의 요구를 비틀고 축소하는 주류 야당들

황교안이 우파적 행보를 이어 가며 박근혜 정부의 적폐 대행자로서의 면모를 과시하고 있다. 한일 '위안부' 합의가 유지돼야 한다던 황교안은 "상황 악화를 가져올 수 있는 언행은 자제하는 것이 한일 관계의 미래지향적 발전을 위해 바람직하다"며 '위안부' 합의 비판 여론을 억눌렀다. 이뿐 아니라 노동 개악 4법 중에서 우선 근로기준법부터 통과시키자고도 했다. 노동 개악 중 근로기준법 개악은 실질 노동시간이 연장되는 탄력근무제 확대가 포함돼 있다. 친기업, 노동자 쥐어짜기를 중단하지 않겠다는 뜻이다. 1월 4일 외교·안보 관련 업무 보고에서는 사드 배치와 한일군사정보보호협정 체결을 "굳건한 안보"를 위한 중요한 성과로 소개하기도 했다.

이런 개악에 추진력을 얻으려고 황교안은 국회와의 협치를 강조해 왔다. 그래서 황교안은 "여야정 정책협의회를 통해 정치권과 적극 소통해 달라"고 하기도 했다. 1000만 퇴진 운동이 '황교안 사퇴'를 요구해도 모른 척해 놓고 "소통"을 강조하는 것은 참으로 역겨운 일이다.

그런데 민주당과 국민의당은 퇴진 운동이 아니라 황교안의 소통 요구에 호응하고 있다. 민주당과 국민의당은 여야정 협의회를 꾸려 1월 8일 첫 논의를 시작했다. 이미 국민의당 비대위원장 김동철은 지난해 12월에 단독으로 황교안을 만났고 "진작 이렇게 소통했어야 한다"며 칭찬도 늘어놓았다. 김동철은 여야 4당 대표와의 5자 회동을 제안해 황교안에게서 감사하다는 인사까지 받았다. 민주당이 황교안을 향해 "대통령 놀이"라고 비판하기는 하지만, 적폐 공범과 "더불어" 여야정 협의를 하겠다니 그 비판이 전혀 진지해 보이지 않는다.

그래 놓고는 두 야당은 "촛불 민심"을 앞세워 개혁 입법 추진을 요란스레 떠들고 있다. 민주당 원내 대표 우상호는 12일 퇴진행동과의 토론회에서 "촛불 민심 실현하는 국회가 돼야 한다"며 개혁 과제 22개의 입법을 추진할 것이라 밝혔다. 그런데 퇴진행동이 꼽은 긴급 해결 과제들은 제대로 포함돼 있지 않다. 고 백남기 특검, 세월호 특별법, 사드 배치 철회, 성과연봉제 철회 등은 빠졌고, 국정교과서 중단과 언론장악방지법 두 개만 포함됐다. 이날 우상호는 세월호 특별법은 여야 대표 회동으로, 백남기 특검은 이미 야 3당 대표 합의 사항이므로, 둘 다 빨리 해결하겠다고 했다. 그러나 전혀 구체적 방안이 없다.

몇 달 내로 세월호가 인양될 수 있으니 선체 조사 등을 위한 대책이 필요하고, 박근혜가 세월호 참사 책임을 지우려고 안간힘을 쓰고 있으니 신속하게 진상 규명과 책임자 처벌을 위한 수단이 마련돼야 한다. 지난해 유가족들이 직권상정을 언급한 것은 이런 이유 때문이었다.

백남기 농민 사망은 국가가 저지른 범죄인데도 단 한 명의 처벌도, 제대로 된 사과도 없었다. 최근 서울대병원 측이 수시로 청와대 정무

수석에게 백남기 농민의 건강 상태를 보고했다는 언론 보도도 이어졌다. 그러나 지난해 9월 국회 청문회 이후 진척이 없다.

우상호는 사드 배치를 다음 정권에 넘겨 재합의하도록 할 것이라 한다. 그런데 청와대 안보실장 김관진은 미국에 날아가 사드 배치 확실히 하겠다는 약속을 하면서 신속 배치를 밀어붙이고 있다. 절박한 성주·김천 주민들과 원불교가 11일부터 당사 점거 농성을 시작했지만 민주당의 주요 인물들은 코빼기도 보이지 않았다. 다음 날 국회 토론회에서 주민들이 우상호를 붙잡아 겨우 면담 할 수 있었지만 그마저도 불분명한 답변만 내놨다. 민주당은 대선을 의식해 껄끄럽고 외연 확장에 도움이 안 된다고 여기는 쟁점들을 얼버무리려 한다.

민주당은 시민·사회 단체들과 만나며 퇴진 운동과의 끈을 적당히 유지하는 모양새를 취하면서 운동의 요구는 제 입맛에 맞는 것만 각색해 내놓고 있다. 차기 대선에서 정권이 교체되더라도 자동으로 현안들이 해결되리라고 기대하기 어려운 것이다.

따라서 의회 내 정치 협상을 요구 성취의 주요 통로로 삼으면 운동의 요구를 삭감해야 한다는 압력이 내부에서 커질 수 있다. 따라서 퇴진행동은 황교안을 인정하며 보조를 맞추는 두 야당을 강력히 비판하면서 (정치적으로 독립적으로) 아래로부터 운동을 건설해 압박해야 한다. 국회의 탄핵소추 가결을 밀어붙인 결정적 힘이 거대한 거리 시위였듯 말이다. 박근혜 정권을 완전히 퇴진시키려면 거리의 운동이 더 심화되고 급진화되도록 해야 한다. 그러려면 주적이 누구인지 분명히 하는 것이 중요하다. 그래야 촛불에서 제기된 요구들이 더 예리해지고 운동과 잘 결합할 수 있을 것이다.

김지윤, 〈노동자 연대〉 194호(2017-01-13).

12차 범국민행동의 날

혹한의 추위에도 10만 명이 모여
"박근혜 퇴진, 재벌 총수 구속"을 외쳤다

체감온도가 영하 13도까지 떨어지는 추운 날씨에도 연인원 13만 명이(주최 측 발표) 광화문 광장에 모였다. 서울 다음으로 퇴진 운동이 강력한 부산에서도 오늘 1만 명이 모였다. 너무 추운 날씨 탓에 어린 자녀와 함께 오는 가족들의 참가는 줄었지만, 조직노동자들과 청년들의 참가가 두드러졌다. 집회 규모가 1~2주 전보다 크게 줄었지만, 참가자들이 그 때문에 위축되거나 실망한 것 같지는 않았다. 분노가 여전히 크고, 그 정당성이 계속 확인되고 있기 때문이다.

군사독재 정권의 야만적인 고문으로 돌아가신 박종철 열사 30주기이기도 했고 정원 스님 시민장이 있었기 때문에 가끔 숙연한 분위기들도 있었지만, 표정들도 밝았고, 정권의 공작 정치나 재벌의 특권 행태를 규탄하고 퇴진과 구속을 요구할 때는 결연했다. 그래서 행진 분위기도 힘찼다.

오늘은 박근혜 정권에서 권력 농단과 고통 전가의 한 축인 기업주들에 대한 분노와 항의가 두드러졌다. 집회의 주요 요구는 "재벌도 공범이다", "재벌 총수 구속하라", "재벌 특혜 철폐하라"였다. 행진에서도 이 구호들이 인기를 끌었다.

기업주들은 박근혜에게 모든 책임을 미루고는 피해자 코스프레를 하고 있다. 그러나 박근혜 정권의 부패와 고통 전가 정책은 특권층 비호와 연결돼 있다. 청와대 방향 방송차 진행자가 "박근혜가 청년들 보고 중동 가라더니 조카 격인 정유라는 유럽에서 말 타고 편안히 지냈다"고 규탄하자 청년들이 환호한 것도 그런 이유 때문이다.

삼성은 정유라에게만 200억 원이 넘는 돈을 지원할 계획을 세웠고 실제로도 수십억 원을 지출했다. 그 대가로 그룹 경영권을 승계하려고 국민연금을 동원한 사실이 드러나고 있다. 안전 조처를 제대로 하지 않은 공장에서 억울하게 죽어 간 반도체 노동자들의 희생을 바탕으로 세계적 대기업으로 성장했지만, 국가기관의 도움을 받아 노동자들의 죽음을 은폐해 왔다.

현대자동차는 수천 명 노동자를 수년간 불법으로 비정규직으로 부려 먹은 게 대법원에서까지 인정됐는데도, 정부의 비호 아래 정규직 전환 등을 미루고 있다. 오히려 항의하는 노동자들을 적반하장으로 두들겨 패고 해고하는 것에 열중하고 있다. 유성기업 등 주요 하청기업들의 노조 탄압을 배후에서 조종하고 있다.

SK, 롯데 등의 총수 일가는 횡령 등 범죄를 저지르고도 면죄부를 받아 왔다. SK는 그 대가로 박근혜와 최순실의 재단에 돈을 냈다. 롯데는 지역 주민들의 항의 때문에 궁지에 몰린 정부의 사드 배치 방침에, 부지 제공이라는 탈출구를 제공했다.

기업주들에 대한 항의를 내세운 만큼 오늘은 투쟁하는 노동자들의 발언도 많았다. 본대회 전 본무대 자유 발언대에서는 자동차 부품 생산 기업들인 유성기업과 갑을오토텍에서 발언해 큰 호응을 받았다. 본대회에서는 "[우리는] 귀족 노동자가 아니고, 배를 만들며 하루하루 살아서 퇴근할 수 있기를 바라는 그런 노동자들"이라고 말한 현대중공업 정규직 노동자가 가장 큰 박수를 받았다.

경제 위기 이후 노동자들의 처지가 위태로운 상황이고 퇴진 운동의 주요 참가자 다수가 (꼭 노조 소속은 아니어도) 노동계급 구성원들이기 때문에 기업주들을 향한 분노가 큰 공감을 얻은 것은 자연스러웠다.

기업의 이윤 벌이를 가장 우선으로 삼는 이 체제는 노동자·민중을 계속해서 궁지로 내몬다. 재벌 특혜는 수많은 노동자, 서민, 청년들의 고통과 박탈감의 다른 이름이다. 기업주의 금고가 차는 만큼 서민들의 대출은 늘어나고, 청년들이 써야 할 이력서도 늘어 왔다. 우리 사회의 불평등이 바로 여기에서 비롯하는 것이다.

박근혜 정권은 이런 체제의 수호자를 자처해 온 만큼, 정권 퇴진 운동에 노동자들이 많이 참가해 계급적 문제를 꺼내 놓고 공론화하며 지지를 넓혀 가는 것은 당연하고 좋은 일이다. 우리 운동이 단지 '박근혜만 아니면 된다'는 식의 정치적으로 얕은 운동은 아님을 오늘 집회가 또 보여 줬다. 혹한의 날씨를 뚫고 광화문 광장에 모인, 그리고 청와대와 총리 공관, 롯데와 SK 등 재벌 본사를 향해 도심을 행진한 수많은 사람들은 박근혜 정권 제거 그 이상을 바란다. 그리고 그럴 만한 자격이 있다.

광장의 목소리

박은숙(부산 시국대회에서 발언한 박종철 열사의 친누나)

30년 전 잔인한 고문으로 한 줌의 재가 됐던 종철아. 꿈에서라도 밝은 웃음을 보고 싶은 종철이를 불러 본다.

종철아, 역사는 나락으로 떨어져 가는 이 순간을 그냥 두지는 않는 것 같구나. 평범한 시민들이 박근혜·최순실 게이트를 도저히 참지 못해, 30년만에 또 다시 일어서서 제2의 6월 항쟁을 일으키고 있단다.

종철아, 전국 방방곡곡에서 일어난 촛불을 보고 있니? 종철아, 네가 살아 있다면 여기서 다시 소리칠 거야, 그렇지? 되살아난 거야, 그렇지? 되살아난 것과 함께 새로운 희망을 노래하고 싶다.

종철아, 네가 보낸 편지가 생각난다. '저들이 비록 나의 신체는 구속시켰지만, 나의 사상은 구속시키지 못합니다, 어머니. 이 땅의 부당한 구조를 미워합시다.' 30년이 넘도록 이 편지의 상황이 아무것도 변하지 않았구나. 따뜻한 목도리를 두른 [촛불을 든] 사람들이, 부디 너 대신 성취하길 바란다.

김혜진(4·16연대 상임운영위원)

박근혜가 세월호 [참사] 당일 7시간 행적에 관해서 헌재에 1월 10일 제출한 것들은 다 거짓말입니다. 김장수 국가안보실장에게 전화[로] 지시했다고 하지만, 통화 기록은 제출하지 못하고 있습니다. 언론의 오보 때문에 상황의 심각성을 몰랐다고 하지만, 해경과 청와대는 핫라인으로 계속 소통하고 있었습니다. 관저에 텔레비전이 없어서 상황을 알 수 없었다고 했는데, 그렇다면 소위 '언론의 오보'는 어디서 봤단 말입니까.

우리는 바다에서 배가 침몰하는 걸 보면서 할 수 있는 게 없어서 기도하고 애원했습니다. 우리는 정말로 할 수 있는 게 없었습니다. [그런데] 우리가 세금을 내고 군대와 해경 헬기를 동원할 수 있는 권력을 준 이 정부는 … 그 힘을 이용해서 유가족을 탄압하고 언론에 재갈을 물리고 법원에 압력을 행사했습니다. 탄핵소추안에 담긴 국민의 생명을 지키지 않은 죄가 반드시 탄핵 사유로 인용돼야 합니다.

권력을 가진 자들로부터 우리의 생명을 지키기 위한 투쟁이 필요합니다. 전국 곳곳에서 수많은 사람들이 산업재해로, 물대포로, 가습기 살균제로 계속 죽었습니다. 이들을 생각하며, 광장의 촛불은 일터와 작업장으로 번져 나가야 합니다.

권순석(현대중공업노조 조합원)

헌법재판소의 판결을 기다릴 것이 아니라 오늘 밤 당장, 지금 당장 박근혜는 퇴진해야 합니다.

현대중공업의 오너 정몽준은 박근혜와 동기 동창입니다. 이자는 지금 현대중공업을 그의 아들 정기선에게 세습하려 합니다. 그것을 위해 무차별적 구조조정을 벌이고 있습니다. 노동자 수천 명이 쫓겨났고, 현대중공업 노동자 수백 명이 엄동설한에 원직 복직을 위해 싸우고 있습니다. 정규직이 이럴진대 비정규직 노동자들의 고통은 이루 말할 수 없을 것입니다.

지금도 현대중공업 노동자들은 힘차게 파업 투쟁을 하고 있습니다. 지난해 현대중공업에서 대형 장비에 끼이고 높은 곳에서 떨어지는 등 산업재해로 죽은 노동자들만 11명입니다. 하지만 정몽준과 바지 사장들은 사과 한마디 없었습니다. 그들은 권력에 돈을 바치고 재벌들만 살찌는 경제를 만들고 있습니다.

여러분, [이것은] 언론에 나오는 것 같은 귀족 노동자가 아니라 배를 만들며 하루하루 살아서 퇴근할 수 있기를 바라는 그런 노동자들이 드리는 피눈물 나는 호소입니다. 조선 산업 구조조정은 중단돼야 합니다.

이선태(금속노조 현대자동차 비정규직지회 대의원)

저는 대기업 하청 비정규직 노동자입니다. 기름때 묻은 작업복이, 그것이 전부인 줄 알았습니다. 정규직과 비정규직은 같은 회사에서 똑같은 일을 하지만 [대우는] 다릅니다. 형편없는 임금과 명절 선물, 출근 버스와 [직원] 식당에서 당하는 차별, 작업복에 찍힌 낯선 회사 이름이 우리를 작아지게 만듭니다.

노동조합 탄압을 사주하는 것은 바로 재벌입니다. 자기 회사 노조를 파괴한 재벌들이 비정규직 노조도 파괴하고 있습니다. 정규직과 비정규직을 갈라놓는 경계선을 지워야 합니다.

박범신(금속노조 유성기업 영동지회 부지회장)

대를 이어 수십 년간 부를 축적하고, 그 부를 이용해 노동자를 탄압하고 온갖 불법과 로비를 일삼는 재벌, 그중에서도 현대차 정몽구에 대한 이야기를 하려고 나왔습니다.

정몽구가 보낸 뇌물이 128억 원이랍니다. 이 돈을 낸 정몽구는 박근혜가 독대를 하고, 노동자들의 권리를 축소시키는, 비정규직 제한을 늘리고 파견 근로를 확정하는, 절대 다수 노동자들에게 불리한 노동 개악을 얻어 냈습니다. 이뿐 아니라 정몽구는 노동조합에 대한 탄압, 그것도 용역깡패를 투입해 폭력을 자행하고 사람을 죽음으로 몰아넣는 등 가

혹한 탄압을 배후 조종하기도 했습니다. 이것은, 다섯 번의 국정조사와 청문회, 노동부와 검찰의 조사와 압수수사에서 나온 구체적인 증거 자료들로 명백히 드러난 사실입니다.

그런데도 저들은 처벌받지 않습니다. 노동자가 괴로워하고 스스로 목숨을 끊는데도, 저들은 어떤 처벌도, 단 한 번도 받지 않고 있습니다.

그 이유가 무엇이겠습니까? 바로 최순실·박근혜에게 갖다 바친 그 128억 원. 알뜰살뜰 최순실의 딸 정유라의 이모까지 챙겨 줬던 그 알뜰한 정신, 그게 바로 우리 노동자의 권리를 짓밟고 노동자를 죽음으로 몬 범죄자에게 면죄부를 준 금액이었습니다.

그래서 저희들이 싸우고 있습니다. 저희가 파업을 하고 행진을 하고 시민들에게 다소 불편을 끼치더라도 이해해 주시고, 넓은 마음으로 함께 바로잡아 갔으면 좋겠습니다.

김미순(갑을오토텍 가족대책위 위원장)

[저는 이전까지만 해도] 정부 정책을 비판하는 사람들에게 '다 그럴 만한 이유가 있지 않겠냐' 설득하기도 했었습니다. 그런데 제가 믿었던 정책, 따랐던 질서는 재벌을 위한 것이었다는 사실을 깨닫게 됐습니다.

재벌 총수들이 희생양처럼 피해자 흉내를 내는 모습은 [눈 뜨고] 보기 힘듭니다. 재벌들은 더 큰 이익을 바라며 [박근혜에게] 돈을 건넸고, [그 대가로] 이익을 누렸습니다. 그 피해는 국민들에게 돌아왔습니다. 재벌들을 놔 둔 채 대통령을 바꾼다 한들 이런 일은 또 벌어질 수밖에 없을 것입니다.

이제 제 답답한 이야기도 한 말씀 드리려고 합니다. 회사의 불법적인 직장 폐쇄로, 일하고 싶어도 일하지 못하는, 충남 아산에 있는 갑을오토텍 회사[의 이야기]입니다.

2015년에는 회사의 사장이라는 자가 전직 비리 경찰과 특전사 출신을 고용해 노동조합을 깨려 했습니다. 그 과정에서 수십 명의 노동자가 부상을 입기도 했습니다. 치가 떨리는 폭력을 경험했습니다. 다행히 폭력을 자행한 사장은 법정 구속돼 복역 중입니다.

그런데 또다시 2016년, [사측은] 노동조합 파괴를 위해 200명 가까운 용역깡패를 고용하고 불법으로 직장 폐쇄를 했습니다. 이곳에서 일하는 노동자들은 20~30년을 함께 일해 온 사람들입니다. 그런 아빠 [노동자] 들을 향해 [사측은] 또다시 폭력적인 탄압을 자행하고 있습니다.

갑을오토텍의 이 같은 횡포는 박근혜 정권과 무관하지 않습니다. 현대 자동차가 정권에게 돈을 갖다 바치고 공권력을 자기 마음대로 동원했기 때문입니다.

법원이 몇 번이고 교섭을 하라고 판결했음에도 이들은 여전히 [교섭에] 나서지 않고 있습니다. 7개월째 불법 직장 폐쇄를 지속하면서, 저희들은 월급을 받지 못하니 다 말라 죽을 것이라 기대하며 웃고 있겠죠. 그렇지만 우리 아빠들과 가족들은 해를 넘기면서 투쟁하고 있습니다.

촛불이 꺼지지 않고 다른 세상을 꿈꾸며 희망을 노래하듯이 저희 역시 승리를 위해 싸우고 있습니다. 아빠들[갑을오토텍 노동자들]은 191일째 공장에서 먹고 자며 싸우고 있습니다. 끝까지 희망을 놓지 않고 승리를 위해 투쟁할 것입니다.

박혜신(노동자연대 학생그룹 활동가, 한국외대 중국어과 4학년)

20대 평균 빚이 얼마인지 아십니까? 무려 3000만 원입니다. 빛나야 할 우리 청춘은 빚 내느라 고달픕니다. 우리는 최저임금 받으며 알바 하고,

스펙 경쟁과 학점 경쟁 속에서 최저 인생을 살지만, 정유라는 인생 자체가 '특혜 인생'이었습니다.

그리고 이 '특혜 인생'의 든든한 '빽'이 삼성이었습니다. 삼성은 파렴치하게도 직업병 피해자들에겐 500만 원을 줬지만 정유라와 장시호 지원엔 아낌없이 돈을 썼습니다. 덕분에 이재용은 고작 상속세 16억 원 내고서 삼성을 집어삼켰습니다. 박근혜가 밀어붙인 의료 민영화, 메르스 참사 은폐 등도 삼성의료원을 위한 것이 아니었습니까?

수십억 원 횡령해 놓고 정부에 더러운 돈 바쳐 석방된 SK 총수, 법원 판결 무시하고 비정규직 정규직화 하지 않는 현대, [정부에] 뇌물 바쳐 면세점 따낸 롯데, 모두 더러운 부패 네트워크의 일부입니다.

야당은, [박근혜가] 곧 탄핵되니 우리더러 제자리로 돌아가야 한다고 합니다. 하지만 탄핵을 만든 진짜 힘은 우리 1000만 촛불입니다. 박근혜와 공범들이 감옥에 가고 그들이 저지른 온갖 나쁜 정책들을 청산할 때까지 촛불은 꺼지지 않을 것입니다.

특별취재팀, 〈노동자 연대〉 194호(2017-01-14) 축약.

4부
우익의 준동 본격화
(1월 말 ~ 2월 초)

집회 규모가 줄어들었다. 이때를 틈타 우익은 "탄핵 반대" 공세를 본
격화하기 시작했다. 특검이 청구한 이재용 구속영장도 기각됐다. 박
근혜는 우익 인터넷 언론과 인터뷰하며 자기편에 결집 메시지를 보
냈다. 특검에 강제 소환된 최순실은 "자유민주의 특검이 아니다"
하고 발악했고, 이화여대 최경희 구속영장도 기각됐다. 설 연휴 주말
에 촛불이 한 주 쉬는 틈을 노린 비열한 움직임이었다.
"염병하네"란 말이 자연스럽게 나오게 되는 우익의 도발은 '박근혜
탄핵은 따 놓은 당상'이라는 퇴진 운동 내 낙관적 분위기에 경종을
울렸다. "다시 거리로"가 갈수록 중요해지는 때였다.

13주

이재용 구속영장 기각에
'열 받은' 촛불, 눈보라를 뚫고 모이다

"이재용이 불구속이 되던 날,
그 전날 2400원[을 회사에 덜 납부한 것] 때문에
직장을 잃은 [버스기사]분을 보면서 청각장애인분이 저에게 물었다.
'2400원이 커? 430억 원이 커?'"

헌재는 주저 말고 탄핵을 결정하라

이재용 구속을 둘러싼 정치 갈등은 역설이게도 지배계급에게 박근혜 제거의 시급성을 일깨워 줬을 것이다. 특검이 빠르게 박근혜를 조여든 것도, 헌법재판소가 탄핵심리를 초고속으로 진행하는 것도 이런 지배계급 다수의 의중이 반영돼 있다. 대중에게 가장 증오받는 자를 제거함으로써 아래로부터의 저항이 빨리 식기를 바라기 때문이다.

노무현 탄핵 때와 비교하면, 헌재의 7차 변론까지 걸린 시간이 절반이다. 6~7차 변론 기일에는 박근혜 변호인단이 문제 삼은 증거들을 상당히 빼고도 많은 증거들을 채택했다. 이는 박근혜 측의 요구가 반영된 결과가 아니라 오히려 심리를 빨리 진행하겠다는 헌재의 의사 표시로 보는 것이 정확할 것이다. 채택된 증거만으로도 탄핵 결정을 하기에는 충분하기 때문이다.

이번 주에도 박근혜 정권의 추악한 행위들이 추가로 폭로됐다. 문화계 블랙리스트 작성과 압박, 세월호 참사 등 여론 조작용 우파 집회 등을 기획하고 주도한 것이 청와대였다. 우파 집회 동원 자금은 전경련에서 나왔다. 박근혜의 지시 아래, 김기춘이 기획하고 조윤선(정무수석)이나 우병우(민정수석) 등이 연출의 일부를 맡은 공작 정치 작태였다. 조윤선은 청와대에서 초기 블랙리스트 작성에 관여했다가 문화체육부 장관으로 와서 그 실행도 맡은 것이다.

박근혜의 '유신 DNA'를 보건대, 문화·예술계 단속에 사용한 블랙리스트 작업이 노동계나 사회운동에 적용되지 않았으리란 보장이 없다. 민주노총 한상균 위원장 구속, 세월호 유가족 탄압, 통합진보당 해산, 통합진보당 관련자들과 '노동자의 책' 대표의 국가보안법 구속 등이 그런 사례들일 것이다. 이미 이명박 정권에서도 총리실 산하로 위장한 청와대·국정원 주도의 민간인 사찰이 벌어졌다.

따라서 이런 가증스런 정권은 하루 빨리 끝장나야 한다. 황교안이 우파 전열 정비를 위한 시간을 벌게 해서도 안 된다. 그런 조처의 하나로, 퇴진 운동이 헌재에 더 강하게 탄핵 결정을 압박하는 것도 포함된다.

국회의 탄핵소추안 압도적 가결이 거대한 민중운동의 압력 때문이었듯이, 헌재의 탄핵 결정도 아래로부터의 압력에 커다란 영향을 받을 것이다. 헌법 재판 자체가 형사재판과 달리 정치적 재판이기 때문이다.

헌재를 압박하는 것은 삼권분립론자들의 한가한 소리처럼 사법권을 '부당하게' 압박하는 것이 아니다. 반대로 부르주아 민주주의의 절차 안으로 대중투쟁의 잠재력을 가두는 문제도 아니다. 포악무도한 정권에게 민중이 투쟁으로 내린 정치적 심판을 국가기관이 수행하라는 민주주의의 문제다. 활력 있는 대중운동이 자기 힘을 바탕으로 헌재와 특검을 압박하는 것은, 주류 정치인들이 주도해서 운동을 제도권으로 수렴시키는 것과 다르다. 매우 상이한 운동의 동학이다.

퇴진 운동 초기에 주류 야당들이 운동을 지지하는 시늉을 하며 탄핵 문제를 들고 나왔을 때에는 명백하게 운동의 활력을 국회로 수렴해 주류 정당들 간의 협상 문제로 바꿔치기 하려는 의도가 있었다.

그럴 때에는 운동이 국회 주도 탄핵을 지향해서는 안 되고, 거리 운동에 참여하는 진보 정당이 이에 찬성하는 것은 야합이라고 비판한 것은 옳았다. 거리의 독립적인 힘으로 박근혜를 끌어내리겠다는 수단을 분명히 하는 것이 중요했다. 그런 투쟁 방식이 아래로부터 솟구치는 민중의 힘을 올곧게 발현할 수 있기 때문이다.

거리로 나선 많은 사람들은, 새누리당 정권 9년 동안 별 쓸모도 없게 행동한 주류 야당들을 그다지 신뢰하지 않기도 했다(물론 차기 대선에서는 대중적으로 검증된 진보·좌파적 정치 대안이 없다고 대중이 판단해 차선론(또는 차악론)에 근거한 선거적 선택을 할 수도 있다).

그 결과 실제 벌어진 일은 주류 야당들이 운동을 납치한 것이 아니라, 거대한 분노와 힘에 제도 정치권이 떠밀리고 심지어 집권당은 둘로 쪼개지며 탄핵소추가 압도적으로 가결된 것이었다(그 이후로도 주류 야당들은 운동에 한발 걸치고는 자신들 지지율 향상에 운동을 이용하려고만 했다).

결국 대중투쟁의 힘 덕분에, 헌법재판관 인적 구성이 보수 일색이라는 문제도 부차화되고 있다. 국회에서 탄핵소추 절차가 진행된 정치적 맥락이 운동 초기 주류 야당들의 의도와 달라진 것이다. 퇴진 운동이 특검 도입에 부정적이었지만, 일단 시작된 특검이 기층 여론의 눈치를 보며 수사를 하는 상황에서는 독립적으로 이재용·김기춘 등의 구속 기소 촉구 등 압력을 가하는 것이 정당한 것과 같다. 물론 이는 특검을 응원하는 것과는 다르다.

지금 헌재에 꾸물대지 말고 탄핵하라고 촉구하는 것은 박근혜 없는 박근혜 정권을 연장하려는 황교안 내각과 탄핵 기각을 촉구하는 우파에 맞서는 정치 투쟁의 성격을 띤다. 좌파는 자신이 머릿속에서 그려 낸 지형이 아니라 현실에서 우파와 쟁투가 벌어지는 곳에 개입해야 한다.

이런 사회 세력 간 쟁투에서 형성되는 세력균형이 이후 정국, 가령 대선과 차기 정권의 초기 정책에도 영향을 미칠 것이다. 무엇보다 이런 전투에서 승리함으로써 사람들은 일터를 비롯해 삶의 터전 곳곳에서 스스로 행동에 나설 자신감을 얻을 수 있다.

김문성, 〈노동자 연대〉 195호(2017-01-20).

"김기춘도 구속됐다,
이재용과 재벌 총수들도 구속하라"

재판부가 19일 새벽에 도둑처럼 기습적으로 발표한 이재용 구속영장 기각 결정은 퇴진 운동에 자극제가 된 듯하다. 그날 이후 사람들 사이에서나 인터넷상에서 "다시 집회에 나가야겠다"는 이야기가 많았다.

그 결과 오늘은 악천후에도 30만 명 넘게 광화문 광장에 모였다. 참가 규모가 지난주의 두 배 이상으로 늘었다(주최 측 발표: 서울 32만 명 포함 전국 35만 명). 낮에는 앞을 보기 힘들 정도로 눈보라가 날렸지만 본대회 전부터 사전 집회들과 광장으로 사람들이 계속 모였다. 광화문 광장 지하 등에서 집회 시작을 기다리는 사람들도 많았다.

오늘 광장에서는 이재용 구속 요구가 가장 큰 지지를 받았다. '이재용'과 '구속'이 한 문장에만 들어가면 환호성이 나올 정도였다. 이재용 구속 기각은 롯데 신동빈, SK 최태원의 구속도 어렵게 하기 때문에 더욱 '열 받는' 일이다. 사람들은 이들도 구속해야 한다고 외쳤다. 틈만 나면 고통 분담 운운하면서 정작 제 잇속만 차려 온 이 나라 특권층·권력층에 대한 분노가 확실히 크다.

행진 때는 "조의연(이재용 구속영장 기각 판사)을 파면하라"는 구호도 인기를 끌었다. 김기춘과 조윤선의 구속을 기뻐하는 분위기도 두드러졌다. 그들이 자행한 블랙리스트에 대한 분노도 컸다.

2400원 누락이 횡령으로 몰려 해고된 노동자와 430억 원을 횡령해 뇌물로 바친 이재용을 대비하며 울분을 터트리는 발언도 곳곳에서 나왔다. "돈도 실력"이라던 정유라의 '특혜 인생'과 청년들의 '최저 인생'을 비교하는 대학생들의 팻말도 사람들과 언론의 주목을 받았다. 죄수복을 입은 재벌 총수들의 이미지와 '재벌 총수 구속하라'는 구호가 적힌 사진 팻말도 카메라 세례를 많이 받았다.

오늘도 사람들은 자신들의 투쟁이 단지 박근혜 일당 제거에만 그치지 않기를 바란다는 것을 분명히 보여 줬다. 박근혜 정권이 증오의 표적이 된 것은 불평등하고 부정의한 '현실'을 아주 오만방자한 방식으로 부추기는 일들을 해 왔기 때문이다. 정권 수뇌부의 비현실적인 개성은 계기였을 뿐이다.

오늘 본무대 발언에서도 계속해서 싸워야 한다는 목소리가 가장 환영받았다. 한 대학 청소 노동자는 "이재용 구속영장 기각을 보면서 대학에 있는 쓰레기뿐 아니라 [이재용 같은] 쓰레기도 치워야 한다는 생각이 들었다. 청소는 한두 번 하고 말면 안 된다. 끝까지 제대로 청소하자"는 발언은 격한 환호를 받았다. 곳곳에서 "멋지다"는 반응이 나왔다. 이것이 광장의 민심이다!

이재용 구속영장 기각은 운동 내 일부의 막연한 낙관에 경종을 울렸지만, 김기춘이 구속된 일은 특검, 헌재, (이재용을 풀어 준) 사법부가 모두 운동과 민중의 눈치를 보기는 한다는 것도 드러냈다. 운동이 갈림길에 서 있지만, 사람들은 여전히 분노하고 있고 자신들이 더디게라도 전진하고 있다고 느낀다. 많은 환호를 받은 다음의 두 발언은 이 중에서도 선진적인 정서를 잘 보여 줬다.

"이재용이 불구속이 되던 날, 한 청각장애인분이 저에게 물었다. '2400원이 커? 430억 원이 커?' 그런데 김진태는 '이제야 나라답다'고 했다. 같은 언어를 쓰지만 다른 세상에서 산다. 이분들에게도 누군가 통역을 해 줘야 한다. 그것은 광장의 힘이다."(광화문 촛불 수화 통역팀)

"[삼성의 비정규직 불법 사용과 뇌물·횡령에 대한] 면죄부는 잘못이다. 우리 민중을 무시하고 옆구리를 긁어 대는 면죄부다! 하지만 이 두 가지 면죄부는 모두 시한부다. 왜냐하면 우리가 곧 면죄부를 무효로 만들 거니까!"(금속노조 삼성전자서비스지회)

이런 불만과 염원은 단지 주류 야당으로의 정권 교체로 수렴될 수 없다. 그래서도 안 된다. 오늘도 민주당이 집회장에 뿌린 팻말, 현수막 어디에도 이재용을 구속하라거나 영장 기각을 규탄한다는 내용은 없었다.

그런 점에서 조직 노동운동 대열이 중심이 돼 2월 민중총궐기의 대대적 성사를 위한 결의 대회를 본대회 전에 열어 대열의 중심을 이룬 것은 고무적이었다. 오늘은 노동운동 좌파들도 박근혜 정권 퇴진 운동이 시작된 이래 처음으로 독자적인 사전 집회를 열고, 운동이 더 급진화하도록 노력할 것을 결의했다.

이런 큰 운동이 걸림돌을 만나고 갈림길에 설 때, 노동운동과 좌파가 버팀목이 되고 돌파구를 여는 것이 필요하다. 자본의 권력에 맞서는 일이라면 더욱더 그렇다. 노동자들이 경제적 힘을 사용해 싸우는 일이 더 강조돼야 한다. 당연히 2월에도 주말 집회를 강력하게 이어 가야 한다. 그런 점에서 2월 4일 집회가 좀 더 강조되면 좋았을 것이다.

오후 3시 '박근혜 퇴진! 황교안 퇴진! 노동 개악 저지! 비정규직 철폐! 국가보안법 철폐! 노동자 투쟁 마당'

노동운동의 좌파들이 모여 사전 결의 대회를 열었다. 퇴진 운동 시작 이후 처음이다. 집회 시작 전부터 눈보라가 휘날렸지만, 200여 명이 모여 퇴진 운동 내 분명한 좌파적 목소리를 냈다.

10월 29일 집회를 제안하고 주도해 퇴진 운동의 물꼬를 튼 것이 좌파이므로 운동에 잘 개입하는 것은 책임 있는 자세이기도 할 것이다. 운동이 갈림길에 선 지금, 운동을 지지하는 보통 사람들의 염원을 제대로 대변하려면 노동자 투쟁을 건설하려 해야 하고, 표적이 된 온갖 적폐들이 자본주의에서 비롯한 문제임을 차분히 설명해야 한다. 좌파 집회답게 여러 연사가 이 점을 강조했다.

"우리의 목소리는 결코 외로운 목소리가 아니다. 광장에서 함께 투쟁의 목소리를 모아 새로운 세상을 만들어 가자"는 노동전선 김형계 공동대표의 말은 집회의 취지를 잘 요약한 것이었다.

투쟁하는 노동자들이 주로 발언했다. 기아차 사내하청노조 김수억 지회장, 갑을오토텍지회 이재현 지회장, 유성기업 아산지회 윤영호 지회장, 하이디스지회 이상목 지회장 등이 발언했다. 김수억 지회장은 "1000만 촛불에서 40퍼센트가 10~30대 초반 노동자라고 한다. 3포

세대, 5포 세대라 불리는 비정규직 노동자들일 것이다. … 노동자의 요구가 거리에서도 분출할 때 진정으로 적폐를 청산할 수 있다"고 과제를 잘 설명했다.

극심한 탄압을 겪은 유성기업 등 나머지 노동조합의 지회장들도 탄압에 맞서 공동으로 싸워 함께 이기자고 한목소리로 강조했다. 박근혜 정권을 퇴진시키고 바라는 요구들을 쟁취하려면 노동자들이 앞장서야 한다는 말도 빼놓지 않았다. 철도노조 조합원이면서 얼마 전 국가보안법으로 구속된 이진영 씨의 부인, 노동 가수 최도은 씨도 이에 동감하는 발언을 했다. 국가보안법은 대중의 투쟁과 좌파적 사상이 만나는 걸 가로막는 구실을 해 왔으므로 중요한 적폐 청산 요구라고 할 수 있다.

퇴진 운동에서 중요한 구실을 맡고 있는 노동자연대 최영준 운영위원이 향후 과제를 잘 제시했다.

"퇴진행동 안에서 온건파들은 주류 야당에 기웃거리며 노동운동의 정치적 비중을 줄이려 한다. 따라서 우리는 노동운동이 부각되고 확대될 수 있도록 노력해야 한다. 퇴진 운동은 정치적 부패에만 맞서 싸우는 게 아니다. 자본주의 체제가 낳은 온갖 적폐에 분노해 거리로 나온 것이다. 운동 안에서 노동운동의 목소리가 심화·확대되도록 운동 안팎에서 [좌파가] 함께 활동하자."

오후 3시 용산 참사 8주기 집회

광화문역 9번 출구 앞 해치마당에서는 용산 참사 8주기를 기억하는 집회가 열렸다. 2009년 1월 20일이 바로 용산 참사가 일어난 날이다. 약 150명이 참가했다. 방송 카메라도 많이 왔다.

용산 참사는 8년 전 부동산 개발에 따른 철거에 항의하는 상인들을 경찰이 폭력으로 진압하다 5명을 살해한 사건이다. 국가가 저지른 살인, 이후 조직적인 진실 은폐라는 점에서 '이명박 정권의 세월호'라고 할 만한 참사였다.

당연히 오늘도 이명박과 경찰 책임자 김석기를 처벌하라는 것이 핵심 요구였다. "가난한 사람들이 쫓겨날 일 없는 사회"를 바란다고 했다. 유가족이면서도 억울한 옥살이를 한 용산철거민대책위원장 이충연 씨는 다음과 같이 발언했다. "[이명박, 김석기가 박근혜 등과 함께 감옥에 갇히는] 이런 날이 현실이 됐으면 좋겠다. 이런 자들이 감옥에 가지 않고 이 사회의 상류층에, 지도층에 남아 있는다면 저희가 어떻게 희망을 갖고 살아갈 수 있겠는가?"

용산 참사 이후에도 계속되는 강제 철거에 항의하는 영세 상인들도 항의의 목소리를 보탰다. 참가자들은 "이명박도 박근혜다, 김석기도 박근혜다, 용산 참사 진상 규명하고 끝까지 처벌하라" 하고 요구했다.

광장의 목소리

최수연(민주노총 공공운수노조 서경지부 조합원)

서울의 한 대학에서 청소 일을 하는 노동자 최수연이다. 6년 동안 청소 일을 했다. 예전에는 청소하는 사람이라고 말도 안 꺼냈다. 사람들이 청소하는 사람을 무시했기 때문이다. 그런데 박근혜의 뇌물 수수와 끊임

없는 거짓말을 보면서 대통령보다는 우리 청소 노동자들이 이 사회에 훨씬 더 도움이 되는 사람들이라는 걸 느꼈다.

세상은 누군가 쓸고 닦지 않으면 저절로 깨끗해지지 않는다. 우리 청소 노동자들은 청소가 얼마나 힘든지 알지만, 그 일이 얼마나 필요한지도 알고 있다. 그러니 사람답게 살 수 있는 생활임금을 제공해야 한다. 그런데 지금 임금은 최저임금 수준을 벗어나지 않고, 최저임금으로는 사람답게 살 수 없다. 저축하기는커녕 막걸리 한 사발에 삼겹살도 못 먹는다. 박근혜 이후 세상에서는 최저임금이 1만 원 정도는 꼭 돼야 한다.

지금 계란 값만이 아니라 모든 공공요금이 줄줄이 오르고 있다. 먹고살려면 월급이 200만 원은 돼야 한다. 200만 원이 많은 것도 아니다. 대선 주자들이 다 일자리 얘기 많이 하는데, 헛다리들 짚고 있다. 일자리가 없는 게 문제가 아니라 질 좋은 일자리가 없는 게 문제다. 생활임금 주고 좋은 일자리를 만들면 일자리 문제는 상당히 해결될 것이다.

이재용 구속영장 기각을 보면서 대학에 있는 쓰레기뿐 아니라 이 사회에 있는 [이재용 같은] 쓰레기도 치워야 한다는 생각이 들었다. 청소는 한두 번 하고 말면 안 된다. 청소는 지속적으로 해야 한다. 우리 끝까지 제대로 청소하자!

심명숙(민주노총 서울본부 희망연대노조 다산콜센터지부 조합원)

다산콜센터에서 7년째 근무하는 비정규직 노동자다. 다들 공무원인 줄 알겠지만 우리는 서울시 비정규직 외주 업체 소속이다. 한국 노동자 중 해고되고 이직하는 노동자가 1년에 900만 명이나 된다. 다산콜센터도 노조가 생기기 전에는 일은 어렵고 월급은 많지 않아 6개월 만에 그만두는 노동자가 많았다. 악성 민원에 시달려도 참아야 하고, 화장실에

갈 시간조차 통제받았다.

다산콜센터 상담사 대부분이 20~30대 여성이라 아이 걱정에 퇴근하자마자 어린이집으로 달려간다. 우리는 '집으로 출근한다며' 부랴부랴 퇴근했다.

그렇지만 노조가 생기자 달라졌다. 여성 비정규 노동자가 노조를 통해 자기 목소리를 내기 시작하니 달라졌다. 노조를 만들면서 여성이 무슨 노조냐는 편견에도 부딪혀야 했다. 악성 민원으로 우울증에, 공황장애에 시달리면서도 가장으로서 그 시간 버텼다. 그 어려운 시간을 견딘 것은 함께 싸우는 동료들과 지지해 주신 국민들 덕분이었다.

지난해 다산 재단 설립 조례가 통과됐다. 4년 동안 투쟁한 결과다. 서울 시청 앞 1인 시위와 집회 등 다양한 형태로 투쟁했다. 너무 추운 겨울이 싫었다. 하지만 추운 겨울에도 시위할 때마다 마음은 춥지 않았다. 시위를 하고 있으면 지나가던 길에 음료를 주고, 장갑을 벗어 주던 국민들이 있었기 때문이다. 우리 시급은 1만 원이 안 된다. 정규직의 절반도 안 된다.

비정규직을 모두 당장 정규직화하기는 어렵겠지만, 우리처럼 싸우면 불가능하지 않다. 그리고 '최저임금 1만 원'은 이뤄져야 한다. 우리가 요구하면 정치가 바뀐다. 박근혜가 퇴진하더라도 여성 노동자의 삶이 급변하지는 않을 수 있지만, 우리가 싸우지 않으면 바뀌는 것이 없을 것이다. 우리 함께 싸워 나가자. 투쟁!

이우식(금속노조 삼성전자서비스지회 조합원)

여러분 집에 삼성 제품이 고장 나면 수리하러 가는 하청 노동자다. 우리는 삼성 마크를 달고 일하는데도, 삼성은 우리를 직원으로 인정하지 않았다. 그래서 우리는 근로자지위확인소송을 냈다. 그런데 며칠 전인 1월 12일 법원은 우리가 삼성 직원이 아니라고 판결했다. 우리는 삼성전자 본관에서 면접을 보고, 6개월 동안 삼성에서 교육을 받고, 삼성이 준 옷을 입고, 삼성으로 접수된 제품을 고치고, 삼성 명의의 영수증을 끊어 줬는데, 왜 우리가 삼성전자 직원이 아닌가? 삼성의 지시, 관리, 감독을 받으며 일했는데 왜 삼성전자 직원이 아니라는 것인가? 이것이 법원이 삼성에게 준 첫째 면죄부, 불법 파견 면죄부다.

둘째 면죄부는 뇌물, 위증, 횡령 면죄부다. 삼성은 최순실에게 '삥 뜯겼다'고 한다. 아니다. 경영 세습 뒤를 봐 주고 노조 문제 해결해 달라고 바친 430억 원이 뇌물 아니고 무엇인가? 사실 자신이 주도한 정황이 다 드러났으니 위증한 게 아니면 무엇인가? 실수로 입금하지 못한 2400원이 아니라 고의로 빼돌린 430억 원이야말로 횡령 아니고 무엇인가? 무슨 법이 이런가? 똑같은 사람인데 왜 차별하나?

두 가지 면죄부는 모두 잘못이다. 우리 민중을 무시하는 면죄부다! 그러나 두 가지 면죄부는 모두 시한부 면죄부다. 우리가 곧 무효로 만들 거니까! 우리 함께 모여서 비정규직 없는 세상 만들자!!

양윤석(전국공무원노조 법원본부 조합원)

법원에서 일하고 있는 공무원 노동자다. 그리고 박근혜에게 불법 단체 취급받는 전국공무원노동조합의 조합원이기도 하다.

법원이 이재용 구속영장을 기각했다. 우리 법원 직원들은 법원에서 일하는 것이 부끄럽다고 얘기한다. 2400원 때문에 버스 노동자 해고하는 것은 정당하다는 법원이, 430억 원의 뇌물을 준 데다 증거 인멸 우려까지 있는 이재용은 풀어 줬다.

피 같은 노후 자금인 국민연금 수천억 원을 손실 보면서 이재용 경영 승계를 도와 준 국민연금 사장 문형표가 이미 구속돼 있다. 그런데도 뇌물죄 소명이 충분하지 않다고 하는 것이 말이 되나? 게다가 기각 사유에 '피의자의 주거 및 생활 환경 고려'라는 문구가 있는 것도 정말 어처구니없다. 이재용은 감옥이라는 '생활 환경'에 적응해야 한다. 이재용 같은 인간이야말로 나랏밥 좀 먹어야 한다.

이재용은 삼성의 경영권을 편법적으로 승계하면서 세금으로 16억 원을 냈다. 삼성을 비판한 김용철 변호사는 자기가 낸 세금이 이재용이 낸 세금보다 많다고 한다. 이렇게 상속세도 탈세하는 파렴치한 범죄에 면죄부를 준 것이 바로 대법원이었다. 당시에 '유전무죄' 판결을 한 대법관 중 한 명이 바로 지금의 대법원장이다.

황교안도 마찬가지다. [황교안은] '삼성 X파일'을 폭로한 노회찬 의원과 이상호 기자를 유죄로 기소했다. 이런 자들이 곳곳에서 권력을 잡고 있다.

그런데도 지금 '영장 기각을 이유로 사법부를 비난하는 것은 삼권분립과 법치주의를 훼손하는 것'이라고 하는 사람들이 있다. 이 사람들 정말 황당한 얘기를 하고 있는 것이다. 이 거대한 박근혜 퇴진 운동이 없었다고 생각해 보자. 저들이 그 알량한 법치주의로 최순실을 수사하고 박근혜를 탄핵했을 것 같은가? '법꾸라지' 김기춘 구속했겠는가? 지금까지 1000만 명이 넘는 우리 촛불 시민들이 퇴진 운동을 벌였기 때문에 이 흉포한 박근혜 정권을 붕괴 직전까지 몰아붙일 수 있었던 것이다.

하지만 아직 끝나지 않았다. 이재용의 구속영장이 기각된 것은 우리 사회의 적폐가 아직도 여전하다는 것을 보여 주는 증거다. 우리는 거리 시위를 유지하면서 더 싸워야 한다. 박근혜와 황교안 정권 퇴진, 세월호 진상 규명과 책임자 처벌, 노동자 쥐어짜는 각종 개악 정책 폐기, 그리고 이재용과 기업 총수들의 단죄가 필요하다. 이야말로 우리가 추구하는 진정한 민주주의가 아니겠는가? 진정한 민주주의를 위해, 그리고 더 나은 세상을 위해 끝까지 함께 싸우자. 이재용을 구속하라!

이충연(용산철거민대책위원장)

[박근혜와 함께 이명박과 김석기를 감옥에 가두는] 날이 왔으면 좋겠다. 이명박과 김석기의 살인 진압으로 철거민 다섯 명이 죽고 여러 명이 감옥에 갇혔다. 이명박과 김석기는 아직까지 어떠한 처벌도 받지 않았다. 오히려 철거민들이 그 화재의 책임을 모두 져야 했다. 아무런 증거도 없는데, 그 동지들을 죽이고 제 아버지를 죽였다며 나는 감옥에 가야 했다. 박근혜가 처벌받아야 하는 이유가 또 있다. 박근혜가 후보일 때, 우리가 박근혜 캠프에 '용산 참사 진상 규명을 하겠냐'고 물었다. 박근혜는 '하겠다'고 했다. 당시 우리한테 보내온 메일도 있다. 그런데 [박근혜는] 오히려 살인 진압 책임자 김석기를 공항공사 사장에 임명하고, 그 김석기는 우리 유가족들을 고소·고발했다. 이런 자들이 감옥에 가지 않고 이 사회의 상류층에, 지도층에 남아 있다면 우리가 어떻게 희망을 갖고 살아갈 수 있겠는가?

용산 참사가 일어난 지 8년이 지났지만, 잊지 말아 달라. 우리처럼 국가 폭력에 살해당하는 사람이 없는 세상, 더는 쫓겨나는 사람이 없는 세상, 함께 살아가는 세상, 그런 세상을 꿈꾸고 있다. 여러분들이 함께 힘을 모아 우리 유가족과 피해자의 눈물을 닦아 주시기를 간절히 호소드린다. 이명박, 박근혜, 김석기 꼭 감옥으로 보내겠다. 끝까지 싸우겠다.

양효영(이화여대 학생)

지난해 뜨거운 여름부터 시작해 가을까지 이어진 이화여대 투쟁은 학교를 바꾸는 것을 넘어 박근혜 정권 퇴진 운동의 불씨를 당기는 기폭제가 됐다. 정유라 비리는 단지 '금수저' 하나가 학점 특혜를 받은 것 이상의 사건이다. 수많은 청년들이 '개돼지' 취급을, 정유라가 타는 말보다 못한 취급을 받아 온 불평등한 현실을 드러낸 사건이다. 삼성 이재용은 비정규직을 양산하고 청년 실업엔 눈 하나 깜짝하지 않으면서, 정유라에겐 말도 사주고 심지어 강아지 패드까지 사 줬다. 지금 돌아보니 왜 박근혜가 2015년 이화여대에 방문했는지, 왜 이화여대는 반기문한테 여성학 명예 박사를 수여했는지 아귀가 딱딱 맞아 떨어진다.

최경희 전 총장과 김경숙 교수, 국정조사에서 "정유라 이름도 생소하다"고 했다. 그러나 지금까지 비리 교수들이 정유라를 위해 제공한 특혜를 보면, 사실 정유라가 타는 말도 이화여대에 입학할 수 있을 지경이다. 그저 학부모여서 최순실을 만났을 뿐이라던 최경희 총장은 사실 최순실과 수십 번 통화하며 정유라 특혜를 진두지휘했다. 교육자 자격이 있나? 이런 자들이 다시 교단에 서지 못하도록 전부 파면하고 처벌하는게 비리 척결의 첫걸음 아니겠는가?

그런데 지금 이화여대 당국은 조직적 비리가 아니었다면서 비리 교수들을 제대로 처벌하지 않는다. 조직적 비리가 아니었다면, 우주의 기운으로 인한 우연이란 말인가? 그런 식으로 변명하던 김경숙, 남궁곤, 류철균, 이인성 비리 교수들 줄줄이 구속됐다. 이제 최경희만 남았다.

과거에 한 인터뷰에서 최경희 전 총장은 격식 없는 '쿨한 총장'으로 기억됐으면 좋겠다고 했다. 이제 시원한 감옥에서 쿨하게 여생을 보내길 바란다. 평범한 학생들의 목소리는 경찰 1600명 투입으로 짓밟으면서 정유라에겐 특혜를 준 최경희 전 총장 즉각 구속해야 한다.

지금 정유라는 특검 수사를 피하려고 덴마크에서 버티고 있다. 덴마크에서 순진한 척하며 '나도 학점을 왜 받았는지 모르겠다'던 정유라, 네 말대로 돈도 실력이니까 학점 잘 받은 것 아니냐? 덴마크 당국은 정유라를 즉각 송환해야 한다.

이화여대가 정유라를 잘 모신 대가로 싹쓸이한 정부의 재정 지원 사업, 바로 그 때문에 이화여대 학생들은 학과 구조조정과 더 상품화된 교육에 시달려야 했다. 학생들이 고통받는 동안 비리 교수들은 정부 연구 과제 수십억 원어치씩 따냈다.

부패한 박근혜 정부가 돈줄로 대학들을 길들이면서 이런 권학 유착이 더 강화됐다. 그런데 황교안 내각은 박근혜의 대학 구조조정 정책을 더 강하게 밀어붙인다고 한다. 결국 제2의 정유라가 나오는 비리의 온실을 만들겠다는 것 아닌가? 따라서 비리 교수들을 처벌하는 동시에 대학 구조조정도 저지하고, 황교안 내각도 함께 날려 버려야 한다. 박근혜 정권 퇴진과 이화여대 비리 척결을 위해 끝까지 거리와 대학에서 투쟁하자!

이시헌(시흥캠퍼스 실시협약 철회 위해 서울대 본부 점거 중인 학생)

지난해부터 대학가에는 세상을 떠들썩하게 하는 사건이 많이 있었다. 이화여대 학생들은 총장을 날리고, 고려대 학생들은 미래융합대학 설립 계획을 철회시켰다. 서울대의 문제는 이것보다 훨씬 큰, 박근혜 교육 정책의 종합선물세트다. 애초부터 총장이 박근혜가 꽂아 넣은 자다. 그런 작자가 정부의 입맛에 맞는 정책에 대학을 종속시키고, 박근혜와 똑같이 비민주적으로 정책을 추진했다. 학교 운영비를 재벌들에게 손을 벌려서 구하겠다고 한다. 학생들은 이를 대학의 기업화라고 생각하며 반대하고 있다.

시흥캠퍼스에 반대해 우리가 100일 넘게 점거하고 있는데, 총장은 학생 29명에게 징계하겠다고 엄포를 내렸다. 심지어 이 추운 겨울에 물도 끊고 전기도 끊었다. 이것이 대학이 할 짓인가? 이것은 한편 두려움의 발로라고도 생각한다. 박근혜의 부역자인 성낙인 총장이 들불 같은 저항이 자신에게도 향할까 봐 두려워 그러는 것이다. 우리가 여러분과 연대하는 것이 가장 두려워 그러는 것이다. 그러므로 지속적인 지지와 연대 부탁한다. 서울대 학생 징계 중단 연서명을 받고 있다. 1000만 촛불의 힘으로 시흥캠퍼스 같은 박근혜표 대학 정책, 모든 적폐들을 청산할 수 있도록 함께해 달라.

김상은(퇴진행동 법률팀 변호사)

어제 법원 앞에서 변호사들이 농성을 시작했다. 이재용 영장 기각을 참을 수 없었기 때문이다. 법원은 뇌물죄에 대한 소명이 부족하다고 한다. 동의할 수 없다. 삼성의 430억 원이 비리라는 것은 온 국민이 알고 있는 상식인데 판사만 모른다는 말인가? '안정적 주거와 좋은 환경'을 위해 영장을 기각했다고 한다. "부모 돈도 실력"이라 했던 정유라의 말과 뭐가 다른가. 삼성 총수이기 때문에 기각한 것이다.

횡령액이 430억 중 90억이 넘는다. 이 정도면 적어도 5년 이상의 징역이다. 도주할 것 당연히 예상된다. 이런 상식이 왜 이재용에게는 적용되지 않는가? 부족한 것은 구속 사유에 대한 소명이 아니라, 법원이 영장을 부여할 자격이다. 법원이 솜방망이 처벌을 해 온 것이 오늘날 박근혜 게이트 불러온 것이다.

이재용 구속은 정경유착의 고리를 끊어 낼 첫 출발이다. 촛불은 재벌 총수 구속 원하고 있다. 특검은 영장 재청구하고, 법원은 영장 발부해야 한다. 우리도 끝까지 농성하겠다. 지지해 달라!

김충환(사드배치철회 성주투쟁위원회 공동위원장)

김기춘은 구속됐다. 이제 우병우 넘어 박근혜까지 가야 한다. 치울 쓰 레기가 많다. 잘난 척하는 황교안과 한민구도 사퇴시켜야 한다.

성주에서는 193일째 촛불을 들고 있다. 김천도 154일 동안 '사드 가고 평화 오라' 하고 외치고 있다. 지금 민주당 당사에서는 김천과 성주 주 민들이 농성 중이다. 사드는 반드시 국회 비준 동의 절차를 거쳐야 한 다. 야 3당은 롯데 부지 절차 등 모든 절차에 대해 당장 중지시켜야 한 다.

대선 주자들도 들으시라. 모두 힘을 합쳐서 사드 반대에 한목소리를 내 야 한다. 아무리 권력이 강해도 국민을 이길 수 없다. 이 촛불을 이길 수 없다. 우리는 끝까지 싸워 나갈 것이다.

박미애(광화문 촛불 수화통역팀 장애인정보문화누리)

항상 화면의 작은 창[수화 통역 창]으로 만났지만 지금은 큰 창으로 만 나자. 청각장애인분들은 이 작은 창이 없으면 세상과 소통하실 수 없 다. 집회 무대 통역을 시작한 이유는 청각장애인분들이 요청한 것이다. 통역을 보면서 청각장애인분들은 '대한민국이 정말 아팠구나' 하고 느 꼈다고 한다. 사드 배치, 제주 강정 문제 등 뉴스보다 오히려 더 많은 얘 기를 들을 수 있어 좋았다고 한다.

이재용이 불구속 되던 날, 그 전날 2400원 때문에 직장을 잃은 분을 보면서 청각장애인분이 저에게 물었다. "2400원이 커? 430억 원이 커?" 그런데도 이걸 보고 김진태는 '이제야 나라답다'는 발언을 했다. 이들과 같은 언어를 쓰고 있지만 다른 세상에서 살고 있다. 청각장애인들은 저희가 통역하면 되지만, 이분들에게도 누군가 통역해 줘야 한다. 그것은 광장의 힘이다.

얼마 전 종로의 한 철거 현장에서 청각장애인분이 목숨을 잃었다. 그런데 그가 청각장애인이라서가 아니라 모든 국민의 안전을 책임지지 못하는 나라여서 그리됐다. 다른 나라는 국회의원이나 대통령의 영상을 보면 항상 수화 통역사가 있다. 한국은 아무도 그것에 대해 인지하지 못한다. 이제는 같이, 한목소리를 내 달라. 박근혜가 퇴진하는 날 정말 신나게 수화 통역 하고 싶다.

이재현(금속노조 갑을오토텍 지회장)

내일 모레면 점거 200일이다. 설 연휴 지나면 직장 폐쇄 200일이 된다. 어떻게 하면 이렇게 길게 싸울 수 있냐고 많이들 묻는다. 대단한 거 없다. 이 싸움, 우리가 끝내지 않으면 어떻게 된다는 것을 알고 있기 때문이다.

힘든 게 사실이다. 유성기업 노동자들이 7년 동안 당해 왔던 자본의 탄압을 바로 옆에서 보면서 잘 느끼고 있다. 처음 든 생각은 '두렵다'였다. '이런 일을 겪게 된다면 싸울 수 있을까?' 하는 생각도 했다. 하지만 어떤 상황이든 노조 파괴만큼은 반드시 끝장내겠다는 결의로 싸우고 있다.

박근혜·최순실 사태 이후 우리가 왜 이렇게 싸워 왔는지, 그 이유들이 밝혀지고 있다. 집중해서 함께 싸우고 함께 승리하자. 투쟁!

김형계(노동전선 공동대표)

성주에서 사드 배치 철회를 위해 180여 일째 투쟁 중이다. 거리에서, 현장에서, 자본의 탄압과 억압 속에서, 비정규직 철폐와 노동 개악 철폐를 요구하며 투쟁하는 동지들이 자랑스럽다.

기아자동차 동지들이 천막을 치고 투쟁하면서 어려움을 겪는 모습, 유성기업·갑을오토텍 노동자들이 투쟁하며 외쳐 왔던 노동자 권리, 비정규직 정규직화 시키자고 요구하는 목소리, 노동자 투쟁을 요구하는 목소리. 이런 우리의 목소리는 결코 외로운 목소리가 아니다. 광장에서 함께 투쟁의 목소리를 모아 새로운 세상을 만들어 가자.

이상목(금속노조 하이디스 지회장)

대만 먹튀 자본에 의한 공장폐쇄, 정리해고에 맞서 2년 넘게 투쟁하고 있다. 박근혜 정권이 무능해서 이런 일이 벌어지고 있다고 주장하며 정부 청사 앞에서 농성하고 있다.

노동자들이 투쟁 시작하면 사측은 말도 안 되는 이유로, 손배가압류로 탄압한다. 하이닉스에도 26억 원 가까이 청구돼 있다. 투쟁을 탄압하는 손배가압류 철폐하라는 입법을 추진하고 있다. 입법 청원 서명에 동참 부탁드린다. 승리하는 그날까지 함께 투쟁하자!

김수억(금속노조 기아자동차지부 화성지회 사내하청분회장)

이제 노동자들이 목소리 내고 있다. 이 나라의 진짜 주인인 재벌들과 박근혜를 감옥으로 보내고, 노동자들이 이 나라의 주인으로 우뚝 서자고 여기에 모였다.

1000만 촛불에서 40퍼센트가 10~30대 초반 노동자들이라고 한다. 3포

세대, 5포 세대, 비정규직 노동자들일 것이다. 1000만 비정규직 노동자들이 더 이상 비정규 인생으로 살아가는 것이 아니라, 비참한 알바 인생이 아니라, 자랑스러운 민주노조의 깃발 아래서 이 땅의 주인으로 올곧게 서려면 노조 가입할 권리, 해고되지 않을 권리, 보장돼야 한다.

열심히 싸워 왔던 비정규직 노동자들의 권리를 보장하고 불법 파견 끝장내야 하지 않겠나? 노동조합으로 함께 싸우면 정규직 쟁취할 수 있다는 희망을 보여 줘야 하지 않겠나? 노동자 요구를 분명히 할 때, 진정으로 적폐를 청산할 수 있지 않겠는가?

비정규직 철폐, 노동 개악 철회, 국가보안법 폐지 등 요구를 성취하려면 다시 한 번 총파업 민중총궐기로 함께 싸워 나가야 한다. 함께 투쟁하자. 투쟁!

이갑용(노동당 대표)

[이번 촛불 운동은] 세월호 촛불에서 시작됐다. 또한 정부 청사 옆에서 농성하고 있는, 길거리로 쫓겨나고 해고됐던 투쟁 노동자들과 차별받고 억압받는 사람들이 [이번 촛불 운동의] 불씨가 됐다. 뒤늦게 나와 함께한 사람들까지 하면 1000만 명이 넘는다. 노동당은 진보 정당으로서, 여러분 곁에서 끝까지 버티려 한다.

이제 운동은 끝났다느니 촛불 시민은 집으로 돌아가라느니 하는 사람들이 생겨나고 있고, 촛불을 등에 업으려 하고 있다. 선거로 대통령 바꾸면 끝날 것 같겠지만, 1987년에 어떻게 됐나? 이번 촛불은 그때와 달라야 한다.

세월호 인양이 실현되고, 공장에서 쫓겨났던 노동자들이 돌아갈 때까지 이 촛불은 타올라야 한다. 촛불을 들고 지켜 왔던 사람들이 바로 그 사람들이 원상 회복이 되지 않으면 이 촛불은 의미가 없기에, 진보 정당이라 자임하는 노동당은 그 사람들이 복직되고 정상화될 때까지 함께하겠다. 여러분도 함께해 주시리라 믿고, 앞장서겠다.

황교안은 구속시키고 억울하게 구속돼 있는 노동자들과 길거리로 내몰렸던 노동자들이 현장으로 돌아갈 수 있도록, 세월호가 인양되고 아픔들이 없어질 수 있도록, 끝까지 함께하자.

김일곤(배급사 시네마달 대표)

우리는 강정 마을, 용산 참사, 밀양 송전탑, 세월호 참사 같은 사회적 문제를 고민하는 다큐멘터리를 배급하는 조그마한 영화사다. 그 이유로 청와대로부터 내사 지시가 떨어지고, 직원들 통화[가] 감시[당하는] 등 사찰이 있었다.

블랙리스트로 관리되는 가난한 영화사들이 많다. 많은 문화·예술인들이 어려움을 겪었다. 헌법 22조를 보면 '모든 국민은 학문과 예술의 자유를 누려야 한다'고 돼 있다. 문화계 블랙리스트는 헌법을 어긴 중대 범죄다.

김기춘, 조윤선, 블랙리스트 때문에 구속됐다. 김기춘과 조윤선이 누구인가? 박근혜의 최측근이다. 당연히 박근혜도 공범이다. 블랙리스트를 제대로 실행하지 않았다고 경질된 공무원들도 복직돼야 한다. 박근혜는 퇴진하라! 황교안도 물러나라! 재벌 총수 구속하라! 이재용을 구속하라!

김상희(서울장애인차별철폐연대)

나는 중증 장애를 가진 여성이다. 전동 휠체어를 타고 있고 언어 장애를 갖고 있다. 매일매일 고군분투하며 살아야 한다. 일상적으로 지하철에서 반말을 듣고 짜증 내는 사람들을 만난다. 거리에서 혹은 낯선 공간에서 사람들에게 "머리를 누가 이렇게 이쁘게 빗겨 줬어?", "나이가 몇 살이야?", "다른 식당으로 가 주세요" 하는 말을 듣는다. 내가 장애 여성이기에 쉽게 당하는 일들이다.

비장애인 중심의 가부장제 사회에서 장애인 여성들은 셀 수 없는 폭력을 당하고 있다. 물리적 폭력은 아니지만 제 인격은 무참히 폭력을 당하고 있다.

약한 사람들이 이 사회에서 얼마나 존중 또는 차별 받는지가 한 사회를 평가하는 기준이다. 오늘의 제 발언이 세상을 바꾸진 못하겠지만, 저와 같은 중증 장애 여성들이 거리에 나와 발언을 하고 여러 사회적 소수자들이 발언을 이어 간다면 사회가 바뀔 것이라고 생각한다.

부양의무제, 장애등급제 폐지는 우리와 나의 문제다. 얼마 전 [장애등급제 폐지를 위한 광화문 농성장은] 서울도시철도공사로부터 퇴거 명령을 받았다. 아직 무엇 하나 폐지된 것이 없기 때문에 우리는 이대로 나갈 수 없다.

퇴거해야 할 것은 광화문 농성장이 아니라 박근혜 정권이고, 구속해야 할 것은 한상균이 아니라 박근혜와 그 부역자다. 많은 동지들이 지켜 낸 광화문 농성장을 끝까지 지킬 것이고, 폐지되는 그날, 우리 발로 스스로 당당히 나갈 것이다. 노동자와 장애인 모두 존중받고 평등한 사회를 위해 더 열심히 투쟁할 것이다. 투쟁으로 사회를 바꾸자.

황분희(월성원전인접지역 이주대책위)

원전에서 불과 1킬로미터 떨어진 곳에서 5살짜리 손주와 살고 있다. 경주다. 억울함을 서울 시민 여러분한테 호소하려고 1000리 길을 달려왔다.

핵발전소가 있는 그 동네에서 30년을 살았다. 바보처럼 그곳에서 정말 병들어 죽는 줄도 모르고 살아왔다. 우리는 언제나 24시간 방사능에 노출되고 있다. 그런데도 정부는 기준치 미달이란다. 안전하단다. 우리 아이들, 그 아이들의 몸 속에 방사능이 들어 있다. 이미 내부 피폭이 돼 있다. 서울 시민 분들, 밝은 전깃불 밑에 사니까 원전 인접 주민들의 고통 모르실 것이다. 이 이야기를 하고 싶어 왔다.

우리 아이들까지 피폭돼 살면서, 3년 동안이나 한전 그분들에게 오염돼 살 곳이 못 되니 이주해서 살 수 있도록 해 달라고 요청했다. 되돌아오는 말은 '안전 기준치 미달[이다]', '법에 [기준이] 없다'뿐이다.

원래 저분들은 지진은 없을 것이라고 해 왔다. 경주에서 5.8 규모의 지진이 일어났고 현실이 됐다. 영화 〈판도라〉는 우리의 현실이다. 이제 핵발전소 그만 해야 한다.

우리의 힘으로 핵발전소 막아 내고 박근혜 퇴진해야 한다. 박근혜는 계속 핵발전소 늘리려 하고 있다. 우리의 힘으로 다음 정부는 발전소를 짓지 않고 재생에너지를 쓰게 만들어야 한다.

성윤채(29살 청년)

나는 다른 지역보다 보수적인 지역 경북 문경에서 왔다. 하지만 할 말이 있다. 4년 전에 단국대에서 경영 관련 전공하고 2개월 인턴 후 정규직 전환을 약속받았지만 사장님은 지키지 않았다. 최순실, 정유라를 보면서 많은 좌절감과 분노를 느꼈다.

"돈도 실력이야, 너네 부모를 원망하라"고 글을 썼던 그 나쁜 사람은 고등학교 출석 기록 특혜와 이대 부정 입학이 밝혀졌고, 덴마크 경찰에게도 잡혔다. 류철균 등 이대의 비리 교수들, 이런 못돼 먹은, 자격 없는 자들이 속속 드러나고 있다. 그런데도 뻔뻔하게 죗값을 안 치르려고 하는 정유라, 최순실[은 물론], 근혜 아지매에게도 엄한 처벌을 내려야 한다. 황교안도 하루 빨리 물러나야 한다.

특별취재팀, 〈노동자 연대〉 195호(2017-01-21) 축약.

박근혜 정권 퇴진 운동과 노동자·여성의 목소리

박근혜 정권 퇴진 운동을 돌아보는 목소리 중에 '퇴진 운동 내에서 노동자들의 목소리는 실종됐다, 노동자들은 주변부에 머물러 있다'는 견해가 있다.

사실, 퇴진 운동에는 이런 주장이 나올 만한 특성이 있다. 조직노동 자 운동은 (세월호 참사 항의 운동과 함께) 박근혜 정권에 맞서 끈질 기게 싸워 왔다. 특히 지난해 8~9월 공공 파업과 철도 파업 등은 박 근혜 정권 퇴진 운동이 타오르도록 하는 연료 구실을 했다. 이렇게 퇴 진 운동의 초석을 놓았음에도 조직노동자 운동은 그 운동에서 정치적 헤게모니(주도권)를 쥐지는 못했다. 부분적인 투쟁들은 있었어도 전반 적인 계급투쟁은 없었기 때문이다. 대신에 주류 야당, 특히 민주당이 첫 정치적 수혜자가 된 듯하다.

이런 정치적 역관계 속에서 퇴진행동 내 온건파인 NGO들은 이 운 동에서 노동운동의 정치적 비중을 제한하고자 했다. NGO들은 본무대에서 민주노총과 민중 진영의 발언이 지나치게 많다고 문제 삼는가 하면, 민주주의 권리(집회 자유) 문제인 민주노총 한상균 위원장 석방 요구조차 공식 구호로 외치는 것을 탐탁지 않아 했다. 다행히 좌파 측의 반격으로 NGO의 노동 비중 축소 시도가 언제나 성공을 거둔 것은 아니다.

그럼에도 이 운동에서 중요한 구실을 했던 노동자들의 기여가 충분히 부각되지 못한 면이 있다. 그래서 박근혜 정권에 맞서 싸워 온 노동 운동 투사들 일부가 퇴진 운동에 아쉬움을 느꼈을 법하다.

운동의 이런 균형이 필연적이었던 것은 아니다. 이 운동 저변에 흐르는 논리는 정치적 부패에 대한 항의 이상이다. 이 운동의 내재적 논리는 자본주의 체제의 무자비한 이윤 논리와 모순된다. 항의 운동 참가자들의 마음 속에는 경제 위기 고통 전가로 누적된 불만, 뿌리 깊은 계급 격차에 대한 분노, 일하는 사람들에게 기생해 살면서도 오만하기 짝이 없는 자들 전체에 대한 증오심들이 깔려 있다. 그래서 종종 무대 위에서 자유 발언권을 얻은 투쟁하는 노동자들의 발언에 참가자들은 자기 일처럼 환호했다.

좌파와 노동계 투사들은 대중의 이런 잠재력에 주목하면서, 퇴진 운동이 단지 가장 부패한 개인들 몇몇을 제거하는 것에 멈추지 않고 박근혜가 추진해 온 나쁜 정책들에 맞서고, 특히 노동자들이 이런 정치적 기회를 이용해 투쟁에 나설 수 있도록 애써야 했(한)다. 운동의 급진화·심화를 위해 퇴진행동 안팎에서 적극 개입하고 논쟁해야 했(한)다.

한편, 양성 분리적 여성주의자들의 일부는 이런 주장을 한다. "박근혜·최순실에 대한 비판을 '여성'의 문제로 보는 '여성 혐오'와 여성 차별적 표현·태도들이 만연해, 여성이 운동 내에서 '타자화'됐다"는 것이다.

집회에서 부패한 지배자의 문제를 엉뚱하게 '여성'의 문제로 돌리는 등 여성 차별적인 발언이 일부 있었던 것은 사실이다. 퇴진 운동에 워낙 광범한 사람들이 참가하다 보니, 박근혜 퇴진에 동의하더라도 여성이나 성소수자에 대해서는 후진적인 의식을 지닌 사람들이 있을 수 있다.

따라서 여성에 대한 차별적 언행을 하지 말자는 여성운동 측의 이의 제기는 타당한 것이었다. 다행히 집회 주최 측은 운동 초기에 이런 이의를 신속히 받아들여, 참가자들에게 차별받는 사람들을 비하하는 언행을 하지 않도록 주지시켰다.

그러나 그렇다고 해서 여성·소수자에 대한 차별적 언행이 이 운동의 두드러진 특징이라고 말하는 것은 과장이다. 만약 그랬다면, 어떻게 이토록 많은 여성들이 이 운동과 일체감을 느끼며 능동적으로 참가할 수 있었겠는가. "박근혜가 여자라서 못한 것이 아니다. 여자 들먹이지 말라"는 발언들도 큰 지지를 받았다.

의도하지는 않았을지라도, "여성 차별·비하가 만연해 여성들은 배제되고 타자에 머물렀다"는 인상은 이 운동에 대한 여성들의 적극적인 참여와 주체성을 무시하는 뉘앙스를 풍길 수 있다.

참가자들의 눈살을 찌푸리게 하는 부적절한 언행들이 일부 있었던 것은 사실이지만, 전체적으로 보면 이 운동은 오히려 해방의 잠재력을 보여 줬다. 여성들은 사회를 보거나 행진 차량을 이끌었고, 분명하게 자기 주장을 펴는 등 이 운동의 중요한 일부다.

사실, 급진주의 여성운동이 여성 차별·비하 금지 메시지 전달에서 멈출 뿐, '여성 대통령' 박근혜 정권 아래서 벌어진 평범한 여성들의 처지 악화를 폭로하며 그런 여성들의 요구(시간제 일자리 반대, 보육 확충, 낙태 합법화 등)를 더 적극적으로 제기하지 못한 것이 아쉽다.

거대한 운동이 일어나 큰 연대감이 형성돼 있는 상황에서 이런 요구들은 지지받을 수 있고 사람들의 의식 발전에 좋은 영향을 미칠 수 있다. 하나 좋은 사례로, 11월 12일 민중총궐기 집회 결의문 낭독자에 여성·성소수자 단체들이 포함된 것을 들 수 있다.

노동자·여성의 목소리가 운동에서 더 부각되기를 바라는 정당한 문제의식을 가진 사람들이라면, 이 운동이 박근혜 개인의 퇴진에서 더 나아가 착취받고 차별받는 대중의 운동을 고무·자극할 수 있도록 해야 한다.

이현주, 〈노동자 연대〉 195호(2017-01-20).

설 연휴를 틈탄
박근혜 일당의 준동

"박근혜는 보안을 이유로, 사설 말 판매업자도 편하게 드나들던 청와대의
압수 수색을 막았다. 뻔뻔한 거짓말로 탄핵이 부당하다고도 했다.
우파 지지층을 결집하고 동원할 명분을 만들려는 술책이다."

2017-01-24	새누리당·바른정당, '더러운 잠'을 빌미로 표창원을 국회 윤리위에 제소 계획 발표
2017-01-25	박근혜, 우익 인터넷 언론과 인터뷰에서 모든 의혹 부인
	최순실, 특검에 출석하며 "자유민주주의 특검이 아니다" 고성, "염병하네!" 화답
	이화여대 전 총장 최경희 구속영장 기각
	'위안부' 할머니 모욕한 《제국의 위안부》 저자 박유하 무죄 판결
2017-02-01	박근혜 대리인단, 무더기 증인 신청하며 탄핵심판 지연 작전 고수
2017-02-03	황교안, 특검의 압수 수색 단칼에 거절
2017-02-04	14차 범국민행동의 날(서울 40만, 전국 42만 5500)

다시 거리로!

박근혜·황교안 둘 다 물러나라

박근혜 정권 퇴진 운동은 짧은 기간에 적잖은 정치적 변화를 일궈 냈다. 무엇보다 운동의 핵심 목표인 박근혜 정권 퇴진 가능성이 점차 높아져 왔다. 박근혜는 지금 직무 정지 상태에서 헌법재판소의 탄핵 결정을 기다리고 있다.

박근혜 정권 퇴진을 점차 현실화하는 크고 거센 대중운동의 등장 은 지배계급 전반에 당혹스러운 일임이 틀림없다. 지배자들은 한국의 경제·안보 위기 국면에서 자신들의 제1 선호 정당인 새누리당(한나라 당) 정권을 통해 고통 전가와 우파적 통치를 구현하려 해 왔다. 박근 혜를 박정희 '신화'의 계승자로 포장하고 후원이나 동맹의 관계를 맺어 온 이유이기도 하다. 또한 박근혜·최순실 게이트에 한국 자본주의의 유력 기업인들이 대거 연루된 배경이다. 이 때문에 운동이 승승장구하 는 듯하면서도 정책 철회와 인적 청산, 정부의 태도 변화가 쉽사리 이 뤄지지 않고 있다.

그러나 '박근혜 정권 적폐 청산'이라는 대중의 염원에는 (정책과 제도, 인적 청산 모두) '박근혜 제거'를 넘어서는 급진성이 함축돼 있다. 한편, 박근혜 정권 아래서 경제 위기가 해결되지 않고 오히려 아래로부터의 저항이 증가해 왔다. 이 두 요인 모두 박근혜 정권에 대한 기업인들의 실망과 불만이 커질 만한 요인이다.

위기 대처 방식을 둘러싼 지배계급 내 불신과 암투는 은밀한 치부들의 '대폭로'로 이어졌다. 정권을 지지하며 단단하게 얽혀 있는 듯했던 지배계급이 분열한 것은 불만에 찬 대중에게 자신감을 줬을 것이다. 특히, 박근혜의 일방적 노동 개악에 맞서 9월 말부터 일련의 파업과 대중 시위를 이어 가던 노동자 운동은 이런 정치 상황과 상호작용하며 박근혜 정권 퇴진 운동의 탄생 초기에 그 구심점 구실을 할 수 있었다.

여러 굴곡을 겪었지만 결국 퇴진 운동은 6주 만에 박근혜 국회 탄핵을 이끌어 냈다. 강력한 '즉각 퇴진' 염원은 자본주의 정치인들이(개혁파는 물론 다수의 수구파도) 탄핵 절차를 밟도록 강제하는 방향으로 발전했다. 서울에서만 200만 명 가까이, 전국으로는 230만 명이 넘게 시위에 참가한 12월 3일 다음 주에 결국 탄핵소추안이 국회에서 압도적으로 가결됐다.

이처럼, 어떻게든 '파국'적이지 않은 방식으로 정국을 풀어 보려던 자본주의 야당들이 탄핵안 가결을 선택한 것에는 아래로부터의 압력이 결정적이었다. 이는 지배계급 다수가 아래로부터의 압력을 수용할 수밖에 없다는 쪽으로 마음을 돌린 결과일 것이다. 시간이 갈수록 지배계급의 다수는 가장 부패하고 증오받는 박근혜 일당을 제거해 체제 안정을 재구축하려는 쪽으로 움직여 왔다. 탄핵안 가결 이후에는 이

점이 더 분명해 보인다.

그리하여 기업주들과 유착 관계가 매우 밀접한 인물들을 포함해 집권 여당이 분열했다. 새누리당 잔류파가 더 많기는 하지만, 이것이 친박의 건재를 뜻하는 건 아니다. 잔류파의 적어도 3분의 1이 탄핵안에 찬성했다.

특검도 전례를 깨고 검찰의 협조를 받았으며, 꽤 강한 수사를 펼쳐 왔다(물론 기소와 재판 과정에서 유화적이 될지 두고 봐야 하지만 말이다). 보수 언론과 종편들은 박근혜와 최순실 일당에 대한 폭로를 여전히 지속한다.

무엇보다 재판관 구성이 보수 일색이던 헌법재판소가 오히려 탄핵심판 심리를 서둘러 진행한다. 탄핵 결정 지연 작전을 펴는 박근혜 측 대리인단에 이는 불리하게 작용하고 있다. 황교안과 사법연수원 동기로 대표적인 공안 검사 출신인 박한철이 헌재소장 퇴임사에서 조속한 탄핵 결정을 촉구한 것도 같은 맥락으로 보인다.

그러나 박근혜 정권의 핵심 기반이 오래도록 체제의 권력층과 수혜자층을 이뤄 온 세력이기 때문에 박근혜 제거 과정은 그리 쉽지만은 않은 과정이다. 종기를 제거하려면 불가피하게 생살을 파 내고 피를 봐야 하는 것이다.

법원이 삼성 이재용 구속영장을 기각하자 혹한의 날씨에도 집회 참가자가 다시 수십만 명으로 늘어났다. 그 뒤 법원은 대신 김기춘과 조윤선을 구속했다. 헌재 재판관들은 세월호 7시간에 대해 변명하는 전 청와대 수석들에게 핀잔을 줬고, 특검 수사는 우병우에게 접근하고 있다. 특검은 특검의 1차 수사 기한이 끝날 때까지 유효한 청와대 압수수색영장을 받아 내 2월 3일부터 영장 집행 시도를 했다. 예상대로 박근혜가 거부하자 황교안에게 청와대 압수수색에 협조해 달라는 공문을 보내기까지 했다.

그러나 퇴진 운동에 참가한 대중의 정서 밑바탕에는 불평등과 부당함 등에 대한 불만과 분노가 깔려 있다. 지배계급으로서는 박근혜를 제거하면서도 이런 불만이 표면화되는 걸 막아야 한다. 즉, 박근혜는 제거해도, 박근혜가 추진하던 정책들은 계속 수행하고자 한다. 기업 경쟁력 보호·강화를 우선순위로 하고 고통 전가를 국민적 담론으로 삼는 정치 말이다. 그래서 지배자들은 황교안 대행 체제의 안정은 건드리고 싶어 하지 않는다. 이를 잘 아는 민주당과 국민의당은 탄핵안 가결 직후 황교안과 국정 협의체를 구성하고 새누리당과 개헌 협의체를 구성하려 했다.

지금까지 언급한 요인들 때문에, 박근혜 정권 퇴진 운동의 밑거름이 됐던 운동들 중 말끔하게 요구가 해결된 투쟁은 아직 없다. 퇴진행동은 세월호 참사, 노동 개악, 사드 배치, 백남기 농민 사망, 국정교과서, 언론 장악 등을 6대 긴급 해결 과제로 내놨다. 그러나 이 요구들은 야당들이 다수파인 국회에서도 전혀 긴급하게 다뤄지지 않고 있다. 한일 '위안부' 합의도 마찬가지다. 사드 배치 등에서는 민주당 대선 주자들의 말이 아예 후퇴했다.

여러 경로를 통해 지배계급이 노동자·민중에게 전하고 싶은 메시지는 아마 '박근혜 일파 처벌 말고는 바뀌는 것이 없다'일 것이다. 제물을 던져 줄 테니 곧 제자리로 돌아가라는 것이다. 최근 차기 대선 후보군에서 지지율이 더 높은 반기문이 낙마하고 대신 황교안이 보수 우파의 대표 주자가 되는 듯한 모양새에서 지배계급 내의 혼란스러우면서도 일정한 동향을 엿볼 수 있다.

지배계급의 안정 희구에 부응해 주류 야당들도 국회 탄핵안 가결 이후, 정치체제의 안정을 위해 노력해 왔다. 주류 야당들은 전통적인 양 날개 전략을 펴면서도 최근 중도 보수층 포섭에 골몰해 왔다. 사실, 중도 보수층 확보 경쟁 때문에 민주당과 국민의당으로 분열하기까지 했다.

지배계급의 안정 희구는 또한 차기 대선 지지율 1위를 달리는 문재인이 '떨어지는 낙엽도 조심하라'는 말년 병장처럼 처신하는 이유이기도 하다. 문재인과 안희정은 노무현 정부의 친기업·친제국주의 정책 추진에 한몫했던 당시 실세들이었다. 그들은 노무현 정부의 실패 요인을 정권이 지지층의 기대를 배신한 것이 아니라, 지지층의 기대가 '과했던 것'에서 찾는다.

이런 전도된 관점의 실천적 결론은 애초에 너무 많은 것을 약속해서는 안 된다는 것이다. 이것이 지난 대선에서 박근혜보다 문재인의 복지 공약이 별 볼 일 없어 보였던 이유고, 그래서 패인의 일부이기도 했다. 그런데도 이들은 2012년에도 너무 진보적으로 보였다고 후회한다.

운동의 성장 덕분에 문재인 대세론이 형성됐다. 그러나 거리에서는 인기가 별로 없고, 문재인도 운동 때문에 지지층의 기대가 커지는 게 부담스럽다. 그저 운동과 거리를 두면서도 이용은 하려 드는 것이다.

이런 상황은 국민의당이 분당해 나간 이후 확연히 '문재인당'(친노당)으로 굳어져 온 민주당 안에서 박원순 서울시장이 벽에 부딪힌 배경으로도 보인다. 박원순 시장은 친노 출신도 아니고, 민주당 주류보다는 상대적으로 진보적인 정책으로 NGO와 노동운동 일부에서 기반을 구축하려 노력해 왔다. 탄핵안 가결 이후 박원순과 이재명의 지지율이 정체하거나 점차 하락한 것은 앞서 말한 공식 정치의 흐름과 민주당

내 세력 관계와도 관계있을 것이다. 박원순은 1월 초 노무현 정부의 실패를 반복하면 안 된다며 "문재인 전 대표가 기득권 해체를 요구하는 국민들의 촛불 민심의 청산 대상이지 주체는 될 수 없다"고 했다가 더 곤경에 처하기도 했다. 민주당은 반대 의견을 무릅쓰고 박원순에게 불리한 당내 경선 룰을 밀어붙였다.

이는 운동이 그 근저에는 체제의 적폐에 대한 불만을 깔고 있지만, 지도적인 헤게모니를 행사하는 이데올로기는 주류 야당으로의 정권 교체 수준에 머물러 있는 수준이기 때문이다. 기층에 혁명적 좌파가 단단히 자리 잡고 대중을 조직하는 모양새가 아니기 때문이다. 또 노동자 운동이 강력하면서도 헤게모니는 행사하지 못하고 있음도 반영한다.

이런 상황에서 퇴진 운동 내 온건파가 퇴진 운동의 목표를 단계론적으로 야당으로의 정권 교체에 한정하고, 운동을 대선 국면에서 민주당을 지원하는 방향으로 이끌려고 해 온 것은 운동의 정치적 한계가 되고 있다. 아래로부터의 투쟁보다 선거를 중심에 놓게 되면, 대중은 정치적으로 수동화되기 십상이다. 더구나 당선에 도움되도록(광범위한 득표에 방해되지 않도록) 아래로부터의 행동과 요구를 일정 수준 아래로 자제해야 한다는 압력이 커질 수 있다. 근시안적 효과에 정신 팔려 운동을 키우는 것을 게을리하면 금세 세력관계가 동요하는 것을 볼 것이다. 이제는 운동의 정치적 리더십이 중요한 열쇠인 것이다.

이런 상황에서 박근혜와 우파 세력이 설 연휴 직전에 준동했다. 운동 내 약점을 이용하려 한 것이다. 1000만 명 넘는 사람이 석달 넉달을 싸운 대가가 겨우 노무현 정부의 재탕이라면 그중 상당수는 허탈할 수밖에 없을 것이다.

법원은 이재용 구속영장 기각을 시작으로, 이화여대 총장 최경희 구속영장을 기각했고, "한일 간 화해라는 공익적 목적을 감안할 때 명예훼손이라고 볼 수 없다"며 '위안부' 할머니들을 모욕한 《제국의 위안부》의 저자 박유하에게 무죄를 선고했다.

박사모들은 집회 동원을 강화했고, 같은 날 박근혜와 최순실이 특검을 비난했다. 헌재에서 박근혜 대리인단은 대리인단 사퇴설을 흘리며 지연 작전을 펴려 했다. 헌재 소장 권한대행인 이정미 재판관도 임기 만료(3월 13일)로 사퇴해 재판관이 7명만 남으면 탄핵 기각 가능성도 조금 더 커진다. 이 때문에 조기 탄핵 인정을 촉구하는 요구가 강하다. 그러나 이에 반대해 우파 일부는 헌재소장 박한철 후임(대통령 몫)을 황교안이 임명하는 절차를 거쳐야 한다고 주장한다. 게다가 꼭 친박이 아니더라도 시간을 끄는 것이 크게 불리하지 않다고 보는 우파들도 있을 것이다.

박근혜와 우파 일부는 2월 말 특검의 수사 기간 연장을 황교안이 거부해야 한다고도 강변할 듯하다. 박근혜가 〈한국경제〉 주필 정규재와의 인터뷰에서 "탄핵이 기각되면, 언론과 검찰을 정리하겠다"고 한 것은 이런 방향을 암시한다. 사실, 정치적 유폐 상태에 있던 박근혜가 난데없이 박정희 참배를 할 때부터 조짐은 보였다.

이런 수작을 통해 박근혜는 일말의 탄핵 기각 가능성을 붙잡으려 함과 동시에, 탄핵되더라도 특검과 헌재 판결의 정당성을 인정 않고 정치적으로 불복해 지지층을 결집시켜 장차 우파의 재기를 위한 발판을 놓으려 한다.

박근혜 정부의 정치적 적자라고 할 수 있는 황교안으로 대선에서 일정한 성과를 거두어 정치적 면죄부를 받을 가능성을 높이고, 차기 대선과 총선을 대비한 정치적 구심점을 형성하려 한다. 경제·안보 위기가 심해져 차기 정권도 오래 못 가 정치적 위기에 빠질 가능성을 보고 있기 때문일 것이다.

황교안은 트럼프와 단독 통화를 하면서 정치적 위상을 높이는 동시에, 한미 동맹 유지·강화라는 전통적 우파 의제를 부각하는 등 우파의 기대에 부응하려 노력하고 있다. 황교안은 특검의 청와대 압수수색 협조 요청을 단칼에 거절했다. 따라서 대중 정서의 꽁무니를 쫓느라 황교안 사퇴 요구나 황교안과의 대결에 소극적이었던 운동 내 온건파는 최근 황교안의 부상에 일부 책임이 있다.

이렇게 보면, 탄핵안 가결 이후, 특히 1월에 운동의 성장세가 멈춘 듯한 지금, 예전의 세력 균형을 공식 정치에서 야금야금 회복하려는 움직임이 전방위적으로 펼쳐져 왔음을 알 수 있다. 또한 퇴진 운동의 정치적 한계도 볼 수 있다.

다행히 우파의 반격 시도가 큰 흐름 자체를 바꾸지는 못했다. 거리 시위 규모는 줄었지만, 대중의 분노와 자신감이 아직 높기 때문이다. 그럼에도 지금 거리의 운동을 다시 강화해야 한다. 광화문 광장으로 집중해 중앙 국가에 대한 압박을 다시 높여야 한다. 우파의 압력이 집중되는 헌재에도 대규모 행진과 포위로 2월 내 탄핵 인정 결정을 촉구해야 한다.

2월 집회들이 크고 분노한 분위기에서 열리는 것이 중요하다. 오만방자한 박근혜와 그 잔당들에게 '거대한 분노의 산'이 건재함을 보여 주자. 지금부터 투쟁을 강화해 2월 25일 민중총궐기도 성대하게 치르고 일격을 날리자.

김문성, 〈노동자 연대〉 195-1호(2017-02-03).

박근혜 일당의 준동에 분노해
42만 명이 모이다

"될 때까지 모이자" 오늘 본대회에서 가장 호응이 컸던 구호다. 설 연휴로 토요 집회를 한 주 쉬는 동안 박근혜 일당이 드러낸 사악한 집념을 반드시 꺾어 버리겠다는 투지의 발현일 것이다.

그래서 오늘은 1월 21일보다 더 많이 모였다. 박근혜 일당의 준동에 분기탱천한 40만 명이 광화문 광장에 모였다(주최 측 공식 발표: 서울 40만 명 포함 전국 42만 5500명). 청와대와 국무총리 공관, 헌법재판소 앞으로 기세 있게 행진도 했다.

박근혜는 3일 최순실과 연관된 말 판매업자도 통과했던 청와대의 압수수색을 보안을 이유로 막았다. 뻔뻔한 거짓말로 자신의 탄핵이 부당하다고도 했다. 우파 지지층을 결집하고 동원할 명분을 만들려는 술책이다. 그 추한 실상이 드러났는데도, 관제 데모를 멈추지 않는다. 현 국면이 '부패한 정권과 특권 세력 대 민중'이 아니라 여야 간 정쟁의 부산물이나 단순한 세력 대결인 것처럼 보이게 하려는 수작이다. 풍자 그림인 '더러운 잠'을 빌미 삼아 민주당 표창원 의원을 공격한 것도 마찬가지 맥락이다.

그래서 박근혜 퇴진과 조기 탄핵 요구는 여전히 중요하다. 분노도 커서 가령 헌재 방향 행진에서는 행진 참가자들의 요청으로 사회자가 "박근혜 탄핵하라" 구호를 "박근혜 구속하라"로 바꿔 외치기도 했다.

위기감도 있지만, 오늘 사람들의 표정은 밝았다. 이미 거리의 힘으로 박근혜를 퇴진 직전으로 내몬 사람들 아닌가? 거리 시위의 성장세가 약화됐지만, 저들이 도발할 때마다 시위가 커지는 것은 운동의 저변이 건재하다는 것을 보여 준다. 자신감의 배경일 것이다.

광장의 힘은 대선 국면에도 일정한 영향을 미쳤다. 보수의 대표 주자가 되려던 반기문이 낙마하고, 새누리당 원내 대표 출신 유승민의 지지율은 아직도 5퍼센트대다. 그럼에도 박근혜를 비호하며 적폐 정책들을 이어가려는 황교안이 우파의 대표 주자로 부상하려는 것은 불쾌한 조짐이다. 야당이 황교안 대행 체제를 인정하고, 퇴진 운동 내 온건파가 이런 야당을 추수한 것도 영향을 미쳤다. 또한 삼성 이재용 등 재벌 총수들도 아직 구속되지 않았다.

그래서 오늘 광장에 모인 사람들은 박근혜만이 아니라 박근혜 비호 세력에게도 강한 분노를 표현했다. 불평등하고 부정의한 사회에 맞선 노동자·민중의 정의의 문제이기 때문이다. 본대회에서 가장 큰 박수를 받은 발언은 박근혜의 공범들인 황교안과 이재용 등을 규탄하는 발언들이었다.

"황교안은 수사를 받아야 할 대상이다. 황교안은 박근혜의 공범이고, 범죄자이다. 황교안은 박근혜의 공범 1호다. 황교안은 당장 사퇴해

야 한다."(우석균 보건의료단체연합 정책위원장, 퇴진행동 상임운영위원)

헌재 앞 행진 대열의 자유 발언 중 하나가 격한 환호를 받은 것도 시사적이다. "우리 박근혜 하나 잡으러 나온 거 아니잖아요? 대학 안 가면 취업 안 된다고 대학 보내 놓고는 졸업하면 빚이 2000만 원이 넘은 세상 바꿔 보려고 나온 거잖아요."

거리의 여론은, 대선에만 정신 팔려 촛불의 민심을 제대로 반영하지 않는 야당도 비판했다. "야당은 착각 말라. 대선보다 탄핵이 먼저다" 구호도 지지 받았다. 사전 집회로 열린 6대 긴급 현안 해결 촉구 집회에서 세월호 유가족 '예은 아빠' 유경근 씨, 사드 배치에 반대하는 원불교 활동가 등은 주류 야당들을 강하게 비판했다. 최종진 민주노총 위원장 직무 대행은 청와대 방향 행진 연설에서 "6대 현안 해결할 생각 없다면 대통령 자격도 없다"고 강조했다.

지배계급은 박근혜 일당을 권좌에서 제거하면서도 박근혜를 통해 실현하려던 정책들을 유지하려고 한다. 그래서 호시탐탐 반격의 기회를 노린다. 주류 야당들은 대선 득표를 확장한다는 명분으로 이들과 타협하려고 한다. 그러나 이런 일들은 박근혜 정권 퇴진 운동의 1000여만 참가자들이 바라는 바가 아니다. 2월에 거리 운동을 더 확대하고 전진시켜야 한다. 저들이 꿍꿍이 부릴 틈이 없도록 2월 조기 탄핵을 압박하고, 25일 민중총궐기 등으로 일격을 날려야 한다.

오늘 집회는 대선 국면 등으로 점차 복잡해지는 정치 상황 속에서도 퇴진 운동이 건재하고, 여전히 정국의 한 축을 이루고 있음을 보여 줬다. 따라서 그 힘을 제대로 발휘하기 위해서라도 정치적 리더십이 한층 더 중요해졌다.

광장 이모저모

날씨는 궂었지만, 범국민대회에 참가하려 모여드는 사람들의 물결이 끊이지 않았다.

광장 어디를 돌아봐도, 세월호 진상 규명을 염원하는 노란 풍선을 든 사람들을 볼 수 있었다. 몇 주 전 집회에서 받은 듯, "박근혜 즉각 퇴진하라"는 팻말을 코팅해 가방에 매달고 다니는 사람들도 곳곳에서 눈에 띄었다.

집회가 시작하기 훨씬 전부터 광장 곳곳에서 열린 캠페인 부스는 북적이기 시작했다.

보건의료노동조합이 세종문화회관 앞에서 진행한 '박근혜 구속! 적폐 청산! 의료 민영화 폐기! 의료공공성 강화! 대시민 홍보의 날' 캠페인 부스는 펼침 현수막과 상징물로 참가자들의 시선을 사로잡았다. "국민건강 파괴범" 박근혜를 구속하자는 사람들의 염원이, '돈보다 생명'이라는 보건의료노조의 구호와 통하는 듯했다.

광화문 광장 남단 '세월호 광장'도 여러 캠페인에 참가하는 사람들로 북적거렸다.

언제고 발길이 끊이지 않는 세월호 분향소뿐 아니라, 노조 탄압으로 활동가를 죽음으로 몰고 간 유성기업 사장을 투옥하고 처벌하라고 요구하는 유성기업 대책위의 서명 캠페인에도 많은 사람들이 동참해 눈길을 끌었다.

박근혜 정권의 적폐를 청산하고자 하는 사람들의 결의가 광장 곳곳에서 피어나는 듯했다.

박근혜의 국정교과서를 폐기하라는 캠페인, 한일 '위안부' 합의를 주도한 외교부 장관 윤병세를 해임하라는 서명전에도 많은 사람들이 관심을 보냈다.

본대회가 시작하는 오후 다섯 시가 다가올수록 광장은 발 디딜 틈 없이 채워져 갔다. 박근혜 정부가 저지른 온갖 노동자 서민 공격과 우파적 정책들에 대한 사람들의 분노가 뜨겁게 피어올라 추위를 잊을 정도였다.

행진

2주 만의 행진에 수만 명이 활기 있게 참가했다. 청와대 방향, 헌재 방향(종로)으로 수만 명이 행진했다. 길이 좁은 국무총리 공관 쪽으로도 수천 명이 행진했다.

종로에서는 2주만의 행진을 반기는 시민들의 환호도 이어졌다. 시민들은 "박근혜를 구속하라", "이재용을 구속하라" 등의 구호를 따라 외쳤다. 주먹을 치켜 흔드는 사람들도 많았다. 헌재가 박근혜를 2월 안에 탄핵해야 한다는 목소리가 종로 도심에 울려 퍼졌다.

사람들은 "박근혜 하나만 잡으러 나온 것이 아니[었다.]" 한 학교 비정규직 노동자의 말처럼, "우리 아이들이 차별과 무시를 먼저 보고 배우는 것을 두고 볼 수가 없다"는 마음으로 촛불을 든 사람들이었다. "거짓말 일삼으며 세월호 아이들을 죽음으로 몰아넣은 박근혜 즉각 구속시켜야 한다"는 한 노동자의 발언이 큰 지지를 받은 까닭이다.

박근혜 퇴진, 2월 탄핵 요구로 도심을 휩쓴 행진 참가자들은 광화문 광장에서 정리 집회를 하고 촛불을 더 키워 나가자는 결의를 다졌다.

광장의 목소리

우석균(보건의료단체연합 정책위원장, 퇴진행동 상임운영위원)

황교안은 애초부터 대통령권한대행 자격이 없는 사람이다. 박근혜 만이 아니라 박근혜 정권의 모든 적폐를 걷어내야 한다는 것이 바로 촛불의 명령이었다. 그런데 박근혜 정권의 국무총리로서 정권의 모든 악정에 앞장선 것이 바로 황교안이다.

황교안은 박근혜 정부의 법무 장관이었다. 법무 장관으로서 그가 한 일이 무엇이었나? 국정원 댓글 사건으로 [18대 대선이] 부정선거라는 것이 분명히 드러났음에도, 이 사건을 불기소 처분하라고 요구했던 것이 바로 황교안이었다. [이에 더해] 통합진보당을 해산한 공로로 공안 검사로서 김기춘의 아바타[였던 황교안이] 국무총리가 된 것이다.

그런 그가 국무총리가 되자마자 제일 먼저 한 일은 4·16연대 사무실을 압수수색한 것이다. 삼성이 국민연금 수천억 원을 삼성물산 인수에 쓴 것도 황교안이 국무총리일 때였다. 문형표 보건복지부 장관이 그것을 지시했다지만, 국무총리인 황교안이 그것을 몰랐겠는가? 당연히 알았을 것이다.

황교안은 2009년에 쓴 《집회·시위법 해설》이라는 책에서 "4·19는 혼란이고 5·16은 혁명이다" 하고 [썼는데, 그가] 국무총리가 되자마자 경찰 폭력이 기승을 부려 백남기 농민이 돌아가셨다.

최순실과 박근혜가 재벌들에게 뇌물을 받아서 미르 재단과 K스포츠 재단을 설립할 때 황교안은 무엇을 했는가? 바로 그때 그가 국무총리였다. 노동악법 처리해 달라, 규제프리존 법으로 재벌들[에 대한] 모든 규제를 풀어 달라고 [재벌들이] 요구했을 때, 바로 그가 국무총리로서 전경련이 원하는 그 법을 국회에서 밀어붙이겠다고 약속했다. 바로 그것이 황교안 국무총리다.

황교안은 대통령 권한을 대행할 [자격이 있는] 사람이 아니다. 황교안은 수사를 받아야 할 대상이다. 황교안은 박근혜의 공범이고, 범죄자다. 황교안은 박근혜의 공범 1호다.

그런 그가 지금 대통령권한대행이라는 자리에서 한 것을 보자. 촛불은 박근혜 한 명만 물러나라고 한 것이 아니다. 박근혜 정권의 모든 악정을 중단하라고 요구한 것이다. 바로 민주주의를 요구한 것이었다. 그런데 황교안은 무엇을 했나? 일본을 자극할 어떤 행동도 하지 말라면서 한일 '위안부' 협상을 추진했다. 이것이 민주주의인가? 한반도 평화를 위협하는 사드 배치를 고수했다. 이것이 민주주의인가? [황교안은 국회에서] 국정교과서를 "올바른 교과서라고 생각한다"고 답했다. 이것이 민주주의인가?

지금 황교안은 박근혜와 최순실을 비호하고 있다. 박근혜 압수수색 영장[에 대한 협조] 공문을 보냈을 때 [그것을] 기각한 것이 바로 황교안이다. 왜 [그가] 박근혜의 범죄를 숨기겠는가? 황교안이 바로 범죄자이기 때문이다. 감추려는 자가 범인 아니겠는가. 박근혜와 황교안은 공범이다.

[황교안은] 대통령 코스프레를 이제 그만 해야 한다. 이것도 부족해 앞으로 진짜 대통령을 하겠다고 한다. 황교안은 지금 당장 사퇴해야 한다. 박근혜를 구속하고 황근혜는, 아니 황교안은 당장 물러나야 한다. 황교안은 사퇴하라!

황병준(민간 잠수사)

세월호 참사가 일어난 지 3년이 지나고 있다. 여전히 세월호는 차가운 바다 속에 있다. 피해자들 여전히 고통에 시달린다. 왜 세월호가 침몰했는지, 왜 304명이 어이없이 희생됐는지 밝혀지지 않았다. 모든 책임을 져야 하는 대통령과 권력자들은 자신들의 잘못을 여전히 인정하지 않고 있다.

우리 잠수사들은 2014년에 수많은 국민들처럼 안타까운 마음을 금하지 못하고 팽목항으로 달려갔다. 그것은 양심의 문제였다. 우리 민간 잠수사들이 국민의 한 사람으로 할 수 있는 일이 잠수였다. [바다 속에서 본] 희생자들은 무섭고 두려워서 마지막까지 발버둥 치면서도 함께 살기 위해 서로를 부둥켜 안고 있었다. 그 모습을 어떻게 잊을 수 있는가. 그 모습을 보았기에 우리는 분노했고, 단 한 분의 희생자도 남김없이 가족분들의 품으로 돌려 보내고자 안간힘을 썼다.

유가족들은 우리에게 고맙다고 한다. 하지만 그 모습을 보았던 우리는 죽는 날까지 유가족들에게 미안하다. 우리는 구조가 아니라 수습을 했기 때문이다. 돌아가신 희생자분들을 보면서, 살아있던 그때 우리가 그들을 구조할 수 있었다면 얼마나 좋았을까 [하고 생각했다].

우리는 미안하고 또 미안하다. 왜냐하면 우리는 어른이고, 국민이고, 사람이기 때문이다. 그런데 그 국민들을 구조 책임을 져야 할 정부는 책임을 지지 않고 있다. 도저히 이해할 수 없고 용서할 수 없어 촛불을 들고 이 자리에 서 있다.

무리한 상황이어도 우린 물러서지 않았고 그 과정에서 애석하게도 두 명의 잠수사가 사망했다. 그러나 여러분 알고 있는가. 정부와 검찰은 수색 과정에서 일어난 문제의 책임을 우리 민간 잠수사들에게 모두 뒤집어찍웠다. 한마디로 수색·구조의 책임이 정부가 아니라 민간 잠수사에게 있다는 소리였다. 실제로 검찰은 민간 잠수사를 과실치사로 고소하고, 재판장에 세웠다.

고 김관홍 잠수사와 우리는 무죄를 주장하며 정부에 책임을 물었다. 생전에 투쟁이라는 걸 몰랐던 우리들이 법정에서 투쟁을 하게 됐다. 법원에서 무죄가 나왔는데도 정부는 항고를 했다. 항고도 무죄가 나와서 정부가 잘못을 인정할 줄 알았더니, 또다시 대법원에 항소하더라. 다행히도 지난달 말 수색·구조의 책임은 정부에 있고, 민간 잠수사들은 무죄라는 최종 판결이 나왔다.

하지만 검찰은 수색·구조의 책임자들은 수사하지도 기소하지도 않고 있다. 분명히 안타까운 죽음의 책임을 져야 할 사람들을 수사도 기소도 하지 않는 게 무슨 나라냐. 심지어 책임져야 할 자들이 승진하기도 했다.

참혹한 세월호 참사 현장에서 돌아온 우리는 신체적, 심리적 고통을 겪고 있다. 생업을 이어가지 못하고, 수면제 없이는 잠들지 못하는 트라우마에 시달리며 하루하루 버티고 있다. 우리 곁을 떠난 고 김관홍 잠수사뿐 아니라, 일상적으로 제대로 살아가지 못하는 잠수사들의 고통을 이루 말할 수 없다.

2014년 여름, 우리 민간 잠수사들은 해군과 함께 292구의 희생자를 수습하고 현장에서 쫓겨났다. 비록 쫓겨나 우리는 수색·구조를 포기할 수밖에 없었지만, 지금까지 우리는 끝내 304명을 [모두] 수습하지 못한 죄책감에 괴롭다. 그 누구보다 미수습자 가족분들께 죄송하다. 하루 빨리 배가 인양되어 아홉 분의 미수습자분들이 가족들 품에 돌아온다면 그나마 죄책감이 달라질 것 같다. 우리는 여러분과 끝까지 함께 하겠다.

여전히 고통 속에 있는 세월호 유가족분들과 고인이 된 민간 잠수사분들께 죄송한 마음을 전하며 그 마음 잊지 않고 끝까지 하겠다.

"염병하네" 발언으로 '국민 사이다'가 된 특검 건물 청소 노동자

나는 청소하는 것이 부끄럽지 않다. 더러운 것을 깨끗이 씻어내 주는 청소부다. 최순실은 여러 번 불러도 나오지 않더니 체포영장 발부하니까 나오더라. 최순실 얼굴 좀 보러 나갔는데, 차에 내리자마자 큰소리로 민주주의 운운하[더라.] … 어디 감히 민주주의를 운운할 수 있는가!

평소에도 화가 나면 "염병하네"라는 말을 자주 한다. 그런데 최순실이 너무 떠드니까 나도 모르는 사이에 그런 말이 나오더라. 여러분의 속이 후련하다니 너무 감사하다.

나이가 60이 넘어 청소를 하지만 하나도 부끄럽거나 창피하지 않다. 나라에 세금을 꼬박꼬박 내면서 자식들이 자라는 모습을 바라보며, 열심히 사는 국민들 분노가 들끓는 것을 보고 나도 여기 나와 봤다.

청소부 월급 많지도 않다. 그래도 나는 세금 꼬박꼬박 낸다. 그런데 그렇게 잘 먹고 잘사는 사람들이 큰소리치고, 이렇게 나라를 망쳐 놓고 되려 큰소리치고 뻔뻔하게 얼굴을 내미는 걸 보니 화가 치밀어서 한마디 퍼부은 것에 이렇게 여러분들이 기뻐할 줄 몰랐다.

죄를 지었으면 죄 지은 사람들이 고개를 [숙여야 하는데] 숙이지 않고, 죄를 지은 사람들이 잘살고 큰소리치는 것이 현실이라는 것을, 특검 건물을 청소하며 알게 됐다.

나는 우리 자식들과 손주들이 잘살 수 있는 대한민국이 되었으면 하는 바람으로 작은 세금이나마 내며 기뻤다. 그런데 이런 국민들의 세금 다 어디로 가는 건가. 한두 사람 때문에 우리가 이리 고생해야 하나? 정말 억울하다. 정말 억울한 건 우리 국민인데 [외려 최순실이] 민주주의 외치는 게 너무 억울해서 나도 모르게 외쳤다. 염병하네!

잘은 모르지만 [특검이] 청와대 수색에 난관이 있는 것 같다. 난관에 부딪히는 특검이 힘내라고 외쳐 보자. "특검 힘내라! 국민의 염원이다!" 그리고 이번 기회에 대한민국에 정의가 살아날 수 있도록 공명정대하게 수사해 주셨으면 한다. 마지막으로 우리 국민들 속 시원하게 한마디만 하고 내려가겠다. "염병하네, 염병하네, 염병하네!"

박설(노동자연대 활동가)

설 연휴를 전후로 반가운 소식과 '열불' 나는 소식이 있었다. 이재용 구속영장 기각 직후 수십만이 분노해서 광장에 모이자 김기춘과 조윤선이 구속됐다. '기름장어' 반기문도 대선 출마를 포기했다. 이런 일들은 지난 세 달 넘게 광장을 지켜 온 운동의 성과다. 강력하고 광범한 즉각 퇴진 염원 덕분이다.

그런데 법원은 이재용과 최경희의 구속영장을 기각하고, '위안부' 할머니를 모욕한 박유하 교수에게 무죄를 선고했다. 박근혜는 자신에 대한 비판이 모두 음해라며 적반하장 인터뷰를 했다. 같은 날 최순실은 억울하다고 고함을 쳤다. "염병하네" 이 한마디가 바로 우리 모두의 심정이었다.

우리는 다시금 우파의 반격 시도와 준동을 보고 있다. 박근혜는 시간을 질질 끌고 황교안을 대선 후보로 내세워 재기를 도모할 수 있다. 이런 시도를 완전히 좌절시켜야 한다. 당장 이달 안에 박근혜 탄핵이 결정되도록 헌재를 포위하는 대규모 시위를 벌이자.

우리의 요구는 박근혜 개인이 아니라 정권의 퇴진이다. 청와대 압수 수색을 막고 빗장을 걸고, 트럼프에게 사드 배치를 약속하고, 한일 '위안부' 합의를 인정하겠다고 하고, 조류독감 파동과 물가 인상을 방치하고, 노동 개악과 구조조정을 밀어붙이겠다는 황교안이 대선 주자로 나서는 것은 눈 뜨고 볼 수 없다.

황교안과 협의체를 구성하겠다거나 사드 배치를 취소할 수 없다거나 적폐의 일부와 대연정을 할 수도 있다는 민주당과 그 당의 주요 대선 주자들에게도 경고의 메시지를 보내야 한다. 다시 거리의 운동을 키우자. 오만방자한 박근혜와 그 일당에게 우리의 건재함을 보여 주자. 2월 25일 전국 집중 민중총궐기를 더 크고 강력하게 건설하자.

특별취재팀, 〈노동자 연대〉 195호(2017-02-04) 축약.

5부
다시 불타오르다
(2월 초 ~ 3월 초)

탄핵 평결이 가까워지면서 우익의 몸부림도 거세졌다. 황교안은 특검 연장을 거부하고 사드 부지를 확정했다. 또 3·1절 총동원령에 따라 우익 10만~20만 명이 집결했다. 야당은 여전히 교란 요인이었다. 여당과 탄핵심판 결과에 승복하기로 합의한 것이다.

그러자 오히려 촛불의 규모가 반등했다. 박근혜 일당의 사악한 집념을 반드시 꺾어 버리겠다는 투지가 더 셌다. 2월 11일 80만 명 → 2월 18일 84만 명 → 2월 25일 107만 명 → 3월 4일 105만 명. 광장의 주인은 '태극기'가 아니라 촛불이라는 사실을 만천하에 천명했다. 그러자 이재용이 삼성 총수 최초로 구속됐다. 최경희와 유시영(유성기업 사장)도 구속됐다. '유전무죄' 신화에도 금이 간 것이다.

16주

우익의 총공세에 맞서
다시 거리로

"오늘 가장 지지를 받은 구호는 '박근혜를 구속하라'였다.
방송차 사회자가 '박근혜를 탄핵하라' 구호를 외치면
대열에서 '박근혜를 구속하라'고 외치는 모습도 곳곳에서 보였다."

우익의 총공세에 맞서 모두 거리로 나서자

박근혜 일당의 가증스러운 발악

박근혜 정권 퇴진 운동의 지속적 압박에 의해 청와대 실세 비서들과 장관들이 구속됐다(김기춘, 안종범, 조윤선, 김종덕, 문형표). 최순실 등 비선 실세들도 구속됐다. 이들의 혐의가 속속 확인되고 있다. 박근혜가 블랙리스트 작업을 직접 지시한 것도 드러났다. 박근혜와 최순실이 개인적 재산 형성 과정에 서로 엮여 있음도 분명해지고 있다. 재벌 총수들은 법원 등의 도움으로 구속을 면했지만, 삼성과 SK 총수의 뇌물죄를 입증할 정황 증거들도 나오고 있다.

이런 상황에서 박근혜 일당이 일말의 소생 가능성이라도 잡아 보려고 벌이는 최근 작태들은 너무 조잡해 기가 막힐 지경이다. 박근혜는 "거짓의 산" 운운하며 촛불 운동, 특검, 헌법재판소를 공개적으로 비난했다. 태극기 집회가 촛불보다 많다며 고맙다고도 했다. 최순실은 난데

없이 '민주 투사' 흉내를 냈다. 그 광경을 본 청소 노동자 말마따나 "염병!"이다.

우익 지지층에 공공연히 반격 신호를 보낸 것이다. 그 결과 우익 지지층 결집 효과를 약간 냈다. 그러나 우익이 유포하는 각종 음모설의 진원지가 사실상 박근혜 본인이라는 것도 드러났다. 우익의 '가짜 뉴스'는 과거 독재 정권이 벌인 정치 공작을 연상케 한다. 가령 JTBC의 태블릿 PC 보도 조작설을 온·오프라인에서 배포하고, 박근혜의 하수인들로 가득 찬 방송통신심의위원회에 JTBC를 징계하라고 압박한다.

박근혜가 '애국 세력이여, 나를 위해 나서라' 하며 부패 범죄 수사에서 본인이 살아남는 것을 나라 구하기와 연결시키는 걸 보면, 하도 어처구니없어 우리 편이 오히려 '분노 피로증'을 걱정해야 할 정도다.

그 졸개들도 다르지 않다. 헌법재판소 탄핵심리에서 박근혜 측 대리인단은 미르·K스포츠 재단의 부패와 권력 농단을 고영태·노승일 등이 꾸민 음모라는 식으로 몰다가 재판관들에게 핀잔("증언을 잘 듣고 질문하세요")을 듣거나 증인의 반박을 사기 일쑤다. 야비하게도 최순실과 고영태의 내연 관계까지 끄집어 냈다. 우파 언론들은 박근혜 탄핵과 하등 관계없는 이슈를 흥밋거리 소재로 삼았다.

새누리당 의원들은 우익 지지층이 다소 결집하는 듯하자, 우르르 탄핵 반대 집회로 몰려갔다. 그러면서 정작 박근혜가 만든 '새누리당' 당명은 바꿨다. 새 당명 자유한국당을 보고, '박정희로 안 되니 이제 이승만이냐' 하는 조롱이 나온다.

세월호 7시간 의혹과도 연계된 김영재의 처 박채윤은 특검에서 호흡 곤란 소동을 벌였다. 이게 안 통하자, 조사를 받기도 전에 '협박 수사'라며 최순실 흉내를 냈다. 지금은 '수사에 성실히 협조하고 있다'고 한다.

박근혜 일당의 발광을 보면 하도 가당찮아 웃다가 호흡 곤란이 올 지경이다. "염병하네"라는 말이야말로 근래 가장 대중적 심금을 울린 단어일 만하다.

"대선보다 탄핵이 먼저다"

박근혜 일당의 총공세는 퇴진 운동 지지자들의 경각심을 일깨웠다. 우익의 반동 시도가 확연히 느껴지는 상황에서 열린 2월 4일 광화문 집회에는 40만 명이 모였다.

물론 국회 탄핵 전인 11~12월보다는 규모가 감소했다. 그러나 퇴진 운동이 탄핵 이전보다 훨씬 더 예리한 정치 지형 속에 있음을 알아야 한다. 가령 헌재가 2월 내 탄핵이 어렵도록 일정을 잡으며 재판 진행의 '공정성'에 신경을 쓴 것은 우파의 압력을 의식했기 때문이다. 그러나 이에 대한 아래로부터의 반발이 커지자 재판부는 3월 초순 탄핵 인용이 가능한 일정을 다시 내놓았다.

지금은 우익의 동원에 맞서 총력을 쏟아 거리 동원을 강화해야 한다. 특히 노동자들이 더 많이 거리로 나와야 한다. 2~3월은 비상한 각오로 집회 규모와 기세를 늘려야 한다. 이유는 첫째, 박근혜와 그 일당은 권력층의 핵심부에 있으므로 절대 순순히 물러날 집단이 아니다. 게다가 권력의지가 남달라 매우 교활하다.

조기 대선이 치러지는 것은 퇴진 운동의 성과물일 테지만, 그 결과로 대중의 변화 염원에 크게 못 미치는 친노 세력이 유력한 정권 교체 세력으로 부상한 것은 퇴진 운동의 한계이자 약점이다. 일찍이 박근혜와 우파는 이 점을 잘 활용해 집권했다. 지금도 이를 이용하려 한다.

또한 박근혜의 공공연한 저항으로 우익 지지층이 부분적으로 회복했다. 그 결과, 대통령권한대행 황교안이 대선 후보 지지율에서 (1위와 격차는 크지만) 2~3위권으로 올라섰다. 황교안은 박근혜 정권의 사악한 정책들을 앞장서 추진해 온 공범이다. 지금도 '박근혜 없는 박근혜 정권'을 유지하고 있다. 특검의 청와대 압수수색 협조 요구도 무시한다. 이런 행보를 볼 때, 황교안이 2월 말로 예정된 특검 시한의 연장을 거부할 공산도 크다. 그것이 박근혜 구속을 뜻할 수도 있기 때문이다. 단지 선거를 통한 정권 교체를 중심에 놓는 전략은 우익의 동원에 대응하는 데 효과적이지 않다. 퇴진 운동은 헌재 압박은 물론이고 황교안과의 투쟁도 강화해야 한다.

둘째, 지배계급의 다수가 박근혜 일당을 권좌에서 제거하는 것에는 동의한다 해도, 이들이 박근혜가 펼치던 친기업·친제국주의 정책들까지 포기한 것은 결코 아니다. 이들이 박근혜의 앞잡이였던 황교안 내각의 안정을 지지하는 이유다. 그리고 세력 균형을 다시 자기네에게 유리하게 되돌리는 것에는 지배계급 안에 공감대가 있는 것이다. 또한 이재용 구속영장 기각, 박유하 무죄 등의 보수적 판결을 지지한 이유다. 경찰이 가짜 뉴스나 패러디 그림 등을 빌미 삼아 표현의 자유를 억압하는 데 나서려는 이유이기도 하다.

물론 여기에는 삼성 이재용, SK 최태원, 롯데 신동빈 등의 뇌물죄 혐의에서 보듯이 지배계급의 핵심도 박근혜 정권과 인적으로 연결돼 있다는 점도 작용한다. 따라서 박근혜 퇴진이 사악한 정책·정권의 청산으로까지 더 나아가야 한다. 그러려면 운동이 노동자 참여 증대로 더 심화돼야 한다.

야당들의 우클릭 경쟁 ─ 선거만 기다려서는 안 되는 이유

바른정당 대선 예비후보인 유승민과 남경필이 보수 단일화 문제를 놓고 설전 중이다. 유승민은 새누리당(자유한국당)을 포함해 보수 후보가 단일화돼야 한다고 주장한다. 박근혜의 비서실장 출신으로 "친박이라는 말이 처음 생겼을 때부터 친박"이라고 한 인물답다. 유승민은 박근혜의 압박을 받자 원내 대표에서 자진 사퇴했고, 총선에서도 새누리당 후보로 공천되지 않은 것을 확인한 뒤에 탈당해 출마했으며, 총선이 끝나자마자 새누리당에 복당했다.

갑부 아버지의 지역구(경기 수원 팔달)를 물려 받아 5선을 한 '정치 오렌지족' 출신 남경필이 박근혜 세력과 단절해야 한다며 보수 단일화에 반대하는 것도 우스꽝스럽다. 이처럼 바른정당이 박근혜 세력과 차별점을 보여 주지 못하면서 일부는 다시 구체제 쪽으로 견인됐다. 황교안의 우파 기조 유지가 영향을 미쳤을 것이다. 이런 점이 반기문 사퇴 후 황교안·새누리당의 지지율이 유승민·남경필·바른정당보다 높아진 이유일 것이다.

이런 상황이 안 그래도 중도 보수층 확보에 열을 올리던 민주당의 주요 대선 후보들의 우클릭 경쟁을 더 자극한 것 같다. 체제 옹호적 관점에서 '합리적'으로 보여, 부유하는 중도 보수층을 흡수해 보려는 것이다.

가령 문재인은 안보 실력자라는 명분으로 전 특전사령관 전인범을 2월 7일 영입했다. 그런데 이자는 1980년 광주에서 발포 책임자가 전두환이 아닐 거라고 하고, 당시 특전사령관 정호용을 좋은 사람이라고 불렀다. 8일에는 그의 처인 성신여대 총장이 교비 횡령으로 구속됐다.

전인범은 이틀 만에 캠프에서 철수했다.

안희정도 대연정, 사드 찬성, 노동 유연화 불가피론 등 보수적 입장을 내놓았다. 당 안팎에서 비난도 컸지만, 안희정 지지율은 올랐다. 안희정의 지지율 상승은 문재인이나 안철수 등의 중도 보수층 구애 노력을 더 자극할 것이다. 안철수는 기업가 정신을 강조하고 (탄핵은 찬성하지만) 현재 압박은 반대한다고 말한다.

그러나 주류 야당의 주요 후보들이 벌이는 이런 우클릭 경쟁은 공식 정치의 지형(과 의제, 세력 관계 등)을 오른쪽으로 이동시켜 '진성 보수'를 내세우는 새누리당·황교안 등에게 유리하게 작용할 공산이 크다. 비록 야당 지도자들은 자신이 보수층을 흡수해야 황교안·새누리당의 지지율 확대를 막을 수 있다고 정치공학적으로 변명하겠지만 말이다. 그런 정권 교체가 어떤 의미일지 생각해 봐야 한다. 이런 뒤틀림은 퇴진 운동의 진정한 잠재력을 현실화할 만만찮은 좌파 정치 세력이 없기 때문이다.

그러나 박근혜를 탄핵 당하게 만들며 현재 우익에게 여전히 불리한 정치 지형을 만든 것은 주로 노동계급으로 구성된 대중의 아래로부터의 행동이었다. 이것이 전략적으로 훨씬 더 중요하다. 스스로의 힘을 믿고 행동하는 대중에게는 더 많은 변화를 쟁취할 가능성이 있다. 선거 결과를 중심에 두지 말고 대중투쟁에 의존해야 하는 이유다. 따라서 거리와 일터에서 노동자의 참여와 활동을 더 강화하기 위해 애써야 한다.

김문성, 〈노동자 연대〉 196호(2017-02-10).

이것이 민심이다!
75만 명이 청와대와 헌재를 포위하다

올해 들어 가장 큰 규모였다. 지난주의 두 배다. 박근혜 일당과 우익들의 조잡한 반격에 분노한 75만 명이 광화문에 모였다(주최 측 발표: 서울 75만 명 포함 전국 80만 6000명). 집회 후에는 수십만 명이 세 방향에서 행진해 청와대를 포위했다. 이 대열은 다시 헌법재판소로 향해 '2월 탄핵'을 요구했다. 이것은 1월 하순부터 본격화된 우익들의 공세에 사람들이 경각심을 크게 느꼈음을 보여 준다. 자칫 뜻하지 않은 낭패를 겪을 수도 있다는 것이다. 본무대에서는 몇몇 발언자가 국회 탄핵 이후 '다 끝났다' 하고 생각한 것을 뉘우친다고 말했다.

그러나 한편에서 박근혜 일당의 뻔뻔한 반격에 얼마나 분노했는지도 알 수 있었다. 박근혜가 탄핵 반대 집회가 더 많다고 거짓부렁을 내뱉고 우익과 보수 언론이 마치 '촛불 대 태극기'가 팽팽한 탄핵 찬반 대결을 하는 듯이 보도하는 것에도 분한 감정이 들었을 것이다. 도대체 악행과 부패 때문에 압도적 여론과 대중 시위로 탄핵으로 내몰린 권력자가 '나를 지지하는 시위가 고맙다'며 부패한 권력을 뻔뻔하게 이어 가려는데, 누군들 참을 수 있겠는가. 게다가 그런 정권을 자신의 힘으로 무너뜨리고 있는 바로 그 사람들 아닌가? 따라서 모욕감은 '해 봐야 안 된다' 하는 냉소와 좌절이 아니라 분노와 행동으로 이어졌다.

이 분노가 오늘 75만 대중이 표출한 정서였다. 4년 내내 노동자·민중을 천대하고 모욕한 것도 모자라 바로 그것 때문에 권좌에서 쫓겨나기 직전으로 내몰린 상황에서도 그 작태를 멈추지 않는 권력자에게 정권 퇴진과 단죄의 의지가 전혀 식지 않았음을 보여 주려 한 것이다. 얼마나 화가 났는지, 오늘 집회와 행진에서 가장 지지를 받은 구호는 '박근혜를 탄핵하라'보다도 '박근혜를 구속하라', '박근혜를 감옥으로'였다. 방송차 사회자가 '박근혜를 탄핵하라' 구호를 외치면 대열에서 '박근혜를 구속하라'고 외치는 모습도 곳곳에서 보였다(지난주보다 더 많았다). 당연히 특검 수사 기한을 연장하라는 구호도 큰 지지를 받았다. 박근혜 구속 문제와 연관돼 있기 때문이다. 그래서 박근혜 악행의 계승자이자, 특검 수사 기한 연장에 부정적인 황교안도 구속해야 한다는 주장과 구호가 곳곳에서 나왔고 호응을 얻었다. 본대회에서 사회자가 "올해 4월 세월호 참사 3주기는 박근혜를 구속시키고 맞아야 되지 않겠습니까" 하고 물었을 때, 격한 함성과 환호가 터져 나왔다.

오늘 참가자들은 행진에도 대거 참가했다. 집회 본무대에서 행진 선포가 시작되기도 전에 수천 명이 청운동 길로 행진을 시작했다. 오늘 청와대 방향 청운동 길, 효자동 길, 삼청동 길은 모두 사람들로 가득 찼고, 특히 청운동 길은 빽빽이 들어차 육안으로는 규모를 헤아리기도 힘들었다. 참가자들은 거의 흩어지지 않고 헌재로 향했다. 삼청동 행진

후 큰 길로 나온 한 청년 일행의 모습이 인상적이었다. 나머지가 늘 그랬다는 듯이 시내 쪽으로 향하자, 일행 한 명이 "오늘은 헌재도 가자" 하며 일행을 붙잡았고, 이들은 곧바로 헌재 방향으로 발길을 돌렸다.

'2월 탄핵, 박근혜·황교안 퇴진과 구속, 특검 연장' 등의 구호가 청와대와 헌재 앞 도로를 가득 채웠다. 안국동 로터리부터 경복궁역 부근까지 율곡로 대로를 새카맣게 메우며 가는 촛불의 행렬은 감동 그자체였다. 오늘 유난히 밝던 보름달도 이보다 빛날 수는 없었을 것이다. 이 대열이 헌재 앞 안국역 도로에 도착하자 방송차 사회자가 외쳤다. "오늘 73만 명이 모였다고 합니다. 여러분, 이것이 민심입니다!"

한편, 현재 정국의 날카로운 정치적 대결 상황 때문에, 사람들은 이 운동의 바탕에 깔린 불평등한 시스템에 대한 불만과 분노를 해결하려면 더 많은 행동과 시간이 필요하다고 생각할 수 있다. 이런 깨달음이 더한층 정치적 각성과 급진적 행동으로 이어지려면 좌파가 해야 할 일이 많다. 2~3월은 비상한 각오로 우리 모두 거리로 나서자! 저들에게 본때를 보여 주자!

[오후 3시] 여수 외국인 '보호소' 화재 참사 10주기 추모 행사

오후 3시 광화문 광장 이순신 동상 앞에서 "여수 외국인 '보호소' 화재 참사 10주기 추모 행사"가 민주노총, 이주공동행동, 외국인이주·노동운동협의회, 조계종 사회노동위원회 주최로 열렸다. 10년 전인 2007년 2월 11일, 여수 외국인 보호소 화재로, 억울하게 구금돼 있던 미등록 이주 노동자 10명이 사망하고 17명이 심각한 부상을 입는 참사가 벌어졌다. 참사는 당시 정부가 대대적으로 벌인 미등록 이주 노동자 단속·추방이 낳은 비극이었고, 감옥보다 못한 외국인 '보호소'의 실상이 드러난 사건이었다.

추모 행사 참가자들은 참사 희생자들을 추모하고, 정부의 야만적인 이주 노동자 정책이 지금까지도 지속되고 있음을 규탄했다. 정부는 올해 미등록 이주 노동자 단속을 대폭 강화하겠다고 밝힌 바 있다. 이주 노조 조합원들이 참가해 직접 리플릿을 배포했는데, 이를 보고 주변에 나눠 주겠다며 여러 장을 달라고 하는 사람들이 있었다. 촛불 집회에 참가하려고 근처를 지나던 많은 사람들이 잠시 발걸음을 멈추고 연설에 귀를 기울였다.

우다야 라이 이주노조 위원장은 정부의 위선적 태도를 꼬집었다. "한국 사회에 필요해서 [정부는] 우리를 데려오는 것입니다. 그러나 법·제도는 강제 노동을 강요하고, 거기서 벗어나면 강제 추방시키고 외국인 보호소에 구금시킵니다. 그 안에서 사망에 이르기도 합니다."

최종진 민주노총 위원장 직무대행이 연단에 올라 연설하자 많은 사람들이 관심을 보였다. 연단을 둘러싼 사람들이 100여 명 가까이 늘어났다. 최종진 직무대행은 "[모든 노동자에게] 어디서든 일할 자유가 보장돼야 합니다. 직장 이동의 자유조차 없는 반노동·반인권 제도[고용허가제]를 없애야 합니다" 하고 주장했다.

또 우삼열 외국인이주·노동운동협의회 대표는 참사 당시가 노무현 정부 시절이었음을 상기시키며 "우리가 싸워서 이 정부를 탄핵하고 정권 교체를 이뤄야 합니다. 그러나 [새 정권에서도] 이주 노동자를 인간 이하로 대접하는 정책이 지속된다면 우리가 바라는 사회가 결코 아닐 것입니다" 하고 말했다.

참가자들은 미등록 이주 노동자 단속·추방 중단, 외국인 보호소 폐쇄를 요구하는 구호를 외치며 집회를 마무리했다.

[부산] 14차 박근혜 정권 퇴진 시국대회

부산 14차 시국대회에는 2만 2000명(주최 측 발표)이 모였다. 지난주 집회(1만 7000명)에 견줘 더 많은 사람들이 모인 것이다. 민주노총 부산본부 김재하 본부장은 연설에서 계속 거리로 나와 싸우자고 강조했다. "국회에서 탄핵을 가결한 것은 촛불의 힘 덕분이었습니다. 2월 안에 헌법재판소에서 탄핵을 인용하는 것도 촛불의 힘으로 가능할 것입니다. 이재용·박근혜 감방에 보내고 싶죠? 구속시킵시다, 여러분."

이후 집회 참가자들은 문현 로터리 방향으로 행진에 나섰다.

시국대회에 앞서 부산지하철 노동자들이 사전 집회를 열었다.

광장의 목소리

김경자(민주노총 부위원장)

박근혜가 있어야만 자신의 권력과 돈을 지킬 집단들이, 범죄자 박근혜를 비호하며 여론 조작에 나서고 있습니다. 박근혜의 이 범죄 집단이 버티는 것에 맞서 우리는 모였습니다. 지금 황교안이 '대통령 코스프레' 하며 국회에서 통과시키려 애쓰는 법이 '규제프리존 특별법'입니다. 옥고, 정경유착하고 국정 농단해도 아무런 처벌도 받지 않습니다. [이런] 삼성이 '또 하나의 꼼수'를 부리고 있습니다. 이건희가 비자금 재판을 받던 도중에 1조 원을 사회에 헌납하겠다고 약속하며 구속을 피했지만, 아직까지 약속을 지키지 않고 있습니다. 이재용도 이건희 수법을 쓰려 합니다.

삼성은 우리 유미가 아팠을 때 500만 원을 건넸습니다. 정작 승마 치료가 필요한 것은 직업병 피해로 1급 장애 판정을 받은 한혜경 씨인데, 최순실의 딸 정유라한테 말을 사 줬습니다. 피해자들은 눈을 택할래, 다리를 택할래 [하는] 생사의 기로에 놓여 있고, 치료비가 없어 간신히 생활을 버티는데 삼성은 아무런 책임도 지지 않고 있습니다. 반드시 이재용을 구속 수사해야 합니다. 이재용 구속영장이 기각됐을 때, 삼성 직업병 피해자들은 울었습니다. 저도 억울해서 잠을 못 잤습니다. 국민과 노동자가 사람답게 사는 세상 만들어야 합니다.

백석구(금속노조 유성기업 영동지회 소속 해고자, 쟁의부장)

광호야, 네가 우리 곁을 떠난 지 어느덧 330일 넘어서고 있구나. 떠나보내지 못한 한 맺힌 시간이 한없이 흐르고 있다. 미안하다 광호야. 남들은 3일이면 치르는 장례를 100배가 넘는 시간 동안 네 죽음을 차가운 냉동고에 묶어 두어야 하는 못난 형을 용서해 다오.

[검찰의 압수수색] 수사 중에 유시영 아들 수첩에 '분신 자살 조심'이라고 적어 놓은 것이 드러났는데, 사측은 [탄압 때문에] 사람이 죽을 수 있다는 것도 [이미] 알고 있었는지도 모르겠다. 그 잔인한 현장으로 돌아가겠다고, 해고된 형은 길거리에서 네 죽음을 알리며 싸우고 있다.

현대차가 명백하게 노조 파괴 지시를 한 것을 보고, 조합원들과 10개월

이 넘도록 현대차 앞에서 노숙 농성을 하고 있다. 마음 편[하게 일할 수 있을 만]한 현장을 네가 바랐다는 것을 알고 있기 때문에, 끝까지 싸우겠다. 너를 온전히 보내지 못하는 형은 가슴이 찢어지고 [있다].

조금만 참아 다오. 광호야, 죽어서도 이 싸움을 끝내기 위해 더 힘을 다오. 울고 싶어도 울 수 없고 눈물도 얼어 버려 쓰리지만, 이 싸움의 승전보가 울리면 네 영정 앞에 시원하게 막걸리 한잔 올리고 싶다. 광호야, 보고 싶다.

민지홍(대학원생)

지난 106일간 추운 날씨 속에서 우리는 촛불을 들고 대한민국을 정화해 왔습니다. 부역자들이 감옥에 가서 끝이 보이나 했더니, 극우 세력들이 반격하고 있습니다. 청와대는 특검의 압수수색을 거부하고 있습니다. 새누리당은 정당한 특검을 불법이라며 황교안과 함께 특검을 괴롭히고 있습니다. 황교안은 대통령이 되고 싶어 특검 연장을 거부하고 있습니다.

우리가 포기하면 박근혜 때문에 덥고 짜증 나는 여름을 맞이할지도 모릅니다. 간곡히 호소합니다. 주변 친구들에게 다시 촛불을 들자고 격려합시다!

고양시에서 온 예비 고1 여학생

원래는 야당 비판 안 하는데 오늘은 해야겠습니다. 야당은 이제 조기 대선 국면이라고 말합니다. 하지만 여전히 청와대에는 박근혜가 있습니다. 인정하기 싫어도 인정해야만 하는 사실입니다. 그러니 야당들은 대통령 자리만 원하지 말고 탄핵과 퇴진에 집중하십시오!

시 가습기 [살균제]로 갓난아이를 죽게 만드는 법이고, 환경을 파괴하고 의료 민영화를 부추기는, 박근혜·최순실 게이트 최악의 법안입니다.

그런데도 야당의 어떤 유력 대선 후보는 조속한 통과를 요구하며 서명까지 했고, 주요 야당들은 추진·묵인하고 있습니다. 야당에게 경고합니다. '규제프리존 특별법' 놓고 협상 하지 말고, 탄핵에 집중하십시오! 황교안은 '대통령 코스프레' 당장 그만두고 내려와야 합니다. 황교안도 퇴진하라!

우다야 라이(서울경기인천이주노동자노동조합 위원장)

한국에는 100만 명이 넘는 이주 노동자들이 있습니다. 한국 사람들이 어려워하는 일을 이주 노동자가 맡아서 하고 있습니다. 하지만 이주 노동자들은 강제 노동을 [하도록 강요]당하고, 사업주에게 폭행과 폭언을 당해도 경찰은 '고의성이 없다' 하며 신고 접수도 안 해 줍니다.

한국 정부는 이주 노동자를 쓰다가 버리는 물건으로 생각합니다. 경제가 어려우면 이주 노동자들이 일자리를 빼앗아 갔다고 합니다. 또 모든 이주 노동자들이 잠재적 범죄자, 잠재적 테러범이라고 하며 항상 감시합니다.

하지만 이 모든 것은 이주 노동자를 탄압하는 수단일 뿐입니다. 한국 정부는 이주 노동자들의 기본적 권리를 인정해야 합니다.

또 박근혜 정부는 쉬운 해고, 더 많은 비정규직, 낮은 임금 등 노동 개악을 밀어붙이고 있습니다. 우리는 이것을 용납하지 않을 것입니다.

노동자, 민중, 사회적 약자를 무시하는 권력은 설 자리를 잃어 가고 있습니다. 박근혜 정부도 하루 빨리 물러나야 할 것입니다.

오지원(민주사회를위한변호사모임 박근혜정권퇴진특위)

우리는 반드시 보여 줘야 합니다. 세월호 참사가 일어나 아이들이 죽어 가는데도 자기 머리나 신경 쓰는 통치자, 국정을 농단하고 뇌물을 받고 정경유착을 해 대는 통치자, '위안부' 할머니들의 헤아릴 수 없는 수십 년 고통을 그깟 돈으로 해결하려 하는 통치자가 어떤 책임을 져야 하는지 우리 아이들에게 보여 주고, 다시는 이런 역사가 반복되지 않도록 해야 합니다.

박근혜와 일당들은 특검마저 우롱하고 농단하고 있습니다. 황교안 대행은 '특검 연장을 고려할 상황은 아니'라고 망언했습니다. 이것은 연장하지 않겠다는 것입니다. 그러나 황교안은 민주적 정당성을 하나도 가지지 못한 사람입니다.

이제 곧 4월 16일이 다가옵니다. 부디 그 무렵에는 탄핵된 박근혜가 특검 조사를 바탕으로 처벌받는 모습을 보고 싶습니다. 바로 그 시간을 위해 지금은 춥고 힘들지만 더 뜨겁게 촛불을 듭시다. 특검을 연장하라!

황상기(삼성 반도체 산재 피해자 고 황유미 씨의 아버지)

유미가 떠난 지 10년이 지났지만 달라진 것이 없습니다. 상황이 더 나빠졌습니다. [유미 같은] 직업병 피해자들이 229명이나 있습니다. 그중 사망자만 79명에 이릅니다. 피해를 본 사람들이 이렇게 많은데도, 이재용은 아무런 처벌도 받지 않았습니다.

이재용은 자신의 경영 승계를 위해 국민연금에 손을 댔습니다. 박근혜에게는 400억 원이 넘는 뇌물을 갖다 바쳤습니다. 삼성은 3대가 경영 세습을 하면서 새로운 정부가 들어설 때마다 차떼기로 돈을 갖다 바치

국정 역사 교과서가 통과되고 있습니다. 저는 이제 국정교과서로 배우는 첫 세대가 될 겁니다. 너무 절박하고 간절합니다. 저를 시작으로 후배들이 '5·18은 폭동이고 5·16은 혁명'이라고 배울 것을 생각하면 너무나도 한탄스럽습니다. 적폐가 국정교과서만 있는 것도 아닙니다.

2월 25일은 전국 집중이라고 합니다. 광장으로 더 많이, 계속 모입시다!

특별취재팀, 〈노동자 연대〉196호(2017-02-12) 축약.

17주

"이재용도 구속됐다,
박근혜도 구속하라!"

"우리는 삼성의 76년 무노조 경영 신화를 깨뜨렸습니다!
두 번째 [신화]는 어제 깨졌습니다.
구속하지 못할 것이라 모두가 예상했던 이재용이 구속됐습니다.
바로 촛불의 힘 아니겠습니까?"

헌재가 인정하지 않으면
민중이 직접 끌어내려야 한다

여야 4당이 향후 헌재의 탄핵심판 결과가 어떻게 나오든지 승복하겠다고 합의했다. 헌재 결정 후 더는 사회적 혼란이 이어져서는 곤란하니, 어떤 결론이 나오든 국회가 앞장서서 안정을 찾자는 것이다. 민주당, 국민의당, 새누리당(자유한국당), 바른정당의 원내 대표들이 12일 낮 합의한 바라고 하는데, 새누리당 정우택이 제안하고 민주당 우상호 등이 호응했다고 한다. 터무니없고 비민주적인 발상이다. 정체를 알 수 없는 자금과 박근혜 일당의 교시로 조직되는 우익의 반反관제 데모와 1500만 명이 능동적으로 참가한 촛불을 똑같이 "사회적 혼란"으로 취급한 것은 모욕이다. 지금은 박근혜 정권 탄핵만이 민주적 행동이다. 박근혜는 부정 축재에 더해서 세월호 참사, 노동 개악, 경제 실패, 기업 특혜, 블랙리스트 정책 등 반反노동자·민중, 반反민주 통치 때문에 민중에게 정치적으로 고발된 것이다. 민중은 정권 퇴진을 바란다. 박근혜 일당이 헌재 탄핵심리를 '여론 재판'이라고 비난하는 것이 바로 범국민적 여론이 무엇인지를 알려 준다.

그렇다면 우익의 탄핵 반대야말로 반민주적 작태이고, 헌재의 탄핵 기각은 더한층 반민주적인 작태이다. 만에 하나 그런 판결이 나면, 그것은 민주주의에 대한 '반동'이라 할 수 있다. 따라서 만에 하나 있을지 모를 탄핵 기각에 정권 퇴진 운동은 승복해서는 안 된다. 수백만 참가자들은 승복하지 않을 것이고 이는 옳고 정당하다.

전에 박근혜 악행 저지는 물론이고 탄핵에도 별 기여 못한 야당들이 헌재 결정에 무조건 승복하자는 건 저질스러운 야합일 뿐이다. 세월호 특별법, 고 백남기 농민 특검, 언론 장악 방지법 등 시급한 적폐청산도 못하는 정당들이 정당한 항의를 혼란 취급한 것은 도저히 용납할 수 없다.

대선 지지율 1위인 민주당 문재인이 엊그제 '탄핵이 기각돼도 승복하겠다' 하고 말한 것이 영향을 미쳤을 것이다. 집권을 위해 체제의 주류에게 '합리성'과 '안정감'을 인정받으려 한 것이다. 문재인과 민주당의 지지율 상승은 박근혜 정권 퇴진 운동 덕이다. 그러나 그들은 집권도 하기 전에 지지자들의 뒤통수를 친 것이다.

다행히 이재명 성남시장은 탄핵 기각에 불복하겠다고 했다. "헌법재판소가 국민의 대리인으로서 국민의 뜻과 반하는 결론을 낸다면 헌재에 승복할 게 아니라 헌재 퇴진 투쟁을 해야 한다. … 주인이 머슴을 따라야 하나." 박근혜 정권 퇴진 운동은 못 믿을 야당들을 분명히 비판하고 우익에 맞서 헌재를 더 압박해야 한다. 이를 위해 2~3월에 비상한 각오로 크고 강력한 대중운동을 건설해야 한다.

노동자연대 성명, 〈노동자 연대〉 197호(2017-02-13).

이재용 구속은 당연하다
다음은 박근혜 차례다

금속노조 삼성전자서비스지회 라두식 지회장은 삼성 총수 이재용 구속 소식이 전해진 아침, 페이스북에 다음과 같이 썼다. "종범아 호석 아 야~ 오늘 너무 기쁘다.^^"

최종범·염호석 열사는 삼성의 악랄한 무노조 경영에 투쟁으로 맞서다 한을 품고 자결한 청년 노동자들이다. 염호석 열사의 경우엔 경찰이 시신을 탈취하는 만행까지 벌였다. 우리는 수십 명이 죽어 나간 반도체 노동자들도 잊지 말아야 한다.

라두식 지회장의 말대로, 악랄한 노동자 통제에 맞서 싸우다가 또는 죽어 가는지도 모르고 일만 하다가 희생된 삼성그룹 노동자들에게 이재용 구속은 "조금이나마 위로"가 될 것이다. 지금도 투쟁하는 사람들의 기운을 북돋을 작은 정의 실현이기도 할 것이다.

그동안 박근혜·최순실과 이재용 등 재벌 총수들은 서로 대가성이 없었다며 뇌물죄 혐의를 부인해 왔다. 그러나 특검은 박근혜가 체계적으로 삼성의 경영권 세습을 돕고, 삼성도 최순실의 딸 정유라를 지원하는 등 체계적으로 정권 실세들과 유착해 왔음을 밝혀낸 듯하다. 삼성은 관제 데모에 동원되는 우익 단체들을 전경련을 통해 지원한 의혹도 받고 있다. 삼성은 안팎에서 노동계급을 착취하고 억압하는 데서 일류로 활약해 온 것이다.

이제 이재용이 뇌물죄 혐의로 구속됐기 때문에 박근혜의 탄핵과 구속 가능성도 커졌다. 경제 살리기를 위해 노동자들이 희생해야 한다던 박근혜가 뒤에서 재벌의 더러운 돈을 받아 왔음이 입증되기 시작한 것이다. 독신이라 부패에서 자유롭다던 박근혜는 최순실, 삼성 가문과 말 그대로 "또 하나의 가족"이었던 것이다.

이재용 구속은 박근혜와 박근혜를 비호한 권력층에 대한 대중의 분노가 정당하다는 것도 입증했다. 따라서 퇴진 운동에 바치는 찬사다. 퇴진 운동에 참가한 수백만 대중은 단지 박근혜 일당의 부패라는 특정한 사건에만 분노한 것이 아니다. 그런 권력형 부패가 상징하는 불평등한 특권 체제에 대한 불만과 분노가 그 저변에 깔려 있다.

또 이재용 구속은 퇴진 운동이 현 정국의 중요한 변수임을 분명히 드러낸 것이기도 하다. 올해 들어 기자회견을 빙자한 박근혜의 범죄 은닉 교시 방송을 시작으로 우익의 총반격이 벌어져 왔다. 여기에는 이재용 구속영장 기각, 우익 관제 데모, 정권이 장악한 방송들의 꾸준한 왜곡 보도 등이 포함돼 있었다.

MBC는 최근에도 박근혜 게이트를 고영태 게이트로 둔갑시켰다. 불법 노조 탄압 등에 관한 MBC 대상 국회 청문회를 비판하는 데 뉴스를 할애했다. 공공재인 지상파 방송을 사유화한 작태다. 심지어 이런 오만한 경영진에 항의하기 위한 노조 투표도 폭력으로 가로막았다.

그러나 설 연휴 이후 퇴진 운동은 본격적으로 전열을 가다듬고 반격을 시작했다. 1월 중순 10만 명가량으로 줄었던 주말 집회 규모가 신속히 되살아나기 시작했다. 결국 올해 집회 중 최고 정점을 찍은 바로 다음 주에 이재용이 구속됐다. 같은 날, 헌법재판소가 변론을 2월 24일에 종결하고 사실상 선고 절차로 들어가겠다고 밝혔다.

또 쌍용차 파업 강경 진압 책임자인 전 경찰청장 조현오가 16일 뇌물죄로 실형 선고를 받았고, 노조 탄압으로 기소된 유성기업 회장 유시영은 이재용이 구속된 17일 오전 법정 구속됐다. 쌍용차 노동자들과 유성기업 노동자들은 모두 광장의 지지를 받았다. 작지만 이 정의로운 판결들도 대중운동의 효과다.

최근 고전하던 특검이 이번 주에 이재용 구속영장을 재청구하고, 황교안에게 특검 수사 기간 연장 요청서를 보낸 것도 퇴진 운동의 반격이 강력히 재개되는 상황을 반영한 것으로 보인다.

퇴진 운동이 전진해 왔다는 것은 경북 구미의 한 학교에서도 확인할 수 있다. 국정 국사 교과서를 채택하려 한 구미 오상고가 교사들과 학생들의 항의로 방침을 철회한 것이다. 지역 언론의 보도에 따르면, 특히 학생들이 운동장에서 저마다 노트와 도화지 등에 직접 쓴 팻말을 들고 시위를 벌인 것이 효과를 낸 듯하다. 더구나 박정희의 고향이라는 구미에서 이런 일이 벌어진 것은 통쾌한 일이 아닐 수 없다.

우익의 반격에 더 확실하게 맞불을 놔야 한다

박근혜 일당과 우익들의 반격 몸부림은 이대로 멈추지 않을 것이다.

박근혜는 대면 조사와 청와대 압수 수색을 거부하면서, 지지층을 결집하려는 여론전에 여전히 몰두해 있다. 가짜 뉴스 등을 이용한 집회 동원도 계속하고 있다.

우익들은 헌재 앞은 물론이고 이재용이 영장 실질 심사를 받으러 출석한 법원 앞 등 세력균형이 시험되는 장소마다 가서 시위를 하며 시비를 걸고 있다. 심지어 교장이 박근혜 탄핵이 부당하다는 종업식 연설을 해 재학생들이 반발한 용산 서울디지텍고교 앞까지 몰려갔다. 헌재 탄핵심리 박근혜 측 대리인단의 서석구는 헌재 법정에서 갑자기 태극기를 꺼내어 흔드는 퍼포먼스도 벌였다.

우익들은 이명박 정부 때부터 국가정보원을 등에 업고 노동운동과 반反보수층 상당수를 '반대세'(반反대한민국 세력의 줄임말)로 칭하며 '애국 세력 집결' 담론을 유포해 왔다. 이는 (박근혜가 당선한) 대선의 총체적 국가기관 개입 사건을 파헤치는 과정에서 이미 밝혀진 바 있다. 우익들의 이런 공작 정치 행태는 건국절 논란 등 뉴라이트의 이데올로기 투쟁과도 연결돼 왔다. 국정교과서 사태에서 보듯 이런 우익적 작태들의 배후에 박근혜 정권이 있었던 것이다.

그러므로 주류 언론들이 '촛불 대 태극기' 식으로 촛불 운동을 마치 반국가적인 듯 보도하는 행태는 파렴치한 여론 조작에 불과하다. 그 일부가 지배계급 내 갈등의 맥락에서 한때 박근혜 폭로에 열을 올리기도 했으나, 우익이 판치는 세상을 유지하고 싶어 하는 것에서는 조금치도 변함 없는 것이다.

우익의 이런 끈질긴 반격 시도는 무엇보다 박근혜 탄핵을 놓고 좌우 대결이 (팽팽하게) 벌어지는 듯이 프레임을 조작하고 있는 것이다. 지지층을 결집하고 중도 보수층의 불안 심리를 자극해서 퇴진 운동의 저변을 좁히고, 주류 야당들의 우클릭을 심화시키려 한다. 성공한다면 이를 통해 세력균형을 조금이라도 만회할 수 있을 것이다. 우익은 3월 1일 "100만" 집회를 열겠다고 공언했다.

옳게도 퇴진행동은 3월 1일 대규모 공식 맞불 집회를 연다고 밝혔다. 정체 모를 돈에 의존하는 우익 관제 데모 세력이 결코 1500만 퇴진 운동과 대등한 세력이 아님을 보여 주겠다는 것은 완전히 정당하다.

2월 25일 민중총궐기뿐 아니라 3월에도 비상한 각오로 거리 투쟁을 확대하고 유지해야 한다. 민주노총도 탄핵 선고를 앞두고 하루 파업을 포함해 총력 투쟁을 해야 한다. 노동 개악 저지, 인력 구조조정 중단, 고통 전가 정책 반대 등 스스로의 요구도 내놔야 한다.

황교안에게도 항의하자

16일 오전 법원은 청와대 비서실장과 경호실장이 특검의 청와대 압수 수색을 불승낙 통보한 것을 효력 정지시켜 달라는 신청을 각하했다. 신청 자격이 없고 효력 정지의 실익이 없다는 것인데, 정치적 책임을 지기 싫어서 법리만 따진 듯하다. 특검도 압수 수색 불발 책임을 법원에 떠넘기려고 소송 방식을 취한 듯하다.

특검과 법원의 책임 떠넘기기는 결국 박근혜의 수사 방해와 거부 때문이다. 이런 상황에서 이재용이 뇌물죄로 구속된 것은 특검 기간 연장의 정당성을 더 높일 것이다.

따라서 특검 연장 요구를 황교안에 대한 항의와 연결시켜야 한다. 특검 연장 권한을 쥔 대통령권한대행 황교안은 박근혜 적폐의 공범이자 수행자다. 이재용 구속은 박근혜·황교안·우병우의 단죄로 이어져야 한다. 물론 만에 하나 황교안이 특검 연장을 거부할 것을 대비해 국회의 특검법 개정도 동시에 요구해야 한다. 황교안이 우익 부활의 아이콘이 아니라 박근혜과 함께 추락하는 공범의 아이콘이 되게 해야 한다.

주류 야당의 선거주의에 말려들면 안 된다

지배계급의 일부(아마 다수)는 박근혜 일당을 빨리 정리해 체제의 안정을 되찾고 싶어 하는 듯하다. 하지만 우익의 공세를 활용해 퇴진 운동을 서서히 잠재우는 데는 이해관계를 같이한다. 그러니 연일 우파 언론들을 동원해서 운동의 대의를 깎아내리고 있다. 그리고 새누리당 (자유한국당)은 주류 정당들에게 헌재 결과를 무조건 승복하라고 요구한다.

이런 맥락에 비춰 볼 때, 주류 야당들과 그 주요 대선 후보들(문재인, 안희정, 안철수 등)이 중도 보수층을 흡수한다는 명목으로 대연정이나 떠들고, 범여권 정당들과 탄핵 결정 승복을 합의한 것은 역겨운 배신적 야합인 것이다.

탄핵 결정에 여론이 영향을 미친다고 할 때, 그 압력의 본질적 내용은 '불복 가능성'이다. 따라서 탄핵 찬반 모두 결과에 승복하자고 합의하는 것은 일방적으로 압도적 지지를 받는 탄핵 찬성 쪽에 해로운 짓이다. 주류 4당의 승복 합의가 난 바로 다음 날 〈조선일보〉가 사설로 이제 양쪽 집회도 여야 합의를 따라 헌재 결과 승복을 약속하라고 공격한 것을 봐도 이 점을 알 수 있다.

옳게도 퇴진행동은 이 여야 합의를 비판했다. 탄핵이 기각되면 더 큰 투쟁을 해야 한다고 이재명 성남시장이 승복 합의를 비판한 것도 잘한 일이다.

주류 야당은 2월 국회에서 세월호 참사 관련 특별법, 백남기 특검, 언론 장악 방지법 등 촛불이 명령한 적폐 청산을 단 하나도 진전시키지 않고 있다. 자신들이 적극 동의했던 선거권 18세 하향도 유예했다. 박근혜 적폐 유지에 앞장서는 황교안을 공격하기는커녕, 국정교과서 채택이 부진하자 무료로 배포하겠다는 교육부 장관을 공격하는 일도 엄두를 내지 못하고 있다.

퇴진 운동 초기부터 이 운동의 잠재적 급진성을 경계하기에 급급했던 중도진보계 언론들은 대선이 다가올수록 민주당과 문재인 등의 행보를 감싸기에 바쁜 듯하다. 가령 문재인이 여성 공약을 발표한 포럼을 보도하면서 〈한겨레〉는 그 자리에서 차별금지법 제정 반대와 동성애 차별 발언 등 때문에 성소수자들의 항의를 받은 사실은 쏙 빼냈다.

주류 야당들은 심각한 경제·안보 위기에 직면해 초조해진 지배계급의 눈치를 보느라 바쁘다. 지배계급은 박근혜 일당만을 제거하는 선에서 정치 상황을 예전으로 돌리고 싶어 하기 때문이다. 그래서 주류 야당들은 집권을 위해 운동이 필요하기도 하지만, 자신들의 보수층 표 얻기에 방해될 정도로 운동이 심화되는 것은 바라지 않는다. 그들은 앞으로도 계속 모순된 신호를 보내면서 운동을 교란할 것이다.

그러므로 불평등한 사회를 조금이라도 바꾸고 싶어 하는 대중의 염원이 실현되려면 주류 야당의 선거주의에 말려들어선 안 된다. 더 많이 거리로 나와야 하고, 특히 조직 노동계급이 더 많이 참가해 고유의 의제와 투쟁 방식으로 운동을 더 심화시켜야 한다.

운동이 이처럼 깊이 들어가야 하는 이유는, 주류 야당의 우클릭을 볼 때 이 정당들의 주류 후보들이 정권을 잡더라도 경제·안보 위기 때문에 금세 지지자들의 개혁 염원을 배신하고 고통 전가 공격을 펼 가능성이 크기 때문이기도 하다. 정권 퇴진 목표를 달성하는 것이 일단 중요하지만, 박근혜가 어떻게 물러나느냐도 중요한 이유다.

단지 권력 농단(이익 독차지)만이 아니라 세월호 참사, 친기업 특권층 우대, 고통 전가 정책, 블랙리스트 공작 등이 탄핵 사유가 돼야 한다. 이는 퇴진 운동이 적폐 청산 등 불평등하고 부정의한 사회구조에 맞서는 운동으로 발전하는 데도 유리할 것이다.

김문성, 〈노동자 연대〉 197호(2017-02-17).

사기충천한 80만 명의 외침
"이재용도 구속됐다. 박근혜도 구속하라"

확실히, 삼성 이재용의 구속은 박근혜 정권 퇴진 운동 참가자들을 뿌듯하게 했다. 이재용이 뇌물죄로 구속돼 박근혜 탄핵 가능성이 커졌기 때문일 것이다. 또 유죄 판결을 받아도 한 번도 구속되지 않았다는 '삼성 신화'가 깨진 것이기에 더욱 그렇다. 그 어려운 일을 해낸 것이 바로 넉 달째 이어 온 퇴진 운동인 것이다. 그래서 오늘 광장에 모인 사람들에게는 자부심이 느껴졌다. 오늘 광화문 광장에는 연인원 80만 명이 모였다(주최 측 발표 서울 80만 명 포함 전국 84만 4000여 명). 행진 때도 활력과 분노가 잘 표출됐다. 흥겨움도 느껴졌다. 삼성 반도체 노동자들의 산업재해를 세상에 알리며 싸워 온 단체인 반올림은 기념떡을 광장에 돌리기도 했다.

본대회 시민 자유 발언에서 이화여대 한가은 학생은 최근 상황을 보며 "권선징악이 현실에서 가능하다는 걸 느꼈다"고 했다. 사실 그것이 정의 아니겠는가. 준 놈이 잡혔으니, 받은 놈도 같은 취급을 받아야 한다.

정유라 입시 비리 이대 총장 최경희 구속, 노조 파괴 공작 유성기업 회장 유시영 구속 등 광장이 지목한 적폐들이 최근 단죄받기 시작했다. 국정교과서는 교사와 학생의 저항으로 신청률이 제로가 될 확률이 높다. 촛불의 힘이다. 국정교과서 서명 부스는 집회 때마다 가장 북적대는 곳이며, 유시영 구속 촉구 서명도 꽤 인기가 많았다. 당분간 국회가 아니라 광장에 청원을 해야 한다!

그러나 국회 탄핵안 가결 이후 다소 섣불렀던 낙관 속에서 우익의 반격과 총공세가 시작됐기 때문에 오늘 광장에는 긴장감을 유지하고 계속 촛불을 늘리자는 호소도 많았다. 불평등한 사회구조, 공문구만 남발하는 정치인들에게 사람들은 많이 지쳤다. 이런 문제들은 단지 부패하고 기괴한 박근혜 일당만 권좌에서 쫓아내면 된다고 해결될 문제들이 아니다. 또 박근혜 일당과 우익의 거짓말 유포와 관제 데모 등 준동은 여전히 계속되고 있다.

그렇기 때문에 사람들은 정치적 대안을 두고 고민을 시작하고 있을 것이다. 운동 덕에 야당 지지가 올랐고 전체 대선 주자 지지율 1, 2위를 민주당 후보가 차지하지만, 사람들에게 썩 만족스럽지는 않다. 박근혜와 함께 해체되고 축출돼야 할 새누리당(자유한국당)과, 헌재 결정 무조건 승복 합의를 한 야당을 비판하는 발언들이 오늘 지지를 받은 이유다. 한편에서 참가자들은 자신들이 얼마나 분노하고 있는지를, 즉 투쟁의 기세가 쉽게 식지 않을 거라는 점도 표출하고 싶어 했다. 집회 후 행진에서 "탄핵 안 되면 어떻게 할까요?"라는 한 방송차 진행자의 물음에 사람들은 "헌재 부숴! 다 끌어내려!" 하고 화답했다.

헌재 앞 행진 집회에서는 "우리는 헌재에 읍소하러 온 것이 아닙니다. 헌재가 탄핵을 기각할 시 어떤 일이 일어날지 경고하러 온 겁니다" 하는 발언이나 "야당들에 대해 한마디 하겠습니다. 야당들이 헌재 결정 승복하겠다고 하는데, 야당들이 박근혜 탄핵시켰습니까? 우리들이 탄핵시킨 것 아닙니까?" 하는 발언에 격한 환호가 터져 나왔다.

아마 다음 주 전국 집중 민중총궐기는 두 달 만에 다시 100만 명을 넘길 듯하다. 3월 1일에도 공식 집회를 대규모로 열기로 했다. 이런 일련의 시위들이 계획대로 규모 있게 진행된다면, 헌재 탄핵 결정과 특검 연장을 앞두고 박근혜 정권과 우익에게 강력한 일격이 될 것이다. 오늘 정리 집회 사회자의 말처럼, 끝날 때까지 끝난 것이 아니다.

오후 2시 '롯데는 부지 제공 거부하라!' 결의 대회

오후 2시 명동 롯데백화점 앞에서는 '롯데는 부지 제공 거부하라!' 결의 대회가 열렸다. 성주·김천 대책위와 사드저지전국행동이 주최했다. 성주와 김천에서는 주민 100여 명이 올라왔다. 전교조, 건설노조, 보건의료노조, 공공운수노조 등 민주노총 소속 노조 깃발들이 많은 것도 눈에 띄었다.

성주 주민은 부패한 박근혜 정부로부터 부정한 특혜를 받고 사드 부지를 제공하려 하는 롯데 총수 신동빈을 규탄했다. 사회진보연대 이준혁 활동가는 롯데뿐 아니라 우경화하는 민주당과 국민의당을 강하게 비판했다.

짧게 집회를 마치고 200여 명의 대열은 광화문 광장으로 행진했다.

"사드는 미국으로! 평화는 이 땅으로! 박근혜는 '감방'으로!" "황교안은 사드 배치 즉각 중단하라!" "국방부는 미국과의 사드 합의 폐기하라!" 사드배치철회 성주투쟁위원회 조직팀장 손소희 씨는 행진 방송차에 올라 다음과 같이 말했다. "저희는 지난 221일 동안 매일 같이 들었던 촛불을 오늘도 서울에서 들고 있습니다. 사드 배치 부지로 예정된 롯데 골프장은 소성리에 있습니다. 처음 소성리에 골프장이 들어올 때 주민들이 결사 반대하면서 싸웠습니다. 주민들은 골프장이 들어온 뒤에도 오염된 강을 정화하려고 또 싸웠습니다. 소성리 주민들에게는 한평생 살아 온 고향입니다. 땅 몇 평 갖고 있지 않지만 그곳에서 평화롭게 살고 싶다는 것이 어머님, 아버님의 소원입니다. 소성리에 아주 많은 사람들이 살고 있지 않다고 해서 무시하지 마십시오. 100명이 살아도 사람 사는 마을입니다. 그런 우리 마을에 느닷없이 전쟁 무기가 웬 말입니까? … 지난 221일 동안 촛불을 드는 동안 알게 됐습니다. 사드 배치가 우리 안보를 위해 아무짝에도 소용이 없다는 것 말입니다. 하지만 국가는 끊임없이 우리에게 거짓말을 합니다. 성주가 대한민국이고, 대한민국이 성주라면 성주 사드 배치를 다 함께 반대해 주십시오!"

대열이 광화문에 도착하자 사드 반대 법회를 열고 대열을 기다리던 원불교 교도 수백 명이 환호와 박수로 환영했다. 원불교 교도들은 사드 배치 반대 운동의 상징인 새파란 색 풍선을 들고 있었다. 광화문 광장 중앙을 파랗게 물들인 모습이 장관이었다.

"탄핵당한 식물 정부, 아무것도 하지 마라!" 구호로 광화문 집회가 시작됐다. 사드배치철회 전국투쟁위원회 김충완 공동운영위원장이 속시원한 폭로와 규탄으로 큰 박수를 받았다. "정부는 김정남이 죽었다고 사드를 더 빨리 배치하잡니다. 국민의당 안철수도 사드 배치 당론을 재검토해야 한다 하고, 바른정당 유승민은 사드를 두 개, 세 개라도 배치해야 한답니다. 이것들이 입만 떼면 사드입니다. '근혜교' 믿다가, '순실교' 믿다가 이제는 더 믿을 게 없어 '사드교'를 믿나 봅니다!"

김천 사드배치철회투쟁위원회 유선철 운영위원장은 지난 민주당 당사 점거 투쟁 때 느낀 분노를 토로했다. 반면, 진보 정당인 정의당은 달랐다며 집회에 참석한 정의당 심상정 대표와 김종대 의원에게 감사 인사를 전했다. 성주, 김천 주민들과 원불교 교도들도 두 의원을 환영했다. 지금까지 사드 배치를 공개적으로 반대해 온 정의당이 끝까지 소임을 다해 주기 바란다는 뜻이었으리라.

지난 200여 일간 성주와 김천에서 끈질기게 이어져 온 투쟁을 돌아보는 영상을 관람하는 시간도 있었다. 뜨거운 여름부터 눈 내리는 겨울까지 감동적인 투쟁을 이어 온 두 지역의 주민들에게, 참석자들은 존경과 연대의 박수를 보냈다.

마지막으로 낭독한 결의문은 최근 정국에서 무엇을 느끼는지 알 수 있었다. "사드 배치 결정을 되돌릴 수 없다는 정부와 일부 대선 주자들은 자신들의 무능을 입증하는 것일 뿐이다. 촛불 민심을 정면으로 역행하는 사드 배치 결정을 즉각 철회하라! 최근 김천고등학교에서는 국정 역사 교과서 도입을 막아 냈다. 우리도 싸우면 이길 수 있다!"

촛불권리선언 시민대토론회

오후 1시부터 퇴진행동이 주최한 '촛불 시민권리선언을 위한 시민대

토론: 2017 대한민국 꽃길을 부탁해'가 장충체육관에서 열렸다. 대략 1500명이 참가한 대규모 토론회였다. 20대부터 60대까지 연령대도 다양했다.

토론회는 퇴진 운동을 통해 꼭 청산해야 할 적폐와 개혁 과제를 10개 주제로 나눠 조별 토론으로 진행했는데, '좋은 일자리와 노동기본권'과 '재벌 개혁' 주제에 신청자가 가장 많았다. 계급, 불평등, 경제 등의 문제에 관심과 분노가 높은 것이다. 이는 이 운동의 사회적 구성을 보여 주는 것이기도 할 것이다.

토론은 3시간 가까이 진행됐다. 김제동 씨가 진행한 마무리 시간은 참가자들 모두 눈물짓게 하고 분노케 한 한국 사회의 부조리한 현실을 폭로한 발언들로 이뤄졌다. 장애인 자녀를 둔 한 여성은 "우리 아이가 근로기준법대로 8시간 일해도 한 달에 3~4만 원밖에 안 줍니다. … 그런데 남편이랑 맞벌이를 하니 아이를 돌봐 줄 곳이 없습니다. 아이를 집에 두고 문을 잠그고 출근하면 하루 종일 가슴이 두근거립니다." 이에 김제동 씨는 "토끼와 거북이 우화를 들으면서 우리는 누가 우리에게 이런 말도 안 되는 경주를 시켰는지 따져 물어야 합니다. 토끼와 거북이가 함께 빨간 띠를 두르고 우리를 착취하는 인간들을 잡아야 합니다" 하고 말해 큰 박수를 받았다.

이어 고 노우빈 훈련병 모친은 "아들이 뇌수막염에 걸렸는데, 군대에서 타이레놀만 먹다 죽었습니다. 그런데 국방부 장관이 사망률이 1년에 90여 명으로 줄었다고 자랑하더군요. … 이게 말이 되나요? 그래서 군피해치유센터를 만들었습니다. 관심 부탁합니다."

시민대토론회 참가자들은 토론회를 끝내고 서둘러 광화문으로 향했다. 토론회의 열띤 분위기에서 퇴진 운동 참가자들이 경제적 불평등을 중심으로 한 적폐에 분노가 크고, 대안 문제에 관심이 높다는 것을 알 수 있었다.

조별 토론에서 나온 인상적인 이야기들

"이번 퇴진 운동을 계기로 파워를 가진 사람들이 아니라 우리 같이 평범한 사람들이 무언가 변화를 일으킬 수 있다는 걸 배웠습니다. 그리고 정치인들에게만 정치를 맡겨서는 안 됩니다."(40대 비정규직 여성 노동자)

"[퇴진 운동] 초반, 집회 규모가 크지도 않은데 엄청나게 경찰 병력을 투입하는 것을 보고 박근혜가 지은 죄가 많아서 저런다고 생각했습니다. 그래서 촛불을 들었습니다."(20대 서비스업 노동자)

"박근혜 정부가 성과연봉제 강제해서 총파업을 했습니다. … 저는 비록 정규직이지만, 제 임금이 깎이고 고용이 불안정해지면 후배들은 더 안 좋아질 것이기 때문에 파업을 해야 한다고 생각했습니다."(40대 대기업 노동자)

광장의 목소리

권영국(퇴진행동 법률팀장)

어제 삼성 재벌의 예비 총수인 이재용 부회장이 구속됐습니다. 삼성은 구속되지 않는다는 신화가 마침내 무너졌습니다. 거대 재벌의 특권과 반칙에 손을 들어 주던 법원이 '법 앞에 평등'이라는 '법의 상식'을 실현했습니다. 국민의 염원을 저버리지 않은 특검의 노력과, 특검을 응원한 우리 촛불의 힘이었습니다. 정경유착을 청산하라는 국민의 명령이 마침내 승리의 단초를 만들어 낸 것입니다.

하지만 헌정 유린의 범죄자를 비호하는 세력은 여전히 건재합니다. 그 선두에 황교안이 있습니다. 그는 범죄 현장인 청와대 압수수색을 방해했습니다. 특검의 수사 기간 연장 신청에 대한 승인 여부도 저울질을 하고 있습니다. 한국사 국정교과서, 사드 배치, MBC에 관제 사장 앉히기 등 미래에 재앙을 가져올 박근혜표 정책을 밀어붙이고 있습니다.

박근혜와 한 몸이었던 자유한국당과 바른정당은, 집단소송제 등 재벌 개혁을 위한 상법 개정도, 언론 장악 금지를 위한 방송법 개정도, 18세 선거권 보장을 위한 공직선거법 개정도, 수사 기간 연장을 위한 특검법 개정도 모조리 반대하고 있습니다. 자유당과 바른정당의 반개혁적 횡포를 도저히 묵과할 수 없습니다. 야당은 이들의 횡포에 제대로 대응하지 못한 채, 헌재의 탄핵 결정에 승복해야 한다는 자유한국당의 요구에 합의해 국민에게 실망을 주고 있습니다. 야당은 반성해야 하지 않습니까?

이 모든 국정 문란의 원인이자 주범인 대통령 박근혜, 그에 대한 탄핵심판을 더는 지연해서는 안 됩니다. 탄핵소추가 의결돼 헌재로 넘어간 지 벌써 2달이 넘었습니다. 헌법을 유린하고 국민의 신임을 배신한 증거들이 차고 넘칩니다. 박근혜 대리인단이 주장하는 '절차적 공정성'이란 특검의 수사를 회피하고 재판부의 공석을 노려 탄핵을 모면하려는 시간 끌기 술책입니다. 헌재는 더는 대통령의 재판 지연과 방해를 용인해서는 안 됩니다. 오는 24일 심판을 종결하고 탄핵을 인용해야 합니다. 이것이 주권자의 명령입니다. 범죄자를 즉각 탄핵하라!

특검의 1차 수사 기간 만료일이 2월 28일로 다가왔습니다. 특검은 이제 삼성 뇌물죄와 문화·예술계 블랙리스트, 정유라 입학 비리의 공범들을 구속시켰습니다. 하지만 수사한 것보다 수사할 것들이 [더 많이] 산더미처럼 쌓여 있습니다. 최순실의 국정 농단을 비호한 우병우 사단, 현대자동차 등 다른 재벌들의 뇌물죄, 청와대가 지시한 관제 데모, 그리고 김기춘이 행한 전방위적 정치 공작 등 이런 의혹들을 수사하지 않고서는 적폐는 청산되지 않습니다. 황교안은 특검의 수사 기간을 반드시 연장해야 합니다. 이것이 국민의 명령입니다. 만일 황교안이 연장을 거부한다면 부역 공범자 황교안은 스스로 퇴진해야 할 이유를 보태는 것입니다. 황교안은 퇴진하라! 특검을 연장하라!

박근혜와 그 옹호 세력들은 권력을 내놓지 않으려고 안간힘을 쓰고 있습니다. 탄핵을 무산시키기 위해 3·1절에 100만 명 총동원령을 내렸습니다. 웃기지도 않습니다. 국정을 농단하고 헌정을 유린한 대통령과 그 비호 세력들이, 반성을 하기는커녕 태극기를 팔아 범죄자 비호를 선동하고 있습니다. 자칫하면 우리 촛불의 노력이 수포로 돌아갈지도 모를 비상한 시국입니다.

오는 2월 25일 전국에서 서울로 모여, 국민의 진정한 열망이 무엇인지 분명하게 보여 줍시다. 그리고 오는 3·1절에도, 민족 해방을 외치던 심정으로 촛불을 함께 듭시다.

곽형수(금속노조 삼성전자서비스지회 부지회장)

무노조 경영 삼성에서 노동조합을 만들고 4년째 힘차게 싸워 오고 있는 전국금속노조 삼성전자서비스지회 부지회장 곽형수입니다. 지난 4년간 삼성에만 적용되던 예외 둘을 깼습니다. '신화'라는 말도 안 되는 이름으로, 다른 곳에서는 당연한 일이 법 위에 군림하는 삼성에서는 당연하지 않던 일이었습니다.

우선 우리는 삼성의 76년 무노조 경영을 깨뜨렸습니다! 2013년에 노조를 만든 후 이재용과 삼성의 노조 탄압에 맞서 염호석, 최종범 두 열사가 죽음으로 항거했습니다. 그 후 조합원 800명이 50여 일 동안 삼성본관 앞에서 노숙 투쟁하며 무노조 신화 깨뜨리고 임단협을 쟁취했습니다!

그리고 둘째 [신화]는 여러분도 잘 알 듯 어제 깨졌습니다. 삼성의 역사는 정경유착의 역사입니다. 그 역사는 이병철이 사카린을 밀수해 박정희에게 헌납할 때부터 시작됐습니다. [이 때문에 삼성은] 지난 76년 동안 여러 차례 수사를 받아 왔지만, 그럼에도 삼성 총수들은 불구속 '신화'를 쌓아 왔습니다. 그렇게 법 위에 군림하는 [듯했기 때문에] '삼성 공화국'이라는 말까지 있었습니다. 그 말도 안 되는 신화가 깨지는 역사의 현장에 우리가, 여기, 촛불 시민들과 함께하고 있습니다! 구속하지 못할 것이라 모두가 예상했던 이재용이 구속됐습니다. [이제] 더 나아가 정몽구·최태원 등 다른 재벌 총수들도 구속시키고 박근혜까지 구속시킬 수 있는 것이 바로 촛불의 힘 아니겠습니까?

선출된 권력이든 선출되지 않은 권력이든 국민 위에 군림할 수 없고, 국민들의 뜻을 거스르고 존재할 수 없음을 증명하게 됐습니다. 이제는 재벌들도 알아야 할 것입니다. 우리는 더 이상 '개돼지'가 아니라 엄연한 국가의 주인으로, 재벌들의 정경유착, 공정 사회를 방해하고 세상 모든 부를 독점하려는 것을 가만두지 않을 것입니다.

우리가 박근혜를 탄핵시킬 것입니다. 잘못된 한국의 재벌들을 바로잡을 것입니다. 누구나 일할 수 있는 세상, 비정규직 없는 세상, 만인이 법 앞에 평등한 세상, 여성 차별 없는 세상, 장애인들도 차별받지 않는 세상, 그런 세상을 만듭시다. 그 길에 삼성전자서비스지회도 촛불을 끄지 않고 여러분과 함께하겠습니다. 투쟁!

김찬영(한국게이인권운동단체 '친구사이' 대표)

저는 오늘 또다시 유예된 한국 사회 성소수자들의 삶을 이야기하려고 이 무대에 올랐습니다.

며칠 전 대한민국 제1야당의 유력 대선 주자가 보수 개신교계를 찾아가 차별금지법과 동성혼에 반대한다는 견해를 밝혔습니다. 그가 찾아가 머리를 조아린 이들이 누구입니까? 바로 자본과 권력을 배후에 두고 사회적 약자들에 대한 혐오와 편견을 조장하며 우리 사회 안의 존엄과 다양성의 가치를 훼손하는 차별 선동 세력들입니다. 바로 그들이 지금 이 광장에 촛불로 모인 민중들이 이 사회에서 그토록 청산하고자 하는 적폐의 온상이 아닙니까?

그 표심과 권력에 눈이 멀어 성소수자들의 존재를 국민의 이름 속에서 지우는 모욕을 주는 것도 모자라, 삶도 사랑도 무엇 하나 마음대로 할 수 없고 온갖 위협들로 얼룩진 일상 속에서 절박하게 자신의 권리를 외치는 성소수자들에게 또다시 나중을 이야기했습니다. 왜 성소수자 인권은 늘 나중이어야 합니까? 성소수자들에게 나중을 이야기하는 그것이 차별 선동 세력들이 외치던 "그건 너희 인권이지 우리 인권이 아니다!"와 다를 게 무엇입니까?

10년이 넘도록 포괄적 차별금지법 하나 만들지 못하는 나라, 이제는 성소수자들도 물러설 수 없습니다. 박근혜 퇴진에도 나중이 없듯이, 성소수자를 비롯한 그 누구의 인권도 나중은 없습니다. 여러분도 모두의 평등을 위한 포괄적 차별금지법 제정에 동의하지 않습니까?

이 광장에서 새롭게 쓰일 대한민국의 민주주의는 바로 지금, 여기 있는 수많은 사람들과 함께 연대하며 이 사회 소수자들의 권리에 대해 경청하고 함께 목소리 내는 것을 유예하지 않을 때 비로소 실현될 수 있다고 생각합니다.

박근혜 퇴진을 넘어 배제 없는 진정한 민주주의가 실현될 수 있는 그날까지, 성소수자들 역시 이 광장에서, 또 돌아간 각자의 삶의 자리에서 우리 존재를 드러내고 권리에 대해 말하기를 멈추지 않으며 끝까지 투쟁하겠습니다. 감사합니다.

한국게이인권운동단체 '친구사이' 합창 모임 지보이스

안녕하세요, 저희는 한국게이인권운동단체 '친구사이' 합창 모임 지보이스입니다.

방금 들으신 노래는 지금부터 50년 전 세계 최초로 일어난 미국의 성소수자 인권 투쟁을 기념하는 창작곡 '업'이었습니다. 성소수자 인권 운동은 가장 차별받던 트랜스젠더와 여성이 앞장서서 립스틱과 하이힐을 던지면서 시작됐습니다. 이 사건은 성소수자뿐 아니라 다른 소수자와 인권 운동에 중요한 획을 그었고 모든 사람의 평등과 인권 증진의 밑거름이 됐습니다.

우리는 여러분과 똑같이 탄핵을 바라고, 세월호 참사에 가슴 아파하고, 부정부패한 정치권력과 재벌에 분노하는 사람들입니다. 오늘 우리는 부정부패 집단을 몰아내고 새로운 시대를 갈망하는 여러분과 함께하기 위해 이 자리에 섰습니다. 탄핵이 이뤄지고 나면 우리는 새로운 대통령을 우리 손으로 임명하게 됩니다.

하나 여쭤 보겠습니다. 여기 앞에 서 있는 저는 차별을 받아도 되는 존재입니까? '그 어떤 이유로도 그것이 성적 지향이 다르다 할지라도 차별을 받지 않아야 한다'는 차별금지법을 반대하고, 힘이 있고 표를 많이 구걸할 수 있는 곳이라 판단되는 세력 앞에서 머리를 조아리는 사람을 또다시 유력한 대권 후보라는 이름으로 내세우는 상황이 너무나도 가슴이 아프고, 소수자는 차별을 받아도 된다[고 여긴다]는 사실에 암담하기만 합니다.

그렇게 해서 표심 많이 얻으셨습니까? 기득권 세력이 우위를 점하고 그들이 잘 먹고 잘사는 세상을 만들려고 대통령을 임명하는 것이 아니라, 소외받는 사람이 없고 모두 평등한 사회를 만들어 달라는 염원을 담아 새로운 리더를 선출하려는 것입니다.

차별금지법 반대는 성소수자뿐 아니라 장애인, 외국인, 노동인, 여성, 결국에는 모든 국민의 인권 탄압으로 이어질 것입니다. 소수자 인권 보호가 바로 모두의 인권 보호이며 소수자 차별 철폐가 모두의 발전과 행복입니다.

결국 제 이야기는 정치인분들, 역할 부여받았으면 일 똑바로 하라는 이야기입니다. 한 표 더 받아 보겠다고 신념 팔고 소수자 외면하는 리더는 나오지 않으면 좋겠습니다! 감사합니다.

김우용(금속노조 기아차지부 활동가)

바로 어제 이재용이 구속됐습니다. 많은 노동자들이 출근길에 기뻐했습니다. 어디 [구속해야 할 자가] 이재용뿐이겠습니까! 아직도 현대·기아차 비정규직 노동자들은 정몽구 구속과 정규직 전환을 요구하며 싸우고 있습니다. 당연히 구속돼야 할 범죄자들인데 구속[시키는 것]이 왜 이렇게 어렵습니까?

야당은 요즘 뭐하고 있습니까? 민주당 문재인 후보는 2012년 대선 후보 시절 약속했던 '차별금지법'을, 지금은 '사회적 합의' 운운하며 사실상 반대하고 있습니다. 누구를 사랑할지[를] 왜 사회와 합의해야 합니까? 안희정은 새누리당 [출신 세력들]과 연정하겠다고 합니다. 더 나아가 [여야 4당은] 헌재가 탄핵을 기각해도 수용하겠다는 합의를 했습니다. 어림없는 짓입니다. 헌재가 탄핵을 기각하면 헌재와 [합의에 동참한] 야당들도 탄핵시켜야 합니다. 주류 야당들에게 경고합시다!

1500만 촛불이 거리에서 요구했던 것은 고작 4년에 한 번, 5년에 한 번 1분만 주어지는 투표가 아닙니다. [국회는] 세월호 특별법, 고 백남기 특검, 언론 장악 방지법 등 촛불이 명령한 적폐 청산을 단 하나도 진전시키지 않고 있습니다.

2월 25일과, 우익이 준동하겠다는 3월 1일에도 더 큰 촛불로 모여서 박근혜 일당의 숨통을 끊어 버립시다. 그러기 위해서 민주노총이 다시 한 번 일손을 놓고 총파업에 나서야 합니다. 거리로 나섭시다!

한가은(이화여대 학생)

저를 포함한 15학번 동기들은 '진리의 상아탑'이라고 불리는 대학교가 이렇게까지 비민주적이고 엉망진창일 수 있다는 것을 알게 됐습니다. 저희는 입학하고 맞은 첫 여름방학에 통보된 '15학번 장학금 폐지', 오로지 관광객을 대상으로 한 상업 시설 건설, 기업 입맛에 맞게 구조조정 해 만든 '신산업융합대학' 신설, 취업률 높이겠다[며 학문을 망치는] '프라임·코어 사업', 대놓고 학위 장사 하겠다는 '미래라이프대학' 사업 등에서, 최경희 전 총장에게 묻은 박근혜 대통령의 악취를 맡을 수 있었습니다.

학생들한텐 늘 입 다물기를 요구하면서 정작 비선 실세의 딸 정유라를 위해서는 부정 입학을 지시하고 교수들을 시켜 학점을 관리해 줬다는 사실은, 그간 학점 경쟁, 스펙 경쟁으로 지쳐 있던 학생들에게 충격으로 다가왔습니다.

마침내 이번 주 화요일, 최경희 전 총장이 구속됐습니다. 정말 속 시원하지 않습니까? 오만한 최경희 전 총장을 감옥 길로 인도한 것은 다름 아닌 매주 토요일 광화문 광장을 비춘 촛불들이었습니다. 권선징악이 교과서에나 나오는 허황된 것이 아니고 현실에서 가능하다는 걸 보여준 촛불 시민들께 정말 감사합니다.

여러분, 최경희 구속은 끝이 아니라 이제 시작입니다. 박근혜의 적폐들을 수면 위로 띄운 정유라 비리가 철저히 파헤쳐져야만 우리의 열여섯 차례의 촛불이 더욱 큰 빛을 발할 것입니다.

학생들이 C+ [학점이]라도 달라고 빌 때, 정유라에게 친히 '꽃길' 깔아준 비리 교수들, 아직 처벌 안 받았습니다. 더는 미루지 말고 당장 처벌하십시오!

그리고 악의 뿌리인 박근혜와 최순실의 '골든 키' 정유라는 덴마크에서 즉각 송환돼야 합니다. 뻔뻔하게 '전자발찌를 찰 테니 석방시켜 달라' 하고 요구하는 상황에서, 특검이 연장돼야만 범죄자를 놓치지 않을 수 있을 것입니다. 정유라는 당장 돌아오고 특검을 연장하라!

71세라고 밝힌, 서울에서 온 노인

저는 사드 배치에 절대 반대하는 사람입니다. … 사드 배치가 [남한에] 좋은 것이라면 서로 유치하려고 할 텐데 왜 저 남쪽에다 반대를 무릅쓰고 배치하려 하는 겁니까? [사드는] 미국·일본에게나 좋은 것 아님니까? … 사드를 배치하는 것은 [남한의 안전을 위한 것이 아니라] 미국과 중국, 러시아 사이의 싸움을 위한 것입니다. 절대로 사드를 한국에 배치해선 안 된다고 생각합니다.

특별취재팀, 〈노동자 연대〉 197호(2017-02-18) 축약.

18주

다시 모인 100만,
이것이 우리의 답이다

"취임 만 4년이 된 오늘, 청와대는 성난 사람들 100만 명에게 포위됐다.
이 배후에는 압도적 박근혜 퇴진 여론이 있다."

우익의 발악에 맞서 총력 동원하자

헌법재판소가 박근혜 탄핵심판 심리의 최종변론일을 2월 27일로 정했다. 현재의 8인 재판관 체제가 7인 체제로 축소되는 3월 13일 전에 평결을 하겠다는 뜻이다. 적어도 탄핵 평결 시점에 관한 한, 조기 탄핵을 촉구한 퇴진 운동의 압력이 먹힌 셈이다. 그런 맥락에서 탄핵 인용 가능성도 좀 더 높아졌다고 할 수 있다.

그동안 박근혜 일당은 3월 13일 이후로 평결을 늦춰 보려고 줄기차게 지연 책략을 부렸다. 증인 대거 신청, 불공정 심리라는 비난, 부실 변론 등. 탄핵 결정 시점이 다가오면서 정치적 긴장도 고조되고 있다. 박근혜와 우익이 발악을 하고 있기 때문이다. 그동안 그들이 도발하면 그 반작용으로 우리 편 대응도 격앙됐다. 삼성 이재용 구속 문제가 그랬다.

최근 우익은 전 통일부 장관 정세현의 말을 꼬투리 삼아 색깔론으로 야당의 기를 죽이고 우익을 결집하는 소재로 쓰려 한다. 정세현은 북한 김정남 피살 사건이 북한 정권의 소행이라면, 한국도 비난만 할 처지는 아니라고 했다. 이승만과 박정희 등의 정적 살해 역사를 보면 당연한 얘기다. 그런데도 문재인은 '더러운 잠' 논란에 이어 또다시 사과를 하며 꼬리를 내렸다. 대통령이 떼어 놓은 당상이나 된 것인 양 전형적인 '부자 몸조심' 행보다.

한편, 특검 수사 기간 연장도 중요 쟁점이 됐다. 2월 28일로 만료되는 특검 수사 기간이 30일 연장되고 3월 10일 전후로 탄핵 인용(대통령직 파면) 결정이 되면 박근혜 구속 수사가 가능해지기 때문이다.

일단 국회에서는 특검법 개정이 불발됐다. 새누리당(자유한국당)이 "대선용 정치 공세"라며 반대했기 때문이다. 대통령권한대행으로 연장 승인 권한을 가진 황교안도 연장에 부정적이다.

대선용 공세라는 비난은 어불성설이다. 수사 기간을 30일 연장해 봐야 3월 안에 수사가 끝난다. 지금 수사가 끝나도 현재 구속 기소된 거물급 재판 과정만으로도 충분히 대선에 영향을 미친다. 어차피 우익이 불리한 것이다. 그럼에도 특검 연장에 격하게 반응하는 걸 보면, 우익도 박근혜가 탄핵될 가능성이 높다고 보는 듯하다.

그러나 우익의 공세에는 여전히 어려움이 있다. 우병우는 구속을 피하려고 자기 혐의를 대부분 박근혜가 시켜서 한 일이라고 진술했고, 김영재는 자기가 청와대에서 피부 미용 시술을 했다고 시인했다. 박근혜 변호인 김평우의 말대로면, 박근혜의 뇌물죄 혐의는 "종신형" 감이다!

2월 22일 헌재 심판의 박근혜 측 대리인단이 막말쇼를 하며 불복을 암시한 것도 이런 일들 때문일 것이다. 기본적인 도덕성이 파탄 나 더는 사실과 논리로 재판부나 여론을 설득할 수 없다고 보고, 그저 지지층 결집과 동원을 위해 헌재 심리를 이용하는 것이다.

이렇게 보면, 최근 범여권을 중심으로 탄핵 판결 전 '자진 하야설'이 나왔던 맥락도 쉽게 이해할 수 있다. '자진 하야설'의 음험하고 더러운 시나리오는 이렇다. 특검 연장을 무산시켜 일단 구속 수사 위험을 막는다. 탄핵 판결 전에 자진 하야 선언을 해 탄핵심판도 각하시킨다. 탄핵 인용, 구속과 특권 박탈의 위험을 일단 피한 뒤에 불구속 수사나 차후 사면 등 정치적 거래를 시도한다. 이 꼼수를 성공시키기 위해 박근혜가 직접 지지층을 동원하며 우익적 압박을 극대화한다.

박근혜가 스스로 탄핵 가능성을 인정하는 책략을 실행할 가능성은 낮다. 다만, 적어도 박근혜 일당이 "내란" 운운하는 것이 단순 막말이 아니라 필사적인 협박을 담은 책략임은 진실일 것이다. 이런 협박을 하는 것이 대한민국과 결혼했다던 박근혜의 실체다. 틈만 나면 법과 원칙, 애국과 희생을 국민에게 요구하던 국가 원수의 실체다.

지금은 다섯 달째 이어지는 퇴진 운동이 마침내 그 첫째 목표를 달성할 수 있는 결정적 국면이다. 박근혜 일당의 뇌물뿐 아니라 세월호 참사, 블랙리스트 통치 등 부패하고 우익적인 그 정부 자체를 종식시켜야 한다.

박근혜 변호인의 히스테리는 박근혜의 초조함을 보여 준다

2월 22일 헌재 심리에서 박근혜 측 대리인 김평우는 "약한 … 여자 하나"를 괴롭히는 것이 탄핵이라고 했다. 자신의 최근 책 《탄핵을 탄핵한다》에서는 박근혜가 임기 말 외톨이라 괴롭힘을 당한다고도 썼다.

"약한 여자" 프레임은 기가 차 말이 안 나오게 만드는 쟁점 물타기일 뿐이다. 박근혜가 외톨이인 게 국민 탓도 아니고, 정치적 민주주의라면 잘못한 대통령을 국민이 감싸 줘야 할 이유도 없다. 박근혜는 부패한 통치자로 대중의 증오를 사서 쫓겨날 상황으로 몰린 것이다.

특히, 유독 세월호 쟁점에서만 여성 대통령임이 강조되는 것도 의뭉스럽다. 김평우는 세월호 참사가 탄핵소추 사유가 된 것도 비난했다. 세월호 구조 방기가 대통령의 의무를 저버린 것이라는 비판에 대해 "여자 대통령한테 10분 단위로 보고해. 이게 말이 되냐?"고 반박했다.

세월호 비극을 이토록 뻔뻔하고 무책임하게 다루는 자들이 헌재 재판관에게 "약자를 생각하는 게 [법관의] 정도"라고 한 것은 이율배반의 극치다. 약자를 생각한다는 자비로운 자들이 "내란", "서울 아스팔트 피와 눈물로 덮어 버려" 같은 협박성 말을 그렇게 스스럼없이 한단 말인가?

다른 나라도 그렇지만, 한국 현대사를 봐도 우익은 매우 폭력적이다. 그리고 이승만·박정희·전두환·노태우 등으로 이어지는 권위주의 정체政體 시절 국가의 폭력성은 절정에 달했다. 사실 우익은 진작부터 "계엄령" 운운하며 퇴진 운동 진압을 촉구해 왔다. 물론 지금 박근혜 처지에서 가능한 방법은 아니다. 그러니 여론을 돌릴 방도도 없고 초조해진 우익 일부가 가짜 뉴스와 악선동, 백색 테러 위협 등에 의존하는 것이다.

박근혜의 공범답게 특검 연장 승인 않고 있는 황교안

대통령권한대행으로서 특검 연장 승인 권한을 쥔 황교안이 특검 연장 승인을 미루고 있다. 보수 쪽의 가장 유력한 대선 후보가 된 황교안은 박근혜 구속을 바라지 않는 자기 지지층을 의식할 것이다. 새누리당(자유한국당)도 당론으로 특검 연장 반대를 정해 황교안의 뒤를 받치고 있다.

그러나 그가 특검 연장을 끝내 거부해 범죄 은폐에 노골적으로 협조한다면 그 스스로 공범임을 인정하는 것이다. 이는 대선 출마를 고려하는 그에게는 당장은 불리할 수도 있다. 그래서 곧바로 거부 의사를 밝히진 않고 있다. 그러나 그가 박근혜 임기 내내 박근혜 적폐 내각의 핵심 인물이었던 점을 잊어선 안 된다.

새누리당과 황교안은 당장의 대중적 뭇매를 맞더라도 특검 연장을 거부해 현재의 탄핵 반대층을 기반 삼아 훗날을 도모할 심산일지 모른다. 만약 그렇다면 그것은 차차기 대선까지 보면서 차기 정부가 실패하기를 기다릴 계획인 것이다.

황교안이 박근혜 없는 박근혜 정부를 계속 이끌면서 꽃길을 꿈꾸게 놔둬선 안 될 것이다.

민주당, 입으로만 특검 연장

우병우 구속영장 기각으로 특검 연장의 필요성은 더 커졌다. 우병우와 대기업 총수들에 대한 수사를 보강할 시간이 필요하기 때문이다. 재판에서 유죄를 받아내려면 시간과 인력이 필요하다.

물론 운동이 충분히 강력하다면, 수사가 다시 검찰로 넘어가도 박근혜 일당의 유죄를 받아낼 수 있을 것이다. 지난해 11월에 검찰이 박근혜를 사실상 주범으로 한 공소장을 제시했듯이 말이다. 특검 초기

박영수 특검이 인정했듯이, 검사 20명으로 끌고 가는 특검보다 그 100배 인력을 갖추고 시간과 돈의 압박 없이 수사를 벌일 수 있는 검찰의 '하드웨어'가 훨씬 유리한 점도 있다.

그러나 특검이 기대 이상의 성과를 거뒀고 특검 연장이 세력 간 대결 쟁점이 돼 특검 연장 무산은 우리 편의 김이 빠지는 일인 데다가 수사 결과를 검찰로 이첩하는 데에도 시간이 걸리기 때문에 특검 연장이 필요하다.

그런데 민주당은 특검법 개정을 너무 쉽게 포기하는 듯하다. 황교안 압박이 안 되면 국회에서 특검법 자체를 개정해 수사 기간 등을 확보해야 한다. 그 점에서 야당들이 합의한 개정안 자체도 약하다. 50일 연장으로는 부족하다. 부패가 워낙 광범하기 때문이다.

그런데도 민주당이 쉽게 국회 처리 무산을 인정한 것은 특검 연장과 박근혜 구속이 만에 하나 보수층 결집 역풍을 불러 자신들이 대선에서 불리할까 봐 그런 듯하다. 그래서 민주당은 대선 경쟁자 중 하나인 황교안에게 책임을 떠넘기는 수준에서 그치려 하는 듯이 보인다.

민주당 대표 출신인 국회의장 정세균이 특검법 개정안의 직권상정을 거부한 것도 이해하기 어렵다. 정세균은 지난해 11월 현재의 특검법을 통과시킬 때는 당시 이를 거부하려는 여당에게 직권상정을 할 수 있다고 압박했다. 사실 박근혜를 겨냥한 특검인데, 애초에 그 법에 수사 기간 연장 승인권을 대통령에 넘겨준 것부터가 문제였다.

김문성, 〈노동자 연대〉 198호(2017-02-24).

다시 모인 100만, 이것이 우리의 답이다

2월 25일은 박근혜가 취임한 지 만 4년 되는 날이다. 4년 전 박근혜는 취임식 전에 이미 대선 복지 공약을 내팽개치고 임기를 시작했다. 박근혜 취임식이 열린 국회 앞에서는 박근혜를 규탄하는 노동자들이 연행됐다. 눈 내리던 그날, 소방관들은 취임식장 의자들의 눈을 닦아내는 데 동원됐다. 박근혜 정부의 안전 무시는 그때 이미 시작된 것이다.

그리고 취임 만 4년이 된 오늘, 청와대는 성난 사람들 100만 명에게 포위됐다. 이 배후에는 압도적 박근혜 탄핵 지지 여론이 있다. 반면, 국회 탄핵으로 직무 정지된 박근혜는 인간 먼지들을 긁어모아 자기를 지지하는 관제 데모와 백색 테러 협박으로 헌재 탄핵 평결 전 마지막 발악을 하고 있다.

오늘은 민중총궐기 대회를 열고, 이어서 본대회를 열었다. 민중총궐기는 박근혜 정권 퇴진 운동이 정국의 핵심 변수로 도약한 11월 12일 이후 두 번째이자 올해 처음이다. 그때도, 오늘도 민중총궐기 집회와 구성은 퇴진 운동의 선두에 민중운동과 좌파, 특히 조직노동자 운동이 있음을 상징적으로 보여 줬다.

오늘은 전국에서 수만 명이 상경했다. 서울 도심은 이른 오후부터 투쟁 열기로 들썩였다. 서울 종로 도심 곳곳에서 노동자, 농민, 빈민 등 사전 집회와 1박 2일 행진 등이 진행됐다.

오후 4시 민중총궐기 대회 진행 중에 이미 30만 명이 모였다. 민주노총 노동자들이 다수를 이룬 가운데, 농민, 빈민, 대학생, 청소년, 진보·좌파 정당과 단체의 깃발이 광장을 뒤덮었다. 일각의 우려와 달리, 조직 대열과 개인 참가자가 서로 격려하고 응원했다.

극렬한 노조 탄압 때문에 동료를 잃었던 유성기업 노동자는 무대에 올라 자신들의 투쟁이 촛불과 만나서 고용주를 구속시킬 수 있었다고 했다. 재벌 체제 전체에 죗값을 물을 때까지 투쟁을 이어 가자는 이 노동자의 호소는 무대 아래에서 지지를 받았다.

오늘 본대회를 마칠 즈음에는 100만 명이 광화문 광장과 차도, 인도를 넘쳐 광화문 사거리를 가득 채웠다. 사거리에서 종각 방향, 서대문 방향, 시청 방향으로도 사람들이 늘어섰다.

오늘 거리로 나온 참가자들은 역시나 최근 박근혜 일당과 우익의 준동에 단단히 화가 나 있었다. 특검 연장 팻말이 가장 많이 눈에 띄었고, 행진에선 "박근혜 구속하라"와 "이재용은 시작이다, 다음은 박근혜다" 같은 구호들이 인기를 끌었다. 특검 연장 승인을 묵살하고 있는 황교안에게도 분노가 쏟아졌다. 참가자들은 무대에서, 방송차에서 3월 1일에 우리도 총동원해 위력을 보여 주자는 호소들에 환호했다.

특검을 연장하고 싶어 하는 것도 박근혜를 구속시키고 싶어서 아니겠는가? 그것이 노동자·민중의 정의이니까! 오늘 광화문에 100만 명이 다시 모인 것은 우익의 준동에 분노하고, 헌재의 탄핵심판 평결이 다가온 상황에서 자신들의 뜻과 의지를 확실히 밝히고 싶었기 때문이다. 정의당 심상정 대표가 삼청동 행진에서 "자진 사퇴해도 헌재는 탄핵을 해야 한다"고 했을 때, 삼청동에서도, 그 연설이 생중계되고 있던 광화문 광장에서도 사람들이 그토록 열렬히 환호한 이유일 것이다.

우리는 박근혜 정권을 하루빨리 끝장내고 그 정권의 적폐와도 맞서 싸워야 한다. 오늘 소방관들은 행진 후 다 쓴 횃불들을 꺼 주려고 출동했다. 퇴진 운동은 이렇게 박근혜 정권의 악행을 하나하나 바로잡고 있다!

영국의 우파 총리 대처에 자신을 비유하는 것조차 싫어했다는(영국의 엘리자베스 1세로 비유되길 좋아했다고 한다!) 이 오만한 자의 대통령직을 박탈할 기회(탄핵심판 평결)가 보름 정도 남았다. 박근혜 일당과 우익은 갈수록 초조해질 것이고, 그만큼 그들의 협박과 준동이 계속될 것이다. 비상한 각오로 3월을 맞이하자. 정리 집회 사회자의 말처럼, "우익만 총동원이냐? 3월 1일에 우리도 총동원령 내려서 모이자!" 저들의 방자함에 일격을 가하고, '대통령 박근혜'가 더는 없는 봄을 기쁘게 맞이하자.

"너희들의 세상은 끝났다" 2017년 첫 민중총궐기

수만 명이 도심 곳곳을 행진해 광화문 광장으로 도착하자, 집회 시작 전부터 광장은 인산인해를 이뤘다. 전교조·공무원노조 등 먼저 도착한 노동자, 도심 행진을 마치고 광장으로 행진해 온 금속·건설 노동자, 서대문 농협 앞에서 집회를 하고 온 농민 등 도합 30만 명이나 되는 사람들이 모였다. 지난해 11월 12일, 100만 촛불의 "엔진"이 됐던 '2016 민중총궐기'(당시 20만 명)보다 더 많이 모인 것이다.

집회 참가자들은 "2015년 11월 민중총궐기에서 백남기 농민이 살해당한 기억, 한상균 민주노총 위원장이 구속된 기억"(김영표 빈민해방실천연대 공동대표)을 떠올리며, 무도한 박근혜 정부를 규탄했다. 최근 어떻게든 시간을 끌어 보려 연일 책략 부리기에 여념 없는 박근혜 일당에 쌓이고 쌓인 분노를 한꺼번에 터뜨리는 듯 기세가 뜨거웠다.

발언자들은 한목소리로 박근혜 정부가 그동안 자행해 온 노동자·서민 공격을 규탄했고, 정의를 요구했다. "백남기 농민을 살해하고 세월호 [희생자들을] 학살한 자들이 처벌 받[고] … 죗값을 치르게"(최종진 민주노총 위원장 직무대행) 해야 한다는 발언은 바로 참가자들의 심정이었을 것이다. 또, "법 앞에 모든 국민이 평등하다지만, 가난한 자들에게는 불평등한"(추재호 전국노점상총연합 중부지역장) 세상을 바꾸고자 하는 마음 또한 마찬가지였을 것이다. 그렇기에 박근혜 정권이 학생·청년·농민 등 민중의 삶을 위기로 내몬 것을 규탄하는 발언에도 연대의 함성이 드높았다.

특히, 대열의 대부분을 차지한 노동자들의 분노는 매우 높았다. 몸짓 공연을 위해 무대에 선 금속노조 삼성전자서비스지회 몸짓패 '공구가방'을 대표해 발언한 한 여성 노동자의 말처럼, 노동자들 모두가 "죗값을 치르러 감옥 간 지 열흘 된 이재용에 이어 정몽구, 최태원, 신동빈, 한화와 엘지그룹의 재벌 총수들을 모두 [노동자 공격의] 죗값을 치르게 하고, 노동자·민중 모두가 안전하고 행복하게 살 수 있는 나라를 만들"고 싶었을 것이다.

그 기세를 모아, 참가자들은 박근혜 정권을 끝장내고 사드 배치와 국정교과서 등 박근혜 정부의 적폐 또한 청산하겠다는 결의로 민중총 궐기를 마무리했다.

광장의 목소리

최종진(민주노총 위원장 직무대행)

백남기를 죽인 자[들아], 한상균을 가둔 자[들아], 이제 너희들이 죽을 것이고, 이제 너희들이 갇힐 것이다! 먼 길 달려오신 동지들 반갑습니다. 민주노총 위원장 직무대행 최종진입니다. 투쟁!

2016년 11월 12일 시청 광장과 대로를 가득 메운 민중총궐기는 박근혜 탄핵을 알리는 100만의 함성이었습니다. 오늘 민중총궐기는 박근혜의 무덤을 파는 민중총궐기입니다. 시작이 있으면 끝이 있어야 하지 않겠습니까? 오늘 100만의 촛불이 [또다시] 이 광장을 밝힐 것입니다.

1500만 명의 국민이 촛불을 들었습니다. 촛불이 탄핵 열차가 되어 힘차게 질주해 왔습니다. 이 탄핵 열차의 엔진은 노동자·농민·빈민의 민중 총궐기였습니다.

탄핵을 며칠 앞두고 [있습니다.] 국정 농단하고 탐욕에 물든 박근혜와 범죄 세력의 발호가 참으로 심각합니다. 지금의 대한민국은 촛불과 태극기의 싸움이 아니라, 정의의 촛불과 범죄자 비호 세력 사이의 싸움입니다.

정치권과 권력에 눈먼 사람들이 광장을 멀리할 때, 이 광장의 중심에서 민중의 요구를 업고 노동자·농민·빈민이 함께 싸우는 것이 역사의 원

동력이고, 우리는 바로 그렇게 싸워 왔습니다.

촛불의 진정한 승리는 무엇입니까? 죄 지은 자를 감옥에 보내 죗값을 치르게 하는 것 아닙니까? 백남기 농민을 살해하고 세월호 [희생자들을] 학살한 자들이 처벌도 받지 않고 책임도 지지 않았는데 특검 여기서 멈춰선 안 됩니다. 이제 시작입니다. 특검 연장해서, 박근혜 구속을 넘어서 재벌 총수 구속하고 헬조선 타파[하고], 진정한 새로운 대한민국을 만드는 것이 역사의 과제이자 촛불의 명령입니다.

여야 4당이 합의해 특별법, 특검 연장 반드시 해야 합니다. 거부해서는 안 됩니다. 노동자 사찰하는 테러방지법이 국회에 직권 상정된 것을 기억합니다. [그랬으면서] 범죄를 척결하고 청산하는 특검 연장을 반대한다는 것은 범죄 세력의 공범자·부역자가 되는 것이기 때문에, 역사의 지탄과 더불어 민중의 심판을 면치 못할 것입니다. 반드시 특검이 연장돼야 합니다.

촛불이 진정 승리하기 위해서는, 박근혜[가] 탄핵됐다고 [투쟁을] 끝내서는 안 됩니다. 이제 본격적인 투쟁의 시작입니다. 누가 대통령이 되더라도 노동자 민중의 요구를 스스로 외치며 싸우지 않는다면 아무것도 이뤄지지 않을 것입니다. 역사의 교훈이 그랬습니다. 촛불의 교훈은 누군가에게 의존하는 것이 아니라 노동자 민중이 주체가 돼 투쟁할 때만 이 역사의 길을 따라 전진할 수 있다는 것입니다.

그런 의미에서, [민주노총은] 이번 2017년을 새로운 역사를 세우는 승리의 원년으로 만들겠습니다. 최저임금 1만 원 [쟁취], 헬조선 타파, 비정규직 철폐 … 세상을 바꾸는 투쟁에 민주노총[이] 끝까지 함께하겠습니다.

이호중(서강대 법학전문대학원 교수, 퇴진행동을 대표해)

오늘은 박근혜 정권이 들어선 지 만 4년 되는 날입니다. 공작정치와 권력 남용으로 민주주의를 파괴하고, 재벌과 부정한 거래로 수백억 원의 뒷돈을 챙기면서, 국민의 생명과 안전을 보장해야 할 국가의 의무를 내팽개치고 노동자와 청년을 헬조선으로 몰아넣은 것이, 바로 우리가 목도하고 있는 박근혜 정권의 민낯 아닙니까? 이제는 정말 끝장내야 하지 않겠습니까?

그런데 헌법 유린과 국정 농단의 주범인 박근혜는 아직도 청와대에 눌러앉아 버티고 있습니다. 특검 수사에 협조하겠다고 말하더니, 법원이 발부한 청와대 압수수색영장의 집행을 거부하고 특검의 대면 조사조차 거부하고 있습니다. 파렴치한 중범죄자 박근혜가 법 위에 군림하려고 합니다. 국민들을 농락하려 합니다. 더 이상 용납할 수 없지 않겠습니까?

헌법재판소가 2월 27일[에] 최종변론을 한다고 확정지었습니다. 늦었지만 다행스러운 일입니다. 국회가 탄핵소추를 의결한 지 벌써 석 달이 다 돼 갑니다. 그동안 박근혜 측 대리인단은 온갖 꼼수와 궤변으로 탄핵심판을 지연시키려 했지만, 촛불의 힘으로 막아 내며 여기까지 왔습니다. 더는 지체할 수 없습니다. 헌재는 하루빨리 박근혜를 탄핵할 것을 촉구합니다. 박근혜를 즉각 탄핵하라! 헌법재판소의 탄핵 결정은 재판관 8인이 아니라, 바로 주권자인 국민의 이름으로 선고돼야 하지 않겠습니까?

특검의 수사 기간 연장도 시급한 과제입니다. 특검의 1차 수사 기간이 2월 28일까지입니다. 70일 동안 특검, 잘해 왔습니다. 김기춘, 조윤선에 이어 삼성 이재용을 구속한 것, 바로 박근혜 국정 농단 세력을 척결하고 정경유착을 청산하라는 촛불의 힘으로 이뤄 낸 성과 아니겠습니까? 아직도 특검이 수사하고 단죄해야 할 국정 농단 정경유착의 범죄는 너무나도 많이 남아 있습니다. 무엇보다 박근혜를 구속하고 철저하게 수사해야 합니다. 박근혜 국정 농단 세력을 비호하는 데 앞장선 우병우[도] 구속해야 하지 않겠습니까? 문화계 블랙리스트뿐 아니라 사회 전반에서 공작정치의 마수를 뻗쳐 민주주의를 파괴한 김기춘도 엄중하게 처벌해야 하지 않겠습니까? 삼성 이재용뿐 아니라, 박근혜 측에 막대한 뇌물을 갖다 바친 다른 재벌 총수들에 대한 수사[도 해야] 하고, 아직 갈 길이 멉니다.

그런데 황교안 권한대행은 특검의 수사 기간 연장 요청을 묵살하고 있습니다. 국회는 이번 주[에] 특검법을 개정하지 못했습니다. 특검 수사에 공정성 시비를 걸면서 특검 연장을 반대한 자유한국당은 박근혜 비호 세력임이 더욱 분명해졌습니다. 황교안도, 자유한국당도 모두 청산 대상 아니겠습니까?

국민들은 특검연장법안을 직권상정해서라도 특검 수사 기간을 보장하라고 국회에 명령했습니다. 그러나 정세균 국회의장은 국회법 절차 운운하면서 국민의 명령을 외면했습니다. 야당은 개혁입법 과제를 하나도 실현하지 못했을 뿐 아니라, 특검법 개정에서도 또다시 무기력한 모습을 보여 주고 있습니다.

친일 잔재를, 유신의 잔재를 제대로 청산하지 못한 과오를 또다시 반복할 수는 없지 않겠습니까? 박근혜 국정 농단 범죄의 진상을 철저하게 파헤치고 그 부역자들을 처벌해야 합니다. 특검의 수사가 이대로 종료된다면 이는 역사와 미래에 대한 죄악일 것입니다.

1200만 촛불의 힘으로, 특검 수사 기간 연장을 황교안에게 요구합니다.

국회도 선진화법 운운할 것이 아니라, 비상한 모든 수단을 동원해 특검의 수사를 보장하는 데에 앞장설 것을 촉구합니다.

박근혜와 그 비호 세력들은 썩을 대로 썩어빠진 권력을 붙잡고, 판 뒤집기의 기회를 호시탐탐 엿보고 있습니다. 우리 촛불 시민들이 비상한 결기로 나서야 하지 않겠습니까?

아직 끝나지 않았습니다. 끝날 때까지 끝난 것이 아닙니다. 더욱 담대하게, 더욱 비장하게 주권자의 힘을 보여 줍시다. 청와대는, 박근혜는, 결코 국민을 이길 수 없습니다. 박근혜를 탄핵하고 박근혜와 그 비호 세력들을 구속하고, 그들이 만들어 놓은 적폐를 청산하고 새로운 세상을 열어야 하지 않겠습니까?

이는 오직 촛불의 힘[으로]만 해낼 수 있습니다. 지금까지 우리 세상에서 사회를 조금 더 정의롭고 민주적으로 바꾸어 왔던 것은 민중이었습니다. 3월에도 더 많이 모입시다. 특히 3월 1일, 이곳 광화문에 모입시다. 1000만 촛불의 힘을 보여 줍시다! 독립 항쟁의 정신으로, 비장한 결의로, 다시 한 번 주권자의 힘을 보여 줍시다. 우리는 반드시 이깁니다. 이겨야 합니다!

국민이 승리하는 그날까지 퇴진행동은 촛불 시민 여러분과 함께할 것입니다. 더욱 힘차게 전진합시다.

심상정(정의당 대표)

황교안 권한대행에 다시 한 번 촉구합니다. 특검 수사 기간 연장, 절대 포기할 수 없습니다. 황교안 권한대행에게는 특검 수사 기간 연장 좌고우면할 권한이 없습니다. 국회에서 특검법을 제정할 때, 특검 기간[을] 연장[할 것인지에 대한] 판단은 특검만이 하도록 했습니다. 특검이 원하면 승인하도록 한 것입니다. … 황교안 권한대행이 특검 수사 기간을 연장하지 않는 것은, 결국 범죄자의 편에 서서 국정 농단, 헌법 유린의 공범임을 자임하는 것입니다. 결코 용납할 수 없습니다. 황교안 권한대행은 박근혜 정부의 2인자로서, 두 번째 수사 대상 아닙니까? …

특검은 할 일이 아직도 많이 남아 있습니다. 이재용 부회장, 뇌물공여죄로 구속됐습니다. 대통령[에 대한] 뇌물죄 수사가 더욱 절실해졌습니다. K스포츠 재단과 미르 재단에 돈을 준 재벌 총수들도 수사해야 합니다. 우병우 구속[이] 기각됐는데, 추가 수사해야 하지 않겠습니까? 정유라 씨도 반드시 소환해서 수사해야 합니다. …

저희 정의당이 특별히 더 속상한 것은, 지난 특검법을 발의하고 심의하고 결정할 때 저희 정의당[이 제안한] 특검 법안은 분명했습니다. 이번 특검은 수사 대상이 대통령이기 때문에 특검 수사 기간 연장 승인 권한을 대통령에게 주면 안 된다[고] 두 야당에게 분명히 말했습니다. … [현 특검법과 달리] 특검 기간을 90일로 하고, 필요하다면 30일, 또 필요하다면 30일 [추가로] 연장[할 수 있어야] 한다, 그리고 승인 권한은 국회의장에게 주어야 한다는 것이 우리 정의당의 안이었습니다.

그럼에도 수사 대상인 대통령에게 승인 권한을 준 특검법을 제정했기 때문에, 지금 이런 위태로운 상황을 맞게 됐습니다. 저는 이 자리에서 분명히 국회에, 또 각 정당에 요구합니다. 3월 2일 본회의에서는 새로운 특검법을 발의해서라도 반드시 특검을 살려내야 한다고 여러분과 함께 요구합니다.

특검법을 직권상정하지 않은 이유는, 자유한국당의 반대 때문이었습니다. 정세균 국회의장은 여야 합의가 없으면 특검법을 직권상정할 수 없다고 말씀하셨습니다. 그러나 저는 답답합니다. 자유한국당이 동의하는 법안이, 자유한국당이 동의하는 개혁이 과연 있습니까? 있을 것 같습니까? …

박근혜 대통령이 헌재 탄핵심판일을 앞두고 자진 사퇴할 것이라는 흉흉한 소문이 돌고 있습니다. 저는 이 자리에서 여러분과 분명히 하고자 합니다. 설령 박근혜 대통령이 자진 사퇴한다 하더라도, 정치권과 헌재는 탄핵심판을 흔들림 없이 마무리해야 한다는 생각을 분명히 말씀드립니다.

대통령 자진 사퇴, 기회는 너무 많았습니다. … 국민이 준 그 수많은 기회를 끝내 거부하고, 수사받겠다는 약속도 새빨간 거짓말처럼 응하지 않고, 박근혜 대통령은 오로지 일신의 안위만을 위해서 역사를 거스르는 마지막 총력전을 벌이고 있습니다. 이런 사람, 타협의 대상일 수 있겠습니까? …

헌법을 어기고 국민의 신임을 배신한 대통령은 반드시 역사적 책임을 지게 된다는 것을 분명히 사실로 확인해 둘 필요가 있습니다. … 촛불이 함께하는 날까지 여러분과 함께하겠습니다. 감사합니다.

정성욱(416 가족협의회 선체인양분과장)

반갑습니다. 416 가족협의회 선체인양분과장을 맡고 있는 단원고 2학년 7반 정동수 아빠 정성욱입니다.

국회에서 이번에 논의를 했습니다. 세월호 선체를 인양해 조사해야 한다는 저희 가족들의 요구를 들어 국회에서 법안을 발의했습니다. 그런데, 민주당과 새누리당[자유한국당] 두 당이 법[인]을 내고 합의를 했습니다. 기간 6개월, 인원 50명. 이건 말도 안 되는 소리입니다! [선체조사위의 활동 기간이] 최소한 1년은 보장돼야 하고, 인원도 100명은 있어야 합니다. 정부와 국회는, 국민을 생각한다면 이 법안[을] 저희가 요구하는 대로 1+1년[최대 2년], 조사 인력이 100명은 되게끔 해야 합니다.

여기에 국회의원들[도] 나와 있는 것으로 압니다. 국회는 다시 한 번 저희의 요구를 받아들여, 이번 법사위에서 반드시 저희 가족들의 요구에 충족할 만한 답을 주십시오.

해수부는 세월호를 절단 내겠다는 말도 합니다. 그것은 세월호를 죽이겠다는 정부의 의도입니다. 촛불을 모아서, 세월호를 끌어올렸을 때, 절단 내지 않고 온전히 보존할 힘을 저희 가족들에게 모아 주십시오!

다시 한 번 부탁 드립니다. 아직도 세월호에는 아홉 분의 미수습자가 있습니다. 그분들을 온전히 수습하고, 저희가 원하는 안전사회를 이룩할 수 있도록 세월호를 꼭 복원해야 하며 길이 남겨야 할 것입니다.

저희 가족들은 다른 원하는 것[은] 없습니다. 세월호가 왜 침몰했는지 그것을 알고 싶습니다. 국민 여러분 끝까지 함께해 주십시오. 저희도 끝까지 함께하겠습니다. 박근혜는 구속하고 세월호를 인양하라!

김수억(기아자동차 비정규직 노동자)

1박 2일 동안, 박근혜 정권과 맞서 싸워 온 비정규직, 정리해고·노조탄압 [당한] 노동자들과 청년·학생들이 특검에서 [출발해] 강남역을 행진했습니다.

휘황찬란한 강남 패스트푸드점 매장 안에서 피곤한 얼굴로 일하고 있던 알바 청년 노동자들을 보았습니다. 한 시간 벌어 한 끼 식사도 해결하지 못하고 컵라면과 삼각김밥을 입에 달고 사는 청년들 … 구의역 스크린도어를 고치다 죽어 간 열아홉 살 청년은 그 컵라면조차 먹지 못했습니다. 청년 실업 100만 시대, 취업을 하지 못해 고통받고, 취업을 해도 비정규직으로 사망하는 이 땅 청년들에게[는] 미래가, 희망이 없습니다.

현대자동차 공장 비정규직은 모두 불법 파견이고, 정규직으로 전환해야 한다고 2월 10일에 고등법원이 선고했습니다. 그러나 10년이 넘는 [시간 동안] 불법을 저지르고도, 유성기업 한광호 열사를 죽이고 노조를 파괴하는 데도, 정몽구 회장은 단 한 번의 경찰 조사도 받지 않고 있습니다. [반면] 정리해고·비정규직 노동자들은 여전히 길거리로 쫓겨나서 지금도 싸우고 있습니다.

누가 이 땅 노동자들의 희망을, 청년 세대를, 학생들을 절망으로 내몰았습니까? 바로 박근혜 정권과 재벌입니다. 법 위에 군림하면서, 온갖 특권과 이권을 누리면서, 그들의 곳간에 차곡차곡 재물을 쌓아 갈 때, 우리 노동자 서민은 배고팠고 고통받았습니다.

이제 엎어야 합니다. 비정규직·정리해고·노조탄압 없는 세상을 만들어야 합니다. 무엇으로 만들 것입니까? 간판만 바꿔 단 정권 교체는 할 수 없습니다. 정리해고·파견제 악법을 누가 만들었습니까? 다음 정권을 잡겠다고 하는 그 야당들이 만든 것 아닙니까? 노동자·민중은 이미 [야당에] 과반수 의석을 줬습니다. 그들은 지금 당장에라도 노동악법을 폐기하고 노동자 민중을 위한 입법을 할 수 있습니다. 그러나 잠들어 있지 않습니까? 잠들어 있는 국회도 박근혜의 또 다른 부역자 아니겠습니까?

정권 교체가 아닌 새로운 세상[을 만드는 것]은 우리의 투쟁으로만 가능합니다. 3월 1일, 더 많은 노동자·민중이 모입시다. 총궐기, 사회적 요구가 함께하는 총파업으로 노동악법 철폐하고, 노동자 민중의 꿈을 쟁취하고, 비정규직·정리해고·노조탄압 없는 세상을 열어 냅시다.

잃을 것은 절망의 사슬이오, 얻을 것은 새 세상입니다. 함께 싸우고 승리합시다!

정원석(전교조 조합원)

박근혜 정권 4년은 노동자·민중에게 고통이었고 재앙이었습니다. 하루라도 빨리 그 재앙을 멈춰야 합니다. 더는 박근혜의 '염병'을 두고 볼 수 없습니다. 헌재는 국민의 준엄한 명령을 받들어 즉각 탄핵을 선고해야 합니다.

지난 1월 촛불이 숨 고르는 틈을 타서 박근혜의 반격이 시작됐습니다. 박근혜의 반격 신호에 부응해서 탄핵 반대 세력들이 결집하고 있습니다. 3월 1일 100만 태극기 집회를 [하겠다고] 합니다. 여러분, 가만히 계시겠습니까? 우익의 발악에 맞서 촛불의 힘을 보여 줍시다. [지금은] 탄핵 선고를 코앞에 둔 결정적 국면입니다. 우리는 박근혜를 청와대에서 끌어내릴 때까지 결코 긴장을 늦출 수 없습니다. 3월 1일, 더 많이, 광화문으로 모입시다! 거짓과 기만이 진실을 흔들지 못하도록 정의의 힘을 보여 줍시다.

탄핵은 끝이 아니라 시작입니다. 대통령 측 변호인이 인정했듯, 박근혜의 파렴치한 범죄는 종신형감 아니겠습니까? 탄핵 이후 박근혜를 구속하려면, '법꾸라지' 우병우를 구속하려면, 이재용 구속에 이어 범죄 집단[인] 재벌 총수들을 구속하려면, 특검을 반드시 연장해야 합니다. 그런데 황교안과 자유한국당 때문에 특검 수사가 중단될 위기에 처해 있습니다. 그들이 특검 연장을 반대하는 것은 자신들이 곧 비리 공범임을 자인하는 것 아니겠습니까? 황교안도 끌어내리고 자유한국당은 해체해야 합니다.

적폐 공범들과 타협하며 촛불 민심에 정면으로 역행하는 야당들도 각성해야 합니다. 대선보다 탄핵이 먼저이고, 적폐 청산이 더 중요합니다! 그 대표적 적폐가 국정 역사 교과서입니다. 정부는 국정교과서를 결코 포기하지 않았습니다. 연구학교[라는 방식]를 이용해 국정교과서를 적용·확대하려는 꼼수를 부리고 있습니다. 그러나 다행히 전국 5566개 학교 중에서 국정 역사 교과서 연구학교[로] 지정[된 곳]은 경북 문명고 단 한 곳뿐입니다. 사실상 교육부의 연구학교 지정은 참패했습니다. 이 것은 촛불의 힘이었다고 생각합니다.

지금 문명고에서도 수백 명의 학생·학부모들이 연구학교 철회를 요구하며 연일 집회를 이어 가고 있습니다. 친일·독재 교과서가 단 한 권도 학교에 들어오지 못하도록 함께 응원해 주십시오. 광화문의 열기가 경북 경산에 전해지도록 더 크고 환하게 촛불을 밝혀 주십시오. 박근혜 탄핵과 함께 박근혜 역사 교과서도 반드시 폐기시킵시다. 투쟁!

박혜신(대학생시국회의 집행위원)

[헌재의] 최종 변론 기일이 2월 27일로 확정됐습니다. 아마도 3월 13일 전에 평결할 가능성이 있어 보입니다. 이 또한 어떻게든 시간을 끌려는 박근혜의 숨통을 조여 온 바로 우리 촛불의 성과 아니겠습니까?

그런데 특검 수사가 2월 28일로 만료됩니다. 자유한국당이 '대선용 정치 공세'라며 특검 연장을 반대하고 나섰습니다. 그런데 박근혜와 그 일당, 황교안과 자유한국당이야말로 대선용 정치 놀음을 하는 것 아닙니까? 따라서 우리는 종신형 받아야 마땅한 박근혜를 반드시 감옥행 급행 열차에 태울 것입니다.

[박근혜] 취임 [이래] 4년 동안 대학생들의 삶은 정말이지 지옥불이었습

니다. 박근혜 일당이 주고받은 뇌물은 우리의 삶을 제물[로 한 것]이었습니다. 경쟁 교육, 저질 일자리를 강요하는 교육 개악과 노동 개악, 그리고 세월호 참사가 있었습니다. 따라서 우리는 이 정권 자체를 종식시켜야 하지 않겠습니까?

그리고 여성으로서 한마디 하고 싶습니다. 박근혜, 제발 '약한 여자'라고 하지 마십시오. 박근혜가 '외톨이'라고, '괴롭힘 당한다'고 하는데, 자기가 외톨이인 것이 우리 탓입니까? 자신이 짓밟은 여성·청년·이주 노동자를 생각하면 '약한 여자'라는 말은 입에 올릴 수도 없을 것입니다. 따라서 박근혜가 '약한 여성'이라며 세월호 [참사]의 책임을 묻지 말라고 하는 것은, 저와 다른 여성들을 모욕하는 것입니다. 따라서 우리는 특검을 연장해서 박근혜와 황교안이 불꽃 길을 걷게 만들어야 하지 않겠습니까?

마지막으로 민주당과 야당에 말하고 싶습니다. 특검 연장[을] 쉽게 포기하려는 것 같은데, 촛불은 당신들을 엄호하[려고 있]는 것이 아닙니다. 촛불은 오직 민중의 마음만을 대변하는 것입니다. 따라서 말만 하지 말고, 싸울 거라면 제대로 싸우시길 바랍니다.

누가 먼저 꺼지나 봅시다. 촛불이 먼저 꺼지는지, 박근혜가 먼저 꺼지는지. 저는 우리 촛불이 승리할 수 있을 것이라 생각합니다. 박근혜는 퇴진하라! 박근혜를 구속하라!

특별취재팀, 〈노동자 연대〉 198호(2017-02-25) 축약.

19주
우익 준동 우습다,
반드시 박근혜를 쫓아내겠다

"1년 전 3월 2일 박근혜와 새누리당은 테러방지법을 통과시켰다.
그러나 그런 악법도 박근혜 정권이 대중의 항거로 궁지에 몰리는 것을
막을 수 없었다. 정권의 악행보다 노동자·민중의 분노가 컸다."

2017-02-27　　황교안, 특검 연장 거부, 사드 부지 확정

2017-02-28　　정세균, 특검 연장법 직권 상정 거부

2017-03-01　　발악하는 우익 관제 데모에 맞서, 18차 범국민행동의 날(30만)

2017-03-02　　'국정 역사 교과서 연구학교' 문명고 학생들 반대 시위, 입학식
　　　　　　　취소

2017-03-04　　19차 범국민행동의 날 "진짜 민심을 보여 준 105만의 분노" (서
　　　　　　　울 95만, 전국 105만)

특검 연장 거부는 범죄 은폐 시도

박근혜의 공범 황교안은 퇴진하라

대통령권한대행 황교안이 특검 수사 기간 연장을 끝내 거부했다. 정확히는 특검을 해체해 버린 것이다. 마치 박근혜의 치부와 연결된 우병우의 혐의에 청와대 특별감찰실이 주목하자, 이를 공중분해시켜 버린 것을 연상시킨다. 박근혜·황교안이 국가정보원의 대선 개입을 수사하던 검찰총장을 날려 버린 일도 떠오른다.

특검 수사 기간 연장이 필요한 이유는 박근혜 정권 4년 동안 곳곳에 쌓아 놓은 비리와 악행이 너무 많기 때문이다. 청와대, 비선 실세, 각 부처, 기업주, 언론 등이 유착해 저지른 정경유착, 부정 축재, 세월호 참사 구조 방기, 블랙리스트 통치 등등.

게다가 이 수사는 아직 임기가 남은 정권을 대상으로 한 수사였다. 정권 차원의 증거 은폐, 박근혜의 범죄 은폐 교시 인터뷰, 초기 검찰 수사 부실 등 수사 방해 시도가 끊이지 않았다.

그 결과, 우병우와 문고리 3인방, 삼성 이재용을 제외한 나머지 기업 총수들에 대해서는 수사를 제대로 하지도 못했고, 박근혜의 몽니로 박근혜 대면 조사와 청와대 압수수색도 하지 못했다. 이런데도 검사를 30년이나 한 자가 수사가 충분했다고 하니, 공범을 자인한 것이 틀림없다!

이런 조직적 방해에도 정권 퇴진 운동의 강력한 압박을 배경으로 특검 70일은 소기의 성과를 거두기도 했다. 특히, 정권의 유력 실세들이 여럿 구속됐다. 최순실과 비선 실세들, 김기춘, 조윤선, 안종범, 문형표 등 청와대와 내각의 실세 관료들, 재계 1위인 삼성 이재용 등.

황교안은 박근혜와 나머지 기업 총수가 구속되지 않도록 특검을 해체한 것이다. 황교안 스스로 범죄 은폐의 종결자 구실을 하는 것은 그가 박근혜 정권의 핵심적 일부이기 때문이다. 그래서 새누리당(자유한국당)이 특검 연장에 반대하며 황교안의 뒤를 받친 것이다.

황교안은 이 정권이 시작할 때부터 내각 구성원이었다. 실세 장관과 총리로 박근혜의 범죄적 통치에 앞장서 왔다. 그는 법무부 장관으로서 국정원 대선 개입 수사를 가로막았고, 통합진보당 해산을 주도했다. 심지어 세월호 참사 수사를 방해했다는 의혹도 받고 있다. 박근혜 국회 탄핵 가결 후에도 한일 '위안부' 합의를 옹호하고, 국정교과서, 노동 개악, 사드 배치 등을 강행하며 박근혜 적폐의 대행자 구실을 해 왔다.

한편, 여러 여론조사에 이미 대선 후보로 포함돼 있는 황교안이 특검이 대선에 영향을 미칠 수 있다며 연장을 거부한 것은 사실상 검찰에 대선 기간 수사하지 말도록 가이드라인을 제시한 것이다.

따라서 황교안의 특검 해체는 퇴진 운동에 대한 도발이다. 우리 운동은 부패한 통치자들의 단죄를 요구해 왔다. 바로 이런 더러운 일들을 예상해 박근혜 국회 탄핵 이후 황교안 퇴진 요구가 커져 온 것이다.

선출된 적도 없고, 오로지 박근혜의 비호와 임명으로 버티다가 운좋게 대통령권한대행 자리에 오른 이 자격 없는 자를 끌어내야 한다.

애초에 정권이 통째로 연루된 권력형 부패를 다루는 특검법이 수사 기간을 최장 100일로 제한하고, 그나마 그중 30일 연장도 수사 대상인 대통령의 승인을 받도록 한 것이 문제였다. 여기에는 민주당의 책임이 크다. 지난해 11월경 민주당 지도자들은 박근혜 퇴진보다는 범죄 소굴이 된 청와대와의 협상을 통해 2선 후퇴 후 거국 총리 임명 같은 정치 거래에 더 관심이 많았다. 이 당 소속인 국회의장 정세균은 특검법 개정안의 직권상정마저 거부해 박근혜 일당의 부담을 덜어 줬다.

촛불은 이런 꼴을 보려고 한겨울 영하 10도의 혹한과 눈비를 견디며 다섯 달째 거리 투쟁을 벌여 온 것이 아니다. 그러나 퇴진 운동이 계속해서 강력한 힘을 보여 준다면, 향후 특검이 재개되든 검찰 수사로 넘어가든 검찰 수사 막판에 그랬듯이 소기의 성과를 이끌어 낼 수 있을 것이다.

거리의 민중은 박근혜가 임명한 마름이 박근혜 없는 박근혜 정부를 계속 유지하는 것을 보고 싶지 않다. 박근혜의 공범이 정권 퇴진과 적폐 청산을 가로막는 것을 바라지 않는다. 황교안은 퇴진하라.

김문성, 〈노동자 연대〉 198호(2017-02-28).

빗속의 30만 "반드시 박근혜를 쫓아내겠다"

박근혜는 탄핵심판 최종변론에서 자신은 한순간도 사익을 추구한 적이 없다고 말했다. 그러나 지난 다섯 달 동안 드러난 건 박근혜가 대통령으로 있는 것 자체가 사익 추구였다는 것이다.

최근 박근혜는 군대 출동 어쩌고 하는 여론 조작용 관제 데모를 주도해 온 박사모에게 격려 편지를 보냈다. 박근혜는 자신이 선임한 변호인이 '아스팔트에 피' 어쩌고 하는데, 단 한마디도 사과하거나 자신의 뜻은 아니라는 말을 하지 않는다. 이런 가증스런 협박과 작태야말로 박근혜의 대통령직 수행이 사익 추구 그 자체일 뿐이라는 증거다.

이런 박근혜 일당의 생떼가 이른바 3·1절 탄핵 기각 집회로 마치 큰 여론인 듯 비칠까 봐 30만 명(연인원, 주최 측 발표)이 광화문 광장으로 나왔다. 지난주 토요일 시위 참가자 수(100만 명)보다 줄었지만, 우익이 3·1절의 상징성과 언론의 스포트라이트를 독차지하지 못하게 할 수는 있었다.

그럼에도 우익은 이날 최대 인원을 동원해 10만~20만 명이 모였다. 퇴진 운동이 8부 능선을 넘어가고 있지만, 박근혜 일당이 매우 거세게 반발하고 있어 그 결론이 보장돼 있는 것은 아님을 경고한다. 그런 점에서 퇴진행동 측이 3·1절 동원을 늦게 발동한 것은 아쉽다. 우리 측이 정치적 분수령의 날에 충분히 동원하지 못한 반면, 우익은 전국 총동원을 했다.

우익은 광화문 촛불 집회장에 대형 앰프를 대놓고 집회를 계속해서 방해했다. 그들은 오늘의 집회 양상을 또 왜곡해 가짜 뉴스를 불사하며 여론 조작에 이용하려 할 것이다. 박근혜가 오늘 집회를 보고 오판해 더한층의 도발을 하려 할 수 있다. 능히 그러고도 남을 작자라는 걸 우리 모두 안다. 황교안은 3·1절 기념사에서 한일 '위안부' 합의를 존중해야 한다고 했고, 국방부는 사드 배치를 대선 전에 끝내기로 합의했다.

오늘 경찰은 양쪽 충돌을 방지한다는 명분으로 광화문 광장을 경찰 차벽으로 꽁꽁 에워싸 오히려 퇴진 집회를 더 위축시키는 효과를 주려 했다. 음주운전 범죄를 저지르고도 거짓말로 징계를 면한 주제에 충성의 대가로 박근혜의 경찰청장이 돼 법치 운운하는 이철성이 황교안의 지시로 이런 작태를 주도했을 것이다. 경찰은 지난해 매번 촛불의 규모를 턱없이 축소해 발표하던 집회 인원 추산 발표를 우익 집회가 자신들의 규모를 뻥튀기하면서부터 하지 않고 있다. 그 추접한 의도는 뻔하다.

오늘의 이런 아쉬움은 퇴진행동이 우익의 3·1절 총동원령에 신속하게 반응해 곧바로 대응 집회를 잡고 맞불 동원을 강조하지 못해 시간을 낭비한 일을 돌아보게 한다. 그 때문에 행진로 등 집회 신고에서도 불리한 처지가 된 것이 오늘의 경찰에 포위돼 집회를 치르는 옹색한 그림에 영향을 미쳤다.

그럼에도 긴급하게 호소한 집회에 악천후를 무릅쓰고 참가해 자리를 지킨 참가자들의 의지는 돋보였다. 비가 내리기 시작하자 우익 집회는 흩어지기 시작했고 결국 공언한 청와대 행진을 취소했지만(일부 우익은 개별적으로 청와대로 갔다), 광화문의 촛불은 빗줄기가 거세져도 계속해서 불어났다. 참가자들은 비를 맞으면서도 청와대 앞으로 수만 명이 박근혜 퇴진·구속을 외치며 행진했다. 행진 대열은 박근혜 구속, 황교안 퇴진 구호를 외칠 때 가장 목소리가 컸다.

촛불은 3월 4일 주말 집회에 다시 100만 명 이상이 집결해 진정한 민심이 무엇인지 보여 줘야 한다. 여전히 열 명 중 여덟은 박근혜 탄핵에 찬성한다. 한 행진 방송차 사회자의 말처럼, 이 광장의 주인이 누구인지, 이 거리의 주인이 누구인지, 이 나라의 주인이 누구인지 똑똑히 보여 줘야 한다. 반드시 박근혜를 쫓아내 달라는 오늘 '위안부' 피해자 이용수 할머니의 간절한 호소에 응답해야 한다.

도대체 '아스팔트에 피' 운운하는 자들에게 권력을 되돌려 준다는 게 말이 되는 일인가? 그것은 1500만 퇴진 운동에게 용납될 수 없는 범죄 행위다. 그것이 비록 우익의 기세를 꺾진 못했지만 악천후를 뚫고 모인 대중의 의지다. 탄핵은 인용돼야 하고 탄핵 기각은 결코 수용할 수 없다는 것을 퇴진 운동을 대표하는 퇴진행동은 공개 선포해야 한다. 헌재가 탄핵 각하나 기각 결정을 내린다면, 우리가 더 격렬한 저항으로 박근혜를 직접 끌어내리겠다고 선언해야 한다. 피눈물은 박근혜가 흘려야 하고, 그 장소는 감옥 안이 돼야 한다.

광장의 목소리

이용수('위안부' 피해자 할머니)

여러분! 역사의 산증인 이용수입니다.

대한민국[의] 주인은 누구입니까? 우리 국민입니다. 바로 여러분입니다! 박근혜는 심부름꾼일 뿐입니다. 그런데도 이렇게 국민을 고생시킵니다.

여러분, 저희들은 독립운동[의] 선두에 섰습니다. 포탄이 빗발치는 데[에서] 살아남아 여러분 앞에 똑똑히 이렇게 서서 이야기할 수 있다는 것, 정말 여러분[들이] 보고 싶었고, 한없이 반갑습니다.

저희들[의] 문제, 이 큰 역사[의 상흔], [우리는] 아무 죄도 없습니다. 저는 15살에, 밤에 일본 군인에 끌려가 가미가제 부대로 갔습니다. 군인[들이 있는] 방에 들어가지 않는다고, 전기 고문[뿐 아니라] 갖은 고문을 당했습니다. [우리는] 아무 죄도 없습니다.

그런데 박근혜 정부가 한마디 말도 없이 [합의를 했다는 사실을] 전혀 몰랐습니다. 한일 '위안부' 협상을, 2015년 12월 28일에, 협상을 했습니다. [이것이] 있을 수 있는 일입니까? 여러분들[의] 선조님들[도 일제 때] 다 끌려갔습니다. 저희들만 피해자가 아니고 여러분들도 피해자입니다.

저희들[에게는] 돈이 문제가 아닙니다. 25년간 비가 오나 눈이 오나, 공식적으로 사과하고 법적 배상[하라고] 요구했습니다.

헌데, 여러분! 역사의 산증인이 이렇게 있는데도 [박근혜는] 멋대로 돈[으로 해결하려 하지만], 돈이 [문제가] 아닙니다. 저희는 명예 회복을 해야 합니다. 사죄[를] 받아야 합니다. 우리 후세대, 이 대한민국의 자존심이 저희들입니다. 박근혜는 탄핵해야 합니다! 구속해야 합니다!

외교부 장관 윤병세, 시민의 이름으로 해임했습니다! 여러분, 우리는 특별한 우리의 대한민국을 지키는 후손들에게, 역사를 떳떳하게 넘겨줘야 합니다. 새로운 정치로, 새로운 대통령으로 우리 대한민국을 튼튼하게 지켜 주시도록 이 역사의 산증인 이용수 엎드려서 빌겠습니다.

제가 나이가 아흔입니다. 하지만 여러분! [저는] 여성 인권 운동가로서 세계 평화를 위해 여러분들과 같이 오래오래 살렵니다! 200년 살렵니다! 감사합니다.

변성호(전교조 해직 교사)

여러분 사랑합니다. 자랑스럽습니다. 방금 소개받은 해직 교사 변성호입니다.

저는 오늘 광화문 광장을 오면서 가슴 찢어지는 아픔을 느꼈습니다. 그리고 분노를 느꼈습니다. 그러나 오늘 이 자리에, 범죄자를 처벌하고, 적폐를 청산하고, 새로운 세상을 향해서 함께해 주시는 촛불 시민 여러분을 보면서 감동과 희망을 느꼈습니다.

오늘이 무슨 날입니까? 일제 강점기에 우리 백성들은 초근목피하면서 근근이 살아도, 이 나라 이 산하 이 겨레를 구하기 위해 모든 것을 바쳤습니다. 그러나 그 당시에도 호의호식하는 사람들이 있었습니다. 그들이 누구입니까? 이 나라 이 민족을 팔아먹은 자들 아닙니까? 그들이, 100년이 다 돼 가는 지금도 여전히 대한민국을 능멸하고 대한민국을 농단하고 있지 않습니까?

그래서 우리 촛불들이 이렇게 모였습니다. 우리 촛불들이, 그러나, 한 발 한 발 세상을 바꿔 나가지 않겠습니까?

이제 박근혜는 탄핵되고 구속당할 것입니다. 그러나 아직 박근혜는 바로 이곳 청와대에서 버티고 있습니다. 어떻게 해야 하겠습니까? 저는,

국민이 위임해 준 권력을 사유화하고, 사적 이익에 탐닉하며 국민에게 고통을 불러 온 범죄자들을 반드시 처벌해야 한다고 생각합니다.

우리 대한민국의 역사는 안타깝게도 왜곡된, 굴복된, 잘못된 역사입니다. 우리는 그 역사를 잊어서는 안 됩니다. 역사를 망각하는 자, 그 민족에게는 미래가 없다고 했습니다.

독재와 탄압에 맞서 민주주의를 지켜 내고, 노동자 민중의 삶을 지켜내기 위해 오늘도 많은 사람들이 이 자리에 왔습니다. 이제 우리가 정말 끝을 내야 합니다.

지금 이 시간에도 국정 농단의 주범과 공범과 부역자들은 국민의 민심, 촛불의 명령을 거역하면서, 오히려 이 대한민국을 혼란에 빠뜨리고 있습니다. 그래서 우리는 두 눈 부릅떠야 합니다. 깨어 있는 민중만이, 이 대한민국을, 침몰하는, 가라앉는 대한민국을 건져낼 수 있습니다. 그리고 끝까지, 끝까지 싸워야 합니다.

'인디언'[아메리카 선주민]의 우화가 하나 있습니다. 오늘 비와 맞는 이야기입니다. '인디언'들은 땅이 쩍쩍 갈라지는 가뭄 때 절절한 마음으로 비를 바라면서 기우제를 지낸다고 합니다. 그리고 '인디언'들이 기우제를 지내면 반드시 비가 온다고 합니다. 그 이유가 무엇인지 아십니까? 그들은 기우제를 비가 올 때까지 쉼 없이, 멈추지 않고 지내기 때문입니다. 우리가 새로운 세상을 만들기 위해서는 어떻게 해야 하겠습니까? 끝까지 가야 합니다. 끝까지 싸워야 합니다. 그래서 반드시, 우리가 바라는 세상, 아름다운 세상 만들어야 하지 않겠습니까?

우리 촛불은, 고통과 불평등이 없고, 정의와 진실이 세상을 밝히며, 평등과 평화가 우리에게 다가오고, 청소년들이, 청년들이, '헬조선'이라고 하는 탄식과 절망이 아니라, 꿈과 배움과 행복과 우애를 노래하는 세상을 만들어야 하지 않겠습니까? 힘 없고 가난한 자들도 일하는 만큼 작은 꿈이라도 이룰 수 있는 세상, 모두가 행복을 이룰 수 있는 세상, 그런 세상을 만들어야 하지 않겠습니까?

그런 세상, 누가 만듭니까? 우리가 만듭니다. 우리 촛불이 만듭니다. 우리가 촛불 혁명을 완수할 때까지 촛불을 더 높이 들고 세상을 바꿔 냅시다. 우리가 승리한다! 촛불이 승리한다!

최영준(퇴진행동 공동상황실장)

단 하루도 못 참겠다! 박근혜를 구속하라! 헌재는 탄핵하라! 황교안은 박근혜다! 황교안도 퇴진하라!

시민 여러분, 우리가 박근혜 퇴진을 광장에서 외친 지 벌써 124일째입니다. 1년 중 3분의 1에 해당하는 기간 동안 매주 주말에 광장을 메워 왔습니다. 이제 박근혜 탄핵 인용이 얼마 남지 않았습니다. 이럴 때일수록, 박근혜 세력은 더욱더 발악할 것입니다. 오늘 박근혜 세력은 총집결했습니다. 그리고 평화롭게 집결한 촛불에 도발하고 있습니다.

박근혜는 최후 변론에서 자신의 잘못을 인정하지 않고 "왜곡보도와 촛불" 때문에 이렇게 됐다고 항변했습니다. 물론 1000만 촛불과 그 촛불을 지지하는 시민들이 있었기에 현재 상황까지 온 것은 분명합니다.

하지만 친박 세력[이 말하는 것]처럼, 아무 잘못도 없는 박근혜를 우리가 공격한 것입니까? 부정부패의 온상, 정경유착의 온상인 미르·K스포츠 재단이 좋은 뜻으로 [돈을] 모은 것이고 우리가 이런 '선의'를 왜곡하고 음해하고 있습니까? 재벌들이 아무런 이익도 없는데 수백억을 기부했겠습니까?

무엇보다 박근혜 정권은 초반부터 잘못된 정권이었습니다. 국정원의 선거 개입으로 시작해 2년차에 세월호 참사가 벌어졌고, [세월호 참사 희생자를] 구하지 않은 것뿐 아니라, 지금까지 진실 규명을 방해해 왔습니다. 이것이 '대한민국과 결혼했다'는 박근혜의 실체입니다. 이것만으로도 박근혜는 퇴진해야 합니다. 우리는 용서할 수 없습니다. 무엇보다 박근혜는 박사모의 태극기 집회와 격려 편지를 보며 고무됐다고 합니다. 따라서 우리는 친박 세력이 발악할수록 더욱더 규모를 키우고 힘을 모아야 합니다.

한편, 황교안은 기어코 특검 수사 연장을 거부했습니다. 황교안이 특검의 청와대 압수수색을 막은 것을 보면, 박근혜의 호위무사이자 '박근혜 없는 박근혜 체제'에서 우파들의 결집을 호소하는 것이 바로 황교안이라는 것을 알 수 있습니다. [특검 해체는] 무엇보다 박근혜와 다른 재벌 총수와 공범자로 수사가 확대되는 것을 막기 위한 것입니다. 그동안 황교안은 국정원 대선 개입 수사를 가로막고, 통합진보당 해산[을] 주도[했고], 심지어 세월호 [참사 진상 규명] 수사도 방해했습니다. 박근혜 직무정지 시기에도 한일 '위안부' 합의 옹호, 국정교과서 [강행], 사드 배치 강행, 안보 위협을 하고 있습니다. 이런 자들이 구속될 때까지 이 투쟁 멈출 수 없습니다.

또 우리를 열 받게 하는 것은 주류 야당입니다. 국회의장 정세균은 [특검법 개정안] 직권상정을 거부했습니다. 대선 후보인 문재인은 탄핵을 기각하면 승복하겠다고 합니다. 우리가 기각을 승복할 수 있습니까?

조선일보는 문재인을 칭찬하며 이제 [문재인이] 촛불 집회 중단을 요구하라고 합니다. 야당의 유력한 대선 후보가 광장의 목소리를 듣고 있지 않는다면, 퇴진행동은 국회의장과 주류 야당에게 분명하게 경고합니다. 특검법 개정안을 처리하고, 박근혜 적폐를 청산하기 위해 모든 노력을 기울이십시오. [민주당이] 자유한국당·바른정당 평계 대며 촛불의 민심을 거듭 외면한다면 비판을 면하기 어려울 것입니다.

마지막으로, 퇴진행동은 탄핵심판일까지 3월 4일, 3월 11일 계속 광장에 모일 것이고, 탄핵심판일에는 저녁에 이곳에 모여서 대규모 집회를 할 것입니다. 탄핵이 인용된다면 1차 승리를 자축하며 다음 투쟁을 결의하겠지만, 만에 하나 기각된다면 헌재가 촛불 민심을 저버린 것을 규탄하고 박근혜 퇴진을 요구하며 강력한 항의 행동을 할 것입니다. 민주노총은 즉각 총파업으로, 농민은 농기계 시위로, 학생은 동맹휴업으로 투쟁을 전면화해야 할 것입니다. 퇴진행동과 함께 1000만 촛불 끝까지 함께 갑시다!

이재동(사드배치철회 성주투쟁위 부위원장)

우리 땅을 미국에게 주는 데 국민들에게 한마디도 물어보지 않았습니다. 법적으로도 하자투성이입니다.

박근혜의 하수인인 한민구는 즉각 해임돼야 합니다. [박근혜의] 공범인 황교안, 국방부 [장관] 김관진도 구속해야 합니다. [이를 위해 저희는] 232일째 하루도 쉬지 않고 촛불을 들어 왔습니다.

사드 부지[를] 제공한 롯데는 망할 것입니다. 우리가 새누리당 망하라고 장례 지내니까 새누리당 망하지 않았습니까? 그러니까 롯데도 망할 것입니다. 국민을 기만하며 사드 부지 협정을 한 롯데는 망할 것입니다. 중국이 망하게 못 하면, 우리가 망하게 할 것입니다. 롯데는 대한민국의 주권을 팔아먹고, 국방부는 롯데를 협박해서 우리의 군사 주권을 팔아먹었습니다.

한민구를 구속하라! 김관진도 구속하라! 사드 배치 무효다!

사드는 정말로 이 땅에 전쟁을 불러올 무기입니다. 한순간에 우리의 생명과 평화를 빼앗아 갈 수 있는 무기입니다. 지금 우리 성주 소성리 할머니들이 울고 있습니다. 할머니들의 눈물을, 우리 국민들이 함께 투쟁해서 닦아 주었으면 좋겠습니다. 사드를 막아내는 것이 우리의 주권을 지키는 일이고, 우리의 주권을 지켜야 대한민국 국민으로 살아갈 가치가 있습니다. 사드 배치 때문에 경제가 당장 힘들어질 수 있습니다.

특검이 박근혜[를] 구속 수사하고, 최순실과의 범죄를 더 밝혀내야 합니다. 국정 농단 범죄자들을 구속하고, 주권 국가의 국민으로 살아가고 싶습니다. 끝까지 사드 배치[를] 철회해서, 헌정[을] 유린[한] 모든 범죄자들을 처벌하고, 100년 가까이 이어온 잘못 흘러온 이 역사를 끊어냅시다. 살기 좋은 대한민국 만듭시다. 사드 대신 평화협정! 사드 가고 평화 오라!

김승주(이화여대 학생, 노동자연대 학생그룹 회원)

얼마 전 박근혜가 자진 사퇴 얘기를 꺼냈습니다. 하지만 저는 자진이라는 표현이 웃기다고 생각합니다. 탄핵이든 사퇴든, 바로 우리의 손, 우리의 힘, 우리의 행동이 박근혜를 여기까지 끌어내린 것 아닙니까?

그리고 바로 그 힘으로 우리는 박근혜를 끝내 구속시킬 것입니다. 황교안과 재벌들 같은 공범들을 처벌할 것입니다. 세월호 참사 [진상 규명], 노동 개악 [철회], 한일 '위안부' 합의 [폐기] 등, 박근혜가 남긴 적폐들을 일소할 때까지 [우리는] 이 촛불의 행렬을 멈추지 않을 것입니다.

여당을 포함해 야당 일부 의원들마저, 헌재가 탄핵을 기각해도 [그 결과를] 수용해야 한다고 하던데, 저는 생각이 다릅니다. 여러분 어떠십니까? 저는 탄핵이 기각되면 헌재로 쳐들어가야 한다고 생각합니다. 반대로 탄핵이 인용되면, 우리 어디로 가야겠습니까? 청와대로 가서 박근혜를 우리 힘으로 끌어내 감옥에 처넣어야 하지 않겠습니까?

발악하는 우익에 맞서 모인 용감한 촛불 여러분, 오늘 우리는 1919년 일제의 지배에 맞서 들고일어났던 민중들처럼, 박근혜 탄핵 만세, 박근혜 정권 퇴진 만세, 그 역사의 무대 위로 당당하게 올라설 우리 촛불 만세를 외치기 위해 나왔습니다. 우리 이 기세를 몰아 박근혜 없는 봄을 맞으러, 끝까지 갑시다! 저도 촛불과 끝까지 함께하겠습니다.

특별취재팀, 〈노동자 연대〉 198호(2017-03-01) 축약.

헌재는 박근혜를 탄핵하라

우익 준동의 의도와 운동의 과제

3·1절 우익 총동원 집회에 10만~20만 명이 모이자, 예상대로 청와대는 탄핵 찬반 여론이 반반이라느니, 3월 4일 집회도 기대한다는 식의 반응을 보였다고 한다.

그 자신이 조종하고 독려한 시위로 여론 운운하는 것을 보니 가소롭다. 박근혜는 3·1절 우익 총동원 집회를 앞두고는 박사모에게 직접 격려 메시지를 전했다. 국회의 탄핵소추 이후 박근혜가 표명한 입장들은 탄핵 반대 집회의 명분과 논리가 돼 왔다. 새누리당(자유한국당)과 박근혜 변호인단은 이 집회의 단골 연사들이다. 친박 우익 단체들을 청와대 행정관이 관리하고, 삼성과 전경련이 자금을 대 왔다는 의혹이 강력하게 제기된 지 한참이다. 미르·K스포츠 재단 만들고 돈 모으는 일에서만 박근혜와 전경련이 한통속인 게 아니었던 것이다.

진정한 바닥 민심이 아니라 위에서 조직한 운동이었으므로 3·1절 '옹박擁朴' 집회가 성공했다고 해서 '열에 여덟'이 박근혜 퇴진을 바라는 여론 지형을 바꾸지는 못했다. 퇴진 운동의 3·1절 집회 규모는 주말 집회보다 크게 줄었어도, 여전히 매주 평균 약 80만 명이 참가하는 이 운동에 우익 집회를 들이댈 일은 아니다.

그럼에도 '열에 둘(우익)'이 넋 놓고 있는 것과 총력 동원을 하며 기를 살리려는 것이 다른 것도 사실이다. 이 과정에서 박근혜 측이 불공정 시비와 세 과시로 헌법재판소를 압박한 것은 평결 지연이라는 일말의 가능성을 시험해 본 것이었다. 밑져야 본전이니 말이다.

그리고 이는 그들로서는 최악의 경우(탄핵 인용)에도 자기 대오를 유지하고 결속할 명분을 만드는 것이다. 다음 정권이 경제 회복에 실패하고, 경제 위기 고통 전가 정책 등을 펴다가 인기가 떨어지면 우파에게도 재기의 기회가 있을 것이기 때문이다. 그러니 아직 정권의 임기가 남은 동안 그 힘을 이용해 최대한 자기 세력을 결집해 다음 기회를 엿볼 태세를 갖추려는 것이다. 최악의 경우를 대비한 박근혜식 '질서 있는 퇴각' 계획인 것이다.

적폐 청산

게다가 너무 부패하고 민망한 실상 때문에 박근혜 제거에는 동의한 지배계급의 일부(아마도 상대적 다수)도 박근혜의 적폐 정책들까지 버릴 생각은 없다. 경제 위기 고통 전가, 블랙리스트 통치로 민주적 권리 옥죄기, 한일 '위안부' 합의나 사드 배치 같은 친제국주의 정책 펴기 등으로 노동자·민중을 무시하고 못살게 구는 일들 말이다. (박근혜가 자신이 사익을 추구하지 않았다고 강변한 것은 순전한 거짓부렁이지만) 그의 부패는 기업주들과 공모해 벌인 것이지, 기업주들을 괴롭히거나 이윤 추구를 방해한 것이 아니다.

그래서 박근혜와 거리를 두는 우익 언론들조차도 지금은 촛불 운동과 좌파, 노동운동을 비난하는 데 더 열중한다. 황교안이 권한대행으로 박근혜가 없는데도 박근혜 정부처럼 유지하는 것에 호의를 보낸다. 또한 이 운동의 발전 수준 때문에 아직은 정치적 헤게모니가 주류 야당에 있다는 약점을 이용하려고 야당 대선 후보들을 흠집 내는 데 신경 쓴다. 마치 탄핵 찬반 의견이 팽팽한 것처럼 호도하며 우익 결집을 일부 돕기도 한다.

저들은 사람(박근혜)은 미워해도 (박근혜) 정권은 미워하지 말라고 우리에게 삿대질을 하는 것이다. 실제로 황교안 내각은 노동 개악도 포기하지 않았고, 사드 배치와 국정교과서 실시를 강행했다. 국가보안법 탄압도 벌였다. 3·1절에 한일 '위안부' 합의를 존중하라고 도발했다. 경찰은 3·1절에 교묘하게 퇴진 집회를 방해하며 우익 집회의 기세가 돋보이도록 유도했다.

이런 동향 때문에 헌재의 탄핵심판 전망이 퇴진 지지 측에 다소 유리해 보인다고 해서 결코 방심해서는 안 되는 것이다.

게다가 2월 말 3월 초에 퇴진 운동의 방심과 주류 야당의 기만 때문에 우익의 책략이 일부 성공해 그들의 기를 살려줬다. 특검 연장 무산이 대표적이다.

야당은 아직 특검 연장 결정 시한이 1주일가량 남았던 2월 23일에 국회 처리 무산을 선언해 버려 결과적으로 특검 연장을 거부하려는 황교안의 부담을 덜어 줬다. 결국 황교안이 27일에 특검 연장을 거부하자, 이번에는 특검법 개정의 국회 처리를 무산시킨 요인들(자유당의 반대, 국회의장의 직권상정 거부)이 하나도 바뀌지 않았는데도 황교안 탄핵이니 특검법 개정이니 믿기 힘든 '빵카드'만 날리면서 면피를 하려 했다. 야당을 압박하되, 믿어서는 안 되는 이유다.

아래로부터의 투쟁

퇴진 운동은 처음부터 박근혜 1인 제거가 아니라 정권 퇴진 운동이 었다. 노동자·민중의 대다수는 정권 퇴진을 통해 부패한 인물들을 처벌하고, 가진 자들만 대변하는 정책들을 중단시키고 싶어서 이 운동에 매주 참가하고 열렬한 지지를 보낸 것이다.

그러려면, 헌재 평결 이후에는 아래로부터의 운동을 억제하고 정치 체제의 안정을 재구축하고 싶어 하는 지배계급의 나머지와도 싸워야 한다.

주류 야당이 특검 연장을 진지하게 추진하기보다 쇼만 하고 그만둔 것만 봐도 그렇다. 최근 민주당의 우클릭에는 단지 중도보수층 표를 얻을 계산만 영향을 미치는 것이 아니다. 그들도 기성 체제를 지지하는 야당으로서 지난 다섯 달간의 정치 상황을 정리하는 것에는 이해관계를 같이하기 때문이다. 주류 야당들은 운동이 자신들에게 도움이 될 정도로만 얌전하게 유지되길 바란다.

또한 아래로부터의 투쟁을 통한 자진 사퇴(항복)와 달리, '탄핵 인용'으로는 박근혜 정부가 곧바로 끝나지 않는다. 별다른 일이 없는 한 박근혜 정부는 황교안(혹은 그 후임) 같은 자들의 통솔 아래 조기 대선이 끝나는 날까지 유지된다.

따라서 퇴진 운동은 계속 힘의 우위를 유지하려 해야 하고, 탄핵이 인용돼도 조직을 유지하고 시위를 계속해야 한다. 그렇게 해서 향후 진행될 검찰 수사와 재판에도 압력을 가해야 하지 않겠는가? 또한 우익 결집에도 맞서야 한다. 그래야 지배계급이 운동을 함부로 다루지 못할 것이다.

박근혜 퇴진(탄핵)이라는 1차 목표를 이룬 자신감으로 적폐를 유지하려는 구체제의 인물·정책들에 맞서 곳곳에서 싸우도록 고무해야 한다. 노동자·민중이 벌이는 아래로부터의 투쟁만이 개혁과 변화를 이끌어 낼 진정한 동력이기 때문이다.

이미 퇴진 운동의 전진이 미친 영향들이 조금씩 엿보인다. 학생들이 대학본부의 친기업화 정책에 맞서 점거농성을 벌여 온 서울대에서 비학생조교들이 부당한 해고에 항의하는 농성을 시작했다. 이화여대 경비 노동자들은 노동조건 후퇴에 본관 점거로 맞서 승리했다. 경북 경산에서는 전국에서 유일하게 국정교과서를 채택한 학교 관리자들에 맞선 교사와 학생들의 저항이 거세다. 입학식이 무산될 정도다. 이런 일들이 더 많아져야 한다. 특히, 조직 노동계급의 파업과 시위가 많아져야 한다.

퇴진행동은 헌재 평결을 전후로 헌재 앞 대규모 집회를 열어야 한다. 탄핵 기각(또는 각하)은 결코 수용할 수 없고, 그럴 경우 더 격렬한 저항으로 박근혜를 직접 끌어내리겠다고 강조하고 준비도 해야 한다. 탄핵이 인용돼도 퇴진행동은 해산하지 말고, 조직 명칭과 투쟁 기조를 유지하며 주말 집회를 이어 가야 한다.

또한 지금보다 더 전진하고 싶어 하는 퇴진 운동 참가자들은 지금보다 더 급진적이고 계급적인 전망과 정치가 필요함을 이해해야 한다.

김문성, 〈노동자 연대〉 199호(2017-03-03).

운명의 일주일, 대중 동원에 최선을 다할 때

3월 1일 서울 한복판에서 탄핵 찬반 집회가 동시에 열렸다. 〈조선일보〉는 "낮엔 반탄(탄핵 반대), 밤엔 찬탄(탄핵 찬성)"이라고 머리기사 제목을 뽑았다. 1945년 12월 미국·영국·소련의 외상이 만나 한국 문제를 논의한 모스크바 3상회의 직후 벌어진 찬탁(신탁통치 찬성)/반탁(신탁통치 반대) 논란을 연상시키는 제목이다.

실로 3·1절 시위는 지난 넉 달의 시위 중 가장 대결적인 양상을 띠었다. 경찰이 차벽으로 두 집회를 완전히 차단했지만 곳곳에서 적의를 느낄 수 있었다. 정치적 양극화가 첨예하게 전개되고 있는 것이다.

거대한 퇴진 운동에 밀려 있던 우익이 기를 쓰고 세勢를 모아 최대 규모의 탄핵 반대 집회를 만들었기 때문이다. 우익은 이미 한 달 전부터 3·1절 총동원령을 내렸다. 이날 3·1절 시위에서 우익은 처음으로 청와대 쪽으로 행진했다.

우익 집회 참가자들은 나이 든 이들이 압도적이었다. "소외감과 전쟁에 대한 기억과 트라우마"(《한겨레》)를 공유한 이들을 박근혜 측이 비열하게 동원에 이용한 것이다.

헌재가 탄핵을 결정할 확률이 높으리라는 예측에 기대어 퇴진행동 측이 다소 마음을 놓고 있을 때, 우익은 발악적으로 상황 반전을 노렸다. 박근혜는 청와대에서 탄핵 여론에 저항하며 반동적 교시를 내렸다. 특히 1월 하순 설 연휴 직전 우익 인터넷 언론인 〈정규재 TV〉와 한 인터뷰가 3·1절 우익 총동원 '하명'이었을 것이다. 또, 미국에서는 강성 우파인 트럼프 정부가 출범하고, 김정남 피살로 북한을 악마화하고 안보 위기의식을 부추길 여건이 마련된 것처럼 보이는 상황도 우익에게 자신감을 줬을 법하다.

청와대는 3·1절 집회에 크게 고무된 듯하다. 일부 언론은 청와대가 "탄핵 찬반 여론이 5 대 5"가 된 것으로 본다고 보도했다. 박근혜 측 대리인단이 헌재에 탄핵을 각하하라고 새롭게 요구한 것도 이런 판단에서다. 그러나 탄핵 각하도 박근혜가 대통령직을 유지할 수 있게 하므로 현실에서는 기각과 동일한 효과를 낸다. 그럼에도 탄핵소추의 요건이 성립되지 않아 헌재가 인용/기각 판단을 하지 않는 것이므로, 헌재에게 빠져 나갈 구멍을 만들어 주는 것이다.

보수 신문들도 3·1절을 분수령으로 미묘하게 논조가 바뀌기 시작했다. 특히, 촛불과 태극기가 마치 대등한 "민심"인 것처럼 보도했다. 전에는 그러지 않았다. 지배계급의 다수는 박근혜의 버티기를 곤혹스럽게 여겼다. "넉 달 넘게 주말이면 서울 도심이 대규모 집회로 사실상 마비 상태"가 되는 상황을 신속하게 '정상화'(질서 회복)할 필요가 있었기 때문이다.

그러나 우익의 3·1절 동원이 "탄핵 찬반 여론 흐름의 변곡점이 됐을 것"이라는 청와대 측 발언은 교만하다. 최근 여론조사에서 탄핵 찬성은 여전히 80퍼센트에 육박한다. 반대는 20퍼센트가 안 된다. 헌재의 탄핵 인용을 예상하는 비율도 70퍼센트에 이른다.

또, 비록 시동을 늦게 걸긴 했어도, 퇴진행동 측도 3·1절 맞대응 집회를 열어 30만 명이 참가했다. 3·1절의 거리를 온전히 우익에 내주지는 않았던 것이다. 이런 동원은 탄핵 찬성 여론이 높은 수준으로 유지되는 데 한몫했을 것이다.

그럼에도 우익의 3·1절 동원이 퇴진 운동 측에 정치적 경각심을 불러일으킨 것은 사실이다. 헌재가 탄핵 인용을 할 확률이 아직은 더 높아 보이지만, 결론이 보장돼 있는 것은 아니다. 퇴진 운동이 팔부 능선을 넘어가고 있지만, 본디 고지를 눈앞에 두고 가장 치열한 전투가 벌어지는 법이다.

일부 언론들은 '남은 기간 모든 집회를 중단하고 헌재 결정을 기다려야 한다'며 짐짓 달리는 기차 위에서 중립을 표방한다. 친기업적이고 우익적인 언론으로 익히 알려져 있는 〈조선일보〉가 이런 호소를 한다는 게 가소롭다.

퇴진행동은 헌재의 선고 때까지 대중 동원에 최선을 다해야 한다. 민주노총도 조합원들에게 최대 동원 대기령을 내려, 헌재를 압박해야 한다.

아래로부터의 대중운동 덕분에 헌재가 탄핵을 인용하면 그것은 퇴진 운동이 거둔 중요한 승리가 될 것이다. 그렇다고 해서 상황 종료는 아니다. 우익이 헌재 결정에 승복해 순순히 거리를 떠나지 않을 수 있다. 또, 박근혜는 제거됐어도 박근혜 없는 박근혜 정권이 유지돼 국정원 같은 국가기구들이 대선에서 부정선거를 자행할 위험성도 없지 않다. 따라서 퇴진행동은 조직이 유지돼야 하고 박근혜 정권 퇴진 촛불은 정권이 물러날 때까지 계속돼야 한다. 퇴진행동의 정식 명칭도 박근혜정권퇴진비상국민행동이다.

행여 헌재가 국민 다수의 바람을 거슬러 탄핵을 기각하면, 즉시 대중적 저항을 시작해야 한다. 퇴진행동은 헌재가 탄핵을 기각하면 노동자 총파업을 포함해 박근혜 퇴진 투쟁을 전면화할 것이라고 결정했다.

김인식, 〈노동자 연대〉 199호(2017-03-03).

진짜 민심을 보여 준 105만 촛불

3월 1일 청와대가 3·1절 우익 집회에 고무돼 4일(토) 집회도 기대한다고 했다는 보도가 나왔다. 지난 다섯 달 동안 거리를 지켜 온 1500만 촛불에게는 이런 보도 자체가 모욕이었을 것이다.

이런 방자함이 교만한 착각이자 기만임이 드러나는 데 3일밖에 걸리지 않았다. 오늘 100만 가까운 사람들(주최 측 발표: 서울 연인원 95만 명 포함 전국 105만 명 참가)이 다시 광화문 광장을 채웠다. 오늘 참가자들은 마치 3·1절 양측 집회 후 여론이 양분된 것처럼 보도되는 것에 분개했을 것이다. 그래서 다시 광장과 거리의 주인이 누구인지 보여 주고 싶어 했을 것이다. 아마도 탄핵 전 마지막일지도 모르는 촛불에 꼭 참가해야 한다는 마음도 컸을 것이다.

19차례 촛불 동안 평균 80만 명 가까운 사람들이 광장을 채웠다. 이 운동의 정권 퇴진 요구는 국민 열에 여덟이 지지한다. 강성 우익 정권에게 개돼지 취급받던 사람들이 거대하게 몸을 일으켜 진정한 분노가 무엇인지, 진정한 민심이 무엇인지 보여 줬다. 이것은 촛불의 자부심이다. 사람들은 마지막까지도 오만방자함을 버리지 않는 정권에게 더는 얕보이고 싶어 하지 않는다.

그래서 1월 말부터 박근혜 일당과 우익들이 포기하지 않고 준동하자, 일종의 경각심을 갖고 참가 규모가 다시 비약적으로 커지기 시작한 것이다. 부패한 권력의 달콤함을 아는 자들일수록 쉽게 포기하지 않을 것이다. 당장 오늘 저녁 SBS는 국정원이 헌재의 탄핵심판 심리 동향을 사찰한 일을 폭로했다.

3·1절 우익 총동원에 맞서 첫 주중 시위이자 뒤늦게 공지됐던 3·1절 촛불에 악천후 속에서 사람들이 많이 나온 것도 바로 그런 경각심 때문일 것이다. 그리고 이것으로도 충분치 않아 보이자, 오늘 다시 100만 가까운 사람들이 나왔다.

1년 전 3월 2일 박근혜와 새누리당은 테러방지법을 통과시켰다. 야당들은 192시간 필리버스터를 하며 버텼지만, 결국 주류 악법의 통과를 묵인했다. 정부를 위협하는 발언만 해도 테러리스트로 간주될 수 있다는 악법, 국가정보원장에게 막강한 통제 권한을 준 반민주 악법이 통과된 것이다.

그러나 그런 악법도 박근혜 정권이 지금 같은 궁지에 몰리는 것을 막을 수 없었다. 정권의 악행보다 노동자·민중의 분노가 컸다. 오늘 광화문 광장에 모인 사람들은 청와대와 총리 공관, 헌재를 포위하고 거침없이 정권 퇴진과 탄핵을 외쳤다. 헌재가 탄핵을 기각하면 가만있지 않겠다는 연설이 환호를 받았다. 퇴진 운동의 물꼬를 튼 철도노조 파업에 대한 징계를 규탄하는 철도 노동자의 발언이 지지를 받았고, 열악하기 짝이 없는 비정규직 여성 노동자의 투쟁 발언이 환영을 받았다. 이 운동의 잠재력은 정권 퇴진(교체) 그 이상을 바라고, 박근혜 정권보다 더 깊숙한 곳을 위협한다.

사람들이 손에 든 팻말들은 헌재 탄핵과 박근혜 구속을 촉구하는 것들이 가장 많았다. 지배계급에 대한 수십년 전의 온정이, 집권한 야당의 사면 조처가 오히려 문제를 악화시켜 왔다고 보는 것이다. 대책 없는 용서가 아니라 이제는 정말 본때를 보여서 노동자·민중의 정의가 통하는 세상을 보고 싶은 것이다.

본대회 후 행진에서는 청운동을 가득 메운 행진(늘 가장 크다)과 함께 헌재 앞 행진이 컸다. (다른 행진도 마찬가지였지만) 율곡로와 종로 두 방향으로 간 헌재 방향 행진 대열도 힘과 분노, 자신감을 느끼게 했다. 종로1가에서는 방송차가 출발하기도 전에 수천 명이 출발했다. 이제는 익숙한 행진로를 성큼성큼 걸어 방송차 안내도 없이 헌재 앞에 도착했다.

헌재 앞 사거리를 양 방향에서 포위한 참가자들은 헌재가 만장일치로 박근혜를 탄핵해야 한다고 요구했다. 기각은 용납할 수 없다고 외쳤다. 다시 광장과 거리의 주인이 누구인지, 서로의 분노가 조금도 식지 않았음을 확인하고 고무된 사람들은 20초간 함성을 연속해서 세 차례 하고도 신나했다! 행진 중간중간 방송차에서 신나는 음악이 나올 때마다 몸을 흔드는 청년들이 눈에 띄었다.

이제 사람들은 누가 이 나라의 주인인지 보여 주고 싶어 한다. 물론 그러려면 운동은 더 깊어지고 더 급진적으로 돼야 한다. 거기에는 시간이 걸릴 것이다. 즉 끈질긴 노력이 필요할 것이다. 천하의 악당 정권을 거리의 힘으로 몰아낸 사람들의 일부는 기꺼이 그 시간(노력)을 감내하려 할 것이다. 그런 점에서 좌파들이 연합해 광장에서 사전 집회를 열고 이 운동의 목표를 이루기 위해 노동자 투쟁과 좌파의 과제를 제시한 것은 좋은 시도였다. 연설들도 매우 정치적이었다. 일반 참가자들까지 함께해 700여 명이 세종문화회관 계단을 가득 채워 1월의 1차 집회보다 더 규모도 커졌고 오늘 사전 집회들 중 두 번째로 컸다.

한편에서는 세계 여성의 날을 기념하며 여성 차별에 맞서 싸우자는 집회가 퇴진 운동의 사전 집회로 열린 것도 뜻깊었다. 두 개의 집회가 각각 열렸고, 이 집회들은 광장에서 환영받았다. 보신각에서 행진한 대열이 언론 노동자들과 연대의 구호를 주고받으며 서로 응원한 것도 이 운동의 잠재력을 보여 주는 흐뭇한 광경이었다.

오늘 전국에서 모인 100만 촛불은 다시 한 번 자신들의 의지를 확인했다. 4년의 모욕과 분노를 잊지 않았다고. 다섯 달의 전진을 헛되이 하지 않겠다고. '박근혜가 없어야 진짜 봄이다.' 봄날씨의 따사로움이 잠깐 느껴진 광장에서 모두가 같은 마음이었을 것이다. 저들의 발악에 우리도 있는 힘을 다 쥐어짜 반격해 1차 목표를 이루자. 세월호 3주기는 박근혜를 구속해 놓고 맞이하자. 박근혜에게 결코 청와대의 봄을 허락하지 말자.

박근혜 즉각 퇴진·구속 '2차 노동자 투쟁 마당'

오후 4시 세종문화회관 앞 계단에서 2차 노동자 투쟁 마당이 열렸다. 헌재 판결을 앞두고 좌우 대립이 더 분명해지는 가운데, 노동자연대·노동전선·노동당노동위원회·노건투 등 노동자들의 촛불 참여와 투쟁을 강화하려는 급진좌파들이 한자리에 모인 것이다.

집회엔 700여 명이 참가해, 지난 1월 21일 '1차 노동자 투쟁 마당'보다 참가자가 더 늘어났고, 비슷한 시각에 광장 본무대에서 열린 '3·8 기념 여성대회' 다음으로 참가 규모가 큰 사전 집회였다.

사회를 맡은 노동자연대 최영준 운영위원은 "우파들의 준동에 맞서 힘 있게 싸워야 할 때"라고 강조하면서도, 탄핵이 인용되더라도 노동 조건 개선, 민주적 권리를 위해 싸우는 사람들과 함께 광장을 지키자고 강조했다. 한편 퇴진행동 내에서 "우익에 맞서는 것을 꺼리고 이제 거리 투쟁과 저항은 끝났고 대선으로 가야 한다"고 주장하는 일부 온건파들을 비판했다.

노동당 정진우 노동위원장은 "일부 언론들이 말하는 것과 달리 우리의 촛불은 오늘이 마지막일 수 없다"고 강조하며, 탄핵 이후 노동 탄압의 지휘자·기획자들인 현대 정몽구, SK 최태원 등을 처벌하기 위한 투쟁에 끝까지 나서자고 목소리 높였다.

박근혜 퇴진 시국선언을 했다는 이유로 탄압받는 전교조 조영선 조합원도 연설했다. 조영선 조합원은 교사의 정치적 권리를 막는 것이 학교 현장에서는 학생들의 정치적 활동을 제약하는 것으로도 이어진다고 지적했다. "노동3권은 새로운 세대에게 주어지게 될 권리"이므로 연대해서 투쟁하자고 호소했다.

장기 투쟁을 벌이고 있는 세종호텔노조의 박춘자 위원장도 마이크를 잡았다. 박춘자 위원장은 정치적 상황과 세종호텔 투쟁이 동떨어진 게 아니라고 강조했다. 비리 문제로 쫓겨났다가 이명박 집권 후 돌아온 세종호텔 회장 주명건은 민주노조를 혹심하게 탄압했기 때문이다. 박춘자 위원장은 "박근혜가 퇴진한 이후엔 새로운 싸움이 시작될 것"이라고 결의를 밝혔다.

노건투 이청우 활동가는 지난 수개월 동안 벌어진 싸움이 박근혜 정부와 자본주의 체제가 얼마나 썩어 문드러졌는지 보여 줬다며, "비정규직 없는 세상, 모두가 노동조합의 권리를 인정받는 세상이 만들어져야 합니다" 하고 외쳤다. 다만 '정권 교체는 의미 없다'고 여러 번 강조한 부분은 '이명박근혜' 정권이 더 연장되는 꼴은 보고 싶지 않다고 생각하며 광장으로 나선 사람들과 효과적으로 공명하기 어려울 것 같다. 그 염원을 지지하면서 이번 투쟁에서 얻은 자신감으로 더 나아가야 한다고 주장하는 게 더 좋았을 것이다.

노동전선 김형계 대표는 박근혜를 끌어내기 위해 노동자들이 앞장서 투쟁하고 탄핵 후에도 노동자들이 여러 적폐를 청산하기 위해 계속 투쟁해야 함을 열정적으로 말했다.

"헌재가 탄핵을 기각한다면 민중들의 항쟁으로 박근혜를 우리 손으로 끌어낼 것입니다. 반대로 탄핵이 인용된다고 해도 … 노동자·민중이 주인 되는 세상을 건설하기 위한 투쟁을 우리 노동자부터 앞장서서 해나가야 한다고 생각합니다."

마지막으로 사회자 최영준 씨는 우익의 준동에 맞서 다음 주 주말, 헌재가 심판하는 날 더 많은 노동자·학생·시민이 거리로, 광장으로 나와야 한다고 호소했다.

이날 집회에서는 인문사회과학 자료 제공·교환 웹사이트 '노동자의 책'을 운영하다 국가보안법 위반 혐의로 구속된 이진영 씨를 방어하는 서명, 서울대 시흥캠퍼스 계획 철회를 요구하는 서울대 학생들의 연대 서명 캠페인, 시국선언 징계 교사 방어 서명 캠페인이 함께 진행됐다. 참가자들은 기꺼이 이에 동참했다.

3·8 세계 여성의 날 기념 2017 페미니스트 광장: 지금, 여기, 우리 "페미니스트가 민주주의를 구한다"

오후 1시 30분부터 보신각에서 한국여성단체연합이 주최한 '3·8 세계 여성의 날 기념 2017 페미니스트 광장: 지금, 여기, 우리 "페미니스트가 민주주의를 구한다"' 사전 집회가 열렸다.

참가자들은 처음엔 "준비된 여성 대통령"이라더니 이제 와서 "약한 여성" 운운하며 자신의 죄를 인정하지 않는 박근혜를 구속해야 한다며 분노를 표출했다.

박근혜 정권 동안 더욱 심각해진 성별 임금 격차와 '출산 지도'로 여성을 애 낳는 기계 취급하는 저출산 대책, 낙태죄 처벌 강화 등에 대해 폭로가 이어졌다. "똑같이 일을 해 봤자 어차피 100 대 64", "3시부터는 무임금이다", "성별 임금 격차가 OECD 1등인데 억울해서 못 살겠다. 돈을 내 놓아라" 등 구호를 외쳤고, 3월 8일 3시에 모두 일을 멈추고 '3시 STOP 집회'에 참가하자고 호소했다.

이미경 한국성폭력상담소 소장은 "성별, 장애, 성별 정체성, 성적 지향, 출신 국가, 혼인 여부 등을 이유로 한 차별을 예방하고, 차별을 겪고 있는 소수자들을 위하는, 당연한 법이다. … 차별금지법을 나중이 아니라 지금 당장 제정해야 한다"고 호소해 뜨거운 호응을 얻었다.

행진할 때는 거리에 있던 많은 시민들이 대열을 환영하며 같이 춤추는 모습도 보였다. 행진 도중 언론노조의 사전 집회 근방을 지나면서 멋진 연대의 그림이 펼쳐졌다. 행진 차량에서는 언론노조에 대한 지지의 함성을 호소했고, 대열은 이에 응해 "박근혜를 탄핵하고 공영 방송 쟁취하자" 하고 외쳤다. 이에 사전 집회를 하고 있던 언론노조는

"박근혜를 탄핵하고 여성해방 쟁취하자" 하는 구호로 화답했다. 감동적인 순간이었다.

대열은 행진을 마무리하고 광화문 북단 본무대에서 열린 '3·8 여성의 날 기념 여성대회'에 참가했다. 광장에 일찍부터 나온 사람들과 합쳐 1000여 명이 힘있게 집회를 진행했다.

레티마이투(한가은) 한국이주민센터 활동가가 첫 발언에 나섰다. "이주 여성들은 가정 폭력을 당해도 호소할 곳이 없다. 이주노동자들은 자유롭게 일할 곳을 선택할 권리도 없다. 이주노동자들이 세금도 내지 않고 돈만 벌어간다고 하지만 사실이 아니다. 오히려 세금은 내면서 권리는 보장받지 못하는 것[이 현실]이다. 나는 이주민이고 여성이라더 많은 차별을 받고 있다."

박병우 민주노총 대외협력국장이자 퇴진행동 공동상황실장이 연대발언을 한 것도 좋았다. "매번 차별과 혐오 발언이 없는 평등한 집회를 하려고 노력했다. 여러분 덕분에 가능했다"며 "민주주의 사회를 [만들기] 위해 국회에서 반드시 차별금지법이 제정돼야 한다"고 촉구했다.

일각의 말과 달리, 여성들이 박근혜 정권 퇴진 운동의 주력부대임을 확인할 수 있는 시간이었다.

광장의 목소리

강철(철도노조 신임 위원장)

제 직업은 열차를 운전하는 기관사입니다. 그리고 [오늘로] 해고 5일차를 맞이했습니다.

저희 철도 노동자들은 작년, 정부의 일방적인 성과퇴출제 도입에 맞서 74일간 파업을 했습니다. 협업과 안전이 최우선인 우리 노동자들에게, 성과퇴출제는 안전보다 이윤을 강요하는 것이기에 도저히 받아들일 수가 없었습니다. 그리고 일방적으로 노동조합과 합의 없이 진행됐던 성과퇴출제는 그 자체로 불법이었습니다.

파업 기간 동안 국회 노동위에서 이미 철도 노동자들의 파업이 합법임이 밝혀졌습니다. 그리고 지난 2월 법원에서조차 철도노조가 제기했던 가처분이 받아들여져, 철도노조의 파업이 합법이었고 일방적으로 추진됐던 성과퇴출제가 불법임이 밝혀졌습니다.

그런데 철도공사는 제 임기가 시작되기 5일 전[인] 지난 2월 28일, [파업 참가자 중] 89명에게 해고 통지를 내렸고, 166명에게 정직 처분을 내렸습니다.

국회 노동위[와] 법조차 합법이라고 이야기하는 [파업에 대한] 철도공사의 징계 사유는 괴상하기 짝이 없습니다. 징계 사유가 '불법 파업'인데, 파업 기간 동안 이 광화문 광장에 철도노동자들이 나와서 촛불을 들고 박근혜 퇴진을 외치고 적폐 청산을 외쳤기 [때문]에 불법이라고 말합니다. 이것 받아들일 수 있겠습니까?

저희 철도노동자들은 한 사람의 국민으로서, 한 사람의 노동자로서 지금 이 시기에 박근혜 퇴진을 외치지 않고 적폐 청산을 외치지 않는다면 대한민국 국민일 수 없다고 생각합니다.

저희는 철도공사의 징계 위협에 굴하지 않을 것입니다. 더욱더 힘차게 여기 계신 분들과 함께 광화문에 나와서 촛불을 들고 새로운 대한민국을 만들 것이고 적폐 청산을 외치도록 할 것입니다.

대한민국의 모든 국민이 적폐 청산을 외치는 이 시기에, 철도공사와 국토부는 또다시 해괴한 짓거리를 하고 있습니다. 이미 대한민국의 모든 국민이 철도 민영화는 안 된다[고], 철도의 안전을 돈으로 팔면 안 된다고 이야기하고 있습니다. 그럼에도 철도공사는 300조 원에 달하는 KTX의 주행장치를 외주화하겠다고 하고 있으며, 철도민영화를 다시금 준비하겠다고 하고 있습니다.

저희 철도노조는 여기 계신 국민들과 함께, 국민의 재산인 철도를 지키고, [철도의] 공공성을 지키고, 철도 민영화를 막아내기 위해서 힘차게 촛불 들고, 광화문에서 여러분들과 함께 힘차게 외치도록 하겠습니다. 감사합니다.

김명신(공공운수노조 서울경기지부 도시가스검침분회 조합원)

파업 32일차를 맞고 있는 가스검침원 김명신이고 세 아이의 엄마입니다. 한국에서 아이 셋을 키운다는 것은 정말 쉬운 일이 아닙니다. 결혼 전에 직장이 있었지만 결혼 후 관뒀고, 아이 셋을 키우는 데 [수입이 더 필요해서] 검침원 일에 나섰습니다. 저희 검침원 대부분 비슷합니다.

가스검침원은 시민의 안전을 위한 중요한 일을 하지만 노동조건은 열악합니다. 1인당 3400가구를 담당하고 밤낮없이 일합니다. 집집마다 다니며 감정노동에 시달리면서도 한 달에 120만 원이 고작입니다. 회사에서는 주부 사원이라고 무시하고 개선을 요구해도 아무것도 모르는 사람 취급합니다.

비단 우리만의 일은 아닌 것 같습니다. 수많은 여성들이 경력 단절 이후 불안정한 일자리로 재취직합니다. 우리의 노동을 반쪽짜리 노동으로 취급합니다. 이런 노동자들의 차별과 어려움을 박근혜가 알기나 할지 궁금합니다. 혹시 그렇게 좋아하는 드라마에서나 나오는 이야기쯤으로 취급하는 것은 아닌지 궁금합니다.

박근혜가 대통령이 됐을 때, 많은 사람들이 여성 대통령에 대한 기대를 가졌습니다. 하지만 박근혜가 대통령을 하는 것은 우리 보통 여성들의 삶과 상관이 없습니다. 여성을 위한 정책들을 쏟아냈지만 현실성도 없고, 지켜지지도 않았습니다.

우리는 스스로 우리의 현실을 알리고 바꾸기 위해서 노조에 가입했고 열심히 투쟁하고 있습니다. 우리의 투쟁이 여성들의 노동을 차별하는 현실을 바꾸는 데 조금이나마 보탬이 되면 좋겠습니다. 우리들은 많은 것을 바라지 않습니다. 내가 일한 만큼 정당한 대우와 월급을 받고 싶습니다. 그렇게 어려운 요구가 아닙니다. 차별받는 여성 노동자들에게 힘이 되도록, 파업 투쟁에서 꼭 이기겠습니다. 그리고 여성 노동자로서 요구합니다. 박근혜는 꼭 그 자리에서 내려오십시오."

고 황유미 님 10주기 발언

"삼성에서 일한 내 딸이 백혈병에 걸려 죽었습니다." 황상기 아버님께 처음 이 이야기를 들었을 때 믿어지지 않았습니다. 유미 씨는 아버님의 택시 안에서 조용히 세상을 떠났습니다. 올해 1월 고 김기철씨가 또 백혈병으로 세상을 떠나 79번째 사망자가 됐습니다. 10년이 지났지만 삼성반도체 [노동자]들의 죽음은 멈추지 않고 있습니다. 삼성은 얼마나 더 많은 죄를 지으려는 것입니까. 79명의 죽음 앞에 이제는 삼성이 응답할 때입니다. 더 이상 죽이지 마십시오!(이종란 노무사)

혜경이가 뇌종양이라는 소식을 들었을 때 눈앞이 캄캄했습니다. 살 수 있을지 알 수 없었던 두 번의 큰 수술을 견디고 살아줘 참 고마웠습니다. 하지만 혜경이는 장애를 얻어 혼자서는 거의 아무것도 할 수 없는 몸이 됐습니다. 직업병 피해자들은 병 때문에 고통받고, 엄청난 치료비 때문에 고통받고, 일을 할 수 없는 처지가 되어 생계비 때문에 또 한 번 고통을 받습니다. 이런 피해자들에게 얼마간의 돈을 쥐어 주며 산재를 은폐하는 삼성을 용서할 수 없습니다. 삼성은 투명한 조사를 해야 합니다.(피해 노동자 한혜경 씨 어머니 김시녀 씨)

한국에서는 산업재해를 노동자가 입증해야 합니다. 이 때문에 삼성은 피해자들에게 큰소리칩니다. 노동자들은 자신이 왜 아픈지 분간해내기 어렵습니다. 자신이 쓰는 화학물질이 무엇이고, 그 유해성이 얼마만큼 인지 제대로 배운 적이 없기 때문입니다. 반도체 공장의 화학물질 절반 정도가 영업기밀로 감춰져 있습니다. 삼성뿐 아니라 정부도 이 핑계를 댑니다. 삼성은 심지어 국회와 법원에 제출하는 자료를 조작하기도 했습니다. 산재를 은폐한 덕분에 삼성이 산재보험료로 절약한 돈이 1000억 원입니다. 그렇게 정부로부터 어떤 보호도 받지 못한 채 사망한 노동자가 삼성 반도체 LCD공장에서만 79명입니다.(임자운 변호사)

유미가 떠난 지 10년이 지났습니다. 지난 10년 힘들었지만 고마운 시간이기도 했습니다. 많은 분들이 촛불을 들어 준 덕분에 이재용이 구속됐습니다. 촛불 시민 여러분, 정말 감사합니다. 하지만 아직 삼성 직업병 문제는 해결되지 않았습니다. 삼성은 반올림과 대화에 나서야 합니다.(고 황유미 아버지 황상기 씨)

권영길(민주노동당 전 국회의원, 언론노조 초대 위원장)

3년 전쯤부터 투병 중입니다. 건강이 회복되지 못했는데 오늘 이 촛불집회를 앞두고 언론노조가 결의 대회를 한다고 해서 몸이 아픈데도 와 봤습니다. 여러분 반갑습니다. [언론노조는] 저 권영길의 노동운동, 진보 정치 운동의 고향입니다. 참으로 오랜만에 근 20여 년 만에 언론 동지들 앞에 서니까 정말 많은 생각들이 머릿속을 지납니다.

여러분, 요즘 힘들죠? 힘들긴 힘든데 가슴이 뿌듯하죠? 언론 장악 끝장내자고 하고 있는데, 언론을 장악하고 있는 자, 이 나라를 망치고 있는 자, 언론을 언론답게 만들지 못하게 하는 자, 그들이 지금 무너지고 있잖아요. 며칠이 지나면 완전히 무너집니다. 그거 생각하면 기쁘고 뿌듯하고 그렇지 않습니까.

여러분, 박근혜 국정 농단이 한창 알려질 때 '이게 나라냐' 하는 얘기가 자연스럽게 튀어 나왔습니다. 그 말 속에는 '이게 언론이냐' [하는 말이 포함돼 있습니다.] … 언론이 아니었습니다. 지금뿐만 아니라 전에도 그랬습니다. 제대로 된 언론이었으면 박근혜 국정 농단도 없었을 것입니다. 언론은 언론 역할을 하지 못했습니다. 그런 언론 노동자들은 끊임없이 싸워 왔고 투쟁해 왔습니다. 무너지면 다시 일어났고 얻어터지면 피를 닦으면서 일어섰습니다. 그것이 언론 투쟁의 역사였고 언론 노동운동의 역사였고, 이 나라 진보 정당의 역사였습니다. 우리는 저 70년대 동아투위, 조선투위로 시작해서 지금까지 그래왔습니다. 여러분의 가슴속에 그것이 항상 있기를 바랍니다.

지금은 가짜와 진짜의 싸움입니다. 가짜 대통령, 가짜 언론 대 진짜 언론의 싸움입니다. 가짜와 진짜의 싸움 이제 끝장내야 되지 않겠습니까. 항상 가짜들은 그럴듯한 말을 내세우고 있습니다. 법치를 내세워서 진정한 민주 운동을 짓밟고 안보를 내세워서 평화의 물결을 막으려 하고 있습니다. 안보를 내세워서 통일의 물결을 막으려 하고 있습니다. 언론을 내세워서 참언론을 막으려 하고 있습니다. 그러나 우리는 반드시 일어서야 되고 일어서서 새로운 세상을 만들어 낼 것입니다, 진짜 세상을 만들어 낼 것입니다. 가짜 대통령을 몰아내고 진짜 대통령을 세우고, 가짜 언론을 무너뜨리고 진짜 언론을 세우고, 가짜 안보를 무너뜨려서 평화와 통일을 만들고, 민주화를 이뤄낼 것입니다. 그때까지 언론 노동자들이 힘차게, 힘차게 전진합시다, 투쟁합시다.

레티마이투(한가은, 한국이주여성인권센터 인권팀장)

여러 나라에서 한국의 대통령 탄핵에 주목하고 있습니다. 탄핵 여부에 따라서 주변국에 미치는 영향이 있기 때문입니다. 저는 베트남에서 왔고, 한국 국적을 가지고 있습니다. 한국의 시민입니다. 그러나 한국에 거주하고 있는 200만 명 중 저처럼 국적까지 가진 사람은 5퍼센트에 불과합니다. 한국 사회가 다문화 사회라고 하지만 다문화스럽지 않습니다.

이주민들의 삶은 더 열악해지고 있습니다. 이주 여성들은 남편이나 시댁의 협조 없이 비자 연장이나 국적 취득이 어려운 상황입니다. 그렇기 때문에 가정 폭력을 당해도 적극적으로 호소하지 못합니다. 그래서 안정적인 제도가 필요합니다. 그리고 이주노동자의 경우는 사업주의 동의 없이 사업장 변경이 불가능합니다. 그렇기 때문에 사업주의 횡포를 참는 수밖에 없습니다. 사업주가 제공하는 기숙사가 씻을 곳도 없는 열악한 곳이어도 한 달에 20만 원 이상 월세를 내야 합니다.

이주노동자 사업장 변경 제한을 풀고 안전한 주거 환경을 확보해야 합니다. 그리고 이주민들이 세금 안 내고 돈만 벌어 가는 것처럼 오해하는데, 이주민이 한국 사회에서 생활하면서 모든 물건을 구입할 때 세금 내고, 직장을 다니는 이주민들은 월급에서 세액을 공제합니다. 저 역시 그렇습니다. 오히려 이주민들은 세금을 내는 만큼 권리를 보장받지 못

합니다. 이주민은 외국인이라는 이유로 차별과 혐오를 많이 겪고 있습니다.

그럼에도 불구하고 정부에서 인종차별금지법안 제정을 계속 미루고 있습니다. 저는 여성으로, 이주민으로 이중의 피해를 받고 있습니다. 이주 여성상담소 법제화가 시급합니다. 저는 이주민이면서 여러분과 같은 시민입니다. 저 역시 새로운 대한민국을 여러분과 함께 꿈꾸고 있습니다. 이주민이나 한국인이나 모두 더불어 좋은 사회에서 살아가기 바라며 촛불을 듭니다. 새로운 사회를 위해 이주 여성인 저도 함께하겠습니다.

이미경(한국성폭력상담소 소장)

차별금지법은 우리나라가 정치적으로, 일상적으로 모든 차별을 금지하는 법적인 약속을 만들자는 상식적인 이야기입니다. 성별, 성별 정체성, 나이, 출신국가, 용모, 혼인 여부, 가족 형제 등을 이유로 행해지는 모든 차별을 금지하자는 취지입니다. 또한 사회적 소수자에 대한 차별 규제를 포함하는 좋은 법입니다.

그런데 우리 현실은 어떻습니까? 제 친구는 장애인 부부인데, 장애인의 이동권을 확보하기 위해서 광장에서 싸워야 했습니다. 주변의 성소수자는 혐오와 무시를 늘 견뎌야 합니다. 왜 이들이 차별과 무시, 혐오를 당해야 합니까? 2007년 노무현 정권 아래에서 차별금지법이 국가위원회 권고로 만들어질 수 있었지만, 당시 일부 보수 기독교 단체를 중심으로 한 세력 때문에 반쪽짜리 법이 돼 버렸습니다. 17~19대 국회에서도 법을 발의한 의원들이 스스로 발의를 철회했습니다.

차별을 금지하는, 당연한 법안을 만드는 데 무엇이 문제입니까? 차별금지법을 '나중에, 아직은 때가 아니다' 하고 말하는 사람한테 묻고 싶습니다. 인권에 대한 차별과 폭력을 묵과하는 이유가 무엇입니까? 혹시 이 차별로 어떤 거대한 이득을 얻는 것은 아닙니까? 왜 더불어 사는 사회의 소수자 집단은 일상에서 배제돼 무력감을 느껴야 합니까. 인간은 모두 존엄한 존재입니다. 평등한 사회를 위한 최소한의 약속을 더 이상 미룰 수 없습니다.

김환균(언론노조 위원장)

이제 1주일 후면 첫 관문을 통과하는 것입니다. 박근혜 대통령의 탄핵입니다. [더 이상] 이유도 필요 없습니다. 박근혜는 탄핵돼야 마땅합니다! 그다음 대선에서 우리는 또 한 번의 승리를 해야 합니다. 민주적인 정부를 반드시 만들어 내야 합니다. 우리의 발걸음을 멈춰서는 안 됩니다.

지금 이 국면에서 몇 가지 징후들이 나타나고 있습니다. 첫째, 박근혜 정권 부역자들이 [부역자가] 아닌 척합니다. 언론사를 예를 들면 몇몇 종편, KBS, MBC가 아닌 척합니다. 우리는 다 알고 있습니다. 그 부역자들, 공범자들이 무얼 했는지 다 알고 있습니다. 구호로 외쳐 봅시다. 아닌 척해 봐야 다 안다!

또 하나 있습니다. 박근혜 체제는 해체되더라도 아마도 여러 곳에 알박기를 해 둘 모양입니다. 그 예가 MBC 사장을 김장겸으로 밀어붙인 것입니다. 임기 3년 보장되는 공영방송 사장을 친박, 골박으로 채워 넣었습니다. 그리고 방통위라고 방송통신을 장악하는 곳이 있습니다. 그곳에 황교안 직무대행이 석제범 현 청와대 정보통신비서관을 또 박으려고 합니다. 이 알박기, 우리가 다 뽑아낼 것입니다! 알박기해 봐라, 우리가 뽑아낸다!

또 있습니다. 스며드는 부역자들입니다. 문재인 캠프에서 미디어 특보를 발표했습니다. 과거에 부역했던 언론 망친 놈들 그곳에 숨어 들어갔습니다. 아닌 척 위장했지만 우리가 [이미] 다 알고 있지 않습니까? 아닌 척해 봐야, 촛불이 찾아낸다! 아무리 숨어 봐라, 촛불이 찾아간다!

오늘 사전 집회 언론 노동자들은 첫째, 촛불 시민의 승리를 위해서 끝까지 싸우기로 결의했습니다. 탄핵될 때까지 갑니다. 그다음 민주적인 정권 교체가 이뤄지도록 언론 활동을 정당하게 할 것입니다. 그리고 반칙하는 언론들 샅샅이 찾아내서 여러분 앞에 보고 드릴 것입니다. 그다음 시민들의 요구가 새 정부에서 제대로 이뤄지는지 끝까지 감시하겠습니다. 언론 노동자가 시민들과 함께 끝까지 갈 것입니다! 우리 끝까지 갑시다!

박춘자(세종호텔노조 위원장)

제가 위원장이 된 지가 이제 두 달이 조금 넘었습니다. 15년 전 세종호텔에 입사할 때는 제가 위원장이 될 것이라고는 꿈에도 생각 못 했습니다. 정규직이 돼서 월급이 비정규직 때보다 조금 더 많아지면 좋겠다, 한 달 살고 적금 들 수 있으면 좋겠다는 꿈을 가지고, 힘든 일을 하는 업종임에도 열심히 일했습니다.

그런데 저희 세종호텔에는 노동조합이 있었습니다. 그래서 몇 년이 지나서 정규직이 됐고, 임금 협상을 했고, 임금이 올라가서 나름 평화롭게 살아가겠구나 하는 생각을 했습니다. 그런데 정치는 나와 전혀 상관이 없을 거라고 생각했습니다. 이런 삶이, 퇴직할 때까지 편안하게 살 줄 알았는데 그렇게 되지 않더라고요. 정치는 저와 아주 가까이 있었습니다.

이명박이 대통령이 되고 나서 [세종호텔의] 회계 비리로 쫓겨났던 주명건 회장이 돌아왔습니다. 회장이 돌아와서 제일 먼저 했던 것은 [친]사측 어용 노조를 세우고 민주노조를 탄압하는 것이었습니다. 그러면서 그들이 호텔에서 정규직으로 있던 사람들을 돈 몇 푼 쥐여 주면서 내보냈습니다.

참을 수 없었습니다. 같이 20년을 일해 온 선배들을, 돈 몇 푼 쥐여 주며 나가라[고 하는 것을 받아들일 수 없었습니다. 그래서 노조 활동을 시작했고 연대를 만들어 냈습니다.

사측은 이 사건을 이용해 저희 조합원을 빼내 가고 회사를 그만두게 만들었습니다. 그런 과정에서 전 위원장은 해고됐고, 저희 노조 간부들도 많이 회사를 그만두게 됐습니다.

지금 저희[는] 12명, 소수가 싸우고 있습니다. 하지만 결코 작은 숫자가 아니라고 생각합니다. 그리고 정치가, 내가 관계 없[다고 생각했]던 것들이 우리의 삶과 떨어져 있지 않다는 것을 알아 가면서 삽니다. 이명박과 박근혜가 하고자 했던 것은 우리 평범한 노동자들의 삶을 파괴하는 것이었습니다. 성과연봉제, 쉬운 해고 등이 우리들의 삶을 얼마나 조각조각 내는지, 그것을 알아 가는 과정이었습니다.

그래서 저는 이 세종호텔의 싸움도 결코 끝나지 않을 것이고, 박근혜 퇴진한 다음이 새로운 싸움일 것이라고 생각합니다. … 저들은 우리보다 많은 조직력을 갖고 [있지만 지금은 물러서]고 있습니다. 좀 더 자신감을 갖고, 박근혜[가] 퇴진했다고 안심할 일이 아니라 하나하나 그들이 만들었던 것을 부숴 버려야 우리 노동자들의 세상이 올 것이라고 생각합니다.

대한제국에서도 만민공동회라고 하는 운동들이 모여서 토론하는 토론

회 자리가 있었다고 합니다. 그 토론회를 고종이 알량한 권력을 지키고
자 짓밟아 버렸습니다. 저는 개인적으로 지배층의 그 알량한 정권에 대
한 욕심이 나라를 망쳤다고 생각합니다.

박근혜도 마찬가지 짓을 하고 있다고 생각합니다. 박사모 외 몇몇 사람
들을 동원해서 마치 그것이 대부분의 여론인 듯 호도하는 것을 우리
절대로 좌시하면 안 됩니다. 여기서부터가 새로운 싸움의 시작이라는
것을 잊지 말고, [저들을] 용서하지 말고, 힘차게 다시 투쟁했으면 좋겠
습니다.

특별취재팀, 〈노동자 연대〉 199호(2017-03-05) 축약.

6부
마침내 승리하다

3월 10일 "대통령 박근혜를 파면한다"는 말이 전파를 타자 전국 곳곳에서 환호가 터져 나왔다. 너무 기뻐서 눈물이 쏟아졌다. 3월 11일 박근혜 없는 봄의 첫날, 광화문 광장에 70만 명이 모여 기쁨을 나눴다. "우리가 해냈다. 박근혜는 끝났다. 우리가 끝냈다!" 그리고 수십만 대열이 세월호 유가족을 앞세우고 청와대로 행진했다. "탄핵은 시작이다. 박근혜를 구속하라" 하는 외침에 실리는 힘은 비통하고 분한 마음으로 박근혜는 물러나라고 외치던 2년 전과 명백히 달랐다.

박근혜가 내려오니 거짓말처럼 세월호가 올라왔다! 그리고 마침내 파면 3주 만에 박근혜는 서울구치소에 구속 수감됐고, 세월호는 목포 신항에 도착했다.

박근혜 파면과 구속은 눈비를 마다않고 광장을 지킨 1600만 촛불의 긍지고 훈장이다.

20주

기쁘다, 박근혜 파면!
우리가 해냈다!

"올해 들어 가장 따뜻하고 화창한 날이었다.
청와대행 방송차 사회자의 말처럼, 박근혜가 가니 거짓말처럼 봄이 왔다.
사람들은 '우리가 해냈다'며 감격했다.
개선장군처럼 의기양양한 표정들이었다."

2017-03-06   특검 수사 결과 발표, '몸통은 박근혜다'

2017-03-07   사드 배치 시작

2017-03-09   헌재 탄핵 인용을 위한 긴급 행동 "박근혜 세상의 마지막 밤이
              되길 바란다"

2017-03-10   헌재, 만장일치 박근혜 파면

2017-03-11   20차 범국민행동의 날 "박근혜 없는 봄의 첫날"(서울 65만, 전국
              70만)

"박근혜 세상의 마지막 밤이 되길 바란다"

헌재의 탄핵 평결을 16시간 앞둔 3월 8일 저녁 7시, "끝날 때까지 끝난 게 아니"라는 퇴진행동의 긴급한 호소에 평일임에도 발벗고 달려온 수많은 사람들이 서울 광화문 광장에 모였다. 퇴근 후 바로 온 듯 정장 차림의 직장인들이 곳곳에 보였다. 혼자 온 사람들도 많았는데, 신나게 팻말을 흔들고 노래를 부르는 모습이 탄핵 인용에 대한 낙관과 자신감을 보여 주는 듯했다.

누구보다 간절하게 박근혜의 탄핵을 바랐을, 세월호 유가족 '윤민 엄마' 박혜영 씨가 마이크를 잡았다. 집회 참가자들은 '윤민 엄마'의 차분하지만 단호한 발언을 숨죽이고 경청했다. "저희 세월호 유가족들은 1000일이 넘도록 청와대, 국회, 해수부, 법원, 정부 기관 곳곳을 쫓아다녔습니다. 그러나 박근혜는 그 모든 길목을 막으며 우리를 좌절시키려고 했습니다. 결국 어렵게 만든 세월호 특조위를 강제 해산시켰고, 지금도 세월호 인양을 손에 쥐고 흔들고 있습니다. … 박근혜 정부와 해수부는 반드시 그 책임을 져야 할 것입니다. … 앞으로 우리나라에 세월호 같은 큰 재난이 일어나면 안 되지만, 만약 일어난다면 … 사람을 먼저 구해야 한다는 사실을 뼛속 깊이 각인시켜, 다시는 이런 참사가 없어야 합니다."

희망연대노조 박대성 공동위원장은 최근 LG유플러스 콜센터에서 현장 실습을 하던 17살 여학생이 스스로 목숨을 끊은 안타까운 사건의 전말을 폭로했다. 발언 중간 중간 "말도 안 돼" 하는 반응이 나왔다. "[이 학생이 배정된 부서는] 오랫동안 콜센터 업무를 했던 숙련 노동자들도 가장 어려워하는, 소위 욕받이 부서라고 합니다. 해지하겠다는 사람 붙잡는 것도 해야 하고, 거기에 더해서 새로운 상품을 팔아야 하는 부서입니다. 똑같은 부서에서 2014년에도 30대 노동자 한 분이 자살하셨던 경험이 있습니다. … [LG 재벌은] 정권과 미르 재단에 78억 원을 갖다 바쳤습니다. … 내일 박근혜가 탄핵되고 그 이후에 올 세상은 이런 것 없이 상식적이고 일한 만큼 대우받는 세상이었으면 좋겠습니다."

오늘 연사들은 종종 대열을 향해 물음을 던졌는데 그럴 때마다 곳곳에서 자신도 할 말이 많다는 듯 큰 목소리로 대답하는 사람들이 눈에 띄었다. "감옥으로! 감옥으로!"를 외치기도 했다.

오늘 집회 발언들은 정권 퇴진을 위해 132일간 거리를 지켜 온 사람들이 정권 퇴진을 통해 만들고 싶은 세상의 모습들을 조금 보여 줬다. 이 발언들과 호응만 봐도 정권 퇴진은 끝이 아니라 하나의 시작일 것이다. 사실 박근혜 탄핵이 끝이 아님을 알기에 하루라도 빨리 박근혜를 퇴진시키고 싶었던 것이 아닐까. 사람들은 다섯 달 전부터 "[박근혜가 대통령으로 있는 것을] 단 하루도 보기 싫다"고 했다. 그 소원을 이룰 수 있는 순간이 만 하루도 안 남았다.

마지막으로 퇴진행동을 대표해 최영준 공동상황실장이 발언했다. 한 문장 한 문장마다 호응이 계속 나왔다. "박근혜는 탄핵이 인용돼도 순순히 인정하지 않을 것 같습니다. 탄핵 이후에도 황교안 내각이 거듭 악행을 지속할 가능성이 높다고 생각합니다. … 벌써 황교안은 북한을 악마화해서 사드 배치를 강행하고 있습니다. … 보수정권 재창출을 위해서, 대선 기간에도 공안몰이를 할 수 있고, 부정선거도 할 수 있는 국정원이 존재합니다. 따라서 우리는 황교안 내각에도 맞서야 하지 않겠습니까? 계속 촛불을 들어야 하지 않겠습니까?"

특히 민주노총이 탄핵 기각시 총파업을 결의했다는 소식에 집회 참가자들이 크게 호응했다. 집회 대열에는 금속노조, 전교조, 보건의료노조, 공무원노조, 지하철노조, 언론노조, 교육공무직노조 등 민주노총 산하의 노조 깃발들이 많았다.

헌재를 향해 행진이 시작될 무렵, 3000여 명으로 시작했던 집회 규모가 갑절로 불어나 있었다. 방송차 소리가 안 들리는 행진 뒷편에서는 "박근혜를 구속하라" 구호가 단연 가장 많이 터져 나왔다. 우익들이 집회를 여는 헌재 앞이 다가올수록, 행진 참가자들은 호루라기, 나팔 등을 불며 투지를 과시했다. 방송차 사회자가 "함성 한 번 질러 주십시오!" 하고 외치면 끝날 줄 모르는 함성 소리가 거리를 가득 메웠다. 사회자가 다시 발언을 시작하기 어려울 정도였다.

헌재 앞에서 진행한 정리 집회에서 마이크를 잡은 들꽃향린교회 김경호 목사가 "여러분, 오늘 밤을 기억합시다. 우리는 지금 박근혜 세상의 마지막 밤을 보내고 있습니다" 하고 발언을 시작하자 커다랗고 긴 환호가 쏟아졌다. 기자 옆에 서 있던 한 시민은 눈시울을 붉혔다.

이후 기나긴 함성과 "탄핵! 탄핵!"을 몇 차례 연호한 뒤 집회는 들뜬 분위기에서 끝이 났다. 탄핵 판결을 14시간 앞둔 시각이었다.

꽃샘추위가 무색했던 행진과 헌재 앞 집회의 열기와 투지를 헌재 관계자들이 봤다면, 무엇이 진정한 민심이고 누구의 불복이 진짜 위협인지 충분히 느꼈을 것이다.

김승주·소은화, 〈노동자 연대〉 199호(2017-03-10) 축약.

기쁘다! 박근혜 파면

이제 박근혜의 유산을 청산하자!

헌법재판소가 박근혜를 파면(탄핵)했다. 지긋지긋한 박근혜를 만 4년 만에 민중의 힘으로 중도 하야케 했다. 마침내! 지난해 10월 29일 서울 광화문 광장에서 박근혜 정권 퇴진 운동이 본격화된 지 132일 만이다.

박근혜 파면은 다섯 달 동안 매주 눈비를 마다 않고 광장을 지킨 1500만 촛불의 긍지이고 훈장이다. 그리고 지난 4년간 반박근혜 투쟁의 선두에 서 왔던 노동운동의 자부심이다. 공장에서, 대학에서, 성주에서, 진주에서 전국 곳곳에서 정권의 악행에 맞서 싸워 온 민중의 정의다.

수십 년간 이 나라를 지배해 온 독재 세력에 젖줄을 댄 강성 우익 박근혜 정권은 처음부터 끝까지 우리 민중을 "개돼지 취급"해 왔다. 공작 정치로 대선 승리를 훔쳤고, 표를 얻기 위해 남발한 복지 공약을 간단히 취소했다. 기업주들이 책임져야 할 경제 위기의 고통을 노동자

계급에 전가해 왔다. 생때같은 자식들이 죽은 이유라도 알게 해 달라는 부모들을 좌익 세력 취급하며 적대했다. 일자리 같은 일자리를 달라는 청년들에게 (갖가지 위험이 있는) 중동에나 가 보라고 무시했다. 고통 전가를 중단하고 대선 공약을 지키라는 백남기 씨를 물대포로 죽이고는 그 사인死因마저 속이려 했다. 일자리 찾는 여성들에게 고작 저질의 시간제 일자리를 내놓고는 애나 많이 낳으라고 모욕했다. 노동 운동, 사회운동, 문화계 등을 사찰하며 블랙리스트를 만들어 자유로운 표현과 민주적 권리를 침해했다. 국정원과 재벌이 자금을 댄 관제 데모와 방송 장악으로 여론을 조작해 왔다.

이 모든 악행들에 대한 원한과 증오가 거대한 퇴진 운동으로 수렴됐다. 그리고 결국 그 뜻을 이뤘다. 박근혜 일당과 우익은 끝까지 발악했지만, 최소한의 정의를 실현하려는 민중의 의지가 더 강했다. 세월호 참사로 구조도 못 받고 희생된 원혼의 분노가 그들의 생떼보다 더 강했다.

오만한 권력자들에게 더는 얕보이지 않겠다고 결심한 대중은 국회의 탄핵소추 가결 후에도 흩어지지 않았다. 줄기차게 모이면서 박근혜의 즉각 퇴진과 구속을 촉구해 왔다. 박근혜 없는 박근혜 정부를 이끈 황교안에게도 분노를 감추지 않았다. 세월호 3주기에는 반드시 박근혜를 몰아내고 구속시켜서 희생자들을 만나고 싶다고 염원했다. 오만방자한 우익들이 우리를 얕보고 바람 불면 꺼질 촛불이라고 비웃었지만, 촛불은 바람을 타고 들불처럼 번지고 커져 왔다.

바로 그 힘으로 이미 박근혜 탄핵 전에 정권 실세들인 김기춘·조윤선·안종범 등이 구속됐다. 박근혜의 분신과 다름없던 최순실이 구속됐다. 그의 딸 정유라의 이화여대 입학이 취소됐고, 부정 입학에 연루된 이대 총장과 관련 교수들이 구속됐다. 심지어 사후 퇴학 처분으로 그 다이아몬드 수저의 고졸 학력마저 박탈됐다. 그러고는 70년 불구속 신화라던 삼성 재벌의 총수 이재용까지 구속됐다.

이는 박근혜가 더욱 심화시킨 불평등하고 부정의한 사회를 뜯어고 치고 바꾸는 일의 출발일 뿐이다. 대선으로 박근혜 정권이 물러난다고 해도 앞으로 60일이나 기다려야 한다. 이 점을 이용해, 여전히 독재를 미화한 국정교과서가 떠돌고, 사드 등 미국의 대량살상무기들이 서둘 러 들어오고 있다. 고통 전가와 노동 개악도 완전히 중단된 것이 아니 다.

정권이 바뀌어도 기업주들을 위한 고통 전가와 친제국주의 정책들을 쉽게 포기하지 않을 것이다. 세월호 참사의 철저한 진상 규명도 계 속 좌절될 것이다. 박근혜도 구속을 피하려고 온갖 "염병하네"할 짓 들을 해댈 것이다. 앞으로의 재판에서 이 모든 적폐 인물들의 구속 판 결을 받아 내는 것도 결코 만만한 일이 아니다.

광장의 촛불이 계속 타올라야 하는 이유다. 여전히 민중이 거리를 지켜야 하는 이유다. 특히, 노동자들이 승리감을 자신감으로, 일터의 반란으로 번지게 해야 한다.

물론 적폐와 싸우는 일, 정권 퇴진 염원의 밑바탕에 깔린 불평등과 부정의의 구조를 변화시키는 일에는 더 긴 시간과 노력이 필요할 것이 다. 더 효과적인 정치와 전략이 필수적이다. 이 과정에서 쓰디쓴 논쟁 과 난관도 겪을 것이다.

그러나 우리에겐 희망을 가질 만한 이유가 충분히 있다. 진보진영 일각에서도 정권 퇴진 운동을 공상이라고 비웃던 반년 전과는 분명히 상황이 다르다.

이제 사람들은 4년 전 박근혜 당선에 좌절하고 한숨 짓던 사람들이 아니다. 대중 스스로의 힘으로 사악한 통치자의 중도 하차를 이뤄 낸 사람들이다. 한국 현대사에서 가장 오래 핏빛 독재를 자행했던 세력을 계승하고 싶어 했던 바로 그 정권을 끝장낸 사람들이다.

여세를 몰아 정권의 청산을 위한 투쟁을 이어 가자. 일터에서, 학교에서, 거리에서, 지역사회에서 노동자·민중의 조건 개선과 해방을 위해 싸우자. 교만한 지배자들에게 단결과 연대의 힘을 보여 주자. 권력을 쥔 자들에게 주눅들지 말고 그들에게 우리를 존중하라고 말하자. 박근혜 퇴진은 투쟁하는 민중의 자랑이다.

노동자연대 성명, 〈노동자 연대〉 200호(2017-03-10).

권력 농단과 정경유착의 몸통

특검이 3월 6일 발표한 수사 결과를 봐도 삼성의 뇌물과 경영권 승계 특혜, 블랙리스트 통치, 최순실의 권력 농단 등 중대 범죄들의 몸통은 박근혜 본인이다. 이 중 박근혜와 최순실의 권력 농단이 결국 박근혜 탄핵(파면) 사유가 됐다.

박영수 특검은 특검을 마친 후, 박근혜·최순실 게이트의 실체는 "크게 두 고리"라고 했다. '비선 실세의 국정 농단'과 '정경유착'. 그런데 그 두 고리를 잇는 점이 바로 박근혜다. 그러므로 박근혜·최순실 게이트는 부패의 고리가 박근혜 정부의 친기업 정책과 연결됐다는 점에서 한국 자본주의의 추한 실상이 드러난 것이기도 하다.

삼성 총수 이재용은 무려 298억 원을 미르·K스포츠 재단과 최순실의 딸 정유라 등에 지원했다. 박근혜의 말대로 최순실이 일개 사인私人이라면, 삼성이 왜 정유라에게 80억 원 가까운 돈을 지원했겠는가?

문제의 두 재단 설립 실무를 최순실이 주도했지만, 최순실의 위세는 그와 박근혜의 특수한 관계("경제 공동체") 때문에 생긴 것이다. 미르·K스포츠 재단 설립을 위한 자금은 박근혜가 직접 재벌 총수들에게 요구했다. 청와대 수석인 안종범과 전경련이 중간 매개로 돈을 수금한 것이다.

이재용은 박근혜에게 경영권 승계 협조를 직접 요구했다. 특검 수사 결과, 이재용은 자기 개인의 경영권 승계를 위해 회사 돈을 뇌물로 쓴 횡령죄에, 뇌물의 대가로 정부 차원의 경영권 승계 지원을 받아 낸 뇌물죄를 동시에 저질렀다.

결국 박근혜의 지시로 박근혜의 장관 출신인 문형표가 나서 국민연금이 동원된 것이다. 국민연금이 이 과정에서 손실이 났든 안 났든 그건 부차적 문제다. 애초에 손대지 말아야 할 돈에 손을 댄 것이 진짜로 중대한 문제다. 대부분이 노동계급인 국민연금 가입자들의 노후 연금을 기업주를 위해 동원한 것은 이중의 착취다.

그 결과 이재용은 거대 기업의 경영권을 무사히 승계했다. 게다가 박근혜는 대기업주들의 요구이자 삼성 이재용의 청원이기도 했던 서비스산업발전법 등을 날치기 통과시키려고 애를 썼다. 박근혜의 정경유착은 부패한 한국 자본주의의 민낯인 것이다.

이렇게 보면, 보수적인 헌재가 박근혜와 최순실의 극히 협소한 국정 농단만을 탄핵 사유로 삼고 이재용 등 재벌 총수와 정권의 유착 문제를 탄핵 사유로 삼지 않은 이유를 짐작할 수 있다.

또한 특검은 문화계 블랙리스트, 화이트리스트 사건을 "청와대 최고 위층의 지시에 따라 조직적으로 이뤄진 … 권력형 범죄"로서 "헌법의 본질적 가치에 위배되는 중대 범죄"라고 규정했다. 특검이 밝혀낸 바에 따르면, 박근혜의 지시 아래 김기춘과 조윤선 등이 정권 입맛에 맞지 않는 문화계 단체와 개인들을 옭아매고 배제하는 방식으로 쓴 것이 블랙리스트 통치다.

특검은 "전혀 진보 또는 좌파라는 분류를 받은 바 없는" 문학동네가 문인들의 세월호 참사 추모글을 모아 책을 낸 것을 '좌편향'이라고 낙인 찍고 불이익을 준 것에 주목했다. 중앙정보부 출신의 김기춘이 주도한 이 블랙리스트 통치에 우익적이고 반민주적인 사상이 작용하지 않았을 리 없지만, 특검은 세월호 추모조차 좌편향으로 낙인 찍은 것은 "이념적"이라기보다 친박이냐 아니냐 하는 "정파적" 악행으로 볼 수밖에 없다고 규정했다.

"청와대의 입장에 이견을 표명하는 세력은 '반민주' 세력으로 규정한다는 인식" 자체가 특검이 보기에 "정파적" 기준이었기 때문이다. 따라서 블랙리스트를 통해 예술가들을 옭아맨 것은 권력을 남용해, 창작과 표현의 자유를 보장해야 할 자유민주주의를 해친 일이라는 것이다. 특검은 불법적인 블랙리스트 통치만으로도 헌법 위배라고 판단한 것이다. 이 점에서 헌재의 박근혜 탄핵 사유에서 블랙리스트 문제가 빠진 것은 유감이다.

헌재는 세월호 참사에 대한 박근혜의 대처에 문제가 있었지만, 직책의 성실 수행 여부는 탄핵심판 절차의 판단 대상이 안 된다고 판단했다. 세월호 참사에 분노하고 있는 사람들이 이 판단에 동의할 수는 없다. 세월호 참사 구조 문제는 단순히 부작위에 의한 대통령의 의무 이행 실패 문제로만 볼 수 없다. 박근혜는 구조에 완전히 실패했을 뿐 아니라, 참사 원인, 구조 실패 과정을 밝혀 내려는 모든 노력을 방해하고 중단시켰다. 세월호 특조위를 무력화하고 결국 해산시켰을 뿐 아니라 특검의 세월호 참사 당일 7시간 수사도 가로막고 결국 황교안을 통해 특검을 해산시켰다.

특검은 대통령의 대면 조사, 청와대 압수수색이 "실행되지 않아 대통령의 구체적 행적을 밝히는 데 한계"가 있었다고 밝혔다. 그렇지만 특검은 주로 오전에 박근혜의 머리 손질을 해 주던 전담 미용사에게 청와대가 4월 15일에 "내일은 들어오지 않아도 된다"는 연락을 했음을 밝혀냈다.

그리고 특검은 박근혜가 피부 미용 시술을 한 것으로 밝혀진 시기와 이 전담 미용사들이 청와대에 들어간 날을 비교해 "주로 미용 시술이 있었던 날(또는 그다음 날)은 ○○○, △△△ [미용사]가 청와대에 들어가지 않았을 개연성은 있음"이라고 판단했다.

결국 특검은 세월호 참사 당일의 7시간뿐 아니라 "4월 15일 저녁부터 4월 16일 오전 10시경까지 무엇을 하였는지"에 관한 최소 20시간의 의혹을 제기한 셈이다. 이런 의혹은 추가 수사의 필요성뿐 아니라, 적어도 직무유기에 의한 과실치사일 개연성을 제기하는 것이다. 박근혜가 세월호 참사 3년 동안 진실 규명을 끝내 가로막고 심지어 헌재의 당일 행적 규명 요구에도 응하지 않았음을 봤을 때, 그 개연성에 대한 의심은 더욱 커질 수밖에 없다.

따라서 세월호 참사에서 문제가 되는 것은 헌재 판결과 달리, 단지 당일 직책 수행의 성실성 문제는 아닌 것이다.

박근혜의 탄핵 사유에는 세월호 참사도 포함됐어야 했다. 보수적인 헌재가 세월호 참사를 탄핵 사유로 인정하지 않았다 하더라도 촛불 운동 속의 많은 사람들에게 세월호 참사는 탄핵 제1의 사유였다. 세월호 참사 진실규명, 책임자 처벌을 위한 기층의 운동은 계속될 것이다.

김문성, 〈노동자 연대〉 200호(2017-03-10).

박근혜 추문 폭로에서 파면까지

박근혜 퇴진 운동의 의의와 과제

국민 감정에 기름을 부은 지난해 10월의 박근혜·최순실 게이트 폭로가 마침내 박근혜 파면으로 일단락됐다. 넉 달 넘게 완강하게 퇴진 촛불을 치켜든 민중의 명백한 승리다!

박근혜는 엄청난 범죄와 거짓말이 백일하에 드러나도 스스로 물러나지 않았다. 박근혜의 권력 집착은 소름 돋을 정도였다. 세월호 침몰로 수백 명의 아이들이 죽어 가는 순간에 박근혜가 '올림머리' 손질을 하고 있었다는 대목("상징 조작"을 통한 권력 행사를 위해)에 이르면, 박근혜의 권력 집착은 사이코패스와 다름없다고 느끼게 된다. 4년여 전 이 나라 지배계급은 박근혜의 이런 "상징 조작"을 통해 노동계급을 다스리고자 대선에서 일치단결해 박근혜를 밀어 준 바 있다. 지금 그들은 내분해 있지만, 여전히 만만찮은 지배자들이 박근혜를 편들고 있을 것이다. 가령 구속된 이재용이 박근혜의 파면을 기뻐할까? 자유당 의원 60명도 박근혜 파면에 반대하고 있다.

올해 들어 박근혜의 반동이 강화되기 시작하자 퇴진 운동은 그에 반작용하면서 다시 성장했다. 덕분에 운동 지지자들의 정치적 각성이 광범하게 이뤄졌다. 지난해 12월 9일 국회에서 탄핵소추안이 가결된 이래 각종 여론 조사에서 탄핵 찬성 의견은 꾸준히 70~80퍼센트를 유지했다. 탄핵 반대 의견은 20퍼센트 수준이었다. 특히 눈여겨볼 것은, 헌재 결정에 대한 불복 의사 비율이었다. 탄핵 찬성 쪽의 (기각 시) 불복 의사 비율은 60퍼센트 가까이 됐다. 탄핵 반대 쪽의 (인용 시) 불복 비율은 30퍼센트 정도였다. 무엇보다, 국회 탄핵안 가결 뒤에도 석 달 동안 매주 평균 수십만 명 규모의 운동이 유지됐다. 바로 이 점이 헌재의 매우 보수적인 재판관들조차 감히 탄핵을 기각할 엄두를 못 내게 했을 것이다.

우리 편의 지금 승리는 다음 국면의 정치적 과제를 제기한다. 박근혜를 쫓아낸 대중의 거대한 힘과 에너지는 어디로 향해야 하는가? 이 물음에 답하고자 퇴진 운동을 돌아본다.

촛불은 어떻게 켜졌는가?

극우 언론인 조갑제는 박근혜 정권 퇴진 운동의 동력을 '언론의 난'이라고 주장했다. 조중동이 '최순실 마녀사냥, 대통령 인민재판, 촛불 우상화'를 주도했다는 것이다.

얄궂게도 진보·좌파 진영 안에도 촛불이 〈조선일보〉와 JTBC의 폭로전에서 비롯한 것으로 보는 이데올로기주의적이고 음모론적인 시각이 있다. 위기에 처한 박근혜로는 우파 정권 재창출을 기대할 수 없다고 본 〈조선일보〉가 박근혜·최순실 게이트 폭로를 시작했다는 게 '〈조선일보〉 큰 그림설'의 요체다.

매우 우파적이고 친기업적인 〈조선일보〉가 우파 정권 재창출을 지지하는 것은 새삼스럽지 않다. 그러나 음모론과 달리 사태는 〈조선일보〉 뜻대로 전개되지 않았다. 사태 초기에 〈조선일보〉는 박근혜 탄핵이 아니라(퇴진은커녕) 박근혜 2선 후퇴를 주장했다. 1992년 노태우가 김영삼과 갈등하다 민자당(민주자유당)을 탈당하고 현승종 '중립' 내각을 출범시킨 것을 근사치 모델로 한 발상이었다. 그러나 실제 상황 전개는 〈조선일보〉의 예상을 훌쩍 뛰어넘었다. 12월 9일 국회는 230만 촛불에 휩쓸려 탄핵소추안을 가결시켰다.

한편, 박근혜 퇴진 운동 지지자들은 분명 JTBC, 더 정확히 말해 손석희 사장에게 일체감을 느꼈다. 낯선 정치 풍경이 아닌 것이, 모든 거대한 대중 운동 초기에 개혁주의적 의식이 참가자 다수를 지배한다. 1905년 러시아 혁명은 정교회 사제(가폰)가 이끈 노동자들이 행렬을 이뤄, 경찰 간부와 공장주의 학정을 해결해 달라고 차르에 청원하면서 시작됐다.

재벌 미디어 그룹을 경영한다는 점이 손석희 앵커의 보도 내용에 전혀 영향을 미치지 않을 수 없지만(노동자 투쟁 일반에 대한 JTBC 보도는 별로 많지 않다. 철도 민영화에는 반대했지만 말이다), 손석희 씨는 촛불 운동에 정당성을 부여했다.

이미 손석희의 〈뉴스룸〉은 세월호 참사를 200일 동안 연속 보도하면서 참사에 비통함을 금치 못한 많은 사람들한테서 큰 신뢰를 받았다.

그러나 그렇다고 해서 JTBC가 촛불을 만들었다고까지 주장하는 것은 레닌이 러시아 혁명을 만들었다고 주장하는 것만큼 엘리트주의적이고 비非역사유물론적인 주장이다.

퇴진 운동은 박근혜 일당의 부패 문제가 기폭제 또는 뇌관이 돼 그동안 켜켜이 쌓인 대중의 분노를 점화시킨 결과로 분출했다. 부패는 박근혜 정부의 태생적 약점이었다. 국정원의 대선 개입과 집권 초기 인사 실패, 세월호 참사 등등. 이렇듯 '박근혜 게이트'는 출범 당시부터 박근혜 정부에 내장돼 있었다.

그러나 처음에는 박근혜 임기가 너무 많이 남아 많은 사람들이 싸워 이길 수 있다는 희망을 갖지 못했다. 선거를 기다려야 한다는 생각, 경제를 회복시킬 수도 있다는 기대감, 하층민에게는 복지를 제공할지 모른다는 환상 등이 작용했다.

그러나 경제 위기가 심화하면서 경제 회복에 대한 기대가 산산이 깨졌다. 게다가 조선업·해운업 구조조정과 주요 경제정책들을 둘러싼 지배자들의 내분이 심각해졌다. 지난해 4·13 총선에서 정부 여당이 참패한 후 지배자들 사이에서 우파 정권 재창출이 어려울 수 있다는 위기 의식이 점증한 것도 내분을 격화시켰다. 이 과정에서 정치적 부패의 실체와 세부적 양상이 폭로되기 시작했다.

누가 촛불을 들었는가?

지배자들의 내부 갈등 격화는 노동자들의 저항을 자극했는데, 이것도 박근혜의 위기 악화에 한몫했다. 특히, 퇴진 운동이 분출하기 직전에 벌어진 두 노동자 투쟁이 지배자들을 긴장시켰다.

현대차 노동자들이 12년 만에 전면 파업을 벌였다. 지배자들은 현대차 파업의 경제적 손실이 3조 원대에 이르자 신경이 곤두섰다. 9월 하순에는 철도가 중심이 된 공공부문 노동자 5만여 명이 파업에 나섰다. 화물연대 노동자들도 부산신항에서 치열한 전투를 벌이며 물류를 마비시키겠다고 위협했다. 바로 이런 상황에서 박근혜·최순실 게이트가 터졌고, 마침내 10월 29일 첫 퇴진 운동이 서울에서 시작됐다. 특히, 철도 파업은 박근혜 정권 퇴진 운동과 수도 중심지에서 만나면서 커다란 지지를 받았다.

박근혜 반대 운동은 2002년과 2008년의 촛불 운동과 달리, 시작부터 정권 퇴진을 요구했다. 1987년 6월 항쟁 이래 처음으로 진보·좌파 운동 진영 전체가 동의한 정권 퇴진 운동이었다. 운동의 규모도 엄청나게 커서, 12월 초에는 한국 역사상 최대 규모인 230만 명가량이 항의 집회에 참가했다.

운동 참가자들은 단지 부패에만 항의를 한정하지 않았다. 박근혜의 4년 '학정'들에 대한 어마어마한 분노가 쏟아져 나왔다. 그런 점에서 운동 지도부인 '퇴진행동' 측이 노동자들의 참가와 독자적인 투쟁을 고무하지 않은 것은 크게 아쉽다.

이 운동에는 미조직 노동계급 사람들이 개별적으로 참가한 경우가 많았다. 〈한겨레〉는 기존 조직이 아닌 개인들의 운동이었다는 점을 부각시켰다. 물론 거대한 운동이 갑자기 일어나면 미조직된 개인들이 운동에 뛰어들어 큰 활력과 놀라운 자발성·헌신성을 보여 주는 것은 역사에서 매우 흔한 일이다.

그러나 이번 운동 과정에서 "기존 조직이 거부당했다"는 〈한겨레〉의 평가는 전혀 사실무근이다. 2002년과 2008년 촛불 때는 조직된 좌파를 배제하는 정서가 강했다. 그러나 이번에는 달랐다.

퇴진 운동이 규모 면에서 비약하게 된 계기는 11월 12일 노동자대회였다. 민주노총 노동자 15만 명이 참가했다. 그런데 노동자대회가 진행되던 그 시간에 이미 민주노총 조합원들보다 몇 배 많은 사람들이 집회에 모여들었다. 또, 철도 파업은 퇴진 운동 참가자들한테서 커다란 지지를 받았다. "조직노동자들이 고립돼 있다"는 진보진영 온건파의 주장이 전혀 참말이 아님을 보여 줬다.

노동운동과 좌파가 선구적으로 이 운동을 발의했다. 특히 퇴진 운동이 처음 분출한 10월 29일부터 퇴진 운동이 전국노동자대회와 결합되는 11월 초순까지 노동운동과 좌파는 주도적인 구실을 했다.

그러나 노동운동과 좌파가 퇴진 운동을 정치적으로 지도하지는 못했다. 강력했지만 헤게모니적이진 못했던 것이다. 퇴진행동 온건파들은 노동계급, 특히 조직된 노동계급의 참가를 특별히 호소하지 않았다. 그들은 이 운동이 정치적 부패에 항의해 선거로 정권을 교체하는 수준을 넘어서는 것을 원치 않았다.

민주노총 지도자들도 형식적인(11월 30일) 하루 파업 외에는 파업투쟁을 통해 퇴진 운동을 심화시키려 하지 않았다. 자신들이 중차대한 국가권력 문제를 감당하지 못할 거라는 소심함 탓이었을 것이다.

좌파로 말할 것 같으면, 특히 노동자연대는 선구적으로 10월 29일 퇴진 집회를 발의하고 이 운동에 적극 뛰어들었지만, 조직 규모가 상황 전개에 계급투쟁의 성격을 부여하는 돌파구를 내기에는 한계가 있었다.

민주노총 집행부가 제안한 민중단일후보 전술이 민주노총 대의원대회에서 부결된 것도 퇴진 운동 헤게모니의 한계와 관계있다. 노동운동이 퇴진 운동에 정치적 지도력을 행사하지 못함에 따라 노동계의 독자적 대선 후보 전술이 지지를 받지 못한 것이다. 운동의 최대 수혜자는 민주당이 독차지하고 있다.

퇴진 운동은 박근혜 일당의 정치적 부패에 반대하는 운동으로, 민주주의 투쟁이었다. 그런데 퇴진 운동이 짧은 시간에 폭발적으로 분출했다는 것은 이미 그전에 물밑에서 정치적 급진화가 이뤄지고 있었다는 뜻이다. 4·13 총선에서 집권당이 참패한 것이나 7월부터 노동자 투쟁이 고양된 것이 그런 정서가 표출된 사례들일 것이다. 좌파라면 박근혜 퇴진 촛불 운동 속에서 노동자들의 참가와 독자적 요구를 위한 투쟁(특히 파업을 포함해)을 강조해야 했다.

퇴진 운동 속의 정치적 세력관계

박근혜 퇴진 운동 국면에서 핵심 정치 플레이어는 세 세력이었다. 첫째, 박근혜 정권과 옛 새누리당, 그리고 뇌물 비리에 연루된 핵심 재벌들이었다. 둘째, 노동자와 민중(천대받는 사람들)이 있었다. 셋째, 그 중간에 주류 야당이 있었다.

주류 야당, 특히 민주당의 존재는 퇴진행동 안에서 언제나 뜨거운 쟁점이었다. 민주당은 부패 문제에조차 깨끗하지 않다(그 당의 유력한 대선 후보 중 한 명인 안희정은 부패 사건에 연루돼 구속된 전력이 있다).

그래서인지 몰라도 민주당은 처음에 박근혜 퇴진을 지지하지 않았다. 오히려 거국중립내각과 특검을 요구했다. 그러다 퇴진 운동이 매우 큰 규모로 성장한 12월 8일에야 박근혜 탄핵을 결정했다. 더구나 철도 파업 종료를 전제로 한 결정이었다.

이때까지 아래로부터의 퇴진 운동에 주도권을 빼앗겼던 민주당은 탄핵안 통과라는 의회 절차로 정치적 주도권을 쥐기 시작했다. 일종의 공중납치였다.

탄핵 이후, 퇴진 운동은 어디로?

헌재가 박근혜 파면을 결정한 것은 퇴진 운동의 중요한 승리이지만, 상황 종료는 아니다. 헌재는 박근혜가 "중대한 법 위배 행위"를 저질렀 다고 했다. 따라서 박근혜는 구속돼야 한다. 그가 민가에서 반동을 도 모할 수 있도록 편히 놔둬서는 안 된다.

무엇보다, 박근혜가 제거됐어도 박근혜 정권은 남아 있다. 어쩌면 국 정원 같은 우익이 득실대는 기구들이 선거 부정을 자행할 위험성도 존 재한다. 우익도 다시금 거리로 나올 수 있다. 그래서 대선 기간에 세력 균형을 뒤집으려 애쓸 수 있다. 그래야 선거에서 기회가 올 수 있을 테 니까 말이다.

특히, '박근혜 없는 박근혜 정부'가 박근혜의 적폐들을 밀고갈 것이 다. 헌재 결정 직전에 황교안은 안보와 치안을 매우 강조했다. 커다란 승리로 자신감을 얻은 대중이 행동을 진전시키는 것을 막겠다는 뜻이 다. 사실상 같은 맥락에서 기업주 언론들도 헌재 결정 이후 "통합"의 합창을 부른다. 민주당도 이 합창에 가세했다. 그러나 박근혜 개인이 제거됐다고 해서 대중의 삶이 저절로 나아지는 것은 아니다. 박근혜 개인의 제거에서 멈출 것이 아니라 박근혜가 만들어 낸 제도와 인물을 청산하는 운동을 해야 한다. 따라서 퇴진행동 조직은 유지돼야 하고, 때때로 촛불은 계속돼야 한다.

한편, 헌재가 박근혜 파면 결정을 내림으로써 60일 이내에 대선을 치르게 된다.

지난 몇 년간 그리스의 반긴축 투쟁은 시리자의 집권으로, 스페인 광장 점거 운동은 포데모스 창당으로, 영국의 난민 방어 운동은 노동당 당수 제러미 코빈 시대의 개막으로 이어졌다.

지금 우파 진영의 대선 일기도는 흐리다. 대중의 정권 교체 열망이 매우 강하기 때문이다. 신년 여론 조사에서 국민의 80퍼센트가 정권 교체를 지지했다. 민주당 지지자가 아니라도 새누리당이 이기는 것을 원치 않는다는 뜻이다.

그런데 문재인은 2012년 대선 때보다 오른쪽에 있으면서 최근 서구의 용어로 "극단적 중도파" 구실을 하고 있다. 경제 위기 상황 때문이다. 경제 위기는 개혁주의 정당의 운신의 폭을 좁힌다. 개혁주의 정당이 개혁을 제공한다는 약속으로 집권하지만 막상 집권하면 체제의 포로가 돼서 개혁을 제공하지 못하기 때문이다. 민주당이 집권해도 별로 다르지 않을 것이다. 그러면 새 정부는 매우 심각한 상황을 맞이하게 될 것이다. 그래서 문재인은 벌써부터 대중의 기대감을 낮추려고 한다. 그는 주되게 우파에 대한 대중의 두려움을 집권의 명분으로 삼으려 할 공산이 크다.

따라서 노동자들은 대선을 기다리기보다 박근혜 파면을 통해 얻은 자신감으로 스스로 투쟁을 벌이는 것이 매우 중요하다. 그것이 개혁을 제공받는 더 좋은 방법이다.

물론 이것은 선거 무용론으로 풀이돼선 안 된다. 현실정치에 영향을 미치려면 현실정치 속에서 한 축을 차지하는 개혁과 진보 염원 대중의 정서와 접점을 이뤄야 한다.

　　그렇다면 좌파는 투표에 참가해서 그런 수십만, 수백만 대중에게 연대의 표시로서 모종의 진보적 또는 개혁적 투표를 해야 한다. 그러나 진보·개혁 염원 대중에게 이무런 환상도 갖지 말라고 경계심을 촉구하면서 그래야 할 것이다.

김인식, 〈노동자 연대〉 200호(2017-03-10).

탄핵은 시작이다! 박근혜를 구속하라!
3월 25일에 다시 모이자!

오늘(3월 11일) 본대회 후 청운동 길 청와대행 행진의 선두에는 세월호 유가족들의 방송차가 섰다. 세월호 유가족들이 이곳에 처음 온 것이 3년 전 5월 9일 새벽이었다. 제발 자식들이 죽은 이유라도 알게 해달라고, 경찰과 공무원이 도통 우리를 무시하니 대통령이 우리 얘기라도 좀 들어 달라고 하소연하기 위해서였다.

청와대 주인의 손님맞이는 방패와 곤봉을 앞세운 경찰 부대와 차벽이었다. 가족들이 땡볕이 내리쬐는 아스팔트에 주저앉아 청와대 앞을 못 떠나던 그 시각에 청와대 주인은 "이번 사고로 인해 서민 경기가 과도하게 위축되지·않도록 최선을 다해야 한다"는 담화를 발표했다. "사회 분열"이 경제 회복에 방해가 돼서는 안 된다고 협박까지 했다.

그리고 3년 만에 청와대의 주인은 그 자격을 잃었다. 진작 자격 없음이 드러났지만, 그를 파면해 청와대의 주인 자리에서 쫓아내는 데

몇 년이 걸렸다. 그리고 세월호 유가족은, 이 나라의 진짜 주인이 누구인지 보여 주겠다고 나선 1600만 촛불 민중을 응원 부대 삼아 오늘 청와대 앞에 섰다. 그리고 주인 자격으로 범죄자 박근혜에게 어서 남의 집에서 나오라고, 빨리 감옥에 가라고 외쳤다.

이런 정치적 변화가 일어난 것은 대부분이 노동계급 구성원인 민중이 스스로 행동에 나섰기 때문이다. 목표를 이룰 때까지 포기하지 않고 정권과 우익의 반격을 맞받아쳤기 때문이다. 그런 완강한 투쟁으로 근래 가장 악독한 통치자를 끝장내 버렸다. 헌재의 탄핵 사유에 세월호가 포함되지 않은 것이 유감스럽지만, 거꾸로 헌재의 그런 보수적 판결은 그들이 아래로부터의 압력에 떠밀려 박근혜를 파면했음을 보여 준다. 우리가 해냈다!

이 감격스러운 일을 축하하고 새로운 투쟁의 시작을 다짐하러 오늘 전국에서 70만 명, 서울 광화문 광장에 65만 명(연인원, 주최 측 발표)이나 모였다. 오늘 광장에 나온 사람들은 자신들의 힘으로 승리했음을 잘 안다. 그래서 행진 때 "우리가 해냈다! 박근혜는 끝났다! 우리가 끝냈다!" 하는 구호가 사람들을 목메게 한 것이다.

날씨도 좋았다. 올해 들어 가장 따뜻하고 화창한 날이었다. 청와대 행 방송차 사회자의 말처럼, 박근혜가 가니 거짓말처럼 봄이 왔다. 본 대회 시작 전부터 광화문 광장은 흡사 봄 축제를 즐기러 나온 것 같은 분위기로 채워졌다. 다시 아이 손을 잡고, 또는 유모차를 끌고 나온 젊은 가족들도 많았다.

사람들은 '우리가 해냈다'며 곳곳에서 감격했다. 개선장군처럼 의기양양한 표정들이었다. 행진에서는 춤을 추는 사람도 많았다. 오늘 하루만큼은 걱정을 잊고 억압받는 사람들의 축제를 즐기며 자신을 칭찬하는 날이었다. 쌓인 분노가 컸던 만큼 감격도 크고, 박근혜와 우익의 저항이 격렬했던 만큼 승리의 값어치도 크다.

악독하기 그지없는 정권을 몰아낸 승리감 때문에 광장에는 우애와 연대감이 넘쳤다. 자원봉사단, 방송차 등 주최 측 요원들에게 수고했다고 격려하는 사람들도 있었다. 탈핵 서명, 노란봉투법(노조 파업에 손해배상 청구를 금지하자는 법) 청원 서명, 고 백남기 특검 입법 청원 서명, 이석기 전 의원 석방 촉구 서명, 세월호 분향소 등에도 사람들이 많이 몰렸다. 떡과 국수를 나누는 사람들도 있었다.

축하와 안도만 있었던 것은 아니다. 헌재 탄핵(파면)으로 박근혜가 끝장났음에도 오늘 이만큼 사람들이 거리로 나온 것은, 이것이 끝이 아님을 역사적 경험으로 잘 알기 때문이다. 오늘 본대회와 행진에서 호응이 가장 큰 구호는 "박근혜를 구속하라"였다.

그리고 '박근혜 없는 박근혜 정부'를 지키다가 이제는 '박근혜가 쫓겨난 박근혜 정부'를 지키는 황교안도 물러나야 한다고 요구했다. 그는 박근혜의 적폐 정책을 조금이라도 더 연장하려고 꼼수를 부려 왔다. 세월호 참사 진상 규명, 노동 개악 폐기, 사드 배치 철회 등 해결해야 할 과제도 남았다. 박근혜는 청와대에서 안 나오고 있을 뿐 아니라, 헌재 결정 승복 발표를 하지 않음으로써 사실상 불복하고 있다. 우익의 불복 시위를 촉구하는 것일까? 이런 일들 때문에 오늘 청와대 방향과 종로를 중심으로 한 도심 행진들은 흥겹기도 했지만, 수만 명의 열기를 분출하는 것이기도 했다.

앞으로 우리에게 꽃길만 있지는 않을 것이다. 지배계급과 우익이 민중의 정치적 우위와 자신감을 내버려 두지 않을 것이기 때문이다. 그러나 사람들은 그 전처럼 '때리는 몸짓만 봐도 움츠러드는' 그런 주눅든 사람들이 아니다. 고기도 먹어 본 사람이 많이 먹는다고, 격렬한 쟁투 끝에 큰 정치적 승리를 거두고 사기가 오른 민중은 더 많은 권리를, 더 많은 정의를 바랄 것이다. 그리고 행동하고 싶어 할 것이다.

3월 25일에 다시 모이자. 1600만 촛불은 스스로 자신의 약속을 지켰다. 박근혜 없는 봄을 불러왔고, 박근혜를 끝장내고서 세월호 3주기를 맞이하게 됐다. 이제는 적폐 청산의 약속을 지키자.

행진

본대회 마지막에 폭죽을 터뜨린 참가자들은 청와대, 삼청동 총리 공관, 종로 일대로 행진하기 시작했다. 청와대로 가는 행진에는 세월호 유가족들이 앞장섰다. 그간 정권의 박대에 시달리던 세월호 유가족들이 이제는 청와대 앞으로 나아가 '범죄자 박근혜 나와라' 하고 요구하는 것은 참으로 감격스러운 일이었다. 유가족들에 뒤이어 출발하려는 방송차에서 진행자가 "이 차는 청와대로 갈 것입니다" 하니 함성이 터져나왔다. 사람들은 이 행진을 고대하고 있었다.

청와대로 가는 청운동 길은 촛불들로 가득 찼다. 인도마저 행진 참가자들의 차지였다. 엄청난 인파였다. 그 옆의 효자동 길도 인파로 꽉 찬 것은 마찬가지였다.

청와대로 행진하는 사람들의 얼굴 하나하나에는 승리감과 해방감이 담겨 있었다. 4년 동안 참아 온 분노를 터뜨려 마침내 우리 힘으로 독재자의 딸을 권좌에서 끌어내렸다. 행진 대열 앞에 선 방송차에서 나오는 노래를 사람들이 따라 부르자, 마치 잔치 한 마당 같았다.

기자가 행진 중에 우연히 들은 한 부녀의 대화는 긴긴 겨울을 보내고 화창한 봄을 맞는 우리의 정서를 잘 드러내 주는 것 같았다.

아빠: (큰 소리로) "봄이 왔다!"

아이: "아빠, 봄이 뭐야?"

아빠: "지난 겨울에 사람들 엄청 힘들었거든. 그래서 나쁜 할머니를 쫓아냈어."

이 승리의 순간을 영원히 담아 두려는 듯 휴대전화를 꺼내 영상 촬영을 하거나, 삼삼오오 사진을 찍는 사람들도 많았다. 정말이지, 오늘 거리는 노동자들과 천대받는 사람들이 진정으로 승리를 만끽하는 축제의 장이었다.

압도적으로 가장 인기 있는 구호는 단연 '박근혜 구속'이었다. 도로변 치킨 가게에서 일하던 한 여성이 행진 대열이 지나가자 가게에서 뛰어나와 '박근혜 즉각 구속하라' 손 팻말을 들고 환호하는 모습은, 대중이 탄핵 이후 무엇을 가장 원하는지를 보여 주는 듯한 장면이었다. 그리고 "너는 파면됐다", "우리가 해냈다! 박근혜는 끝났다! 우리가 끝냈다!" 구호도 인기였다.

청와대 쪽 행진 대열이 다시 방향을 돌려 광화문 광장으로 향하다가 황교안이 일하는 정부 종합 청사 건물을 지났다. 그때 방송차 진행자가 '황교안이 우리더러 광화문을 떠나라고 했다' 하고 말하니 사람들이 분노했다. 이어서 방송차에서 '박근혜 날린 힘으로 황교안도 날리자'고 외치자 크게 환호했다.

종로에서 촛불들은 여유 있게 행진하며 승리를 만끽했다. 행진 대열의 맨 끝에 대학생들이 많았는데, 그 대학생들이 활기차게 행진하고 방송차 위의 학생이 지나가던 사람들도 함께하자고 호소하자 인도에서 행인들이 도로로 나와 행진에 합류하기도 했다.

방송차들에서는 종로와 을지로를 지나며 여러 노래를 틀었다. 영화 〈레미제라블〉의 주제곡인 〈민중의 노래〉도 감동적이었다(이 노래는 청와대 방면 방송차들도 틀었다). 2012년 대선 직후 박근혜 당선으로 상실감을 느낀 많은 사람들이 혁명을 다룬 영화 〈레미제라블〉을 보고 그 노래를 들으며 위안을 받았는데, 2017년 3월 거리에서 사람들은 혁명을 기리는 노래를 들으며 환희를 만끽했다. 노래 가사처럼, 분노한 민중이 싸워 마침내 승리를 거둔 것이다.

광장의 목소리

김광일(퇴진행동 집회기획팀장)

어제 우리가 촛불의 명령 제1호, 박근혜 탄핵·파면을 이뤄 냈습니다. 1 라운드에서 우리가 완승한 것 아닙니까?

우리가 어떻게 승리할 수 있었습니까? 10월 29일 첫 촛불 때부터 무려 134일, 1년 중 3분의 1을 촛불을 들고 눈비를 맞으며 계속 싸웠습니다. 그것이 원동력 아니었습니까? 그리고 그 어렵다던 100만 시위를 다섯 차례나 이뤄 냈습니다. [박근혜 파면은] 연인원 1600만 명, 전체 인구의 3분의 1이 1년의 3분의 1 기간 동안 싸워서 이뤄 낸 승리 아닙니까?

야당이 갈팡질팡 우왕좌왕 게걸음 칠 때, 12월 3일, 200만이 햇불 들고 거리에 나왔습니다. 우리가 국회에서 탄핵[하도록] 만든 것 아닙니까?

촛불 집회를 헤아려 보니, 이곳 무대와 방송차에 거의 1000여 명이 올라와 발언했습니다. 우리가 참 할 말이 많았죠? 박근혜 4년 동안 켜켜이 쌓여 있었던 분노와 불만이 터져 나왔습니다. 세월호 유가족들과 생존 학생들의 그 뜨거웠던, 그 안타까웠던 만남을 함께할 수 있었습니다. 비정규직 노동자들의 절절한 사연과 투쟁을 들을 수 있었습니다. 대학생, 청년, 노인이 [품은] 불만과 분노를 느낄 수 있었습니다. 여러분, 이런 정권의 적폐들을 깨끗이 청산해야 우리가 완전히 승리하는 것 아닙니까?

우리 광화문은 축제의 장이기도 했습니다. 두 팔 걷어붙이고 무려 100여 팀이 이곳에서 공연하며 촛불을 응원했습니다. 그분들께도 다시 한번 뜨거운 박수 부탁드리겠습니다.

그리고 이곳 광화문을 지키는 데, 드러나지 않지만 큰 기여를 하신 분들을 특별히 소개해 드리고 싶습니다. 여러분들은 보실 수 없는 분들입니다. 무대를 쌓고, 음향을 담당하시는 50여 명의 무대팀원들에게도 뜨거운 박수 부탁드리겠습니다.

광화문의 결론은 무엇입니까? 모이자, 싸우자, 그러면 우리가 이길 수 있다, 그것 아닙니까 여러분? 그러기 위해서는 첫째, 광장을 지켜야 합니다. 박근혜가 지금 침묵 시위하며, 농성하며 청와대에 있습니다. 박근혜가 있을 곳은 청와대가 아니라 감옥 아닙니까? 어제 황교안이 뭐라고 얘기했습니까? 우리보고 광장을 떠나랍니다. 우리의 대답은 이것입니다. 너나 총리 공관을 떠나라, 우리는 광장을 지킬 것이다, 맞습니까?

3월 25일에 다시 이곳 광장에 모입시다. 박근혜 구속과 황교안 퇴진을 위해 다시 모이실 수 있겠습니까? 이곳 광장에서 우리는 거인이었습니다. 그런데 여러분, 우리가 광화문에서만 거인이어야 하겠습니까? 대학과 작업장과 지역에서 우리 모두 거인이 될 수 있지 않겠습니까? 곳곳을 광화문으로 만듭시다. 광화문처럼 싸워 승리합시다.

임순분(성주 소성리 부녀회장)

반갑습니다. 저는 사드가 배치된다는 성주 소성리 마을 주민입니다. 어제는 정말 주민들에게 정말 기쁜 날이었습니다. 그러나 우리 마을 주민들은 마냥 기뻐할 수만은 없었습니다. 주민들이 마을 회관에 모여서 케이크도 자르고 만세도 불렀습니다. 그러나 그 만세는 팔이 절반만 올라갔습니다. 이 사드가 완전히, 온전히 물러난다는 그날, 저희 소성리 마을 주민들은 힘차게 팔을 높이 들 것입니다.

끝까지 버티던 박근혜가 결국 탄핵됐습니다. 이제 청와대에서 감옥으로 가면 됩니다, 그렇죠? 1년 전만 해도 제가 박근혜를 그다지 미워하지 않았습니다. 그런데 제가 박근혜를 이렇게 미워하게 될 줄은 꿈에도 몰랐습니다. 착하고 평화롭게 살던 성주에서 제가 왜 박근혜를 미워하게 됐을까요? 바로 사드 때문입니다. 박근혜가 탄핵된 것처럼 이제 사드가 탄핵돼야 하지 않겠습니까?

100여 명 남짓 사는 저희 마을에 경찰과 군인 1500명이 들어와 우리를 노려봅니다. 27일날 롯데가 사드 부지를 국방부에 넘겨주던 그다음날 새벽 4시에 기다렸다는 듯이 군인들 400여 명이 골프장 안으로 들어가고 1000명이 넘는 경찰관들이 호스를 줄줄이 모조리 동원해서 저희 마을 앞길을 완전히 차단했습니다. 우리 주민들이 밖에 가고 싶어도, 논에 가고 싶어도, 일을 하러 가야 되는데 경찰이 막아서 그냥 보내 주지 않습니다. 그것은 골프장 부지에 사드가 배치된다는 이유 때문입니다. 이제 우리가 거기에 농사지으러 들어갈 때도 이들의 불심검문도 받아야 되고 신분증도 제시해야 한다고 합니다. 우리 농민들이 농사지을 때[는] 밥도 제대로 못 먹고 들판으로 달려 나가는데 언제 신분증을 지참하고 다녔습니까, 그렇지 않습니까? 밥도 제대로 못 먹는데 신분증을 들고 가서, 이제까지 마음 놓고 농사를 짓던 곳에서 일일이 경찰관들에게 신분증을 제시하고 다녀야 한다는 게 정말 어처구니가 없습니다.

그리고 우리는 사드를 반대하고 평화를 지키기 위해 3개월간 단 하루도 거르지 않고 촛불을 들었습니다. 저는 군사도 무기도 잘 모르는 시골 아낙입니다. 그렇지만 사드가 나쁘다는 건 알고 있습니다. 전세를 계약해도 계약서를 쓰고 도장을 찍습니다. 그런데 사드를 성주 땅에 들여오는데 아직까지도 계약서를 본 사람조차 없답니다. 그럼 원천 무효 아닌가요?

예, 이제 대통령 선거를 발표한다는데 대통령이 되려면 불법적으로 강행되는 사드부터 막아야 하지 않습니까? 사드 배치를 강행하는 한민구 국방 장관을 탄핵해야 되죠? 국민 여러분, 그렇게 생각하지 않습니까? 6대 적폐 청산 중 하나도 제대로 해결된 게 없습니다. 그렇지 않습니까? 저는 광화문에서 촛불이 꺼지지 않아야 한다고 생각합니다. 이 촛불들을 광화문에서 밝혀 주시고, 국방부를 압박하고 국회를 압박해서 국회의원들, 국방위원들 저희 소성리 마을에 내려와서 조사를 해야 됩니다. 정말 법대로 국방부에서 실천하고 있는지를, 이런 것들을 모두 와서 낱낱이 조사해야 한다고 생각합니다. 사드는 진행 중이기 때문에 절대로 광화문의 촛불이 꺼지지 않았으면 좋겠습니다. 여러분 끝까지 평화를 위해서, 한반도 평화를 위해서 저희 소성리 주민들과 함께해 주십시오.

그리고 광고 하나 하겠습니다. 3월 18일날 성주에서 '평화 발걸음' 행사가 있습니다. 이 자리에 여러분들이 많이 많이 참석해 주시면 고맙겠습니다. 감사합니다.

세월호 유가족 수진 아빠 김종기 씨(416 가족협의회 사무처장)

어제 탄핵심판과 마찬가지로 새로운 대한민국의 초석을 만드셨습니다. 여러분이 진정한 영웅이십니다. 국민들이 대통령에게 권한을 줄 때는 국민의 생명과 재산을 보호할 의무도 준 것입니다. 하지만 박근혜 정부는 어떻게 했습니까? 국민의 생명을 지켰습니까? 지키지 못할 뿐만 아니라 오히려 국민의 생명을 … 학살한 거 아닙니까?

국민 여러분과 저희 가족들은 세월호 참사 진상 규명과 안전 사회 [건설]을 위해서 … 행동했습니다. 그러나 박근혜 정부는 오히려 참사의 진상을 축소하고 은폐하고 조작하고, 관제 데모를 지원하고, 참사의 진상 [이 밝혀지는 것]을 어떻게 해서든지 막으려고 여론 몰이를 해 왔습니다. 그러나 우리 국민들과 저희 가족들은 포기하지 않았고, 박근혜 정부의 끝장을 드디어 일군 것입니다.

어제 저희 가족들은 헌법재판소의 탄핵 결과에 박근혜 정부가 끝장났다는 한편의 기쁨과 세월호 참사 7시간이 인용 안 됐다는 허탈감과 분노를 [함께] 겪었습니다. 국민의 생명을 지키지 못[했다는 것]이 … 어떻게 탄핵 사유가 아니겠습니까? 제일 첫째 탄핵 사유가 아니겠습니까, 여러분? 권력에는 의무가 따릅니다. 그 의무를 다하지 못했으면 당연히 탄핵 사유가 됩니다. 저희 가족들과 국민들은 여기서 실망하지 않을 것입니다. 포기하지도 않을 것입니다. 더 행동할 것입니다.

앞으로도 진상 규명하고, 안전 사회 건설하고, 우리 대한민국이 더 행복하고 안전한 나라가 될 수 있도록 저희들은 앞장서서 노력할 것입니다. 지금 여기에 계신 민주주의 주권자 여러분, 함께 갑시다. 반드시 제2의 특검을 구성하고 박근혜를 조사해서 세월호 7시간의 책임을 물어 형사처벌 해야 합니다, 그렇지 않습니까? 그리고 저희들이 … [천막을]

가질 수 있게 이 광화문에 민주주의 광장을 만들어 주신 박원순 서울 시장님께도 감사를 드립니다.

앞으로 4월 16일, 3주기가 됩니다. 4월 15일 범국민 촛불에, 저희 3주기 추모 집회에, 많은 참석을 부탁드리겠습니다. 그리고 4월 16일 안산에서 3주기 기도식이 있습니다. 국민 여러분과 여기 오신 시민 여러분도 기억과 관심을 기울여 주시고 16일 안산으로 와 주시길 부탁드리겠습니다.

방승현(서울대학교 사회대학생회 부학생회장)

오늘 아침 6시 30분부터 시작된, 학교 직원들의 본부 침탈에 맞서다가 이 자리에 급하게 달려왔습니다. 여기 계신 분들을 보니 [오늘은] 정말 아름다운 날인 것 같습니다. 저는 이번 박근혜 [전] 대통령 탄핵이 밝은 미래의 시작이라고 생각합니다. 지난 이명박근혜 정권 동안 쌓여 왔던 적폐들을 청산해야 할 것입니다.

저는 오늘 이 자리에서 저희 서울대학교에 남아 있는 정권의 적폐를 말씀드리고자 합니다. 이번 박근혜 퇴진 운동의 강한 불씨가 됐던 이화여대 못지않게 저희 서울대학교에도 박근혜 정권의 손길이 뻗쳐 있습니다.

먼저, 현 서울대학교 총장 성낙인은 원래 구성원들[의] 투표에서 2등을 했던 2순위 후보였습니다. 그런데 친박 재단 영남대[학교]에 오래 재직했던 '빽'이 너무나도 좋았던지, 박근혜 정권의 비호를 받고 있는 이사회가 제멋대로 임명했습니다. 이는 김영한 전 민정수석의 메모에도 언급되고 있습니다. 성낙인을 총장으로 만든 이사회는 더 가관입니다. 국정교과서 선봉장이었던 이현 교육부 차관, 문화계 '블랙리스트' 주범이었던 박명진, 그리고 지금은 사라진 새누리당의 예비 후보까지, 친박·

친정권 인사로 가득합니다.

이들은 자기 주인 박근혜를 닮았는지 올해 5월부터 서울대학교 시흥캠퍼스 사업을 비민주적으로 추진하고 있습니다. 앞서 사회자 분께서 소개해 주셨듯, 저희 학생들은 작년 10월 10일부터 153일 동안 본관을 점거 중입니다. 시흥캠퍼스 실시 협약에 반대하고 있습니다. [시흥캠퍼스는] 서울대의 이름값을 팔아서 시흥시 땅값 올릴 투기 자본으로 짓는 캠퍼스입니다. 학생들은 이를 계속 반대했고 각종 계획이 불충분하다며 지적했지만, 학교는 일단 지어야 한다, 실시 협약 체결해서 어쩔 수 없다, 말 잘 들어라, 이렇게만 답했습니다.

학생들이 해도 해도 안 되겠[다 싶]어서 작년 10월부터 본관을 점거하고 있습니다. 그런데, 계속 [시흥캠퍼스 실시 협약] 철회는 안 된다며 고집해 온 서울대학교가 오늘 새벽[에] 200명의 직원들을 모아 와서 본관에 있는 학생들을 강제로 끌어냈습니다. 박근혜도 광장의 시민들을 무력으로 끌어내지 못했습니다. 그런데 어떻게 대학이, 학생들을 그렇게 끌어낼 수 있는지 모르겠습니다.

방금 제가 이 자리에 오는 길에 연락받기로는, 현재 열 명 정도 [되는] 학생들이 본관 안에 남아 있는데, 그 학생들에게 먹을 것을 가져다주려던 학생들을 소화전으로 물을 뿌려 가면서 막았다고 합니다. 광화문에도 안 뿌려지는 물대포가, 대한민국에서 나름 이름 있는 대학이라는 서울대학교에서 뿌려지고 있습니다. 학생들의 목소리에 물대포로 답하는 현실이 억울하기까지 합니다.

저희 서울대 학생들은 대학의 본분을 저버린 시흥캠퍼스 사업 저지에 끝까지 나설 것입니다. 박근혜 정권의 인적 적폐인 성낙인 총장과 이사진들을 반드시 청산하겠습니다. 시민 여러분들도 저희에게 힘을 불어넣어 주실 거죠? 시민 여러분의 많은 지지와 관심 부탁드리겠습니다.

김승하(철도노조 KTX열차승무지부장)

2004년 KTX 개통과 함께 승무원으로 일하다 해고당한 김승하입니다. KTX는 제 첫 직장이었습니다. 지상의 스튜어디스라고 불렸습니다. 공무원이 되는 줄 알았습니다. [철도공사는] 1년만 기다리면 철도공사 정규직으로 고용된다고 말했습니다. [저는] 철도청이 한 말이기 때문에 거짓말일 리 없다고 생각했습니다. 정부가, 나라가 나에게 거짓말할 리 없다고 생각했습니다.

[하지만 약속을 지키지 않아] 싸웠습니다. 우리가 옳고 저들이 거짓말을 한 나쁜 사람들이기 때문에, 반드시 이길 것이라고 생각했습니다. 끝까지 포기하지 않고 34명이 남았습니다. 그런데 아니었습니다. 국가는 힘이 셉니다. 아무리 애를 써도 바뀌지 않았습니다.

4000일이 지났습니다. 우리에게는 빚이 생겼습니다. 1억 원을 철도공사에 돌려줘야 합니다. 1심, 2심 법원에서 [저희가] 승소했지만, 대법원에서[는] 패소했습니다. 승소로 받았던 월급을 모두 철도공사에 돌려줘야 합니다.

그 압박을 견디지 못해, 사랑하는 내 친구는 스스로 목숨을 끊었습니다. [그 친구가] 두고 간 세 살짜리 딸아이에게 저는 할 말이 없었습니다. 내가 힘들어서 함께 힘든 너희 엄마를 지키지 못했다, 그리고 여전히 아무것도 바뀐 것이 없다 [하고] 말해줄 수가 없었습니다. 죽음이라는 것이, 다시는 엄마를 볼 수 없다는 것이 무엇인지도 모르는 아이에게 아무 말도 할 수 없었습니다. [돌아오는] 3월 19일은 그 친구의 2주기입니다.

촛불이 이뤄 냈습니다. 박근혜가 파면됐습니다. 다시 한 번 대한민국을 믿어 보려 합니다. KTX 해고 승무원들의 투쟁에 함께해 주십시오. 이제 5살이 된 그 딸아이에게, [너희] 엄마는 정당했다, 엄마는 옳은 일을 했다 [하고] 전해 주고 싶습니다.

한옥순(밀양 주민, 부북면 평밭마을 할머니)

민심은 천심입니다. 우리는 해냈습니다! …

핵발전소는 없어져야 합니다. [한국전력과 정부의 주장과는 달리] 우리나라는 전기가 안 모자랍니다. 한전하고 박근혜는 전기 모자란다며 경찰 3000명을, 할매 10명 잡으려고 경찰 3000명을 동원했습니다.

우리[가 계속 싸우는 것은] 후손들한테 평화로운 나라를 물려주기 위해서입니다. 이제는 할 수 있습니다. 우리[에게]는 봄이 왔습니다! 오늘부터 시작입니다! 여러분 함께합시다! 우리나라 아이들에게, 후손들에게 평화롭게 살아갈 나라를 만들어 주고 죽읍시다.

특별취재팀, 〈노동자 연대〉 200호(2017-03-12) 축약.

21~22주
파면 이후, 박근혜 구속과
적폐 청산을 외치다

"성과퇴출제, 비정규직 차별, 사드 배치, 백남기 농민 살해 책임자 처벌,
재벌의 악행들 … 이런 사악한 정책들을 철회하는 것이야말로
박근혜 퇴진 운동에 수백만 명이 참가한 이유 아니겠는가."

세월호와 함께 올라온 분노
"4월 15일에 또 모이자"

박근혜가 쫓겨나니 세월호가 올라왔다. 흉물스럽게 변한 모습으로 올라온 세월호는 그날의 고통스런 기억과 함께 박근혜 정권을 향한 증오도 끌어올렸다. 박근혜 정권 퇴진 운동의 정당성도 새삼 확인됐다. 오늘 광장에서 압도적으로 지지받은 구호는 "박근혜를 구속하라"였다. 도심 행진에서는 인도에 있던 사람들에게도 호응이 컸다. 세월호 문제가 퇴진 운동의 큰 동력이었음을 보여 준다.

세월호가 최종 인양된 날이며 박근혜 파면 이후 2주 만인 오늘, 서울 광화문 광장에는 수만 명이 모였다(주최 측 발표 10만 명). 박근혜를 대통령 자리에서 쫓아낸다는 1차 목표를 이룬 탓에 여유 있고 당당한 표정들이었지만, 사람들의 화가 풀린 것은 아니었다. 탄핵 후에도 수만 명이 모인 것이 그 방증이다. 물론 평균치보다 확연히 줄어든 규모는 이 광장 운동의 한 국면이 정리되고 있음도 보여 준다. 오늘 집회에서는 세월호 참사 3년을 맞아 4월 15일에 다시 광화문 광장에 모일 것을 약속했다. 집회 후 총리 공관 앞과 종로 도심을 누빈 행진도 활력 있게 진행됐다.

또한 오늘은 공무원 노동자 1만여 명이 본무대에서 자신들의 요구를 내걸고 오늘 광장 집회의 시작을 열었다. 희망연대노조도 보신각에서 사전 집회를 열고 간접고용 비정규직 노동자들의 요구를 밝혔다. 이는 운동의 이후 국면을 위해서도 상징적이고 좋은 일이다. 퇴진 운동의 초기 동력이 노동자 투쟁에서 나왔듯이, 적폐 청산 투쟁에서도 노동자들의 투쟁이 가장 중요하기 때문이다. 경제 위기 고통 전가야말로 박근혜 적폐의 알맹이이기 때문이기도 하고, 박근혜 일당을 정권으로 세운 우익과 특권층들에 맞설 힘을 가진 세력이기도 하기 때문이다.

오늘 제일 이슈는 역시 세월호 인양이었다. 세월호 참사 유가족 건우 아빠 김광배 씨는 "아들, 아이들, 304명 희생자들에게 책임자 처벌을 약속했습니다" 하고 말했다. 그것이 어찌 희생자 엄마, 아빠들만의 약속이겠는가? 희생 가족의 흔적이라도 수습하려고, 무려 3년을 살아도 산 것이 아닌 날들을 보낸 미수습자 가족들을 위해서라도 범죄자(책임자)들은 모두 죗값을 치러야 한다. 그것이 노동자·민중의 최소한의 정의다. 안전과 생명보다 돈을 우선시한 체제와 국가가 노동계급 사람들을 무참하게 내버린 것이 세월호 참사이기 때문이다.

해수부의 예고 후 순식간에 세월호가 인양된 것은 박근혜가 인양을 막고 있다는 사람들의 의심과 불신이 옳았음을 확인해 준 것이다. 박근혜 정권은 세월호가 다시 사람들 눈앞에 드러나면 정권의 안정과 우익 정권 재창출이 어려워질까 봐 두려웠을 것이다. 당장 세월호 인양으로 박근혜 구속영장을 청구해야 한다는 검찰의 부담감이 더 커졌다는 보도도 나온다. 해양수산부 관료들은 탄핵 직후 신속히 인양해 자신들의 죄를 면피하고 차기 정권에 잘 보이려고 했을 수 있다(물론 인양 과정의 문제는 계속 드러날 것이다). 따라서 지금 이 시점에서 세월호가 인양된 것은 박근혜 정권 퇴진 운동의 정당성을 명백하게 입증한 것이다.

오늘 사람들은 부패 범죄 혐의로 파면된 박근혜가 아직 구속되지 않는 것에도 분노했다. 사드 배치가 강행되고, 노동 개악들이 철회되지 않은 것도 분노했다. 공범자 황교안은 대통령도 없는데 청와대 비서진을 남겨 두고는 청와대 압수수색 거부를 뒷받침했다. 경찰은 퇴진행동의 물품을 빼앗고, 일부에게 소환장을 보내는 등 잽을 날리고 있다. 황교안 퇴진도 여전히 중요한 요구인 것이다.

그래서 오늘 집회에서는 박근혜를 쫓아낸 뒤에도 아직 해결되지 않은 갖가지 적폐들과 그에 맞선 저항들이 소개됐다. 오늘 본대회에서는 세월호 인양과 처벌 문제가 압도적 관심을 받았지만, 나머지 문제들에도 많은 사람들이 관심을 보이고 연사들의 연설을 주의깊게 경청했다. 성과퇴출제, 비정규직 차별, 사드 배치, 백남기 농민 살해 책임자 처벌, 재벌의 악행들에 맞선 저항들. 사람들은 유심히 들으며 고개를 끄덕이거나 환호를 보냈다. 각각의 부문 의제들은 자신들에게 이후 초점을 맞춰 달라고 호소했다. 이런 토론과 논쟁도 앞으로 운동이 거쳐야 할 과정일 것이다.

권력의 이런 사악한 정책들을 중단하고 철회하는 것이야말로 박근혜 퇴진 운동에 수백만 명이 참가한 이유 아니겠는가. 단지 정권만 바꾸는 게 아니라 노동자 대중이 계속해서 스스로 싸워야 하나씩 해결될 수 있다. 세월호와 함께 우리의 희망도 건져 올려야 한다. 세월호 인양이 우리의 힘 때문이듯, 우리의 희망도 스스로 싸워 쟁취하자.

주목받은 발언들

남서현(단원고 2학년 2반 남지현 언니)
안녕하세요. 2반 남지현 언니 남서현입니다.
4월이 다가오니 밤공기가 4월 16일 팽목에서 제 뺨을 스치던 그날의 밤공기와 비슷해집니다. 도망치고 싶어지는 하루하루입니다.
요 며칠 그날로 되돌아간 것 같이 뉴스에는 온통 세월호 이야기입니다. 지난 촛불, 세월호를 인양하라 외쳤는데 지금 세월호는 인양 중입니다. 박근혜가 내려오자 기다렸다는 듯이 1073일만에 세월호가 올라왔습니다. 모두 촛불의 힘 덕분입니다. 정말 감사합니다.
요즘 가장 참을 수 없는 것은 3년 동안 온갖 비난과 유언비어로 유가족에게 상처를 입히고 진상 규명을 방해하던 이들의 달라진 태도입니다. 그들이 이제는 가슴이 미어진다며 무사인양을 입에 올리기까지 합니다. 세월호 참사 3년 동안 진상 규명과 인양을 방해하던 그들 모두 공범입니다.
이제 와서 아무 일도 없었던 척 항상 인양을 바란 척하는 언론의 모습에도 화가 납니다. 언론 역시 세월호 참사의 주범 아닙니까?
누구보다 최선을 다하는 척하는 해수부도 공범입니다. 해수부가 3년 동안 우리 가족에게 보여 줬던 태도를 저는 절대로 용서할 수 없습니다. 우리는 절대 잊어서는 안 됩니다. 용서해서도 안 됩니다. 아직 청산하지 못한 적폐가 너무 많이 남아 있습니다.

동생이 떠나기 전날, 마땅한 캐리어가 없던 동생은 이곳저곳 돌아다니며 캐리어를 사 와서 자신이 가장 아끼는 물건들을 밤늦도록 챙겨 넣었습니다. 제가 기억하는 사랑하는 동생의 마지막 모습입니다. 세월호는 그런 304명의 흔적이 남아 있는 배입니다. 그리고 가장 중요한 아홉 명의 미수습자가 있습니다.

단원고 교장실 한켠에는 아직 돌아오지 못한 선생님과 아이들의 책상이 있습니다. 우리 형제자매는 아홉 명의 사람을 기다려 주지도 못하는 어른들을 너무 많이 보았습니다.

아홉 명의 미수습자가 가족 품에 돌아오는 것이 최우선이 되어야 합니다. 팽목에서 하루를 천 일같이 기다리는 미수습자 가족에게 우리가 해줄 수 있는 것이 이것뿐이라는 것이 너무 많이 미안합니다.

세월호에는 100여 개의 천공이 있고, 인양 과정 중 화물출입 램프가 열려 있다는 것을 발견했습니다. 해수부는 우리 가족들을 인양 과정에서 철저히 배제한 것이 사실이고 인양이 진행 중인 지금도 그러고 있습니다. 세월호가 목포신항에 거치되고 미수습자와 유류품이 수습되고 선체 조사가 이루어지기까지의 과정에 저들이 또 무슨 짓을 할지 모릅니다.

그렇기에 선체조사위원회의 역할이 너무나도 중요합니다. 28일 국회 본회의에서 의결되면 선체조사위원회가 활동에 들어갑니다.

우리 가족들은 이미 너무 많은 것을 잃었습니다. 더는 그들이 세월호를 훼손하지 못하도록, 선체조사위원회가 제대로 활동할 수 있도록 여러분이 함께 지켜봐 주세요. 저들이 가장 두려워하는 것은 여러분의 관심입니다.

다시 4월이 오고 있습니다. 힘든 상황에서도 저희 가족들은 그 봄을 마주하기 위해 준비하고 있습니다. 4월 16일 안산에서 기억식이 열립니다. 여기 계신 여러분도 함께해 주세요. 감사합니다.

김광배(단원고 2학년 5반 큰 건우 아빠)

촛불 국민 여러분, 반갑습니다. 저는 416 가족협의회 [선체]인양분과에서 일하고 있는 단원고 2학년 5반 '큰 건우' 아빠 김광배입니다. 오늘 21차 촛불 집회, 정의의 마음으로 함께해 주신 여러분과 이 자리를 같이 하게 되어 너무 감사하고 기쁩니다. 고맙습니다.

하루라도 빨리 사랑하는 우리 아들딸들, 사랑하는 가족들이 돌아오기를 지난 3년간 우리는 헤아릴 수 없는 고통과 눈물로 기다리고 또 기다렸습니다. 제 아들 건우는 꼭 한 달 만에 엄마, 아빠 품으로 돌아왔습니다.

얼마나 고통스럽게 보낸 그 한 달의 시간이었는데, 3년이라는 기나긴 시간 동안 아들딸의, 가족의 뼛조각만이라도, 그 흔적만이라도 꼭 찾아야겠다는 간절함으로 버티고 기다려 온 아홉 분 미수습자 가족의 고통을 저 박근혜는 알고 있는 것입니까? 박근혜와 이 썩어빠진 정부를 용서할 수 있겠습니까? 저희 엄마, 아빠는 결코 용서할 수 없습니다.

그래서 우리는 세월호 참사의 원인을 낱낱이 밝혀, 구조하지 못한 것이 아니라 구조하지 않았던 그 책임자들과 세월호 참사의 진상 규명을 방해하고, 은폐하고, 조작했던 모든 적폐 세력과 그 부역자들을 응당히 처벌해야 합니다. 그렇지요 국민 여러분?

해수부는 2015년 4월 20일 세월호 인양을 공식 발표한 이후, 지난 23일 2년여 만에 세월호를 수면까지 올렸고, 오늘 새벽 반잠수식 선박에 안착시키고, 목포신항으로 이동할 나머지 작업도 완료하겠다고 발표했습니다.

세월호 인양이 2년여 시간을 들일 만큼 그렇게 어려운 것이었습니까? 이 정부는 인양업체 입찰 전에 발표한 기술검토 보고서에 나오듯이 부력제를 이용한 크레인 방식은 위험한 방식이라는 것을 알면서도 강행했고, 인양 과정을 국민은 물론 저희 유가족에게까지도 정확히 공개하지 않았습니다. 실패를 거듭하며, 결국은 이미 제시됐던 지금의 탠덤리프팅 방식으로, 작년 11월 변경하는 상황까지 만들었는지 … 고통의 눈물로 기다렸던 아홉 분의 미수습자 가족들에게 사죄하는 마음이 아주 조금, 아주 조금만이라도 있다면! 반드시 그 인양 과정을 낱낱이 밝혀야 할 것입니다.

이제 세월호 선체조사위원회가 3월 28일 출범합니다. 해수부는 당연히 선체조사위원회의 미수습자 수습과 진상 규명을 위한 선체 조사의 모든 요구를 적극적으로 따라야 하며, [저희는] 더 이상의 선체 훼손은 용납하지 않을 것입니다. 더 이상 지난 세월호 특조위에 저질렀던 진상 규명 방해 행위는 결코 용서하지 않을 것입니다. 왜냐하면 그것이 바로 국민의 명령이기 때문입니다.

선체조사위원회는 단 한 조각의 유실도 없도록 미수습자와 우리 아이들 유품의 수습을 당부 드립니다. 그리고 그 어떤 작은 것 하나도 놓치지 않도록 증거 확보에 최선을 다해 주시길 거듭 당부 드립니다.

세월호 속에는 따뜻한 엄마의 품을, 꼭 안아 줄 가족을 기다리는 아홉 분이 계십니다. 사무치게 소중하고 사랑하는 우리 아이들, 별이 된 304분의 흔적이 있습니다. 그리고 이 참사의 진실을 밝힐 수 있는 유일한 증거가 있습니다.

세월호는 산 자들이 만들어 가야 할 지침이고, 방향입니다. 그렇지 않습니까 국민 여러분!

여러분, 세월호 참사 이후 오늘 올려진 세월호의 모습을 보셨죠? 3월 22일 맹골수도 참사 해역에 내려갔다 왔습니다. 23일 오후까지 인양 과정을 지켜보면서 어떤 생각이 들었는지 아십니까? 여러분은 어떤 생각이 드셨습니까? 네. 반드시 올라와야 하죠. 아무 훼손 없이.

하지만 저는 그 참사 현장에서 이런 생각이 들었습니다. 살기 위해, 탈출하기 위해 몸부림 치고, 손가락 마디마디 하나도 남김 없이 부러진 제 아들, 제 아들 건우에게 너무 미안한 … 우리 아이들에게 너무 미안한 마음이 들었습니다.

하지만 제 아들 건우와 약속했습니다. 우리 아이들과 약속했습니다. 고귀하게 희생되신 304분과 약속했습니다. 끝까지 진실을 밝혀 반드시 그 책임자들을 처벌하겠다고. 영원히 기억하고, 잊지 않겠다고, 촛불 국민 여러분께서도 약속해 주시겠습니까? 분노하고, 잊지 않고, 책임자 모두 처벌하고, 안전한 대한민국을 만들겠다고 약속해 주시겠습니까? 고맙습니다. 정말 고맙습니다.

오는 4월 16일은, 우리 아이들이 여러분을 '3주기 기억식'에 초대하고 싶어합니다. 많은 분들이 꼭 와 주셨으면 하고 얘기하네요. 우리 아이들의 고향 안산에 많이 오셔서, 우리 아이들에게, 또 우리 가족들에게 큰 용기를 주시고 많이 응원해 주시기 부탁드리겠습니다.

감사합니다 촛불 국민 여러분. 고맙습니다.

백도라지(고 백남기 농민의 딸)

백남기 농민의 큰딸 백도라지입니다. 우선 박근혜를 탄핵시켜서 너무

기분이 좋았습니다. 이 땅의 민주주의가 아직 죽지 않았구나 하는 안도감이 들었습니다. 바다에 가라 앉아 있던 세월호도 3년 만에 올라왔습니다. 너무 늦은 감이 있지만 그래도 하나하나 모든 것들이 차근차근 제자리를 찾고 있다고 생각합니다. 다음 월요일은 저희 아버지가 쓰러지신 지 500일이 되는 날입니다. 경찰청장 강신명 이하 살인 경찰들은 아직도 기소가 되지 않고 있습니다. 그러나 저는 믿습니다. 민주주의가 바로 서고 정의가 바로 서고 죄 지은 자들이 죗값을 치르는 그 날이 오리라 믿습니다. 박근혜도 강신명도 곧 구속되고 수감되리라 기대합니다. 지금까지 보내주신 마음들, 그날까지 함께해주시길 부탁드립니다. 감사합니다.

특별취재팀, 〈노동자 연대〉 201호(2017-03-25) 축약.

박근혜, 마침내 구속되다!
박근혜의 유산 일소를 위해 싸우자!

파면된 지 딱 3주 만에 박근혜가 구속됐다. 끝까지 오만방자하던 박근혜가 멍한 표정으로 머리가 헝클어진 채 수사관들 사이에 끼어 앉아 구치소로 들어가는 장면은 체증이 가신 듯이 속이 후련하다. 서울구치소에 구속된 명단을 살펴보면 박근혜의 청와대가 거기로 옮긴 느낌이다. 민중의 힘이 그렇게 만든 것이다!

박근혜가 얼마나 미웠는지, 세월호는 박근혜가 서울구치소에 구속 수감된 뒤에야 마지막 항해를 시작했다. 원래 돌아오기로 했던 금요일 아침이다. 그 배 안에 미수습자 아홉 명이 있기를 간절히 바란다.

세월호와 백남기 씨 유가족들 그리고 세월을 거슬러 인혁당 사형 사건(1975년) 유가족들의 응어리진 마음에 박근혜 구속이 조금이라도 위안이 되길 바란다. 박근혜는 인혁당 사건에는 두 개의 판결이 있다며 법원이 재심을 해 무죄 판결한 일을 인정하지 않았다.

박근혜 구속은 지난해 가을부터 올해 봄까지 매주 광장을 지키고 거리를 누빈 민중의 힘으로 이룬 것이다. 매주 평균 80만 명가량이 광장에 모였다. 이런 위력과 잔뜩 성난 민심에 밀려 지배계급 다수는 마침내 박근혜 파면에 동의해야 했다. 그렇게 해야 자신들의 훼손된 통치력을 회복하고 조금이라도 세력균형을 되돌릴 카드들을 쓸 수 있다고 여겼기 때문이다.

그러나 박근혜는 아직 가라앉지 않은 대중의 분노를 오히려 더 자극했다. 결국 검찰에 이어 법원마저 박근혜 구속에 손을 들고 말았다.

민중이 이토록 기뻐하는 것은 그의 범죄가 갖가지 형태의 정치적 부패에 국한되지 않기 때문이다. 박근혜는 또한 자신의 사악한 정책에 항의하는 모든 이들에게 잔인한 주먹을 휘둘렀다. 정부의 구조 실패 책임을 밝히라는 세월호 유가족에게, 대선 공약을 지키라는 백남기 씨에게, 노동자 임금(과 연금)을 도둑질한 돈인 듯 취급 말라는 노동자들에게 박근혜가 돌려준 것은 최루액 섞은 살인 물대포와 경찰봉, 구속과 명예훼손 고소, 관제 데모와 거짓 언론 보도들이었다.

그러나 마침내 민중은 범죄자 대통령이 임기 중간에 끌려 내려와 구속되는 선례를 만들었다. 박근혜 구속은 단지 법치뿐 아니라 천대받는 사람들의 정의가 일부 실현된 것이다. 앞으로 뇌물죄, 블랙리스트 통치, 세월호 수사 방해 등이 모두 밝혀져야 하고, 이 범죄들에 공동으로 연루된 의혹이 있는 황교안과 우병우, 재벌 총수 등도 모두 수사와 처벌의 대상이 돼야 한다.

무엇보다, 박근혜 정권이 아직 유지되고 그 흔적과 적폐 정책들이 남았다. 따라서 저항도 곳곳에서 계속돼야 한다.

특히, 황교안 대통령권한대행은 2012년 국정원 대선 개입 사건 수사를 (법무부 장관의 검찰 수사 지휘권을 이용해) 방해한 의혹, 세월호 수사가 확대되는 걸 방해한 의혹을 받고 있다. 그의 내각이 박근혜가 쫓겨난 박근혜 정권임을 상기해야 한다. 황교안은 노동 개악, 사드 배치, 한일 '위안부' 합의, 국정교과서 등 온갖 박근혜 적폐 정책들을 고스란히 유지하고 있다.

이틀 전에는 퇴진행동 집회기획팀장 김광일 씨를 자택에서 연행했다. 그는 오늘 구속 수감됐다. 법적 명분은 그가 9년 전인 2008년 정국을 달궜던 반 $\overline{\mathbb{F}}$ 이명박 촛불 운동 속에서 거리 행진을 주도했다는 것이다. 그러나 정치적 경험이 조금이라도 있는 사람이라면 그가 구속된 진짜 이유는 박근혜 퇴진 운동에 보복을 하는 것이요, 진보·좌파 진영에 견제용 잽을 날리는 것이요, 우익에 속죄양을 갖다 바치는 것이요, 자유민주주의의 환상에 젖어 있는 사람들에게는 정부가 공정한 법 집행을 하고 있다는 착각을 제공하기 위해서임을 안다.

사회의 진보와 진정한 개혁을 염원하는 사람들은 박근혜 없는 박근혜 정권이 반격의 기회를 노린다는 점과 여전히 우리가 잔인하고 위선적인 적들과 대결하고 있다는 점을 절대 잊지 말아야 한다.

물론 우리가 근래 가장 사악한 통치자를 끝장내고 3주 만에 다시 감옥까지 보낸 승리를 거둔 사람들이라는 것도 잊지 말자.

이제, 승리한 민중의 다수를 이뤘던 노동계급이 앞장서서 박근혜의 유산을 일소하는 데 적극 나서자.

노동자연대 성명, 〈노동자 연대〉 202호(2017-03-31).

7부
돌아보기 내다보기

지난 5개월 동안 그 어렵다던 100만 시위가 여섯 차례나 열렸고 연인원 1600만 명이 참가했다. 촛불 집회에서 발언한 사람 수만 해도 1000여 명이었다. 지난 4년간 누적된 불만과 분노가 터져 나왔으니 오죽 할 말이 많았겠는가.

그러나 박근혜 정권 퇴진 촛불은 이제 첫째 목표를 달성한 것이다. 청산해야 할 박근혜의 유산이 산더미처럼 쌓여 있다. 지난 5개월을 돌아보며 촛불이 어떻게 승리했는지, 무엇이 부족했는지 살펴보면 적폐 청산을 위해 앞으로 어떻게 싸워야 하는지, 왜 노동자들이 나서야 하는지, 무엇을 보완해야 하는지 힌트를 얻을 수 있을 것이다.

국민의 정치보다 계급 정치가 필요하다

3월 10일 헌법재판소의 박근혜 탄핵(파면) 이후 공식 정치권은 대선 국면으로 급격히 이동했다. 60일 안에 대선을 치러야 하고, 당선자는 바로 다음 날 임기가 시작된다. 당선 후 취임까지만 두 달 넘게 걸리는 평상시 정권 교체 과정과 달라 공식 정치에서도 급박한 면이 있는 셈이다.

그런데도 대선 정국이 지배적이진 않다. 대세론의 영향도 있겠으나, 박근혜 일당의 수사와 재판이 진행 중이기 때문이다. 당장 박근혜 본인의 조사와 구속 여부가 첨예한 쟁점이다.

3월 21일 오전 드디어 검찰에 조사 받으러 나온 박근혜는 "송구하고 조사 성실히 받겠다"고 밝혔다. 짜증도 묻어났지만 이제는 특권의 보호를 받을 수 없는 현실을 의식해 검찰을 존중하는 태도를 보인 것이다.

오늘 조사 결과에 따라 박근혜의 기소 내용과 구속 여부 등이 판가

름 날 수도 있다. 검찰은 그동안 죽은 권력에 냉정했다. 그러나 정작 민주당은 박근혜 구속이 보수 결집이라는 역풍을 불러올까 봐 걱정하니 그 점도 신경 써야 한다. 1차 목표를 이룬 정권 퇴진 운동이라는 아래로부터의 압력도 신경 써야 한다. 이를 무시했다간 차기 정권에서 개혁 대상 취급 받으면서 한동안 정치적으로 힘든 시기를 보내야 할 것이기 때문이다.

탄핵 이후 오히려 탄핵 찬성 여론이 커졌고 박근혜 엄격 수사, 구속 등에 대한 찬성도 좀 더 늘었다. 박근혜 지지층에서조차 늘었다. 헌재 평결로 국가기관(사법부)이 공식적으로 박근혜를 부패한 통치자로 규정하고 파면까지 한 것이 주는 효과일 것이다. 또 말도 안 되는 이유로 청와대에서 버티고, 청와대에서 퇴거하는 날까지 지지세를 과시하고 헌재 판결을 인정하지 못하겠다는 오만한 태도를 보인 것이 영향을 미쳤을 것이다.

따라서 박근혜 본인의 검찰 조사, 구속 여부, 재판 진행과 유죄 판결 여부 등이 여전히 중요한 쟁점이다. 특히 세월호 참사 구조 방기 의혹과 우익적 블랙리스트 통치 등에 대해서는 검찰 수사와 재판에서 추가로 사실들이 밝혀져야 한다. 사람들은 뇌물죄 입증과 재벌 총수 구속도 바란다. 세월호 인양 문제도 적폐 청산 투쟁과 연계된 쟁점일 것이다.

특히 민주적 권리를 억누르며 공작 정치를 편 작태는 이미 확인된 사실만 봐도 청와대와 국정원, 검찰·경찰, 전경련 등이 얽힌 커넥션이 있었을 개연성이 크다. 이런 것들이 노동 개악, 교육 개악 등을 위한 사전 땅고르기 작업이자 돌파 수단으로 사용됐을 것이다.

따라서 박근혜 통치의 부패상을 단죄하는 일은 박근혜 정권의 진짜 목적, 즉 고통 전가와 친제국주의 정책들에 맞서는 것으로 이어져야한다.

싸워야 할 박근혜의 유산이 남아 있다

〈한겨레〉가 3월 20일에 공개한 여론조사에서 57.3퍼센트가 차기 정부는 진보개혁 성향이 돼야 한다고 답했다. 열에 여섯이 정권 교체를 지지하는 셈이다. 거의 모든 여론 조사에서 민주당 지지율은 상승했고, 새누리당 계승자인 자유한국당과 바른정당의 지지율은 약화됐으며, 유일한 원내 진보 정당인 정의당의 지지율은 올랐다.

퇴진 운동의 결과로 바뀐 세력관계가 이어지는 것이다. 보수의 유력 대선 주자들 중 지지율이 가장 높았던 반기문에 이어 황교안마저 불출마하게 된 것은 이런 세력관계 탓이 크다. 돈과 세력의 문제도 있지만, 그조차 당선 가능성이 거의 없어 보이니 결집력이 생기지 않은 것이다.

그런데 퇴진 운동 덕분에 차기 여당으로 유력해진 민주당은 오히려 우클릭하고 있다. 한국 지배계급이 처한 경제·안보 위기 때문에 민주당 등 자본주의적 야당의 대선 주자들은 집권해도 새누리당(이명박·박근혜) 정권 9년의 적폐를 일부 계승해야 한다고 믿고 있다. 그래서 이들 대부분이 대중의 개혁 기대치를 떨어뜨리는 데 열중한다.

문재인은 적폐 인물을 영입하고 안희정은 대연정 추진을 강조한다. 민주당으로 정권만 바뀌는 데서 그치지 않고 더 깊고 폭넓은 사회 변화를 바라는 사람들에게 대선이 별로 신나는 일이 아닌 이유다. 덕분에 정의당 지지율이 조금씩 오르는 듯하다.

박근혜 없는 박근혜 정부를 석 달간 지켜 온 황교안은 이제 박근혜가 쫓겨난 박근혜 정부를 유지하고 있다. 파면된 대통령의 청와대 비서진 사표를 모두 반려한 것은 형사재판에서도 박근혜 일당을 보호하겠다는 것이다. 대선으로 시선이 쏠린 틈을 이용해 사드 배치를 강행하고 노동 개악, 철도노조 탄압 등을 포기하지 않는다.

황교안은 지배계급의 두려움과 복수심을 등에 업고 하루라도 빨리 노동자 대중의 높아진 자신감에 상처를 내려고 궁리할 것이다. 황교안은 얼마 전 '노동자의 책' 이진영 대표를 국가보안법 위반 혐의로 구속한 데 이어 3월 20일에는 광주 '6.15 학교' 활동가의 자택을 압수수색했다.

이들의 의도를 파탄 내고 지금의 성취를 더 전진시키려면 여전히 대중투쟁이 중요하다. 민주당으로의 정권 교체 이후에도 고통 전가 공세가 이어질 것이므로 더욱 그렇다. 지금의 유리한 세력균형을 이용해 노동과 공공, 교육 등 분야에서 펼쳐진 개악들을 청산하는 투쟁을 벌여야 한다.

선거 위주가 아니라 대중투쟁을 강화할 정치

헌법재판소는 박근혜를 파면한 이유를 다음과 같이 열거했다. "해당 기업의 경영권 및 기업 경영의 자유를 침해"하고, "대의민주제의 원리와 법치주의의 정신을 훼손 … 공익 실현 의무를 중대하게 위반"했다.

자본주의와 자유민주주의를 수호하라는 대통령의 의무를 제대로 이행하지 않았다는 것이다. 만장일치로 파면 결정을 함으로써 아래로 부터의 압력을 수렴해 정치체제를 보호하려고 했지만, 탄핵 사유 자체는 대단히 보수적으로 내놓은 것이다.

반면, 정권 퇴진 운동의 사회적 구성이 압도적으로 노동계급 대중이 었기 때문에 이 운동의 바탕에는 불평등하고 불의한 사회 구조에 대한 계급적 불만이 자리잡고 있었다.

헌재의 이런 판결 때문에 박근혜 퇴진 운동은 계급적으로는 성과가 없고, 자본주의적 민주주의만 강화된 것일까? 아니면 절차적 민주주의가 강화돼서 그저 좋은 결과인 것일까?

일단 그 결과가 정해져 있는 건 아니다. 자본주의에서 민주주의가 도입된 것, 즉 부르주아 민주주의는 자본주의의 실질적 불평등에 맞서 노동계급이 투쟁으로 시민적·정치적 권리들을 확보하면서 일부 정치·사회적 기본권도 확보한 체제다. 그래서 이른바 부르주아 민주주의의 '심화'는 양면성을 띠기 마련이다. 따라서 형식적 결과보다는 세력균형과 이를 반영하는 대중의 의식과 조직이 더 중요하다.

지배계급은 분기탱천한 수백만 명의 즉각 퇴진 요구를 회피할 수 없다고 판단하자, 기존 헌정 체제(헌법) 안에서의 '탄핵' 절차로 그 분노를 수렴하려 했다. 체제의 '민주성'에 대한 신뢰를 키울 수도 있는 것이다.

반면, 그렇게 만든 힘이 아래로부터의 대중투쟁에서 나왔다는 점을 봐야 한다. 노동계급 안에서는 퇴진 운동의 효과로 정치의식이 높아지고 조직화도 진전할 것이다. 탄핵 이후 정당 지지도 조사에도 이런 조짐이 부분적이고 간접적으로 반영된 것으로 보인다.

길어지는 경제 위기 때문에 다음 정권도 고통 전가 공세를 이어갈 가능성이 큰 상황에서 "우리도 모여서 투쟁하면 뭔가 이룰 수 있다"는 대중의 자신감은 대단히 중요한 요소다.

따라서 아래로부터의 활력을 노동계급의 자력 해방 투쟁으로 발전시킬 수 있는 혁명적 정치와 전략이 중요하다. 그 정치는 대의제 의회 민주주의 지지자들이 말하는 정치와 다르다. 가령 최장집 교수 등은 의회 정당 정치가 제대로 민의를 대변하지 못해 이런 일이 일어났다고 진단하고, 헌법상 절차로 해결된 것을 긍정적으로 평가한다. 그래서 대중의 활력이 의회 정당들을 강화하는 것으로 이어져야 한다고 주장한다. 그러나 이는 진정한 변화의 동력을 오히려 약화시킬 처방이다.

국가의 문제도 봐야 한다. 20세기 말 유럽 각국에서 연쇄적으로 개혁주의 정부가 들어섰지만 하나같이 배신으로 귀결됐다. 몇 번 좌우 정권 교체가 일어났지만, 결국 확인된 것은 주류 정치의 배신이 투표만으로는 바로잡히지 않는다는 점이다. 개혁주의 정당이 집권하더라도 기존 자본주의 국가를 운영하게 되는데, 그 국가는 자본주의 경제에 매여 있다. 장기적인 경제 위기 속에서 개혁주의 정당들도 기업 이윤을 위해 노동계급을 공격해야 한다는 압력을 피할 수 없다.

이런 문제들에 대처할 힘은 결국 인구의 다수를 차지하며 자본주의의 이윤 생산을 담당하는 노동계급 자신의 행동이다. 대중 파업과 시위 둘 다 필요하다. 의회적 개혁주의 정당을 선거에서 지지할 때조차도 독립적인 대중투쟁을 중심에 둬야 하는 이유다.

김문성, 〈노동자 연대〉 201호(2017-03-21).

박근혜와 모든 공범들을 구속하라

3월 27일 검찰이 법원에 박근혜 구속영장을 청구했다. 헌재의 파면 선고 11일 만에 박근혜가 검찰에 나갔고, 검찰 조사 6일 만에 구속영장이 청구된 것이다.

꼴통 친박들이 박근혜 구속만은 피해 보려고 "전면전"(조원진)을 협박했지만 검찰의 구속영장 청구를 막지 못했다.

겨우내 매주 거리를 지킨 사람들에게는 이것도 답답하겠지만, 파면 이후 박근혜에 대한 압박이 상당히 강하게 이뤄진 것이다. 지배계급 다수와 검찰은 정치체제를 빨리 안정시켜 세력균형을 조금이라도 퇴진 운동 이전('정상')으로 돌리려면 일단 성난 대중을 달래야 하고, 그러려면 일단 박근혜의 구속수사가 불가피하다고 보는 듯하다(물론 법원의 최종 판단이 남아 있다).

물론 경제·안보 위기가 더 심해지고, 차기 정권이 위기 관리에 실패하면 우익은 다시 살아날 것이다. 위기를 겪는 지배계급이 우익적 해결책을 아예 포기한 것도 아니다. 지배계급 단합(협치, 대연정) 필요성 얘기들이 계속 나오는 까닭이다. 또한 검찰이 구속영장을 신청하면서 '고뇌'를 토로한 이유이기도 하다.

이런 상황은 청와대를 나와서까지 몽니를 부린 박근혜가 자초한 면도 없지 않다. 박근혜가 한때 지배계급 전체의 지지를 받았던 자답게 행동했다면 상황이 조금은 달라졌을지도 모르겠다. 비록 21일 검찰 조사 뒤에는 뒤늦게 현실감각이 발동했던지 "검찰에 경의를 표한다"며 아부했지만 말이다.

사실 검찰은 이미 지난해 11월 박근혜와 결별했다. 검찰은 박근혜를 '사실상의 피의자'로 공표해 퇴진 여론에 순응했다. 박근혜는 넉 달 남짓 동안 검찰 수사를 거부했을 뿐 아니라 "사상누각"이라고 비난해 왔다. (과거 실패한 특검들과는 달리) 박영수 특검의 성공에는 검찰의 이런 달라진 자세와 협조가 작용했다. 검찰 특수본은 특검의 수사 결과를 박근혜 구속영장 청구에 이용했다.

검찰이 망설인 것은 검찰의 구속영장 청구가 실제로 구속으로 이어질 가능성이 있기 때문일 것이다. 그리고 박근혜가 구속됐을 때 정치적 파장을 가늠하기가 쉽지 않고, 이 경우에 삼성 이재용이나 SK 최태원, 롯데 신동빈 등 재벌 총수들의 구속 문제와도 연동될 수 있기 때문이다. 이 점들에 관해 검찰은 지배계급 다수의 견해를 확인했을 테고(현 검찰총장은 자신의 전임자들에게 '고견'을 들었다고 한다), 정권 교체가 확실해 보이는 상황에서 차기 정권에 박근혜의 생사여탈권을 넘기는 것을 택한 듯하다.

민주당 대선 후보 호남 경선에서 문재인이 60퍼센트 지지를 받은 건 아마도 정권 교체의 확실성을 높이겠다는 생각들이 반영된 결과인 듯하다. 그만큼 정권 교체 염원이 큰 것인데, 이는 또한 개혁과 적폐 청산의 염원도 크다는 걸 보여 준다.

이런 고려들 때문인지 박근혜 구속영장에 뇌물죄 혐의가 포함됐다. 물론 다른 대기업 총수들은 빠졌다고 한다. 그러나 그룹 총수 형제의 석방과 사면 혜택을 받은 SK나 역시 불구속 수사의 특혜를 받은 롯데 등도 미르·K스포츠 재단에 출연했다. 돈을 주고받은 정황도 있다. 이에 대한 수사는 이제 검찰 특수본의 몫이다.

박근혜가 재판에서도 유죄(실형)를 받을지는 두고 봐야 한다. 그래서 검찰이 뇌물죄를 포함시켜 박근혜를 파렴치한 중대 범죄자로 묘사한 것도 검찰의 구속영장 신청이 불가피했다는 명분을 강조하는 제스처로 보인다. 검찰은 언론 발표에서 박근혜가 대통령의 "막강한" 권한을 이용해 뇌물 강요와 수수, 블랙리스트 인사 등의 중대 범죄를 저질렀는데도 죄를 부인하고 있어 증거 인멸 우려가 있다고 청구 이유를 밝혔다. 또, 파렴치한 권력형 범죄의 하수인들이 구속됐는데, 그 우두머리가 구속되지 않을 수 없다고 밝혔다.

검찰 조사 직후, 세월호 인양이 검찰과 지배계급에 큰 정치적 압박이 됐다. 참사 3년 만에 떠오른 세월호는 고통스런 기억과 함께 박근혜에 대한 증오감도 다시 끌어올렸다. 그 비극성과 부조리함 때문에 박근혜 단죄의 제1사유는 단연코 세월호 참사의 책임 문제가 될 터였다. 퇴진 운동으로 사기가 오른 수백만 명이 박근혜가 펴 보지도 못한 청소년들의 생명과 비통함을 능멸한 대가를 반드시 치러야 한다고 굳게 믿는다.

공교롭게도 박근혜 구속이 결정되는 날(31일), 예정대로라면 세월호가 육지로 올라온다. 세월호는 아마 박근혜에게 영원한 저주가 될 것 같다. 그래야 마땅하다. 향후 수사에서는 박근혜의 구조 책임 방기와 세월호 진상 규명 방해뿐 아니라, 그 하수인들인 우병우와 황교안, 김기춘 등이 세월호 수사를 방해하거나 세월호 비난 여론 조작과 우익 시위 등을 조종했다는 의혹 등을 모두 밝혀내야 한다.

전체적으로 지배계급이 어떤 계산을 하든 박근혜는 구속돼야 하고 유죄 판결을 받아야 한다. 그러려면 남은 죄들을 더 철저히 파헤쳐야 하고 해당 혐의에 대한 법정최고형을 내려야 한다. 그것이 승리한 정권 퇴진 운동의 요구다.

박근혜와 재벌, 주적은 누구인가

내로라하는 재벌 총수들이 박근혜에게 뇌물을 바친 것은 정권의 특별한 지원을 기대해서였을 것이다. 그것은 대통령이 특혜를 줄 수도 있고 해코지도 할 수 있는 "막강한" 권한을 갖고 있어서일 것이다. 지금 재벌 총수들은 검찰 수사에 불려 다니고, 구속되며(또는 구속될까 봐) 전전긍긍한다. 구속을 피하려고 사법부 앞에 머리도 조아린다.

재벌 구속과 처벌이 쉬운 일은 아니지만 이런 일들은 국가기관의 관리자(행정, 사법)들을 단순히 재벌들의 '장학생' 취급하는 천박한 담론으로는 설명하기 어려울 것이다. 일부 사람들이 '재벌 몸통론'을 강조하는 것은 국가와 자본의 관계에 대한 일면적 인식을 반영하는 듯하다.

재벌 총수들이 곤경에 처한 것은 대중이 정치권력을 정면으로 겨냥해 패퇴시켰기 때문이다. 또한 특검팀과 구속영장 신청을 받아 준 판사들만이 장학생들이 아니라는 것도 지나치게 우연에 기댄 설명이다. 특검의 수사 결과든 헌재의 탄핵 평결문이든 모두 박근혜가 기업 경영을 침해했다고 봤다.

자본주의 국가의 번영과 힘은 자본의 원활한 축적에 의존한다. 그래서 나름 설정한 자국 자본주의의 번영 목표를 위해 일한다. 그러나 이것이 모든 개별 자본들에게 국가가 '을'의 위치에 선다는 뜻은 아니다. 국가가 우위에 설 때도 있다. 국가와 자본은 구조적 상호의존 관계이기 때문이다. 경제 권력은 재벌 총수들이 쥐고 있지만, 그 권력은 국가(정치)권력으로 집중(응축·농축)된다는 점을 알아야 한다. 레닌 말대로 '정치'는 집중된 경제인 것이다.

개별 자본들은 시장 질서 확립, 국내외 경쟁에서의 보호, 노동력 육성, 노동자 투쟁에 대한 체계적 관리 등 국가의 도움이 필요하다. 한국 국가만 해도 검찰, 국세청, 공정거래위원회 등을 통해 개별 기업들을 압박할 힘이 있다. 박근혜 정부와 재벌 총수들의 유착('정경유착')은 바로 이런 상호의존 관계의 구체적 형태였다.

따라서 국가가 자본의 요구에 응할 때조차 단지 특정 개별 자본(들)의 입김에 좌우되는 것은 아니다. 개별 자본이 특정 정권만 지지하고 의존하는 것도 아니다. 지금 많은 기업주들이 차기 정권을 맡을 것이 유력한 민주당에 새로 줄을 대거나 과거의 연을 되살리고 있을 것이다.

그러므로 재벌 몸통론이나 이른바 삼성공화국 담론은 종종 국가를 자본의 하수인으로 여기는 신자유주의 세계화 담론과 핵심 가정을 공유하는 듯하다.

재벌을 공격할 핵심적인 힘은 재벌에 고용된 노동자들에게서 나와야 한다. 물론 이것이 '경제주의적'(더 정확한 용어로는 신디컬리즘적)으로 발휘돼선 시시포스의 바위 굴리기일 것이다. 즉, 재벌 기업들의 일터에서 벌어질 노동자 투쟁들은 그 자체를 목적으로 삼는 데서 더 나아가야 한다. 다른 노동자들과 연대해 국가를 타깃으로 삼아야 한다.

가령, 성과연봉제에 맞선 투쟁은 개별 기업들에서 벌어졌지만, 국가를 상대로 싸워 우세해야 요구를 성취할 수 있다. 그래서 박근혜 정권 퇴진 운동으로 정권이 퇴진하거나 약화되면 성과연봉제를 물리치길 원하는 노동자들에게 유리한 정세가 조성될 수 있다. 또한 그 기간에 성과연봉제 등 이미 벌이던 투쟁을 이어가는 것이 박근혜 정권 퇴진 운동에 도움을 줄 수 있다.

재벌 몸통론을 주장하는 좌파들이 재벌 기업 노동자들의 신디컬리즘을 반성하는 것은 이해할 만하다. 그러나 그 한계를 벗어나려면 민중주의적 방식을 채택해선 안 된다. 재벌에 대한 민중적 반감은 50년 된 정서다. 중요한 건 (대중) 정서가 아니다. 전략이 필요하다. 반독점 인민전선(민중연합) 전략이 아니라 계급투쟁 전략 말이다.

재벌 몸통론은 진정한 사회변혁 전략으로서는 함량미달이다. 비록 선거에서 득표하기 위한 (개혁주의적) 전략으로서는 장래에 약간 쓸모 있을 테지만 말이다.

김문성, 〈노동자 연대〉 202호(2017-03-28).

투쟁해야 정권 교체도 의미 있다

박근혜가 파면 3주 만에 구속되는 모습에 수많은 사람들이 묵은 체증이 확 가시는 기분을 느꼈을 것이다. 서울구치소에는 박근혜 말고도 그동안 증오의 표적이 된 박근혜 측근들이 몇몇 있다. 박근혜가 임기 동안 가장 애써서 지키려 했던 것을 생각하면 더욱 살맛 난다. 박근혜는 다른 누구보다 기업주들의 이익을 지키려 온몸을 던졌다. 기업의 인건비 절감을 위해 노동자들의 임금 수령을 마치 도둑질인 듯 취급했고, 제대로 된 일자리를 요구하는 청년들에게 중동에나 가라고 모욕했다. 많은 여성들을 질 낮은 시간제 일자리로 내몰았고, 애 낳는 도구 취급했다.

보통 사람들의 나라가 아니라 기업주들의 나라를 만들려고 살육을 마다하지 않았던 군사 독재자들을 국가적 영웅으로 만들려 했다. 자신의 아비 때문에 평생 고초를 겪은 인혁당 피해자들이 받은 국가배상금을 도로 뺏는 만행을 저지른 것도 독재의 영웅화에 방해됐기 때문일 것이다. 최근 전두환이 1980년 광주 민중 항쟁에 개소리를 해 댄 것도 이 맥락 속에서 벌어진 일이다. 정권의 그런 기조에 방해가 되면 국가의 만행이나 잘못으로 자식 잃은 가족들도 범죄자, 돈벌레 취급하며 모욕을 줬다. 멀쩡한 노조를 억지스러운 이유로 법외노조로 만들며 불법 단체 취급했다.

정당한 시위와 행진이 경찰 폭력에 가로막힌 것에 분노해 항의를 주도한 조직노동자 지도자가 구속됐고, 반백의 노인이 살인 물대포에 목숨을 잃었다. 민간 잠수사들은 정부가 회피한 세월호 구조에 나섰다가 오히려 정부에게 과실치사로 기소당했고, 한 잠수사는 구조 과정의 고통과 억울함을 호소하고는 스스로 세상을 등졌다.

이렇게 돌아보니 박근혜의 구속은 너무나 기쁜 일이지만 앞으로 해야 할 일들의 작은 시작일 뿐이라는 점도 명백하다. 지배계급 다수는 박근혜 제거를 결심한 뒤로 곳곳에서 선 긋기를 하고 있지만, 박근혜가 소중히 지키려던 것들까지 내다 버리진 않는다. 재판은커녕 기소도 아직 안 된 상황에서 사면 얘기가 나오는 어처구니없는 상황도 펼쳐지고 있다. 물론 지배의 안정에 이해관계를 같이하는 지배자들 사이에서 통하는 의리일 것이다.

그래서 박근혜 일당의 수사와 재판도 주시해야 한다. 기소와 추가 수사, 유죄판결까지 아직 많은 과정이 남아 있다. 이미 정치적 단죄를 받은 박근혜지만, 유죄판결과 실형 집행까지 받아야 지배자들이 평범한 사람들을 당분간 함부로 대하지 못할 것이다. 그러면 박근혜의 유산을 청산하는 데 조금이라도 더 유리할 수 있다.

정권 실세 중 비구속자들 가운데는 황교안과 우병우까지 거슬러 올라가 세월호 진상 규명 방해 책동이 파헤쳐져야 한다. 뇌물을 제공한

다른 재벌 총수들도 구속돼야 하고 뇌물죄임이 명시된 유죄판결을 받아야 한다. 그래야 노동 개악과 고통 전가 정책들이 통념상으로도 정당성 없다는 게 입증될 것이다. 문화계뿐 아니라 진보·좌파에도 적용됐을 게 틀림없는 블랙리스트 사찰 정치도 철저히 파헤쳐져야 한다. 민주적 권리들이 신장되려면 보안 사찰 기관들의 권력부터 약화돼야 한다. 앞으로 작성될 박근혜 공소장에 뇌물죄 혐의 등이 추가되면, 최순실 등의 기소 내용도 변경될 것이다. 더 많은 자들이 기소돼야 하고, 더 준엄하게 처벌받아야 한다.

특검은 자신들이 기소한 김기춘, 조윤선, 이재용 등에 대한 공소를 유지하겠다고 했다. 그런데 인력과 재정이 줄고 추가 수사를 할 수 없어, 기존 수사 결과물만으로는 재판에 어려움을 겪을 수 있다. 특히 뇌물죄는 이재용과 박근혜 둘 다의 이해관계가 걸려 있으므로 이재용은 사활을 걸고 재판에 임할 것이다. 특검의 공소 유지와 '박근혜 범죄단'의 유죄판결을 받아 내는 데서 검찰 특수본의 추가 수사가 차지하는 비중이 커졌다. 자칫 특검의 구속 수사가 용두사미로 끝나면 사회정의의 실현은 그만큼 불철저해지는 것이다. 이에 고무돼 우익이 사기를 조금이라도 회복하면 수많은 대중이 절실하게 염원한 박근혜 적폐의 청산과 진정한 사회 개혁은 더뎌질 수밖에 없다.

세월호 인양 문제도 박근혜의 유산이 전혀 청산되지 않은 대표적 사례다. 해양수산부는 박근혜가 파면되자마자 세월호를 인양했다. 그 동안의 죄과를 박근혜에게 떠넘기고 면피하려는 의도일 것이다. 물론 신속한 인양으로 그동안 진실 규명을 방해한 주범이 박근혜였다는 것은 분명해졌다.

그러나 그 뒤로 벌어지는 일들은 해수부 관료를 포함해 더 폭넓은 세력들이 세월호 참사의 공범이었다는 점도 보여 준다. 피해자 가족들을 이간질하는 공작 정치가 가장 가증스럽다. 그런 작태로 그들이 얻으려는 건 결국 선체 훼손, 책임 규명 운동의 분열일 것이다. 대통령권한대행 황교안이 부패한 관료들에게 힘을 보탰다. 목포 신항을 방문해 미수습자 가족을 만나 눈물까지 글썽였다는 황교안은 희생자 유가족들은 스치지도 않고 가 버렸다. 3년 전 박근혜의 국회 방문이 떠오른다. 과연 박근혜의 공범답다.

세월호를 인양하게 만든 대중투쟁이 계속해서 중요한 이유다. 기성 체제에 묵직한 압박을 가한 퇴진 운동의 여파는 당분간 지속될 것이다. 곳곳에서 박근혜 유산의 집행자들은 난관을 겪고 있다. 검찰이 특검의 수사 결과를 받아들여, 박근혜 구속영장에 삼성과의 뇌물죄 연관을 포함시킨 것도 한 사례다. 무노조 삼성에서 삼성엔지니어링노조가 결성돼 민주노총에 가입했다는 것은 또 다른 사례다.

퇴진 운동의 다수를 이뤘고 이따금 집회 연단이나 행진차 연설을 통해 불평등과 부정의한 사회구조에 불만을 토로했던 노동자들이 움직여야 한다. 특히 노동계급 고유의 경제적 힘(생산수단 가동에 차질을 빚게 할 능력)을 발휘할 수 있다면 가장 좋을 것이다.

문재인 대세론이 뜻하는 바

문재인이 결선 투표 없이 민주당 대선 후보로 결정됐다. 문재인의 왼쪽에서 지지를 늘려 왔던 이재명은 노골적인 우경화를 내세웠던 안희정에 근소하게 뒤진 3위를 차지했다. 그러나 둘의 지지율을 합친 것보다 문재인 지지율이 더 높다. 특히 당 대의원 득표에서 문재인이 몰표를 얻은 것은 민주당이 '문재인당'이라는 걸 새삼 보여 준다. 주목할 점은 문재인 대세론이 박근혜 정권 퇴진 운동 와중에 생겨났다는 것이다. 지난해 말까지도 문재인의 지지율은 반기문과 엎치락뒤치락하는 20퍼센트 대였다.

퇴진 운동 초기의 최대 수혜자는 퇴진 여론에 일찍이 힘을 실은 이재명 성남시장이었다. 이재명 시장은 맨 먼저 공개적으로 박근혜 퇴진을 외쳤을 뿐 아니라 사드 배치 철회, 한상균 민주노총 위원장 석방 등 기성 정치인들이 꺼리는 주장을 거리낌 없이 하면서 퇴진 운동 참가자들의 염원을 잘 대변했다. 반면 문재인은 단 한 번도 퇴진 운동을 선도해 대변한 적이 없다.

박근혜에 대한 증오심과 혐오감은 정권 교체 열망과 연결되므로, 지난해 9월 이후 제1야당인 민주당 지지율이 꾸준히 상승했다. 최근 지지율은 50퍼센트에 육박한다. 그러나 문재인 지지율은 1월이 돼서야 30퍼센트를 넘겼다. 때마침 지지층이 겹치는 박원순 서울시장이 사퇴해 당내 경쟁자가 줄고, 우파 측 대표 주자이던 반기문이 사퇴했다. 운동이 정권을 격퇴하기 시작하면서 우파의 구심이 약화되고 정권 교체 열망이 커진 것의 반영이다.

운동이 (그 성과와 한계 모두 포함해) 만든 지형이 대선 구도에도 영향을 미친 것이다. 즉, 문재인 대세론은 박근혜 정권 퇴진 운동의 결과물이지만, 그것이 올곧게 반영된 것은 아니고 여러 필터(정치적 한계와 조건)로 걸러진 결과물이다. 따라서 썩 흡족하진 않아도 현재 대선 구도에는 정권 교체 가능성을 높여 박근혜와 새누리당 정권의 유산을 확실히 청산하고 싶다는 대중의 염원이 놓여 있는 것이다.

이처럼 정권 교체 열망으로 민주당 지지율이 오른 상황이 (문재인이 압도적으로 유리한) 민주당 내부 세력 관계와 결합되고, 또 퇴진 운동의 부침·한계와 결합돼 결국 문재인이 득을 본 것이다.

최근 〈미디어오늘〉 여론조사에서는 차기 정권의 제1과제로 적폐 청산을, 〈동아일보〉 조사에서는 '정권 교체를 통한 적폐 청산'을 이번 대선의 시대정신으로 가장 많이 꼽았다. 그러나 좌회전 신호를 켜고 우회전한 노무현 정부의 재탕을 약속하는 문재인이 이런 염원을 충실히 대변하지는 못할 것이다.

안철수와 안희정 등이 경제·안보 위기에 직면한 지배계급의 단결이라는 필요를 강조해 문재인이 상대적으로 왼쪽에 있는 듯도 하지만, 요즘 문재인은 왼쪽 깜박이도 확실히 켜려 하지 않는다. 대중의 기대치를 높일까 봐 몸을 사리는 것이다. 민주당 공식 후보가 되자마자 문재인은 현충원에 가서 이승만과 박정희의 묘역에 참배했다. 그 생물학적·정치적 후예를 자처한 대통령을 대중이 쫓아낸 지 채 한 달도 안 됐는데 말이다. 물론 이재명과 안희정의 지지층을 최대한 흡수하려고 ("좌우로 벌려!") 양쪽의 눈치를 어정쩡하게 보는 모양새는 계속될 것이다.

좌파는 선거를 간단히 기각해서도 안 되지만, 선거 그 자체보다는 유리해진 정치적 환경을 이용해 노동자 투쟁을 일으키려고 애써야 할 것이다. 퇴진 운동의 견인차였던 노동계급의 구실이 중요하다. 마르크스가 《공산당 선언》에 쓴 유명한 말대로 "기존의 모든 사회의 역사는 계급투쟁의 역사다."

김문성, 〈노동자 연대〉 203호(2017-04-05).

계급 관점에서 본 박근혜 퇴진 운동

어떤 운동을 보는 가장 기본적인 출발점은 '누가 뭣 때문에(또는 뭘 위해) 싸우는 걸까?' 하고 묻는 것이다. 가령 버스 타고 가다 멀리서 어떤 집회가 열리고 있는 광경을 본다면 당신은 속으로 맨 먼저 그렇게 물을 것이다.

수백만 국민 대중(이하 민중)이 직접 참가한 박근혜 정권 퇴진 운동을 살펴보려 할 때도 마찬가지다. 그 대답은 이럴 것이다. 민중이 박근혜 정권 퇴진을 위해 싸우고 있다.

그러나 좀 더 가까이 가서 살펴보면 세밀한 부분들이 눈에 들어온다. 멀리서는 봉우리만 보이는 산도 가까이 가 보면 깊은 골짜기가 보이는 법이다. 우선, 민중을 가까이에서 보면 그 다수는 노동계급 사람들이었음을 알 수 있다.

물론 조직 노동계급 사람들보다는 조직돼 있지 않거나 비정규직이거나 실업(미취업) 상태인 노동계급 사람들이 많았다. 노동계급 사람들이 운동 참가 면에서 가장 주요한 구성 성분이었던 것이다.

노동계급이 이렇게 운동의 **사회적 구성** 면에서만 큰 비중을 차지한 것이 아니다. 능동성과 투쟁성 면에서도 노동계급은 (특히 초기에) 결정적인 구실을 했다.

특히 철도 노동자 파업은 10월 말에 반박근혜 시위가 시작되기 전부터 벌어지면서 반박근혜 운동의 원시적(시초) 축적을 나타냈다.

11월 12일 전국노동자대회와 11월 30일 민주노총 하루 총파업은 12월 3일 전국적으로 230만 명이 참가한 시위가 일어나는 데에 선도자 구실을 했다. 11월 30일 민주노총 하루 총파업은 사실상 '총'파업이 아니라 제한된 부분의 파업이었던 데다 단시간에 그쳤지만, 정치적 상징으로서의 효과는 결코 작지 않았다. 마침내 12월 9일 국회 탄핵소추안 가결 때까지 노동계급은 이렇게 운동의 **견인차** 구실을 했던 것이다.

노동계급의 역할이 결정적으로 중요했다는 건 민주당·국민의당의 자유주의자들이 정의당과 철도노조·공공운수노조 지도부의 개혁주의자들과 야합해 철도 파업을 끝낸 일에서 잘 드러난다. 자유주의 정당들과 사회민주주의 정당이 박근혜를 탄핵한 게 12월 9일이고, 공공운수노조·철도노조의 개혁주의 노조 지도자들이 조합원들을 업무에 복귀시킨 게 12월 9일이라는 사실은 우연이 아니었다.

자유주의자들은 철도 파업이 지속되는 가운데 박근혜 탄핵소추안이 가결되면 파업이 더 강력해지고 확산될까 봐 두려웠을 것이다. 또한 각 당의 좀 더 보수적인 정치인들과 새누리당 내 비박계에 파업 종식 능력을 보여 줌으로써 그들을 설득하기 위한 지렛대로 삼으려 했을 것이다.

자유주의자들과 개혁주의자들은 두 차례 실패 끝에 12월 7일 세

번째 시도에야 비로소 철도 노동자들을 설득할 수 있었다. 노동자들의 저항이 그만큼 강했던 것이다.

잠재력의 현실화를 위해 가장 필요한 것

반박근혜 투쟁의 사회적 구성에서 노동계급의 비중이 매우 컸음을 강조한 이유는 이 투쟁이 노동자들의 **계급투쟁**으로 발전할 수도 있었기 때문이다. 즉, 박근혜 정권 퇴진 운동은 단지 정치적 부패에 반대하는 민주주의 투쟁에 머무르는 게 아니라 **착취와 억압**에 저항하는 노동계급 투쟁으로 발전할 수도 있었다.

그리하여 단지 박근혜 파면(그리고 박근혜 일당의 구속)만을 성취하는 것이 아니라 박근혜 **정권**을 퇴진시키고 노동자들의 조건 개선을 이루는 것이 가능할 수도 있었다.

노동자들은 박근혜 정권 퇴진 운동의 다수였으면서도 자신의 요구들(비정규직 정규직화와 차별 폐지, 최저임금 1만 원, 노동개혁·구조조정 중단, 전교조·공무원노조의 노동조합 권리 보장 등등)을 **실질적** 요구로 내놓지 않았다. 겨우 몇 차례 집회 연단에서 몇몇 연사들이 폭로하는 정도였다. 반박근혜 운동의 실질적 요구가 되지 못했을뿐더러 노동자들 고유의 투쟁도 벌어지지 않았다(12월 초까지 벌어진 철도 파업을 제외하면).

이것이 박근혜 **정권**의 퇴진을 원했음에도 아직까지 박근혜 일당의 퇴진만을 얻어 낸 이유를 설명해 준다. 박근혜 파면에 멈추지 않고 그 정권 자체를 퇴진시킬 수도 있었다고 주장한다고 해서 필자가 박근혜 파면이라는 운동의 성취를 하찮게 평가하는 건 아니다. 필자도 박근혜 파면이 정말 기쁘다.

그렇지만 필자는 100년 전쯤 미국의 사회주의자 대통령 후보이던 유진 뎁스가 한 다음 말을 상기시키고자 한다. "원하지 않지만 갖고 있는 것에 투표하기보다는 차라리 원하지만 갖고 있지 않은 것에 투표하겠다." 물론 뎁스는 투표와 관련해 이 말을 했지만 더 일반적으로도 적용될 수 있는 말이다. 즉, 정치 행동을 할 때 현실주의적으로만 하지 말고 본질적인 잠재력도 보면서 해야 한다는 것이다.

그런데 노동자의 힘이 그렇게 강력하게 발휘될 수 있었을까 하는 반론이 있을 수 있다.

앞에서 자유주의자들과 개혁주의자들이 서로 야합해 기어코 철도 파업을 끝낸 일을 언급했다. 그리고 그 일이 노동자들의 힘을 자유주의자·개혁주의자들이 스스로 인정한 증거였다는 점도 지적했다.

분명 객관적 조건은 무르익었다. 세계적으로 경제 불황이 10년째 지속되고 있다. 그사이에 각국 지배자들이 채택한 다양한 대안들이 죄다 실패하면서 그들이 한 약속들은 불신받고 있다. 게다가 그들이 파렴치하게도 경제 회복을 대의명분으로 희생을 강요하는 바람에 노동계급의 고통과 분노가 누적돼 왔다.

여기에 세계 곳곳에서 지배자들은 분열돼 있다. 트럼프의 정책들을 둘러싸고, 브렉시트를 둘러싸고, 난민 문제를 둘러싸고 등등. 한국 지배계급의 경우 조선업 구조조정으로, 또 정권 재창출 가능성이 어두워짐에 따라 내분이 격화됐다. 지난해 7월 중순경부터 우병우와 문고리 3인방에 대한 폭로가 시작됐고, 폭로는 심지어 〈조선일보〉도 가세한 가운데 꼬리에 꼬리를 물었다. 최순실 개입의 폭로는 그 정점이었다.

지배자들 사이의 내분으로 7월부터 끊어졌다 이어졌다 하며 노동자 투쟁이 벌어졌다. 갑을오토텍 투쟁, 민주노총 총력 투쟁, 정부가 긴급조정권 발동을 검토했던 9월 현대차 파업, 공공부문 성과연봉제 반대 투쟁, 철도노조 파업 등. 철도 파업과 박근혜 퇴진 시위, 전국노동자대회, 11월 30일 민주노총 하루 파업의 상관관계는 바로 로자 룩셈부르크가 말한 노동자 정치투쟁과 경제투쟁의 시너지 효과가 소규모로 일어난 것이라고 할 수 있다(룩셈부르크는 혁명적 또는 준準혁명적 상황에서 일어나는 대중투쟁과 대중 파업에 대해 얘기했다).

경제와 정치의 위기가 심각한 이 같은 시기에 결핍된 것은 객관적 조건이 아니라 혁명적 리더십이라는 요인이다.

결핍, 즉 실종된 연결 고리

현실에서는 혁명적 리더십보다는, 노동자들이 주도적이면 운동이 민중적 또는 대중적이 되지 못한다고 삭이는 온건한 리더십이 훨씬 우세하다. 온건한 리더십은 노동계급이 정치 행동을 할 때에는 다른 민중과 보조를 맞추며, 그들과 별로 다르지 않게, 개개 시민으로 행동해야 한다고 주장한다.

그래서 민주노총 상근간부들 가운데는 조합원들이 반박근혜 집회에서 (가령 자유 발언 등등) 능동적으로 정치 행동을 하기보다 '시민'에게 기회를 주라고 종용하는 사람들이 있었다.

이는 퇴진행동 안에서 시민단체들이 민주노총 등 노동계 연사들의 비중이 너무 높다고 줄곧 불평해 온 것에 불필요하게 타협하는 것이고, 노동계급을 민중 속으로 용해시켜 사라지게 만드는 결과로 이어진다.

그러나 노동자들의 능동성과 투쟁성, 특히 정치적 지도력(헤게모니)이 강력해야 하층 중간계급 사람들이 운동을 지지하면서 민중의 힘도 강화되는 것이다. 노동자의 힘이 강해야 민중의 힘도 강해질 수 있는 것이다. 그 역이 아니다.

민중의 힘이 강해야 노동자의 힘도 강화된다는 민중주의적 사고는 계급투쟁의 동역학을 오해하는 것이다. 그런 오해는 중국 혁명, 쿠바 혁명, 베트남 혁명 등의 사례처럼 농민운동(쿠바의 경우 빈민 운동)이 혁명적으로 일어났던 곳에서조차 노동자 운동은 취약하고 수동적이었던 역사적 사례로도 반증된다.

물론 대학생들의 대규모 투쟁이 노동자 투쟁을 자극하는 일은 종종 있다. 가령 1995년 11월 대학생들의 전두환·노태우 구속 시위와 1996년 8월 연세대에서 열린 대규모 대학생 집회가 1996년 말과 1997년 초의 노동법 개악 철회 파업에 자극제가 됐다. 2010년 11월 영국 대학생들의 등록금 인상 반대 대규모 시위가 공공부문 파업을 자극한 것도 또 다른 사례다.

그러나 이런 상관관계는 결코 기계적이지 않다. 노동자들 사이에서 활동하는 사회주의자들의 구실이 결정적으로 중요하다. 정확히 100년 전인 1917년 3월 제정러시아에서 일어난 2월 혁명은 식료품 배급이 적은 것에 항의한 여성 시위와 노동자 파업의 직접적 결과였다. 그러나 알아야 할 것은 여성들과 노동자들을 잇는 볼셰비키 평당원들의 역할이 있었다는 점이다.

노동자가 아닌 사람들이 먼저, 또 강력히 싸워야 그때야 비로소 노동자들도 잘 싸울 수 있다는 생각은 그릇된 생각이다.

노동운동은 독자적인 경향이 강하다. 민중운동이 강력하다 해도 노동계급의 운동은 약할 수도 있고, 강할 수도 있다. 반면 노동자 운동이 강력하면 노동자가 아닌 민중이 자신감을 얻는 것은 확실하다.

사회주의자들이 정치적 독립성을 잃지 않고, 특히 자유주의자들과 개혁주의자들의 민중주의에 휘둘리지 않고 노동자들 속에서 독자적인 선동과 조직을 할 능력이 크다면 노동자 투쟁은 강력히 일어날 수 있다.

앞에서도 지적했듯이, 촛불 운동은 사회적 구성 면에서 노동자들의 비중이 컸고, 따라서 단순한 반부패 민주주의 투쟁에 머무르지 않고 계급투쟁으로 확대·심화될 잠재력이 있었다. 그럼으로써 더 많은 것을 얻어 낼 수도 있었다.

그러나 아직까지는 그렇게 되지 못했다. 무엇 때문이었을까? 또는 더 정확히 말해, 무엇이 결핍돼 있었기에 잠재력이 현실화되지 못했을까?

철도 파업 중단 사례를 다시 돌이켜보자. 노조 지도자들의 파업 중단 명령을 조합원들이 두 차례 거부한 데에는 혁명적 좌파의 구실이 있었다. 그런데 혁명적 좌파가 지금보다 훨씬 강력했다면 어땠을까?

또 박근혜 퇴진 운동 기간 중에 아쉽게도 기아차 파업은 사실상 불발했고, 현대차 파업은 형식적인 2시간짜리에 불과했다.

바로 이런 일, 즉 노동계급 속에서 독자적인 선동과 조직을 할 혁명적 좌파의 세력이 미약했던 것이 자유주의자들과 개혁주의자들의 견제라는 장애물을 돌파하지 못했던 가장 큰 이유였다.

노동자들의 고유한 투쟁 방법이 꼭 '정치 총파업'이어야만 하는 것은 아니다. 형식적인 경고성 파업보다는 차라리 실제로 이윤에 타격을 주는 효과를 내는 '경제적' 파업들의 동시다발이나 연쇄가 훨씬 낫다.

정치적 노동운동을 향해

노동자 투쟁을 강조하는 것이 신디컬리즘(급진적 노동조합운동)으로 나타나지 않도록 애써야 한다. 국가권력 문제가 결정적으로 중요하다. 아래로부터의 노동자 권력 창출에는 자본주의 국가에 맞선 정치투쟁이 필요하다. 레닌은 정치를 "집중된 경제"라고 말한 바 있다. 자본주의 사회의 모순과 적대가 모두 국가권력 기구에 응축되고 농축된다는 뜻이다.

따라서 대기업의 축적된 이윤을 '사회화'하는 것과 같은 혁명적 이행移行 문제도 기존 국가권력 기구의 분쇄와 새로운(노동자 평의회 형태의) 국가권력 기구의 창립 문제를 건너뛰고 그저 총파업으로 성취할 수 있는 것인 양 착각해서는 안 된다.

이와 달리 레닌은 '정치의 최고 중요성'을 말했다. 이때 정치는 선거 지상주의자들, 대의제 민주주의자들이 말하는 의미가 아니다. 이들은 자본주의적 민주주의가 강요하는 정치와 경제의 분리를 온전히 받아들인다. 곧, 정치를 자유주의 정당이나 사회민주주의 정당에 내맡기고, 일터나 노조 사무실에서는 노동조건·생활조건(좁게 정의된) 문제를 갖고 싸우라는 것이다.

정치가 집중된 경제라면 노동자들의 경제투쟁은 그 자체로 중요한 게 아니라, 자본주의 국가에 대적(하고 결국 분쇄)하는 데 필요한 의식과 조직을 발전시키는 수단으로서 중요한 것이다. 특히 노동자들을 서로 이간시키는 정책·이데올로기와 대결해야 한다. 자본주의가 노동자들을 집결시키기도 하고 성별과 인종, 직무 등에 따라 분할시키기도 하므로 사회주의자들은 그런 분할을 반대해 싸워야 한다.

다른 이유에서도 국가에 초점을 맞추라는 레닌의 강조는 중요하다. 노동계급이 패배하는 이유는 흔히 역량이 결핍돼서가 아니다. 지배계급이 보유하고 있는 것과 같은 집중된 리더십이 없어서, 그리고 운동의 목적과 수단에 대한 명확한 이해가 없어서다.

당장의 사례로 박근혜 정권 퇴진 운동의 목적과 수단에 대해 참가자 다수인 노동자들이 그다지 명확하지 못했던 것을 들 수 있다. 예를 들어 다음과 같은 문제들이다. 박근혜 퇴진인가 아니면 박근혜 정권 퇴진인가? 노동계급 고유의 요구를 제출할 건가 아닌가? 그냥 거리 집회에 참가만 할 것인가 아니면 일터와 거리에서 독자적으로도 싸울 것인가?

자본가계급은 다양한 정치조직들을 갖고 있는데, 그 가운데 가장 효과적인 정치조직이 바로 자본주의 국가다. 국가가 사용자들과 기업인들의 일상적이고 집중된 지도부다.

노동조합운동은 중요하지만 그것만으로는 사회주의적 의식을 가질 수 없다. 노동조합운동의 목표는 노동계급의 해방이 아니다. 노동조합운동은 착취 조건을 개선하거나 지키는 것을 목표로 한다. 반면 사회주의 운동은 바로 노동계급의 해방, 자력 해방을 목표로 한다.

노동자들에게는 해방과 조건 개선, 둘 다 필요하다. 그러나 둘 사이의 관계를 명료하게 해야 한다. 해방을 확고하게 지향해야 이따금 조건 개선이라도 얻어 낼 수 있다. 오늘날처럼 경제 불황이 오래가는 시기에는 사용자들과 정부가 좀체 양보하지 않는 데다 그동안 양보했던 것마저 도로 회수하려 하기 때문이다.

맺으며

박근혜가 파면되자 박근혜 구속 운동이 일어나고 있다. 물론 박근혜는 당연히 구속돼야 한다. 비록 법률적 수준이지만 불평등을 바로 잡지 않는다면 그 손해는 보통 사람들(민중)이 훨씬 더 많이 부담하게 된다. 민중의 박탈감이 커져 그들의 사기에도 나쁜 영향을 준다. 또한 지배자들 자신이 법치를 우습게 여기면, 민주적 권리도 침해될 위험이 더 커진다.

그러나 박근혜(그리고 이재용 외에도 뇌물을 제공한 다른 재벌 총수들) 구속이 능사인 양 그 운동에 전념하는 것은 기회를 낭비하는 것이다.

지금이라도 박근혜의 유산 가운데 특히 '노동개혁'이나 '공공개혁', '금융개혁', '교육개혁' 등의 이름으로 자행된 노동계급과 학생에 대한 억압과 착취, 차별 강화를 효력 없게 만드는 것을 가장 중요한 과제로 설정해야 한다.

민주당이 새 정부를 차지하더라도, 경제 위기와 지정학적 위기가 지속됨에 따라 그 정부는 얼마 가지 않아 노동자와 민중을 공격할 것이다. 정의당이 민주당과 연립정부를 구성한다 해도 본질적으로 다르지 않을 것이다. 경제 위기가 자본주의 국가에 미치는 영향에서 자유로울 수 있는 집권당들은 없다.

사드 배치와 어쩌면 실행될지도 모를 전술핵 무기 배치 등 한국에서의 미국의 군국주의를 막을 능력과 의지를 새 정부에 기대할 수 없다.

민주당 정부가 들어서도 심지어 세월호 참사 책임자 규명과 처벌 같은 민주주의적 요구도 미온적이고 극도로 제한적으로 다룰 것이다. 민주당은 참사의 한 주요 원인인 신자유주의적 규제 완화의 공범이기 때문이다.

물론 박근혜 구속 문제에 초연하자라든가 대통령 선거에서 아무에게도 비판적 투표를 하지 말고 그냥 기권하자는 제안은 아니다. 그저 문제의 상대적 중요성을 적절하게 배정하자는 것이다.

민주당 정부가 들어서면 일터와 거리와 캠퍼스에서 노동자와 학생의 행동이 좀 더 활발하게 일어날 공산이 크다. 그러나 그것은 특정하고 명확한 정치적 목적과 목표를 가져야 소기의 성과를 거둘 것이다. 이는 혁명적 좌파의 몫이다.

최일봉, 〈노동자 연대〉 201호(2017-03-21).

사회주의와 민주주의

지난해 10월 말 이래 지속돼 온 박근혜 정권 퇴진 운동은 민주주의 투쟁이다. 정치적 부패와 부당함에 항의하고 정의 구현을 요구하고 있기 때문이다.

사회주의자는 민주주의 투쟁을 지지한다. 무릇 민주주의 투쟁은 사회적 특권에 대한 분노와 평등에 대한 염원을 담고 있기 때문이다.

역사적으로도 사회주의의 전통과 민주주의의 전통은 밀접하게 관련돼 있었다. 노동계급 투쟁의 역사를 살펴보면 민주주의적 권리와 인권, 부패에 대한 항의가 투쟁의 동력이 됐던 경우가 적지 않았다.

노동자 조직 자체를 봐도 정부나 사용자 단체, 우익 단체보다 훨씬 민주적이다. 오히려 자본주의 체제 자체가 민주주의를 철저히 결여하고 있다. 기업주와 정부 관료, 판사 등은 선출되지 않는다. 국회의원은 선출되지만, 대부분 선출되자마자 공약을 어기기 시작한다.

선의를 가진 개혁파 국회의원도 정부와 기업의 권력에 부딪혀 좌절을 거듭한 끝에 마침내 초심을 잃고 변질해 버린다. 사실 의회는 점점 더 무책임해지고, 대표성도 더 떨어지고 있다.

김대중과 노무현 하에서도 해결되기는커녕 악화된 빈곤과 불평등 때문에 민주주의에 대한 대중의 환멸도 크다.

커다란 불평등은 본질적으로 비민주적이다. 부의 압도적인 부분이 1퍼센트도 채 안 되는 극소수의 수중에 집중돼 있는 사회는 민주적일 수 없다. 이런 격차는 사회적 지위와 정치적 권력에 커다란 격차가 있다는 뜻이다.

그러므로 자유주의자들처럼 일반적인 민주주의에 관해 말할 수 없다. 선진 자본주의 세계에 살고 있는 사람들은 부르주아(즉, 자본주의적) 민주주의에 관해 말할 수 있을 뿐이다.

자본주의적 민주주의를 위해 투쟁해야 할까?

부르주아 민주주의와 민주주의적 권리들을 구분해야 한다. 고전적 마르크스주의자는 전자는 지지하지 않지만 후자는 지지해야 한다. 민주적 권리들을 활용하면 노동계급 운동이 제약을 더 적게 받고, 정치적 성과를 지킬 수 있다.

또한 민주적 권리들의 실상을 드러내어 국민주권 이념과 자본가계급의 국가라는 현실 사이의 모순을 부각시킬 수 있다. 국민주권 이념은 헌법 제1조에 명시돼 있다. "대한민국은 민주공화국이다. 대한민국의 주권은 국민에게 있고, 모든 권력은 국민으로부터 나온다." 그러나 국민은 그저 선거 때만 주권자이고, 선거가 끝나면 자신이 뽑은 대통령이나 국회의원을 감시·통제할 수단이 사실상 없다.

그러나 마르크스주의자가 부르주아 민주주의를 위해(서구 수준으로 진보케 하고자) 애써야 하는 것은 아니다. 개혁주의자들뿐 아니라 심지어 일부 급진좌파들도 근본적 사회변혁에 앞서서 '민주 변혁의 완수'가 선행해야 한다고 주장한다.

물론 이 전략을 정당화하는 이론은 그들 사이에 서로 다르다(시민사회론, 스탈린주의, 유러코뮤니즘, 포스트마르크스주의 등등). 그러나 민주 개혁들을 점진적으로 추구하면 결국 국가기구들의 성격이 변해 마침내 진보진영 쪽으로 넘어온다는 가정은 비슷하다. 이 가정에 따르면, 국가기구를 내부로부터 변모시키거나 그 기관장들을 개혁가로 교체해야 하고, 대중투쟁은 이 목적에 종속돼야 한다. 결국 '국가의 민주화'가 국가의 분쇄를 대신한다.

그러나 국가의 점진적·평화적·합법적 변혁이나 국가 기관장의 좌회전은 죄다 환상이다. 국가의 민주화는 노동자 평의회로 조직된 노동자 국가에서만 가능하다.

부르주아 민주주의를 지지하지 않으면서 민주적 권리를 방어해야 하지만, 민주적 권리를 지키는 것만으로는 불충분하다는 것도 알아야 한다. 부가 극소수 자본가들 손에 남아 있는 한은 불평등과 착취, 차별도 고스란히 남아 있게 된다.

생산수단의 공유가 없으면 빈부격차는 물론 노동계급 내 격차도 남아 있게 된다. 노동계급 내 불평등은 성차별과 인종차별의 온상이 된다.

또한 극소수인 자본가들이 계속 사회의 부를 지배하면 정치적 민주주의도 안전하지 못하게 된다. 오스트리아나 프랑스 등지에서 나치가 집권할 수도 있다는 현실이 이 점을 분명히 보여 주지만, 이명박과 박근혜 하에서 통합진보당과 공무원노조, 전교조가 합법성을 잃은 일도 이를 힐끗 보여 준다.

혁명이 실패했거나 위험한 고비에 처할 때마다 우익 군장성이나 파시스트들이 민주적 권리를 짓밟고 혁명가들과 전투적 노동자들을 학살한 사례가 많다.

민주적 권리들도 노동자 민주주의(노동계급이 정치권력을 잡고 있는 국가 형태) 하에서 비로소 온전히 보장될 수 있다.

박근혜 정권 퇴진 투쟁에 참가해 얻어야 할 소득

마르크스주의자는 박근혜 정권 퇴진 운동이라는 민주주의 투쟁을 아래로부터의 노동계급의 힘 강화라는 목적에 도움이 되도록 하는 데 힘써야 한다.

그러나 현재 득세하고 있는 흐름은 민주당과 그 대선 예비후보들의 강화라는 목적에 도움이 되도록 힘쓰는 것이다. 대선이 사실상 두어 달 앞으로 다가왔으므로 선거에서 승리할 가능성이 있는 대안을 지원하자는 것이다.

이는 불가피한 듯하지만, 설사 불가피하다고 해도 그것이 가장 중요하다는 뜻은 아니다. 사회 변화를 위해 선거만이 가능하고 바람직한 대안이라고 믿는 개혁주의자들에게는 민주당의 대선 예비후보 가운데 하나를 미는 게 '현실적'일 뿐 아니라 가장 중요한 과제일 것이다.

반면 혁명가들에게는 아래로부터의 노동계급의 힘과 조직 강화가 가장 중요하다. 마치 탄핵과 즉각 퇴진의 관계처럼, 대선 승리와 노동자 투쟁·조직 강화도 개혁과 혁명의 관계다. 혁명가는 개혁을 위한 투쟁을 일축하지 않는다. 동시에 혁명가는 개혁을 위한 투쟁을 혁명을 위한 투쟁에 종속시킨다.

문제는 중요한 노동자 투쟁이 지금 가까이 있지 않다는 점이다. 지난해 10월 말과 11월에 철도 파업이 가까이 있던 것과는 다른 상황이다. 노동계급 선진 부분의 정서를 봐도 산업 행동에 즉각적 필요성과 중요성을 부여하는 듯하지 않다.

이런 때 상기해야 할 점은 노동계급의 투쟁이 반드시 경제적·정치적 형태만을 취하는 것이 아니라 이데올로기적 형태도 취한다는 점이다. 그리고 노동자 투쟁이 반드시 경제적 투쟁으로 시작돼야만 하는 것도 아니다. 때로는 이데올로기 투쟁이 선도적 구실을 할 수 있다. 십중팔구 두 달가량밖에 남지 않은 대선 국면에서 주력해야 할 일은 이데올로기 투쟁이다. 대선 과정에서 제기돼 노동계급과 천대받는 사람들 속에서 뜨거운 정치적 논란을 일으킬 쟁점들에 관해 언급해야 한다.

이데올로기 투쟁을 중시하겠다는 것이 주요한 정치적 투쟁과 경제적 투쟁을 도외시할 수 있다는 뜻이 아님은 물론이다. 이데올로기 투쟁을 이런 실제 투쟁과 연결시켜야 한다. 가령 버니 샌더스는 지난해 4월 중순경 파업 중인 미국통신노조CWA 노동자들을 지지차 방문했는데, 바로 이 같은 연관을 이뤄 내야 한다.

대선 전망이 확실한 건 아니다

대선에서 누가 당선될지는 확실하지 않다. 문재인이 언제까지 지금의 인기를 누릴지가 확실치 않다는 뜻이다. 1990년 봄 영국에서 격렬한 주민세 반대 폭동들이 일어나 당시 총리 마거릿 대처가 11월에 실각했을 때 대다수 영국인들은 1년 반 뒤 치를 총선에서 보수당이 패배하고 노동당이 승리하리라고 예상했다. 그러나 예상과 달리 보수당은 5년이나 더 집권했다. 시리자도 예상보다 2년 반쯤 늦게 집권했고, 포데모스도 지지난해 집권 예상이 빗나갔다.

물론 한국인 다수의 반여권 정서는 지금 매우 강하지만 노무현에 대한 배신감과 쓸쓸함도 적지 않다. 게다가 선거에서는 의식이 선진적인 사람들뿐 아니라 매우 후진적인 사람들도 똑같이 한 표를 행사할 수 있다. 이런 사람들에게는 선거에서 우연적 요인이 큰 영향을 미칠 수 있다.

투표일이 가까워질수록 불확실성이 커질 것이다. 그래서 표 차이가 적을 것으로들 예상할 것이다. 따라서 진보 독자후보가 나온다면 진보·좌파 진영 내부의 이견과 갈등이 날카로울 것 같다.

사회주의자가 진보·좌파 진영의 단결에 기여할 길이 있다. 부르주아 정치인 간의 선거 결과에 목매지 말고 새 정부 하에서도 결국 싸워야 할 것임을 강조하는 것이다. 아무리 불확실성이 커도 분명한 점은 누가 당선되든 그 정부는 시차는 있겠지만 결국 노동자들을 공격할 것이기 때문이다.

결국 누가 당선되든 노동계급은 시차는 있겠지만 저항에 나설 것이다. 조직과 의식이 촛불 운동으로 다소 강화됐을 것이기에 그럴 가능성은 크다.

민주당 후보가 이긴다 해도 그 정부는 트럼프의 대외정책과 한국민 다수의 평화 염원 사이에서 줄타기를 하며 결국 후자를 배신할 것이다.

노동자들은 스스로 싸울 수 있고 스스로 이길 수 있다

우리는 '긍정적 사고' 없는 희망을 갖고 있다. 노동계급이 중간계급의 지지(소위 '사회적 연대') 없이 스스로의 힘으로는 저항에 성공할 수 없다고 주장하는 민중주의자들은 다음과 같은 질문들을 흔히 던진다. 도대체 근대 노동계급이 아동기를 갓 지나고부터 지난 2세기 동안 혁명에 성공한 적이 있는가? 러시아 혁명도 결국 패배하지 않았나? 천박한 경험론의 결과론적 논증이다.

그러나 눈에 보이는 게 다가 아니다. 마르크스는 노동계급이 아직 미성숙한 나머지 실패한 1848년 혁명 이후 노동계급은 고립됐다는 따위의 말을 입 밖에도 꺼내지 않았다. 오히려 그들의 잠재력을 논증하는 조사·연구에 착수했고, 그 결과가 《자본론》이다(올해는 그 출판 150주년이 되는 해다).

21세기의 마르크스주의자가 또 하나의 현대판 《자본론》을 써야 하는 건 아니다. 여전히 그 저작으로 노동계급의 단독 저항이 성공할 수 없다는 주장을 반격하기에 충분하다.

지금 여기의 우리에게 필요한 것은 《자본론》의 정치학이다. 마침 그 저작의 정치적 결론은 노동자 혁명을 뜻하는 말로 내려지고 있다. 다른 많은 곳에서도 마르크스는 민중의 자력 해방에 대해 얘기하지 않고 노동계급의 자력 해방에 대해 얘기했다.

노동계급은 단독으로 싸울 수 있고, 단독으로 승리할 수 있다.

최일붕, 〈노동자 연대〉 197호(2017-02-17).

박근혜 퇴진 촛불 운동
현장 보고와 분석

엮은이 | 최영준·최일붕
펴낸곳 | 도서출판 책갈피

본문 디자인 | 고은이

등록 | 1992년 2월 14일(제2014-000019호)
주소 | 서울 성동구 무학봉15길 12 2층
전화 | 02) 2265-6354
팩스 | 02) 2265-6395
이메일 | bookmarx@naver.com
홈페이지 | http://chaekgalpi.com

첫 번째 찍은 날 2017년 4월 19일

값 18,000원

ISBN 978-89-7966-122-4
잘못된 책은 바꿔 드립니다.